Michael Balint:
Die Urformen der Liebe
und die Technik der Psychoanalyse

Klett-Cotta
im
Deutschen
Taschenbuch
Verlag

Aus dem Englischen übersetzt von Käte Hügel (Kap. VII, IX, X, XII, XV–XX) und Martha Spengler (Kap. VIII).

Von Michael Balint
ist im Deutschen Taschenbuch Verlag erschienen:
Regression (15028)

Ungekürzte Ausgabe
Februar 1988
Deutscher Taschenbuch Verlag GmbH & Co. KG, München
© 1965 Michael Balint
Titel der englischen Originalausgabe:
Primary Love and Psycho-analytic Technique
Tavistock Publications, London
© der deutschsprachigen Ausgabe:
1966 Ernst Klett Verlage GmbH & Co. KG, Stuttgart
Umschlaggestaltung: Boris Sokolow
Gesamtherstellung: C. H. Beck'sche Buchdruckerei, Nördlingen
Printed in Germany · ISBN 3-423-15040-8

Das Buch

Michael Balint hat in seinem Werk die Erkenntnisse zwanzigjähriger psychoanalytischer Forschungsarbeit vorgelegt. Der erste Teil der hier gesammelten Vorträge und Aufsätze befaßt sich mit der These von der »primären Liebe« im menschlichen Leben, eine These, die Balint zusammen mit seiner Frau Alice – deren Aufsatz ›Liebe zur Mutter und Mutterliebe‹ in diese Sammlung aufgenommen wurde – entwickelt hat. Alle Liebe zwischen Menschen beruht danach auf Urformen, wie sie beim Säugling in seiner Beziehung zur Mutter natürlich gegeben sind. Das »Objekt« – die Mutter – wird geliebt, weil es gebraucht wird, auf dessen eigene Wünsche und Bedürfnisse braucht jedoch keinerlei Rücksicht genommen zu werden. Ein solches »Objekt« kann in der Psychoanalyse für den Patienten auch der Analytiker sein. Aus dieser archaischen Form der Liebe ohne Realitätssinn sollte eine »der Realität angepaßte Objektbeziehung« aufgebaut werden, die aus dem »Objekt« einen Partner und aus der egoistischen »prägenitalen« eine reife, »genitale Liebe« werden läßt. Dies ist eins der Ziele der Psychoanalyse, auf deren Technik Balint im zweiten Teil des Buches ausführlich eingeht. Der dritte Teil befaßt sich mit den Problemen, die sich bei der Ausbildung von Psychoanalytikern ergeben, und die von den verschiedenen »Schulen« innerhalb der Psychoanalyse unterschiedlich gesehen und gelöst werden. So sind die hier vorgelegten Aufsätze nicht nur Pflichtlektüre für jeden Psychoanalytiker, sondern auch aufschlußreich für jeden an psychoanalytischen Erkenntnissen Interessierten.

Der Autor

Michael Balint wurde 1896 in Budapest geboren und starb 1970 in London. Nach einer psychoanalytischen Ausbildung bei Sandor Ferenczi ging er nach Berlin und kehrte, nachdem er dort Biochemie studiert hatte, nach Ungarn zurück. Er wurde 1935 Direktor des Psychoanalytischen Instituts in Budapest und mußte 1939 nach London emigrieren, wo er an der Tavistock-Klinik arbeitete. Neben den wegweisenden Studien zur Ich-Entwicklung und zur Mutter-Kind-Beziehung entwickelte er das Konzept der sogenannten Balint-Gruppen: die gemeinsame Reflexion der therapeutischen Denk- und Handlungsweisen sowie des Patientenverständnisses.

Inhalt

Vorwort zur deutschen Ausgabe 7
Vorwort zur ersten englischen Auflage 9

Erster Teil: Triebe und Objektbeziehungen
  I. Psychosexuelle Parallelen zum biogenetischen Grundgesetz (1930) 13
  II. Zwei Notizen über die erotische Komponente der Ich-Triebe (1933) 42
  III. Zur Kritik der Lehre von den prägenitalen Libidoorganisationen (1935) 48
  IV. Eros und Aphrodite (1936) 69
  V. Frühe Entwicklungsstadien des Ichs. Primäre Objektliebe (1937) 83
  VI. (Alice Balint) Liebe zur Mutter und Mutterliebe (1939) 103
  VII. Über genitale Liebe (1947) 121
  VIII. Über Liebe und Haß (1951) 134
  IX. Perversionen und Genitalität (1956) 151
  X. Beitrag zum Symposium über die Theorie der Eltern-Kind-Beziehung (1961) 160

Zweiter Teil: Probleme der Technik
  XI. Charakteranalyse und Neubeginn (1932) 165
  XII. Zur Übertragung von Affekten (1933) 178
  XIII. Das Endziel der psychoanalytischen Behandlung (1934) 191
  XIV. Ich-Stärke, Ich-Pädagogik und »Lernen« (1938) 202
  XV. (mit Alice Balint) Übertragung und Gegenübertragung (1939) 214
  XVI. Wandlungen der therapeutischen Ziele und Techniken in der Psychoanalyse (1949) 222
  XVII. Über die Beendigung der Psychoanalyse (1949) 237
  XVIII. Der Neubeginn, das paranoide und das depressive Syndrom (1952) 244

Dritter Teil: Fragen der Ausbildung
  XIX. Über das psychoanalytische Ausbildungssystem (1947) 267
  XX. Analytische Ausbildung und Lehranalyse (1953) 289

Nachweise 301
Namenregister 303
Sachregister 305

Vorwort zur deutschen Ausgabe

Der einzige Zweck dieses Vorworts besteht darin zu erklären, warum wir es für ratsam hielten, den ursprünglichen englischen Titel zu ändern, und wie der neue deutsche Titel zu verstehen ist.

Es war in den dreißiger Jahren, als ich zum erstenmal in meiner analytischen Praxis auf gewisse sehr primitive Formen menschlicher Beziehungen traf, die den Gegenstand dieses Buches bilden. Ich habe sie zunächst, einem Vorschlag Sandor Ferenczis folgend, »passive Liebe« genannt. Bald merkte ich jedoch, daß diese Bezeichnung irreführend war und nannte die betreffenden Erscheinungen in der Folgezeit »archaische«, »primitive« oder »primäre Liebe«. Allmählich, fast unmerklich, verschwanden die beiden ersten Synonyma aus meinen Darstellungen, und ich blieb bei der Bezeichnung »primäre Liebe«, die auch für den Titel der englischen Ausgabe dieses Buches – »Primary Love« – benutzt wurde.

In der Zwischenzeit habe ich neben der in meinen frühen Arbeiten beschriebenen Form primärer Liebe, die ich jetzt Oknophilie nenne, zwei weitere Formen dieses primitiven menschlichen Verhältnisses entdeckt: den Philobatismus und eine primitive Verschmelzung mit der undifferenzierten Umwelt, der Welt der primären Substanzen. Diese neuen Erkenntnisse habe ich in meinem Buch ›Angstlust und Regression‹[1] dargestellt. Trotzdem habe ich, ohne viel darüber nachzudenken, wie ich gestehen muß, weiterhin von »primärer Liebe« im Singular gesprochen.

Meine ersten Arbeiten waren natürlich auf deutsch geschrieben; die englische Bezeichnung »primary love« war eine wörtliche Übersetzung des deutschen Ausdrucks »primäre Liebe«. Es überraschte mich daher sehr, von meiner gewissenhaften Übersetzerin, Frau Käte Hügel, hören zu müssen, daß »Primäre Liebe« als Titel meines Buches unmöglich sei, und ich wunderte mich noch mehr, daß alle meine Freunde und Berufskollegen, die ich befragte, der gleichen Meinung waren. Offenbar hat in den letzten Jahren in den Assoziationen, die sich um diese Wortzusammenstellung herum bilden, eine Akzentverschiebung stattgefunden. Zwar hat die Bezeichnung »primäre Liebe« ihren engeren Sinn nicht geändert, wohl aber die sie begleitenden Assoziationen, und diese sind es, die den Anwendungsbereich bestimmen.

Einige Alternativen, die sich anboten, erwiesen sich ebenfalls als unbrauchbar. »Archaische Liebe« und »Primitive Liebe« bedeuten

---

[1] M. Balint: Angstlust und Regression. Stuttgart 1959.

etwas ganz anderes, als was ich im Sinne habe, und »Frühformen der Liebe« würde eher auf eine ontogenetische Unreife als auf das eigentlich Primitive des Phänomens hinweisen. So einigten wir uns, mehr unter dem Druck der Zeit als in freier Wahl, auf den Titel ›Die Urformen der Liebe‹. Dieser Titel ist zugleich gut und schlecht; er ist schlecht, weil ich diesen Ausdruck bisher nie gebraucht habe, er stellt also eine Neueinführung dar, die zwar aus meinen Befunden sich ergibt, zugleich aber etwas pompös klingt, was mir gar nicht recht ist. Andererseits ist er gut, weil er den gegenwärtigen Stand meines klinischen Wissens und meiner theoretischen Konstruktionen zu diesem Phänomen recht gut beschreibt. Soweit ich weiß, gibt es mehrere Formen primärer Liebe, mindestens drei; alle sind sehr früh und sehr primitiv und können daher als »Urformen« bezeichnet werden, und letzten Endes entwickelt sich aus ihnen jede spätere Form der Liebe.

Vorwort zur ersten englischen Auflage

Nachdem ich zunächst Freuds ›Traumdeutung‹ und die ›Psychopathologie des Alltagslebens‹ höchst ambivalent kritisiert hatte, wurde ich im Alter von einundzwanzig Jahren durch die ›Drei Abhandlungen‹ und ›Totem und Tabu‹ unwiderruflich für die Psychoanalyse gewonnen. Diese beiden Forschungsrichtungen – die Entwicklung der Sexualfunktionen beim Individuum und die Entwicklung der zwischenmenschlichen Beziehungen – standen von da an eigentlich ständig im Mittelpunkt meines Interesses. Da ich von der Medizin herkomme und durch meine Liebe für die exakten Naturwissenschaften stark voreingenommen bin, habe ich mich diesen beiden Problemen hauptsächlich, wenn auch nicht ausschließlich, auf dem Wege klinischer Beobachtung genähert; das heißt, ich habe die Vorgänge studiert, die sich unter dem Einfluß der analytischen Situation im Patienten entwickeln und wandeln, also die Technik des Psychoanalytikers und die Reaktionen des Patienten darauf.

Der hier vorgelegte Band enthält eine Sammlung meiner in den Jahren 1930 bis 1952 über die drei eng miteinander verknüpften Themen – die menschliche Sexualität, die Objektbeziehungen und die psychoanalytische Technik – geschriebenen Arbeiten. Die ursprünglich in deutscher Sprache verfaßten Arbeiten sind, abgesehen von unbedeutenden stilistischen Korrekturen, unverändert abgedruckt und geben ein recht getreues Bild meiner eigenen Entwicklung. Ich habe mich aus dem Grunde entschlossen, diese Sammlung jetzt zu veröffentlichen, weil ich meine, daß meine Ideen mit meinen beiden letzten Arbeiten ›Über Liebe und Haß‹ und ›Der Neubeginn, das paranoide und das depressive Syndrom‹ einen gewissen Abschluß erreicht haben. Schon von Freuds Essay ›Jenseits des Lustprinzips‹ und Ferenczis ›Versuch einer Genitaltheorie‹ und späteren technischen Schriften an war die Rolle der Destruktivität und des Hasses im Rahmen der seelischen Entwicklung des Menschen ein Problem für das psychoanalytische Denken gewesen. Auch abgesehen von seiner theoretischen Bedeutung, muß jede Antwort auf diese Fragen unsere Vorstellung über die therapeutischen Prozesse beim Patienten grundlegend beeinflussen, und von daher auch unsere Deutungen und überhaupt unser ganzes Verhalten in der analytischen Situation. Ich glaube, daß ich immerhin imstande war, gewisse Aspekte dieser Wechselbeziehungen zu klären.

Um noch einmal zum Jahre 1917 zurückzukehren: Freuds ›Totem und Tabu‹ war mir von einem jungen Mädchen geliehen worden, das Mathematik studierte (wie ich im Nebenfach übrigens auch); für Anthropologie gab es damals an der Budapester Universität noch gar keinen Lehrstuhl. Wir waren damals schon sehr gute Freunde und heirateten, nachdem ich mein Medizinstudium beendet hatte. Wenige Monate später begannen wir beide am gleichen Tage unsere analytische Ausbildung bei Dr. Hanns Sachs in Berlin. Nach einiger Zeit wechselten wir beide zu Ferenczi über und beendeten bei ihm unsere Ausbildung. Von unserer gemeinsamen Begeisterung für ›Totem und Tabu‹ angefangen bis zu ihrem Tode im Jahre 1939 haben Alice und ich miteinander gelesen und studiert, gelebt und gearbeitet. Alle unsere Ideen – ob ihrem oder meinem Kopf entsprungen – wurden zunächst mit Freuden begrüßt, um dann sondiert, erprobt und in endlosen Debatten kritisiert zu werden. Oft war es reiner Zufall, wer von uns beiden eine unserer Ideen zur Veröffentlichung ausarbeitete. Neben der Psychoanalyse interessierte Alice sich vor allem für Anthropologie und Erziehung, ich mich für Biologie und Medizin, und danach entschied es sich gewöhnlich, wer über eine bestimmte Idee schreiben sollte. Wir haben nur eine Arbeit gemeinsam publiziert; es hätten aber ebensogut alle unter unserer beider Namen veröffentlicht werden können. Tatsächlich war unsere Entwicklung so ineinander verflochten, daß dieses Buch im wahrsten Sinne des Wortes ohne ihren Beitrag unvollständig wäre; aus diesem Grunde habe ich auch die letzte Arbeit, die Alice Balint veröffentlicht hat, ›Liebe zur Mutter und Mutterliebe‹, mit in das Buch aufgenommen.

London, im April 1952 Michael Balint

# Erster Teil
Triebe und Objektbeziehungen

I. Psychosexuelle Parallelen
zum biogenetischen Grundgesetz[1] (1930)

1. Karriere des Eros

Wenn über Biologie und besonders über die vielen so verschiedenen Lebensformen die Rede ist, hört man oft die Bemerkung – einmal auch von Freud: »Die Biologie ist wahrscheinlich ein Reich der unbegrenzten Möglichkeiten.«[2] Was mag wohl der psychologische Sinn dieses Ausrufes sein? Wohl nur unsere Verwunderung darüber, daß unsere stolze, kühne Phantasie nicht imstande war, sich etwas vorzustellen, was nicht in der lebenden Welt tatsächlich aufzufinden wäre. Diese Erkenntnis habe ich lange nur als Unterhaltungsthema benutzt und mir in Analytikerkreisen die Zeit damit vertrieben, zu jeder noch so absurden perversen Betätigung, zu jedem Mythos oder zu jeder infantilen Sexualtheorie die Tierart zu finden, die danach lebt.

Schließlich wurde ich durch diesen genauen Parallelismus stutzig. Wenn er wahr ist, bedeutet das doch, daß die Seele des Menschen alles um die Phylogenese weiß, sogar, daß sie nichts anderes als nur die Phylogenese kennt; kann sie doch nichts wahrlich »nie Dagewesenes« produzieren. Vielleicht könnte der Satz umgekehrt werden: Im Es des Menschen ist die ganze Phylogenese potentiell enthalten, das aktuelle Erlebnis löst nur die eine oder die andere Reaktionsform aus.

Ein entsprechendes Gesetz besteht – allerdings noch nicht seit langer Zeit – in der Biologie. Es stammt von Haeckel und ist das biogenetische Grundgesetz. Um die Ähnlichkeit besser hervorzuheben, werde ich es in einer von der gewöhnlichen etwas abweichenden Form anführen: Das befruchtete Ei des Menschen weiß alles um die Phylogenese; es rekapituliert sie in seiner eigenen Entwicklung. Selbstverständlich bezieht sich Haeckels Satz nur auf den Körper.

Ich behaupte nun, daß nicht nur der Körper, sondern auch die Seele die Artentwicklung wiederholt. Falls sich dies beweisen läßt, verliert die anfangs aufgestellte Behauptung ihre Mystizität; sie wird verständlich. Das Wissen um die Phylogenese wird dann auf ein Wissen um die eigene Genese reduziert, was uns nicht mehr

---

[1] Nach einem Vortrag auf der II. Tagung der Deutschen Psychoanalytischen Gesellschaft zu Dresden, 1930.

[2] S. Freud: Jenseits des Lustprinzips. Ges. W., Bd. XIII, S. 65.

verwundern kann. Dieser Gedanke, wenn auch nicht so allgemein ausgesprochen, leitete eigentlich Ferenczi bei der Deutung der ewigen Fischsymbolik[3].

Den Beweis kann ich natürlich nicht ganz allgemein erbringen, wir wissen von der seelischen Entwicklung, besonders der höheren Systeme, zu wenig. Ich beschränke mich auf die Psychosexualität. Erstens ist sie vielleicht die primitivste seelische Schicht, also der Biologie noch am nächsten. Dann aber ist ihr Gebiet ziemlich gut durchforscht – sowohl phänomenologisch als auch in genetischer Hinsicht. Und schließlich haben wir Psychoanalytiker hier sozusagen Eroberrechte, war doch unser Meister Freud einer der ersten und sicher der erfolgreichsten Entdecker.

Seit seinen bahnbrechenden ›Drei Abhandlungen zur Sexualtheorie‹[4] haben wir gelernt, daß dem Begriff der Sexualität ein viel weiterer Umfang zukommt, als man gewöhnlich unter dem Eindruck der normalen Sexualität der Erwachsenen annimmt. Wir wissen, daß die Sexualität einen langen und verwickelten Entwicklungsgang zu durchlaufen hat, bevor sie die endgültige, erwachsene Form, die Freud Genitalität nannte, erreicht. Wir können auch die Hauptstationen dieses Weges angeben: es sind die sogenannten sexuellen Organisationsstufen, die nach den Körperzonen benannt wurden, welche in der betreffenden Organisation die Hauptrolle spielen. Diese sind der Reihe nach: Mund-, After- und Geschlechtszone, und so heißen die einzelnen Phasen oral, anal und genital. Aber man hat sich noch nicht gefragt, weshalb die Sexualität des Menschen – und es ist hinzuzufügen: ausnahmslos – sich zuerst um die Mund- und dann um die Afterzone organisiert, bevor sie die erwachsene genitale Form erreicht.

Der einzige, der diese Frage bisher aufgeworfen und sie ihrer Lösung beträchtlich nähergebracht hat, ist der uns so früh entrissene Abraham. In seinem Aufsatze ›Anfänge und Entwicklung der Objektliebe‹[5] hat er in der Reihenfolge der Embryogenese und der Entwicklung der Psychosexualität sehr merkwürdige Übereinstimmungen nachgewiesen. In der Embryogenese sind die ersten Organe, die gebildet werden, Urmund und Urdarm. Bei vielen (besonders bei primitiven) Chordaten wandert nun der Urmund von der definitiven Mundzone den Körper entlang zum entgegengesetzten Pol und wird hier zum After. Zu dieser Zeit erscheinen die Muskeln, allen voran die Kiefermuskulatur, und erst viel später die Keimdrüsen. Dies alles war längst bekannt. Abrahams Ver-

---

[3] S. Ferenczi: Versuch einer Genitaltheorie, Wien 1924, Kap. VI.
[4] S. Freud: Drei Abhandlungen zur Sexualtheorie. Ges. W., Bd. V.
[5] Abgedruckt in: K. Abraham: Versuch einer Entwicklungsgeschichte der Libido, Wien 1924.

dienst ist, darauf hingewiesen zu haben, daß die sexuellen Leitzonen in genau derselben Reihenfolge erscheinen. Abraham stellte noch eine »besondere Regel« auf, »welche besagt, daß die psychosexuelle Entwicklung der organischen, somatischen Entwicklung stets in weitem Abstande nachhinkt, wie eine *späte* Neuauflage oder Wiederholung des gleichen Prozesses«[6]. Ich glaube, Abrahams »besondere Regel«, die ich als *Retardationsprinzip* hervorheben möchte, ist eines der wichtigsten Gesetze der ganzen seelischen, aber auch körperlichen Entwicklung des Menschen. Die ausführliche Behandlung dieses Themas muß ich auf eine spätere Gelegenheit verschieben.

Wir wissen also, daß die Entwicklung des Körpers und die Entwicklung der Psychosexualität denselben Weg zu durchlaufen haben; wir wissen auch, daß der Körper dazu nur Wochen, die Seele dagegen Jahre braucht, aber wir wissen noch nicht, weshalb eben dieser Weg – oral, anal, genital – sowohl vom Körper wie auch von der Seele zu durchlaufen ist. Ich möchte heute zeigen, daß bei den Tieren sexuelle Betätigungen beobachtet wurden, die ohne weiteres als Äquivalente der uns schon bekannten sexuellen Organisationsstufen erkenntlich sind, und daß der von Freud entdeckten dreistufigen psychosexuellen Entwicklung eine ebenfalls dreistufige phylogenetische Sexualentwicklung entspricht. Hierdurch wird erst verständlich werden, worüber sich bisher auffallenderweise niemand gewundert hat, warum nicht mehr und nicht weniger als drei Stufen sexueller Organisation beim Menschen nachgewiesen wurden.

Seit der Entdeckung der Zellen fassen die Biologen die sexuellen Funktionen in zwei große Gruppen zusammen: diese heißen *Befruchtung* und *Begattung*. Unter »Befruchtung« versteht man die Vereinigung zweier – im allgemeinen sexuell differenzierter – Zellen, Gameten genannt (eventuell ist dies auf die Vereinigung von bloß zwei Kernen reduziert); eng mit diesem Vorgange ist eine merkwürdige Erscheinung, die *Kernreduktion,* verknüpft, worüber wir gleich zu sprechen haben werden. In die Gruppe »Begattung« gehören alle Vorgänge, die zur Vereinigung der Gameten notwendig sind, die aber nicht von den Gameten selbst durchgeführt werden.

Nun, bei vielen Protisten, darunter bei den primitivsten, besteht die Sexualität ausschließlich aus der Befruchtung. Verwirrend mannigfaltig sind Art und Weise, wie dies bei den einzelnen Arten verwirklicht wird; für unser Problem ist es wichtig, daß alle Biologen diesen Vorgang als ein gegenseitiges Auffressen gedeutet ha-

[6] Ebd., S. 93.

ben, und daß bei allen Lebewesen, die geformte Nahrung aufnehmen, die Vereinigung ohne Ausnahme dort stattfindet, wo sonst die Nahrung aufgenommen wird; – wo also ein Zellmund schon gebildet wurde, durch den Zellmund. Die Urform der Sexualität ist also mit der Aufnahme von geformter Nahrung eng verbunden. Es sind hierfür von vornherein zwei Erklärungen möglich: Entweder entwickelten sich Sexualität und Übergang von flüssiger Nahrung zu fester Nahrung unabhängig voneinander und erst später wurde die Zellmundzone zur sexuellen Zone; oder aber: eben die angenehmen Erfahrungen, die das Lebewesen bei der sexuellen Vereinigung gemacht hatte, riefen in ihm den Wunsch nach Aufnahme von festen Partikeln hervor. Die störende Gegenwart von artfremden Substanzen im eigenen Plasma löste dann eine Reihe von Abwehrvorgängen aus, die im günstigen Falle zur Assimilation des Partikels führten und so die ursprünglich lustvolle Aktion in eine nützliche verwandelten.

Das biologische Tatsachenmaterial spricht weder für noch gegen die eine der beiden Hypothesen. Alles, was wir ihm entnehmen können, beweist, wie innig Ernährungsweise und Sexualität zusammenhängen.[7] In der Biologie werden wir sehr oft vor eine

[7] Wie schon gesagt, geschieht die Vereinigung bei den mundbildenden Einzelligen durch den Zellmund. Eine ähnlich wichtige Rolle spielt die Mundzone bei den höheren Tieren, später selbstverständlich nur in den die Paarung einleitenden Vorlusthandlungen; und zwar nicht nur bei den Säugern, sondern auch bei Vögeln, bei Amphibien (z.B. Tritonen), bei vielen Arthropoden usw. Weitaus die meisten Sinnesorgane, die bei der Paarung erheblich mitwirken, sind auch dann um den Mund oder in seiner Nähe angeordnet, wenn die Geschlechtsöffnungen schon längst fortgewandert sind. Auch die Sprache, wenigstens die ungarische, bezeichnet mit demselben Ausdruck: csorog a nyála (es fließt ihm der Speichel) den Wunsch sowohl nach Nahrung als auch nach dem Weibe.

Es ist seit langem bekannt, daß durch Nahrungswechsel und besonders durch Nahrungseinschränkung bei den Einzelligen Sexualzyklen jäh ausgelöst werden können. Nun bedeutet Befruchtung fürs erste nicht Vermehrung, im Gegenteil Verminderung der Individuenzahl auf die Hälfte. Sehr oft folgt nach der Befruchtung eine Periode der Ruhe, sogar der Enzystierung, aber immer wird die Nahrungsaufnahme während der Befruchtung und auch eine Zeitlang nachher eingestellt. Es drängt sich einem das psychologische Bild des Gesättigtseins auf, und anthropomorphisierend könnte man sagen, diese Protisten suchen Ersatz für die durch die Realität versagte Nahrung in der Befruchtung; falls sie nicht genug zu essen bekommen, essen sie sich gegenseitig auf. Ähnlich könnte die Resorption des Kernmaterials bei der Reduktion gedeutet werden. Man könnte sogar den Satz wagen, alle Sexualakte bei den Einzelligen würden durch Ernährungsschwierigkeiten ausgelöst, und ihr eigentlicher Zweck sei die Aufhebung derselben (Hertwigs »Kernplasmarelation« usw.).

Durch passende Wahl der Ernährung können die sexuell noch indifferenten jungen Individuen bei Arten, bei welchen die Bestimmung des Geschlechts nicht genotypisch geschieht, sowohl zu Männchen als auch zu Weibchen erzogen werden (z.B. beim Wurm Bonellia viridis).

Und schließlich wird uns ein großartiges Beispiel in der grundsätzlichen Verschiedenheit der Ernährungsweise und der Sexualfunktion der Tierwelt und der Pflanzenwelt geboten. Siehe S. 20.

ähnliche Antinomie gestellt: Wir müßten entscheiden: lehnt sich die Sexualität an schon – unabhängig von ihr – entwickelte somatische Funktionen an, oder umgekehrt: bestimmt die Sexualität die Entwicklung neuer somatischer Funktionen? Es ist nicht uninteressant, daß wir am Uranfang der menschlichen Psychosexualität dieselbe Frage vorfinden. Beim Säugling sind wir auch nicht imstande zu entscheiden, wieviel vom Saugakt der Sexualität und wieviel dem Nahrungstrieb zuzuschreiben ist.

Noch bei den Protisten begegnen wir einem anderen Typus der sexuellen Erscheinungen. Die bisher erwähnten Lebewesen pflanzen sich eine Weile durch Teilung fort, bis dann aus irgendeinem Grunde die sexuelle Vereinigung stattfindet. Die sogenannten vegetativen Individuen, an denen keine Sexualfunktion zu beobachten ist, sind den sexuellen vollkommen gleich, *das Individuum ist die Gamete selbst.* (Beispiel isogam: Pyramidomonas, Dunaliella; anisogam: Chlamydomonas Braunii)[8]. Bei vielen höher entwickelten Protisten können wir aber beobachten, daß durch gewöhnliche Teilungen hervorgebrachte Individuen einander nie befruchten. Die Vermehrung durch Teilung dauert fort, bis dann ein solches »vegetatives« Individuum sich in einer speziellen, von der gewöhnlichen abweichenden Weise teilt. Die so entstandenen Zellen sind in der Regel von den »vegetativen« Zellen leicht zu unterscheiden; sie können auch hier noch einander gleich sein (isogam: Stephanosphaera, Haematococcus, Gonium pectorale) oder schon sexuell differenziert sein (anisogam: Eudorina elegans, Volvox). Dies sind die Gameten, die die sexuelle Vereinigung verwirklichen. Die »vegetativen« Zellen stellen dagegen eine vollkommen neue Erscheinung, eine neue Generation dar; zum Unterschied von den Gameten werden sie *Gametozyten* genannt. Sie befruchten sich nie, haben aber dennoch Sexualfunktionen, nur andersartige, und zwar Bildung und Ausscheidung der Gameten. Diese Funktionen können ohne Zwang als Äquivalente der analen Befriedigungsformen – Kotbildung und Stuhlentleerung – gedeutet werden.

Die einfacheren mehrzelligen Protisten (Eudorina, Pandorina usw.) sind eigentlich zusammenlebende Einzellige, alle Zellen einander gleich, mit gleichen Funktionen. In Hinsicht auf die Sexualität bedeutet dies, daß sie eine Kolonie von Gameten beziehungsweise von Gametozyten darstellen. Anders beim nächsthöheren Vertreter dieser Gruppe (dem Volvox). Hier können nur noch einzelne bestimmte Zellen Gameten produzieren, die übrigen nicht mehr. Auf die Gameten und Gametozyten wurde hier eine

---

[8] Der hier vom Autor als Fußnote angefügte Text wurde wegen seiner Ausführlichkeit an den Schluß dieses Beitrags (S. 34) gesetzt. [Anm. d. Red.]

dritte Generation überschichtet, die nach Meisenheimer *Gametozytenträger* genannt wird. Sie ist vorerst von der Sexualität ausgeschlossen und heißt daher im Gegensatz zu den »Keimzellen« das »Soma«. Man kann im Zweifel sein, ob dieses asexuell oder bisexuell ist, sicher ist es, daß an ihm überhaupt keine Sexualfunktionen nachweisbar sind. Es produziert die Gametozyten, läßt dann irgendwie – meistens durch einen Riß – den fertigen Gameten freien Weg, und damit ist es mit ihnen fertig.[9] Man kann an ihm vorerst auch keine sexuellen Differenzen wahrnehmen, und so bleibt es bis in die untersten Klassen der mehrzelligen Tiere: Schwämme und Coelenteraten, vielfach auch Vermes.

Es hat den Anschein, als ob das neuentwickelte Soma hier sich einen Vorsprung vor dem Eros gesichert hätte. Ziemlich lange ist es auch unabhängig von ihm geblieben und entwickelte sich zu komplizierten, leistungsfähigen Formen, deren sexuelle Betätigungen fast nur aus primitiver Entleerung von Gameten bestehen. Aber der nimmermüde Eros gönnte dem Soma diesen Vorsprung nicht lange. Schritt für Schritt hat er es erobert und in seinen Dienst gestellt. Die Geschichte dieser wechselvollen Entwicklung, die verschieden bei Tieren und Pflanzen verlief, könnte heißen: *die Karriere des Eros.*

Eros hat in den verschiedenen Tiergruppen verschiedene Wege eingeschlagen, man könnte sagen, »Experimente angestellt«; vieles wurde als nicht brauchbar fallengelassen, aber auch manches Fallengelassene später in verbesserter Form wieder aufgenommen. Die Hauptlinien dieser Entwicklung münden fast alle in die Genitalität des erwachsenen Menschen ein. Zuerst zwang Eros den Gametozytenträger, die Funktion der Gametozyten auf sich zu nehmen. Hierzu mußte er Kanäle ausbilden, um den fertigen Gameten einen sicheren Weg ins Freie, d.h. ins Wasser zu sichern. Dann überließ Eros es nicht mehr dem Zufall, den Zeitpunkt der Entleerung zu bestimmen, sondern veranlaßte die Gametozytenträger, ihre Gameten gleichzeitig zu entleeren. Nun mußte das Soma auch einen Teil der Gametenarbeit bewältigen, es mußte die Nähe des Partners aufsuchen, um die Geschlechtszellen abzusetzen. Schließlich ließ Eros allerlei Werkzeuge entwickeln, zuletzt bei den Landtieren die echten Kopulationsorgane, um durch die feste Vereinigung der Partner das Zusammentreffen der Gameten vom Zufall unabhängig zu machen. Hand in Hand mit dieser Entwicklung ging die Sexualisierung des Somas. Anfangs war es ungeschlechtlich, mußte aber dann Geschlechtsteile entwickeln, und schließlich wurde ihm ein Geschlecht (eventuell beide Geschlech-

---

[9] Nach Entleerung der letzten Gametozyte stirbt es allerdings bald ab.

ter) aufgezwungen; diese Geschlechtsbestimmung geschieht bei den höheren Tieren schon beim Beginn der Ontogenese und ist erblich festgesetzt. So wurde das Soma, das anfangs von der Sexualität unabhängig war, der Diener des Eros: durch und durch sexualisiert. Es hat alle die Leistungen auf sich genommen, die die Biologen unter dem Begriff »Begattung« zusammenfassen. Für seine Dienste erhielt es dann von seinem mächtigen Herrn, dem Eros, eine wahrlich fürstliche Belohnung: die Liebeswonne, den Orgasmus – die höchste Lust auf Erden.

Zurückschauend erkennen wir, daß auch die psychosexuelle Entwicklung des Menschen ein Wiederholungsphänomen ist. Nicht nur der Körper, auch die Seele muß zuerst die Hauptstationen der Phylogenese rekapitulieren, ehe sie ihre endgültige Form erreicht. Die phylogenetische Entwicklung beginnt bei den einzelligen Gameten; das erste Organ, das in der Embryogenese gebildet wird, ist der Mund –, und dementsprechend beginnt die Entwicklung der Psychosexualität bei der den Gameten eigenen Befriedigungsart: *der oralen Einverleibung*. Ebenso folgen in der nächsthöheren Stufe: hier Entwicklung des Afters und der Muskulatur, dort Aufrichtung der anal-sadistischen Organisation, entsprechend der Sexualfunktion der Gametozyten: *der analen Entleerung*. Und schließlich folgen Ausbildung der Geschlechtsteile des Körpers bzw. Zentralisation der Sexualität im Genitalprimat, entsprechend der Sexualfunktion der Gametozytenträger: *der eigentlichen genitalen Begattung*.

Durch diese Tatsachen erhält die Sexualtheorie von Freud von der Biologie her eine neuerliche Stütze. Die Biologen haben schon längst, unabhängig von Freud, auch solche Erscheinungen unter dem Begriffe der Sexualität subsumiert, die nichts mit dem, was allgemein unter Sexualität verstanden wird, gemein haben. Hingegen lassen sich die biologische und die psychoanalytische Auffassung zwanglos zur Deckung bringen. Vom Standpunkte der Biologie betrachtet, erscheint uns die prägenitale Sexualität als Überbleibsel einer längst vergangenen Epoche, die, ihrer biologischen Zwecke entkleidet, als ausgedienter und entlassener Söldner einer jeden Strömung ihre Dienste anbietet – was auch der psychoanalytischen Auffassung entspricht.

Wir müssen aber etwas bedenken. Wir haben drei Formen der Sexualfunktionen in der Biologie gefunden. Davon ist aber eine, die genitale Paarung, eigentlich »schon dagewesen«. Durch den Druck des Eros gezwungen, imitiert das Soma – zwar in einer verbesserten, den veränderten Umständen angepaßten Form – die Vereinigung der Gameten. Auch bei der Paarung verschmelzen die zwei Partner, ähnlich wie die zwei Gameten, so daß Ferenczi sie direkt Megaloon beziehungsweise Megalosperma genannt hat. Die genitale Vereinigung wäre demnach im Grunde genommen eine Regression.

Es gibt also bloß zwei Urformen von Sexualfunktionen: Vereinigung und Entleerung. Die primitivsten Formen abgerechnet, ist für das Tierreich die *Vereinigung* charakteristisch geworden. Die Folgen davon sind: gute Beweglichkeit, starker sexueller Dimorphismus, entwickelte Sinnesorgane, scharf umrissene Individualität und Teilnahme des ganzen Lebewesens am Sexualakt, d. h., das Individuum imitiert die Gameten. Im Pflanzenreich herrschen ganz andere Verhältnisse. Hier ist fast überall die *Entleerung* die Form des Sexualaktes für den Gametozytenträger, das Soma. Das Zusammenbringen der Geschlechtszellen (eigentlich Geschlechtsindividuen) wird mehr oder weniger dem Zufall überlassen, es wird bewirkt von Wasserströmungen, vom Wind und bei den höchsten Pflanzen von Tieren (hauptsächlich Arthropoden). Dementsprechend ist kaum Dimorphismus vorhanden, die Pflanzen sind im allgemeinen unbeweglich, haben keine Sinnesorgane, sind eigentlich keine Individuen, sondern Kolonien mit verwaschenen Individualitätsgrenzen, und nur Teile von ihnen werden von der Sexualität affiziert. Der Grund dieser Verschiedenheit mag vielleicht in der Ernährungsweise gesucht werden. Die Tiere nehmen im allgemeinen geformte organische Nahrung auf, und zwar durch den Mund; die Pflanze saugt hingegen gelöste bzw. gasförmige anorganische Substanzen mittels Diffusion ein. Wenn wir bedenken, wie innig Nahrungsaufnahme durch den Mund und die Sexualfunktion der Vereinigung zusammenhängen, so können wir vielleicht in dem Umstand, daß die Pflanzen nicht essen, den einen Grund ihres differenten Sexualverhaltens erkennen. Sicherlich ist aber auch die Assimilationsarbeit der Pflanze viel größer, und vielleicht ist dies der andere Grund ihrer schwächer entwickelten Sexualität. So blieb bei den Pflanzen die genitale Stufe aus, das eigentliche Geschlechtsindividuum (der Gametophyt) ist sehr verkümmert, wird z. B. durch den Blütenstaub beziehungsweise die entsprechende weibliche Zelle (Embryosackzelle) vertreten, die kaum mehr als Gametozyten sind.

Auf dem bisher verfolgten Weg wurden wir hauptsächlich durch das geschlechtliche Verhalten des Männchens geführt. Ein ähnlicher Entwicklungsweg könnte aber auch aus den weiblichen Geschlechtsfunktionen bzw. Geschlechtsorganen aufgebaut werden. Dies würde jedoch viel komplizierter sein und meine Arbeit bedeutend verlängern. Man müßte nämlich auch die Funktion der Brutpflege durch den mütterlichen Körper bei der Darstellung dieses Entwicklungsweges mitberücksichtigen. Bekanntlich hat diese Funktion den Mutterkörper noch entschiedener umgestaltet als die Befruchtungsfunktion den männlichen. Eine Konsequenz kann aber vorweggenommen werden. Was der Mann in einem einzigen Akte erledigen kann, wird bei der Frau geteilt. Die Sexualität der Frau besteht außer der Vereinigung noch aus der Brutpflege, also der Gravidität und der darauffolgenden Geburt und Laktation. Bei der Vereinigung ist die Frau der empfangende Teil; nimmt sie doch fremdes Element (Glied beziehungsweise Sperma) in sich auf; die Ähnlichkeit mit den oral-saugenden Betätigungen wird auch durch die fortlaufenden Kontrakturen der Vagina unterstrichen. Die anderen Bestandteile der weiblichen Sexualfunktion stehen den analen Erscheinungen näher. Es scheint also, daß bei der Frau die beiden Ursexualfunktionen – Vereinigung und Entleerung – nicht synthetisiert worden sind; in diesem Sinne ist sie also auf primitiver Stufe stehengeblieben. Hingegen bedeutet die Begattungsfunktion des Mannes ein Weiterentwickeln zur Synthese mit Hilfe einer Regression. Die phylogenetisch so spät entwickelte Vereinigung mit dem Partner ist biologisch eine Regression, die Nachahmung der Gametenfunktion; aber beim Manne ist mit dieser die Ausscheidung von Geschlechtszellen, also die eigentliche Gametozytenfunktion, zu einer untrennbaren Einheit verschmolzen. Sicherlich besitzt die Frau sowohl körperlich als auch seelisch Züge, welche uns viel primitiver erscheinen als die entsprechenden des Mannes. Aber umgekehrt müssen wir von anderen Eigenschaften des Mannes dieselbe Primitivität behaupten. Vielleicht könnten einige dieser beiderseitigen Primitivitäten mit Hilfe des biologischen Unterschiedes besser erklärt werden. Dieser Unterschied hat viel Ähnlichkeit mit dem Unterschied zwischen Tier und Pflanze. Bekanntlich ist auch bei den Pflanzen die Brutpflege sehr stark entwickelt. Dies mag der Grund sein, weshalb die Dichter so oft Frauen und Pflanzen miteinander verglichen haben, aber auch dafür, daß nach meinem Wissen in allen europäischen Sprachen die Pflanze weibliches Geschlecht, das Tier entweder männliches oder sächliches hat.

2. Individualität und Orgasmus

Es ist Zeit, uns zu besinnen. Bisher habe ich, um die Entwicklung von Sexualorganen und Sexualfunktionen zu erklären, Eros als von Eroberertendenzen beherrscht vorgestellt, also gegen das Verbot der Anthropomorphisierung gleich doppelt gesündigt. Wäre es nicht einfacher und auch wissenschaftlicher, den Grund dieser phylogenetischen Erscheinungen in den äußeren Verhältnissen, in den Milieuänderungen zu suchen? Nun ja, zum Teil ist dies geschehen. Das bunte Bild, das die Pilze in ihren Befruchtungsfunktionen, oder das die Würmer in ihren Begattungsfunktionen uns bieten, habe ich versucht, aus dem Umstande zu erklären, daß innerhalb dieser Gruppen der Übergang von mariner auf kontinentale bzw. parasitische Lebensweise sich vollzogen hat. Der Mangel an Wasser verlangt unbedingt besondere Vorkehrungen, die im Meer überflüssig sind. Wir haben im vorigen Kapitel auch eine Reihe derselben kennengelernt. Bekanntlich ist auch Ferenczi in seinen biologischen Untersuchungen[10] zu dem Ergebnis gekommen, daß Mangel an Wasser, oder vielleicht psychologisch richtiger gesagt, der Wunsch nach dem freundlicheren Meere bei den Landtieren die Genitalität entwickelt hat. Dieser Wunsch oder wie er ihn nennt: der *thalassale Regressionszug* wäre der Motor zur Entwicklung von echten Begattungsorganen, von innerer Befruchtung und von Fruchtwasser enthaltenden Schutzorganen (Amnien) für den Embryo. Nun, diese Trias wird in der Tat ausschließlich bei Landtieren (oder bei sekundär zum Wasserleben übergegangenen ehemaligen Landtieren) gefunden, aber nicht bei allen, nur bei den höheren Vertebraten (Säuger, Vögel, Reptilien). Die Insekten z. B., diese exquisiten Landtiere, haben wohl echte Begattungsorgane und innere Befruchtung, aber keine Amnien. Und auch die anderen (übrigens im Vergleich zu diesen zwei großen Gruppen verschwindend wenigen) Landformen verhalten sich ebenso wie die Insekten. Eben zufolge dieser Sonderstellung wurden die höheren Wirbeltiere als »Amniota« zusammengefaßt: Hierdurch sind wir aber gezwungen, von Ferenczis Trias die eine Eigenschaft als nicht allgemein fallenzulassen, oder sein Gesetz für den Kreis der Wirbeltiere einzuschränken. Für diese zweite Lösung spricht schon der grundlegende Unterschied in der Ontogenese zwischen den Chordaten und den Gliedertieren; erstere sind Deuterostomier, letztere Protostomier. Die im ersten Kapitel erwähnte Umwandlung des Urmunds zum After vollzieht sich nur in der ersten Gruppe.

Aber dies ist bloß ein Grund, den ökologischen Erklärungsversuch einzuschränken. Echte Begattungsorgane und innere Befruchtung finden wir nämlich auch bei ziemlich vielen Meerestieren. So z.B. begatten sich viele Fische durch Aneinanderpressen der Kloakenöffnungen, andere mit Hilfe von Gonopodien (Cyprinodontiden), andere wiederum benutzen dazu Mixipodien (Haifische), und schließlich entwickelt die Gattung Clinus ein penisarti-

---

[10] S. Ferenczi: a.a.O., Kap. VI.

ges Organ, das zwar hinter dem After liegt, aber schon Samenleiter und Harnröhre in sich aufnimmt und unbedingt zur Begattung dient, da die Gattung vivipar ist. Und dies neben so exquisit ausscheidenden Arten wie Hering usw. Ähnliche Buntheit zeigen uns in erster Linie die Würmer, aber auch alle übrigen Kreise, soweit sie noch Meerestiere in sich schließen. Mit der Gewöhnung ans Landleben verliert die Sexualität an Buntheit, wird immer weitergehend uniformisiert. So glaube ich nicht, daß für die Entwicklung von innerer Befruchtung und echten Begattungsorganen die Umweltsbedingungen des Landlebens verantwortlich zu machen sind, sondern im Gegenteil für die Ausrottung aller anderen Befruchtungsweisen. Hierdurch werden Ferenczis Resultate nicht entkräftet, nur in ein anderes Licht gerückt. Von den vielen vorhandenen Begattungsformen wurde diejenige ausgewählt und weiterentwickelt, welche den meisten Forderungen entsprochen hat. Diese war die genitale Form, einmal weil sie am besten zu den neuen Umweltsbedingungen paßte, dann auch weil sie den thalassalen Regressionszug am weitestgehenden befriedigte. Ich betone, daß diese Einschränkung nur für die zwei Erscheinungen: innere Befruchtung und Besitz von echten Begattungsorganen, gilt. Demgegenüber scheint die Amnionbildung bei den höheren Vertebraten durchaus ein Neuerwerb zu sein, wenigstens kenne ich kein Vorbild für sie im Meere. Für diese Erscheinung bleiben Ferenczis Ausführungen unbeschränkt gültig.

Unser Problem ist aber noch immer ungelöst. Was zwang die Lebewesen, noch im Meere Begattungsformen auszubilden? Ich meine, es wird nützlich sein, wenn wir die von mir supponierte Eroberertendenz des Eros als vorläufige Arbeitshypothese untersuchen. Lassen wir die Formen, über die ich im vorigen Kapitel berichtet habe, noch einmal an uns vorbeiziehen, so wird sich diese Generalisationstendenz der Sexualität uns immer unabweislicher aufdrängen. Vom Soma, das anfangs asexuell war, werden immer mehr und mehr Teile sexualisiert; und zwar dadurch, daß es irgendwie gezwungen wird, Leistungen der vor ihm schon dagewesenen Generationen (Gameten und Gametozyten) auf sich zu nehmen. Anfangs verrichtet es diese Zusatzleistungen mit Organen, die eigentlich zu ganz anderen Zwecken aus ihm differenziert wurden (Ausscheidung durch den Mund bei den Coelenteraten, durch die Metanephridien bei vielen Coelhelminthen, Benutzung von Gliedmaßen und Körperanhängen zur Spermaübertragung bei den Gliedertieren usw.; auch noch beim Menschen sind die Geschlechtskanäle eigentlich Ausführungsgänge der Nieren). Bald muß es aber spezielle Organe ausbilden, und schließlich wird es vollkommen von der Sexualität durchdrungen. Was war die Waffe, mit welcher Eros diesen Sieg erkämpft hat? Nun, darauf ist leicht zu antworten, wenn wir die Verhältnisse beim Menschen überblikken. Die Zauberwaffe des Eros kann nichts anderes sein als der Orgasmus.

Die Anfänge dieser Lust sind schon bei ziemlich primitiven Meerestieren nachweisbar, vielleicht schon bei den Würmern, sicher in allen höheren Kreisen. Die Merkmale, die man beobachten kann, sind durchaus der vollentwickelten Genitalität ähnlich; so höchste Erregung, tetanische Starre oder klonische Zuckungen, Gewalttaten, absonderliche Lagerungen vor und während der Paarung, Ruhe, volle Relaxation, oft auch katalepsieartige Zustände nachher. Wahrscheinlich spielen Lustvorgänge (d. h. übergroße Erregungen, die extrem schnell gelöst werden)[11] auch bei den anderen beiden Sexualfunktionen – ich meine die Vereinigung der Gameten und die Entleerung durch die Gametozyten – eine Rolle, aber so intensiv sind sie nur bei der Paarung der Gametozytenträger nachweisbar. Eine schöne psychologische Parallele hierzu bildet die empirische Tatsache, daß auf den prägenitalen Stufen kein Orgasmus, nur eine nicht weiter zu steigernde lustvolle Erregung zu beachten ist; männliche Analysanden geben an, den ersten eigentlichen Orgasmus erst bei der Samenentleerung gespürt zu haben, und Frauen berichten über einen vielleicht ähnlich zu deutenden Unterschied zwischen Klitoris- und Vaginalerregung. Es gehört wahrscheinlich auch hierher, daß bei allen extragenitalen Perversionen – und seien sie noch so absurd – die endgültige Befriedigung schließlich doch durch genitale Onanie erreicht wird. Aber woher diese Intensität?

Der einzige Analytiker, der sich mit der Herkunft dieser Intensität befaßt hat, ist Ferenczi. Ich zitiere seine Ergebnisse wörtlich[12]: »Rein physiologisch betrachtet, erschien uns der Koitus als der periodisch einsetzende Schlußakt der Ausgleichung einer während des ganzen individuellen Lebens sich ansammelnden, jede nichterotische Organbetätigung begleitenden unlusterzeugenden Libidospannung, die von den einzelnen Organen auf ›amphimiktischem‹ Wege aufs Genitale verlegt wurde.« »Es hat den Anschein, als ob unter den Bedingungen der Begattung eine aufs höchste gesteigerte Spannung unerwartet und ungemein leicht zur Lösung käme, so daß eine große Menge von Besetzungsaufwand plötzlich überflüssig wird. Daher die ungeheuer starke Lustempfindung ...« »Dieser Empfindung könnte aber irgendeine ›genitofugale‹ Rück-

---

[11] Vgl. S. Freud: Jenseits des Lustprinzips. Ges. W., Bd. XIII. – S. Ferenczi: a. a. O., Kap. V.
[12] S. Ferenczi: a. a. O., S. 50 f.

strömung der Libido in die Körperorgane parallel laufen, das Gegenstück jener ›genitopetalen‹ Strömung, die in der Spannungsperiode die Erregungen von den Organen zum Genitale leitete.« Durch diese einleuchtende *physiologische* Erklärung wird unser Problem zum Teil gelöst. Wie Ferenczi weiter ausführt, ist das Soma bestrebt, alle seine unerledigten oder auch in der Realität nicht zu erledigenden Wünsche reell oder symbolisch in der Begattungsfunktion zu vereinigen, um sie – so wie es eben geht – loszuwerden. In erster Linie werden hier genannt der ontogenetische Wunsch nach der Mutter und der phylogenetische nach dem Meere.

Jetzt verstehen wir, wie Eros seinen Diener noch heute unter seiner Herrschaft hält. Er belohnt ihn durch Erfüllung seiner reellen Wünsche und ködert ihn durch die Versprechung, alle seine Wünsche zu erfüllen. Aber wir wissen noch immer nicht, weshalb dieser Lohn und auch die Versprechungen auf dieser Stufe um so viel größer sein müssen als auf den beiden anderen, oder genauer gesprochen, weshalb die Erregung bei der Sexualfunktion der Gametozytenträger um so viel größer ist als bei denen der Gametozyten und der Gameten.

Wir haben im ersten Kapitel gefunden, daß die Gametozytenträger bei der Begattung eigentlich ihre eigenen Gameten imitieren. *Die Vereinigung der Gametozytenträger bei der Paarung ist jedoch nur interimistisch und partiell, die Vereinigung der Gameten hingegen total und ewig.* Nun sind die Einzelligen eigentlich keine Individuen, sie vermehren sich durch Teilung, und Individuum heißt: Unteilbares. Dies scheint ein bloßes Spiel mit Worten zu sein, ist aber mehr. Nach einem Vorschlag von Freud[13] können wir uns den Aufbau des Metazoënkörpers so vorstellen, daß die Lebenstriebe der einzelnen Zellen einander zum Liebesobjekt genommen haben. Je intensiver und fester diese Bindung ist, desto mehr verdient das Lebewesen den stolzen Namen: Individuum. Von zwei Seiten drohen dieser Individualität Gefahren: von außen der Tod, von innen die Verliebtheit. Es ist seit uralten Zeiten bekannt, daß verliebte Menschen keinen Appetit haben, blaß aussehen, schlecht schlafen und ihren Körper – wie es aus allen Märchen, Ritterromanen und Kinostücken zu erfahren ist – allen Entbehrungen aussetzen. Es ist merkwürdig, daß die Biologie genau dasselbe von den Tieren berichtet; nicht aber von den Pflanzen, die keine Individuen sind. Dies kann nicht anders gedeutet werden, als daß Verliebtheit irgendwie das Gefüge der Individualität, die Bindungen der Zellen aneinander lockert. Damit haben wir sicher

[13] S. Freud: Jenseits des Lustprinzips. Ges. W., Bd. XIII, S. 42 f.

einen Schritt über das rein Physiologische hinaus getan. Weiter aber kann man heute noch nicht gehen, unser Wissen rechtfertigt heute nur die Behauptung, daß Individualität, Sexualität und Tod eng zusammenhängen.

Wir wissen, daß die vegetativen Einzelligen potentiell unsterblich sind. (Versuche von Woodruff[14], Max Hartmann[15] u. a.) Die ersten Individuen im obigen Sinne, also nicht mehr teilungsfähig, sind die männlichen Gameten; sie sterben ab, wenn sie nicht befruchten können; dies wäre also der erste Tod aus inneren Ursachen. Die weiblichen Gameten behalten noch lange ihre Teilungsfähigkeit; so sind nach Schreiber[16] die berühmten unsterblichen Eudorina-Kulturen Hartmanns alle weiblich. Hier finden wir also, daß sexuelle Differenzierung zum Tode führen kann, aber nicht führen muß.

Bei den Gametozyten finden wir das Gegenteil. Hier kommt es bei vielen Arten vor, daß bei der Gametenbildung nicht der ganze Leib der Gametozyte verbraucht wird; das Überbleibsel, der sogenannte »Restkörper«, ist unausweichlich dem Tode verfallen. Dasselbe wiederholt sich bei dem ersten Gametozytenträger, bei Volvox. Nachdem die letzte Gametozyte sich entleert hat, stirbt das Soma ab. Es scheint also auf dieser Stufe sexuelle Undifferenziertheit unbedingt zum Tode zu führen.

Bei den Protisten ist das Bild also ziemlich verworren. Etwas Klärung bringen die nächsten Kreise. Hier finden wir das Soma schon entwickelter, aber noch asexuell. Es scheint hier noch dieselbe Fähigkeit zum ewigen Leben zu besitzen wie die vegetativen Zellen der Protisten. Bei den Coelenteraten ist ungeschlechtliche Fortpflanzung durch Teilung oder Knospung fast allgemein, aber auch bei den Würmern ziemlich häufig. In den noch höheren Gruppen kommt sie nur mehr ganz vereinzelt vor (Molluscoiden, Tunicaten). Dasselbe gilt für das Regenerationsvermögen; es ist bekanntlich praktisch unbegrenzt bei den Coelenteraten, sehr stark noch bei den Würmern und geht den höheren Gruppen bis auf Spuren verloren. Zerschnittene Stücke von Hydra, von Planaria, von Oligachaeten regenerieren das ganze Tier, Krebse und Eidechsen – um nur einzelne gut bekannte Beispiele zu nennen – können nur mehr die verlorene Extremität ersetzen und auch diese oft nur in verkümmerter Form; die noch höher entwickelten Tiere vermögen im besten Falle eine größere Wunde durch Narbengewebe eben zu schließen. Dies würde bedeuten, daß die Bindung

---

[14] L. Woodruff: Proc. Nat. Ac. Sc., 7 (1921).
[15] M. Hartmann: Arch. f. Protistenkde., 43 (1921), 223.
[16] Zit. nach H. Kniep: Die Sexualität der niederen Pflanzen. Jena 1928, S. 91, Fußnote.

der einzelnen Zellen oder Körperteile aneinander bei den unteren Gruppen noch ziemlich lose ist und erst bei den höheren Formen kräftiger wird. Die Individualität wird erst in der Phylogenese fester. Eine sehr beachtenswerte Parallele besteht zwischen diesen Eigenschaften und der Koloniebildung. Im allgemeinen bilden die asexuell sich fortpflanzenden, unbeschränkt sich regenerierenden Formen Kolonien; hingegen sind diese Eigenschaften bei den freilebenden Formen reduziert. Diese Scheidung ist nicht ganz streng, aber immerhin ziemlich weitgehend. So wurde ungeschlechtliche Fortpflanzung unter den Molluscoiden bei den koloniebildenden Endo- und Ektoprokten beobachtet, dagegen bei den alleinlebenden Brachiopoden nicht. Dasselbe Bild zeigen die Tunikaten; die Copelaten alleinlebend, nur mit geschlechtlicher Fortpflanzung, hingegen die Ascidien und Salpen koloniebildend und asexuell sich fortpflanzend. Bekanntlich ist Koloniebildung nur bei schwach entwickelter Individualität möglich.

Individualität bedeutet aber Unteilbarkeit, also unausweichlichen Tod. Und in der Tat finden wir sehr häufig, besonders bei den Insekten, Tiere, die nur einmal in ihrem Leben sich begatten und daran sterben. Und es gibt viele Beobachtungen darüber, daß Tiere (z.B. Schmetterlinge, Käfer usw.), die an der Paarung verhindert wurden, länger lebten als die Kontrolltiere. Bei den Vertebraten sind Tod und Begattung nicht so untrennbar verbunden; aber noch beim Menschen hören wir oft – von Dichtern und von Patienten –, daß im Gefühl der höchsten Wollust auch das Gefühl des Vergehens, des Hinsterbens miterlebt wird. Und noch ein Gefühl beherrscht die Liebenden: das Ineinanderschmelzen, das Aufgeben der eigenen Individualität. Wie ich oben gezeigt habe, kann die Seele nur schon Dagewesenes wiederholen, am ausgeprägtesten wiederum bei den Würmern. Bei einigen parasitischen Arten leben Männchen und Weibchen dauernd körperlich verbunden, so bei den Bilharzien und Didymozoën; hier sind also die Paare die Individuen.

Die ersten Individuen haben wir in den Gameten erkannt. Dementsprechend sind schon bei den koloniebildenden Coelenteraten, den primitivsten Metazoën, die Geschlechtsindividuen, die Medusen, meistens bestrebt, sich selbständig zu machen, sich zu individualisieren. Im ersten Kapitel habe ich erwähnt, daß auch die allerersten sexuellen Differenzierungen des Somas eben bei den Medusen beobachtet wurden. Diese Parallelität geht dann, ganz wenige Ausnahmen abgerechnet, durch das ganze Tierreich. Eine festgefügte Individualität – d.h. keine Koloniebildung, keine asexuelle Fortpflanzung, reduziertes Regenerationsvermögen – geht fast immer mit sexuell differenziertem Soma, also mit sexuellem Dimorphismus, mit gut entwickelter Begattungsfunktion und intensiven orgastischen Erscheinungen zusammen und umgekehrt.

Jetzt erscheint der Sachverhalt um einen Grad komplizierter. Unter dem Druck des Eros wurde das Soma nicht nur gezwungen, sich erotisieren zu lassen, es mußte sich auch individualisieren, wie einst die Gameten, um dann zu sterben. Begattungsfunktion und Sterblichkeit bilden in der lebenden Welt eine untrennbare Einheit. Der Orgasmus ist also nicht nur Lockspeise und zugleich Lohn für die übernommene Begattungsfunktion, sondern auch Trost für die dabei verlorengegangene Unsterblichkeit. Ich möchte mit diesem Bild das Dynamische im Verhältnis zwischen Soma und Keimzellen vergegenwärtigen. Es besteht ein ewiger Kampf. Das Soma möchte ein autonomes Individuum sein, abgeschlossen, nur seinen eigenen Gesetzen gehorchend. Es muß dennoch die Befehle des Eros ausführen, gehorcht aber nur widerwillig der fremden Macht, dem Erobererwillen. Und immer bleiben in ihm die Gameten (vielleicht auch die Gametozyten) ein fremdes Element, wesensfremde (die Körperzellen sind diploid, die Gameten haploid), selbständige Individuen, die ihr eigenes Leben, ihre eigenen Ziele haben. Vielleicht läßt sich der Vergleich noch erweitern: Die Eroberergameten leben abgesondert; nur bei besonderen Anlässen, bei großen Festen gestatten sie dem Pöbel Soma, ihre Freude als Zuschauer mitzugenießen; und sie beabsichtigen es sozusagen nicht, nützen es aber weise für sich aus, daß der Pöbel auch im Zuschauen und Mitgenießen eine so große Freude findet. Dies wäre die eine Seite des Verhältnisses. Auf der anderen Seite versucht das Soma, seine Herrscher abzuschütteln, sie gleich seinen Exkreten auszuscheiden.[17] Dies gelingt ihm einigermaßen noch im Meere, viel weniger schon auf dem Lande, und auch hier dem Manne besser als der Frau. Dieser biologische Unterschied ist sicher eine der Ursachen dafür, daß die Frauen neurotischer sind als die Männer.

Die Biologie gibt uns heute noch nicht genügend Material, um diese komplizierten Erscheinungen zu erklären. Aber auch die Psychologie noch nicht. So muß ich beim einzigen gesicherten Ergebnis stehenbleiben, dem nämlich, daß Individualität, Begattungsfunktion, Orgasmus und Tod zusammen erklärt werden müssen.

---

[17] Siehe S. Ferenczi: a.a.O., S. 85.

3. Reduktion und Neubeginn

Bisher haben wir die Zellen nur bis zur Verschmelzung beobachtet; wir wollen nun betrachten, was nachher geschieht. Es folgt eine rätselhafte Erscheinung: *die Kernreduktion*. Das Kernmaterial wird in mehrere Partikel zerteilt, meistens in vier; dann teilt sich entweder die Zelle in soviel Tochterzellen wie neue Kerne vorhanden, oder es wird der größere Teil der Kerne vom Plasma eingeschmolzen.[18] Dazu kommt noch eine Erscheinung, die für meinen Gedankengang wichtig ist. Bei der Gametenbildung oder wenigstens nach der Paarung wird sehr häufig – man kann sagen: fast immer – die Organisation der Zelle bedeutend vereinfacht. Die meisten Zellorganellen werden eingeschmolzen oder abgestoßen, so daß auch hochentwickelte Zellen in diesem Stadium äußerst primitiv erscheinen. Hierbei geht oft auch die bei den Gameten so stark ausgeprägte sexuelle Differenzierung verloren. Man kann

[18] Die ohnehin komplizierten Generationsverhältnisse werden durch die Berücksichtigung der Reduktion noch verwickelter. Wir bekommen es mit einem weiteren Faktor zu tun, den man berücksichtigen muß, nämlich ob das Kernmaterial einfach oder doppelt enthalten ist, oder wissenschaftlicher: ob die Generation haploid oder diploid ist. (Die seltenen Erscheinungen von totaler oder partieller Polyploidie möchte ich unberücksichtigt lassen.) Von vornherein sind zwei Fälle möglich und beide nachgewiesen. Es kann die vegetative Form haploid sein (die Gameten sind es selbstverständlich immer), durch die Paarung resultiert eine diploide Zygote, aus der durch Reduktion die haploiden Individuen hervorgehen (Beispiel A). Oder aber die vegetativen Individuen sind diploid, die Reduktion leitet die Gametenbildung ein, und nach der Paarung der haploiden Gameten gehen aus der diploiden Zygote die diploiden vegetativen Individuen hervor (Beispiel B).

Gameten sind immer haploid, vegetative Individuen können dagegen sowohl in der Haplo- als auch in der Diplophase auftreten. So ist bei den höheren Tieren das Individuum selbst diploid, aber besteht eigentlich aus zwei Generationen: aus dem Gametozytenträger und den Gametozyten. Die Haplophase wurde auf eine einzige Zelle, die Gamete, beschränkt, welche aber ein ganz selbständiges Individuum darstellt. Bei den Pflanzen und einigen ausgefallenen Tiergruppen sind die Verhältnisse noch komplizierter. Vermehrung kann an mehreren Stellen erfolgen, es können mehrere selbständige Individuen im Generationszyklus auftreten, die wiederum haploid oder diploid sein können usw.

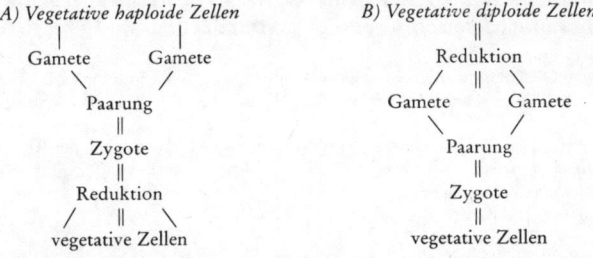

Beispiele: Grünalgen.   Beispiel: Infusorien, Amoeba diploidea.

sich des Eindrucks nicht erwehren, daß die Lebewesen auf ein frühes Entwicklungsstadium, auf längst verlassene Lebensformen regredieren, um ihr Leben von dort *neu zu beginnen*.[19]

Dieser Neubebeginn[20] spielt in der lebenden Welt eine sehr wichtige Rolle. Die Entwicklung jeder befruchteten Eizelle stellt einen Neubeginn dar. Auch die potentielle Unsterblichkeit mancher Lebewesen reduziert sich, wie die neuesten Versuche gezeigt haben, auf ihre Fähigkeit zum fortwährenden Neubeginn. Werden die Umweltbedingungen ungünstig, so ist die Folge fast immer Gametenbildung und Vereinigung. Um diese sexuellen »Epidemien« zu unterdrücken, muß der Experimentator die Lebewesen unter optimalen Bedingungen züchten, und auch dann gelingt es ihm nicht immer, jede sexuelle Erscheinung hintanzuhalten. Ein lehrreiches Beispiel dafür sind die jahrzehntelangen erfolglosen Bemühungen um die asexuelle Kultur von Paramäcien. Das Resultat ist bekannt: Es war die Entdeckung der sogenannten Parthenogenese dieser Tiere durch Woodruff und Erdmann, als unbedingte Etappe im Lebenszyklus dieser Tiere. Die Funktion der Befruchtung kann aber durch andere Revolutionen des Zellebens ersetzt werden. So in erster Linie – aber nur unter den günstigsten Außenbedingungen – durch die gewöhnliche Teilung. Wenn auch diese verhindert wurde, wenn also nur Assimilation und Wachstum stattfinden konnten und keine Reduktion des Systems möglich war, dann verfielen langsam alle Zellen dem Tode (Versuche mit Stephanosphaera, Gonium, Stentor, Hefe von M. Hartmann[21]). Die Reduktion des Systems mußte aber nicht unbedingt durch Teilung geschehen, auch durch wiederholte operative Verstümmelung gelang es, die Lebewesen – durch immer neue Regeneration – dauernd am Leben zu erhalten. So hat M. Hartmann ein Infusor (Stentor), einen Strudelwurm (Stenostoma)[22] und schließlich auch die Amoeba proteus[23] ohne Befruchtung und ohne Teilung monatelang weitergezüchtet. Am interessantesten sind in dieser Beziehung die Versuche von Goetsch[24]. Unter anderen Tieren hat er auch mit Planarien, diesen primitivsten Würmern, gearbeitet. Er ließ sie heranwachsen, bis eben die Geschlechtsreife bei ihnen be-

---

[19] Ähnliche Gedanken werden von vielen Biologen, so von Schaudinn, Verh. d. Dtsch. Zool. Ges. 15 (1906), 26 und M. Hartmann, z. B. Biol. Zbl. 42 (1922), 364 schon ausgesprochen.

[20] Über den Zusammenhang dieses Begriffes mit den schon bekannten der Regression und Wiederholung sowie über einige technische Folgerungen für die Charakteranalyse aus demselben möchte ich bei einer anderen Gelegenheit sprechen.

[21] M. Hartmann; Archiv f. Protistenkde., 43 (1921), 223.

[22] Ders.: z. B. Biol. Zbl., 42 (1922), 364.

[23] Ders.: Zool. Jb., Abt. f. allg. Zool., 45 (1928), 973.

[24] W. Goetsch: Biol. Zbl., 43 (1923), 481.

gonnen hatte, dann schränkte er das Futter ein. Die Tiere mußten hungern: es wurde Körpersubstanz eingeschmolzen, zuerst die Gonaden; wenn die Tiere etwa auf ein Zehntel ihrer schon erreichten Größe abgemagert waren, bekamen sie wiederum zu fressen usw. Auf diese Weise konnten dieselben Individuen über eindreiviertel Jahre, also praktisch dauernd am Leben erhalten werden. Ähnliche Resultate wurden selbstverständlich mit Coelenteraten erhalten. Es scheint also, daß nicht nur bei den Protisten, sondern auch bei den Metazoen die potentielle Unsterblichkeit auf der Fähigkeit zum Neubeginn beruht.

Die tiefste Stufe der Regression, d. h. der weitestliegende Ausgangspunkt des Neubeginns, ist immer die Zelle. Dem entspricht auch der Umstand, daß wir lebende Substanz, die nicht in Zellen organisiert wäre, nicht kennen. Was jenseits der Zellen liegen mag, wissen wir nicht. Aber wir wissen auch nicht, ob diese primitivste Zelle, der immer neu aufgesuchte Ausgangspunkt alles Lebens, sexuell differenziert oder asexuell vorzustellen ist. Nach den neuesten botanischen Forschungen von Pascher[25] sind die primitivsten Lebewesen die Flagellaten, und auch die Phylogenie sieht heute in dieser Gruppe die Quelle aller späteren Entwicklung. Auch die Neubeginntheorie kann mit diesem Fund zufrieden sein, sind doch die Flagellaten nach denselben Prinzipien sexuell differenziert wie die Gameten der mehrzelligen Tiere. Also wäre der Auftakt zur Ontogenese eine Regression auf die primitivste Form des Lebens.

Die befruchtete Eizelle, die Zygote, ist aber sexuell nicht differenziert. (Ich berücksichtige hier die mendelistische Geschlechtsbestimmung durch Heterochromosomen nicht, da sie erst in einem viel späteren Entwicklungsstadium zu wirken beginnt.) Es ist noch eine ungelöste Frage, ob die Zygote asexuell oder bisexuell ist. Gleichwertig damit ist die Frage, ob sexuell undifferenziertes Leben möglich ist. Es gibt einige phylogenetisch ganz rätselhafte Gruppen von Lebewesen (Cyanophyceae und Bakterien), bei denen bisher nie sexuelle Vorgänge beobachtet wurden. (Nur Schaudinn hat bei zwei Bakterien Erscheinungen gefunden, die er zur Sexualität gerechnet hat[26], aber seine Beobachtungen wie auch seine Deutungen stehen noch vereinzelt da.) Diese Formen werden meistens nicht als primitive, sondern als rückgebildete, verkümmerte aufgefaßt. Dies zugegeben, kann eine Rückbildung aber nur nach einer Form erfolgen, die schon einmal da war. Also wäre doch das Leben am Anfang asexuell gewesen? Nun, diese

[25] Arch. f. Protistenkde., 38 (1918), 1.
[26] Arch. f. Protistenkde., 1 (1902), 306 und 2 (1903), 421.

asexuellen Arten stehen ganz isoliert da, ohne verbindende Zwischenglieder; die geradlinige Entwicklung beginnt wahrscheinlich bei den Flagellaten. Vielleicht sind diese Störenfriede gar nicht unsere Verwandten, sondern Überbleibsel eines nicht gelungenen asexuellen Versuches der Natur? Auf all diese Fragen kann die Wissenschaft heute keine Antwort geben. Vielleicht aber führt es uns einen Schritt weiter, wenn wir hier anwenden, was wir beim Studium der Individualität gefunden haben. Die Gameten sind fast immer Individuen. Sie sind bestrebt, ihre Individualität aufzugeben, zu verschmelzen und dann sich zu teilen. Gleiches haben wir bei den Protisten gefunden. Nur äußerst günstige Verhältnisse, optimale Lebensbedingungen vermögen diese Lebewesen für eine Zeit von diesem Vereinigungsstreben zurückzuhalten. Nun, die resultierende Zygote ist bei allen Protisten und mindestens bei vielen Gruppen von Metazoen kein Individuum mehr. Ich denke an die sogenannten Regulationseier, die – ähnlich wie die erwähnten Tiere – zerschnitten sich zu zwei ganzen Embryonen entwickeln. Diese Beobachtungen sprechen eher für die Annahme eines sexuell noch nicht differenzierten Urlebewesens. Aber für bewiesen halte ich diese Annahme hierdurch noch nicht.

Um dem Tode zu entrinnen, also weiterleben zu können, müssen die Lebewesen ihr Leben immer wieder neu beginnen. Aber was gewinnen sie durch diesen Neubeginn, das heißt, was ist der Sinn desselben? Die Biologie ist derzeit nicht imstande, diese Frage zu beantworten. Für solche Fälle hat Ferenczi vorgeschlagen, Analogien aus einer gänzlich anderen Wissenschaft zu Hilfe zu nehmen. Er nannte dies die utraquistische Methode.[27] Nun, wir kennen sehr gut eine Art Neubeginn, denjenigen in der psychoanalytischen Kur; wollen wir doch durch die Kur den Patienten zu einem Neubeginn eines in der bisherigen Art nicht erträglichen Lebens verhelfen. Und wodurch erreichen wir das? Indem wir ihn von seinen erstarrten Reaktionsformen befreien und ihn dadurch zu einer erneuten Anpassung fähig machen. Wahrscheinlich geschieht ähnliches beim biologischen Neubeginn. Sehr oft haben Biologen den Kern als das Organisationszentrum der Zelle gedeutet, ihm schrieben sie die Leistung der Stoffwechselvorgänge, der Motilität und der Sexualität zu. Die Kernreduktion und die Vereinfachung der Zellorganisation, die mit der Befruchtung eng verknüpft sind, muten uns auch wie Befreiung von erstarrten Reaktionsformen an. In dieser Hinsicht wären also Neubeginn durch Reduktion und Neubeginn durch eine psychoanalytische Kur analoge Vorgänge. Es besteht aber ein prinzipieller Unterschied zwischen den beiden,

---

[27] S. Ferenczi: a.a.O., Kap. VI.

und der ist die Bewußtheit, man könnte sagen Absichtlichkeit der psychoanalytischen Kur.

Bisher haben wir uns nur durch gut fundierte wissenschaftliche Tatsachen leiten lassen; was nun folgt, ist Phantasie: Die Umwandlungen der Tiere während der Phylogenese erfolgten autoplastisch. Das heißt, wenn die Umweltbedingungen wechselten und dadurch einige Triebansprüche nicht mehr befriedigt werden konnten, paßten sich die betreffenden Arten dadurch an, daß sie ihren Körper veränderten. Als Modell solcher Veränderung können wir die Hysterie betrachten. Bei ihr sind es ebenso wie bei der phylogenetischen Anpassung an die veränderte Realität starke, unbefriedigte Es-Wünsche, die den Körper umzuformen vermögen. Der Mensch hat aber eine andere, bessere Möglichkeit, mit der Realität fertig zu werden. Er hat sich im Laufe der Phylogenese ein neues Organ – körperlich das Gehirn, seelisch das *Vbw* – geschaffen, mit dessen Hilfe er nunmehr die Umwelt nach seinen Wünschen verändern kann. So wurde der Schritt von der Autoplastik zur Alloplastik getan. Wir erleben eben jetzt einen neuen Entwicklungsschub, der den Fortschritt, wie gewöhnlich durch eine Regression, ermöglicht. Das *Vbw* des Menschen fühlt sich stark genug, nicht nur die Umwelt nach seinen Wünschen zu gestalten, es versucht dasselbe mit seiner eigenen Seele – in der psychoanalytischen Kur. Er bedarf aber dazu noch äußerer Hilfe – des Analytikers.

Die psychoanalytische Kur ist also ein Zwitterding, Autoplastik und Alloplastik zugleich. Es gehört keine allzu kühne Phantasie dazu, sich vorzustellen, daß es Zeiten geben wird, wo der Mensch diese Hilfe nicht mehr braucht. Er wird dann bewußt, absichtlich seine Seele und seinen Körper nach seinem Gutdünken umgestalten können. Diese Phantasie stammt gar nicht von mir; ich zitiere nur den ewig jungen G. B. Shaw. In einem seiner letzten Dramen, ›Zurück zu Methusalem‹, hat er diese Wesen ausführlich beschrieben. Er nennt sie sehr bezeichnend *Ancients*. Sie sind sehr alt, sehr weise, noch sexuell differenziert, haben aber keine sexuellen Wünsche mehr – und sie können sich umgestalten, »if they really wanted to«. Es ist interessant, daß selbst in der Phantasie des Dichters dieses Wissen und Können durch eine tiefe Regression erkauft werden muß. Diese Ancients leben wie Katatoniker; sie vernachlässigen ihre Kleidung, verkehren nicht miteinander, sprechen nicht, haben auch die Sprache zum Teil vergessen, sie sitzen bloß da und meditieren.

Nun, ich glaube, es ist ganz und gar nicht notwendig, unsere Zukunft so pessimistisch auszumalen. Es ist wahr, daß sehr oft, vielleicht immer, die neue Entwicklung durch eine Regression erkauft werden muß. Aber wie wir gesehen haben, muß durch diese Regression die Welt nicht unbedingt verarmen. Eros zwang zwar den Gametozytenträger, bis zu der primitivsten Sexualfunktion, zur Vereinigung, zu regredieren, schenkte uns aber dann die Liebe in ihrer tausendfachen Form. Es ist möglich, daß selbst jenes hohe Wissen und Können, das auch Shaw vorgeschwebt haben mag, mit einer tiefen Regression bezahlt werden muß, aber unsere Nachkommen müssen nicht auf dieser Stufe verbleiben. Sie können von dort aus ein neues Leben beginnen, das trotz vermehrten Wissens und Könnens noch bunter und intensiver sein kann als das jetzige.

Fußnote 8 von Seite 17

Die Beispiele für primitive Formen habe ich alle aus der Gruppe der Volvocales gewählt, teils weil sie ziemlich gut durchforscht ist, teils der althergebrachten Gewohnheit der Lehrbücher folgend.

Selbstverständlich kann ich hier diesen interessanten Weg nur ganz grob in seinen Hauptstationen verfolgen. Wie wir gesehen haben, sind die beiden ursprünglichen Formen der Sexualfunktionen anfangs voneinander absolut unabhängig; die Gameten vereinigen sich, die Gametozyten scheiden aus – und beeinflussen einander überhaupt nicht. Aber schon in den untersten Gruppen, vielfach noch vor Ausbildung der dritten Generation, kommen Ausnahmen vor, die gleichsam tastende Versuche der späteren großartigen Entwicklung bedeuten. Diese Entwicklung beginnt auf zwei Wegen. Erstens wird die sexuelle Differenzierung der Gameten erblich festgelegt, d.h. von der Umwelt unabhängig gemacht, dann aber werden langsam auch die Gametozyten zur sexuellen Differenzierung gezwungen. So sind noch – um bei den Volvocales zu bleiben – bei Chlorogonium euchlorum die Gameten einander der Gestalt nach gleich, jedoch schon sexuell streng differenziert. Ebenso verhalten sich die Gametozyten. Die Geschlechtsbestimmung erfolgt bei den ersten Teilungen nach der Befruchtung; von den entstandenen vier Zellen gehören zwei dem einen, zwei dem anderen Geschlecht an. Gleiche Verhältnisse herrschen bei den koloniebildenden Gonium und Pandorina. Bei Eudorina elegans dagegen sind die Gameten auch morphologisch verschieden, die Gametozyten aber morphologisch noch gleich, jedoch physiologisch streng sexuell differenziert. Ebenfalls bei Pleodorina. Der nächste Schritt vollzieht sich bei Volvox. Hier sind auch die Gametozyten verschieden und leicht als männliche Antheridien und weibliche Oogonien zu erkennen. Das hier schon entwickelte Soma dagegen ist noch sexuell undifferenziert.

Der andere Weg der Entwicklung besteht darin, daß außer den Gameten langsam auch die anderen Generationen in die Funktion der Vereinigung einbezogen werden, d. h. die Begattung beginnt. So verliert – bei den höheren Arten in allen Gruppen – die weibliche Gamete an Bewegungsfähigkeit und wird schließlich zum unbeweglichen Ei (Beispiel: Chlamydomonas coccifera usw.). Dann wird das Ei nicht mehr ausgeschieden, es verbleibt im Oogonium bis zur Befruchtung (Beispiel: Eudorina elegans usw.). Bei manchen Arten hilft dann das Oogon bei der Befruchtung mit. Ein berühmter Fall dafür ist Coleochaeta. Bei dieser Grünalge muß das Oogon vor dem befruchtenden Spermium sich öffnen und wird nach der Befruchtung zur sogenannten »Frucht«. Bei vielen Pilzen (Albugo Bliti, Pyronema, Mucor usw.) werden überhaupt keine Gameten mehr gebildet, die vielkernigen Gametozyten vollbringen selbst die Vereinigung.[1] Eigentlich geschieht dasselbe bei den ciliaten Infusorien, den höchstentwickelten animalischen Protisten. Hier sind die sich miteinander paarenden Individuen Gametozyten. Die Gametengeneration ist hingegen verkümmert, sie wird nur durch die zweierlei Kerne – stationärer und Wanderkern – vertreten (Paramäcien). In einer anderen Hinsicht sind diese Formen noch primitiv, die Gametozyte – das Individuum – ist bei ihnen sexuell noch nicht differenziert. Bei einer anderen festsitzenden Familie derselben Klasse, bei den Vorticelliden, ist auch dieser Schritt schon gemacht. Hier bleibt die weibliche Gametozyte an ihrem Standort, die männliche schwimmt umher, bis sie ihre Partnerin trifft und sie befruchtet. Dieser Vorgang, der eigentlich schon Begattung zu nennen wäre, ist bestimmend geworden für die Pflanzenwelt. Bekanntlich ist der Pollen, der Blütenstaub, ein der Gametozytengeneration durchaus homologes Gebilde[2]; er

---

[1] Die Pilze bieten ein überreiches Material zum Studium dieser Übergangserscheinungen. Leider verbieten mir die sehr komplizierten Verhältnisse in dieser Gruppe, hier näher auf sie einzugehen. Ich möchte aber nicht unerwähnt lassen, daß die Kompliziertheit der Sexualfunktionen der Pilze innigst mit dem Umstande zusammenhängt, daß innerhalb dieser Gruppe der Übergang vom Wasser- auf das Land-, eigentlich richtiger Luftleben, oder auch von der freien auf die parasitäre Lebensweise sich vollzogen hat. Die frei im Wasser lebenden Arten sind in sexueller Hinsicht den ursprünglichen Formen sehr ähnlich und umgekehrt. Ebenso verhält es sich – wie wir gleich sehen werden – mit der Gruppe der Würmer und noch später der Amphibien, die ebenfalls Übergangsarten sind. Dasselbe, was die Pilze für die Erotisierung der Gametozytenfunktion bedeuten, bedeuten die Würmer beziehungsweise die Amphibien für die der Gametozytenträger. Hierdurch wird die Annahme von Ferenczi bekräftigt, nach welcher die komplizierten Begattungsfunktionen erst nach der Katastrophe der Eintrocknung obligat wurden (a. a. O., passim, z. B. S. 68), nur daß er dies bloß für die Wirbeltiere ausführt.

[2] Mit dem einzigen Unterschied, daß er zur haploiden Generation gehört, während die Infusorien diploid, also bisexuell sind. Auf diesen Unterschied werde ich später zurückkommen.

bringt erst auf der Narbe der Partnerblüte die befruchtenden männlichen Gameten hervor und – man beachte die Ähnlichkeit seiner Funktion mit der analen – läßt sie erst durch einen Schlauch zu den Eizellen gelangen. Verschwindend wenige Ausnahmen abgerechnet, sind die Sexualfunktionen der Pflanzen nicht weiter entwickelt, d. h. ihr Soma wird nicht weitergehend erotisiert.

Anders bei den Tieren.[3] Hier werden die Gametozyten nie selbständig. Sie werden im Gegenteil langsam zu einem Organ, der Gonade, zusammengezogen, das Ovar beziehungsweise Spermar genannt wird. Dieses Organ, das von nun an eine wichtige Rolle im Organisationsplan des Tierkörpers spielt, wird immer mehr von der Körperoberfläche ins Innere des Tieres verlegt. Hand in Hand damit geht es, daß das Soma an der Sexualfunktion der Gametozyten teilnimmt. Bei den primitiveren Formen, wo die Gametozyten noch auf der Körperoberfläche angebracht sind, genügt das Platzen derselben, um die Gameten zu befreien (Schwämme, Hydra, Hydromedusen usw.). Bei den höheren Coelenteraten entleeren sich die Gonaden in die Körperhöhle (in den Gastrovascularraum) und gelangen dann durch den Mund in die Außenwelt. Wie wir sehen, wird das Soma in diesen beiden Kreisen – Schwämme und Coelenteraten – durch Sexualfunktionen nicht affiziert. Dementsprechend kommt auch ungeschlechtliche Fortpflanzung noch häufig vor (Gemmulae der Schwämme, Knospen bei den Polypen). Bei der nächsthöheren Gruppe – bei den Würmern – wird das Bild auf einmal äußerst bunt. Sicher liegt es zum Teil an dem polyphyletischen Ursprung dieser Tiere; nicht umsonst wurde dieser Kreis immer »die Rumpelkammer der Zoologie« genannt. Ich glaube aber, daß noch ein Faktor erheblich mitgewirkt hat, das Bild so kompliziert zu gestalten. Dieser Faktor ist die Änderung der Lebensweise. In dieser Gruppe ist nämlich vielfach der Übergang von frei im Wasser schwimmenden Formen auf parasitäre beziehungsweise auf dem Lande lebende erfolgt, so bei den Plathelminthes, Nemathelminthes, Anneliden usw., und überall findet man, daß die freien, im Wasser lebenden Arten einfachere Sexualfunktionen aufweisen als die nächstverwandten parasitischen oder kontinentalen. Es ist nicht uninteressant, daß schon bei den Würmern fast alle Begattungsfunktionen beziehungsweise Begattungsorgane – wenigstens in Ansätzen – auffindbar sind, die später eine so wichtige Rolle spielen. Aber auch die alten, primitiven Sexualfunktionen sind bei anderen Arten erhalten geblieben,

---

[3] Die folgenden Beispiele sind fast alle, auch wenn sie nicht als Zitate angeführt sind, aus dem großangelegten Werke von J. Meisenheimer übernommen (Geschlecht und Geschlechter. Jena 1921, Bd. I).

und auch ungeschlechtliche Fortpflanzung und Generationswechsel kommen vor. Es hat den Anschein, als ob hier in dieser Gruppe der entscheidende Kampf zwischen Eros und Soma ausgekämpft wurde; in den höheren Gruppen brauchte der Sieger nur mehr seine Herrschaft gegen ganz vereinzelte Rebellionen zu sichern; das Soma wurde der Diener des Eros.

In der ersten Phase zwang Eros das Soma, die Funktionen der Gametozyten zu übernehmen. Die Gonaden wurden bei der Bildung des Coeloms ins Innere des Körpers gezogen und so von der Außenwelt abgesperrt. Die Entleerung der Gameten mußte von nun an das Soma besorgen. Anfangs geschah es wahrscheinlich durch einen ad hoc gebildeten Riß der Körperwand, wie wir es bei Volvox gesehen haben; z.B. manche Strudelwürmer und Anneliden, Balanoglossus, und auch die zu den Chordaten gehörenden Appendicularien. Bei vielen polychaeten Ringelwürmern werden besondere Körperteile gebildet, die sogenannten *epitoken* Geschlechtsteile, die sich, durch Gameten prall gefüllt, vom Mutterkörper loslösen und so die Entleerung der Gameten besorgen. Und ähnlich wie bei Volvox sterben auch hier viele Tiere an dieser Entleerung.

Bei anderen Arten werden dann Ausführungskanäle gebildet. Den Übergang zu dieser Gruppe bilden Arten, bei denen der ad hoc gebildete Riß schnell heilt. Daran schließen sich Arten an, die nur zur Zeit der Gametenreifung diese Kanäle entwickeln, so einzelne Nemertinen und die Crinoiden unter den Stachelhäutern usw. Dann kommen Arten mit bleibenden Kanälen; diese Kanäle werden schon öfters in dieser Gruppe mit den Ausführungswegen der Nephridien verbunden, gleichsam als erste Ansätze zum späteren Urogenitalsystem.[4] Bei diesen hat also das Soma die Funktion der Entleerung voll auf sich genommen. Diese Arten sind sehr zahlreich und noch in den höchsten Gruppen zu finden. So viele Ringelwürmer, die primitiveren Schnecken, die meisten marinen Muscheln, die Echinodermen, die Tunicaten und noch viele Fische.

Der nächste Schritt war, daß Eros die Gametozytenträger zwang, die Gameten gleichzeitig zu entleeren. Dies ist besonders leicht bei festsitzenden Aquarientieren zu beobachten. Fängt eines mit der Entleerung an, so folgen die anderen nach. Fast immer sind es die Männchen, die beginnen. Das großartigste Beispiel für diese Form ist wohl das Verhalten der Heringe. Auf dieser Stufe findet man auch die ersten deutlichen Spuren von sexueller Erregung, vielleicht schon bei einzelnen Medusenarten, aber sicher bei den Brachiopoden, Chitonen und Prosobranchiern.

---

[4] Vgl. S. Ferenczi: a.a.O., S. 80 ff.

Eigentlich noch vor den Würmern beginnt eine andere Linie der Entwicklung. Die weiblichen Gameten werden nicht mehr ausgeschieden, nur die männlichen. Diese müssen dann die Befruchtung im Innern des Muttertieres vollbringen (sogenannte »innere Befruchtung«). So geschieht es bei der Edelkoralle, bei manchen Röhrenwürmern, bei vielen Muscheln (Unio, Anodonta) und bei dem berühmten Callistochiton viviparus, der mit Recht seinen Namen trägt, usw. Aber das Vatertier hat noch nichts mit diesen Vorgängen zu tun, seine Gameten müssen dieser Aufgabe allein gerecht werden.

Nun greift aber Eros wieder ein und zwingt die Individuen – die Gametozytenträger –, nachdem sie die Arbeit der Gametozyten zum Teil schon übernommen haben, nunmehr dazu, auch die Rolle der Gameten zu spielen. Die Anfänge sind wiederum bei den Würmern zu finden. So vereinigen sich bei manchen Nemertinen mehrere Individuen zu der Gesamtentleerung; die Mehrzahl reduziert sich bei anderen Arten bald auf zwei, und so bleibt es bis zu den höchsten Tieren. Beispiele für diese Form sind in allen höheren Tierklassen zu finden, das bekannteste ist das der Amphibien. Hier mußten aber noch besondere Vorkehrungen getroffen werden, um bei den kontinentalen Arten das fehlende Wasser zu ersetzen.[5] Ansätze dazu finden wir wiederum bei den Würmern, wo z.B. die auf dem Lande lebenden Regenwürmer sich mit einer zähen Schleimmasse für die Zeit der Spermaübertragung fest verkitten; die Spermien werden gegen die Eintrocknungsgefahr in Spermatophoren verschlossen. Spermatophoren werden vom Männchen abgegeben und vom Weibchen aktiv aufgenommen noch bei den Salamandern und Tritonen; Sekretmassen ersetzen das fehlende Wasser noch bei vielen Kröten und Fröschen. Aber überall auf dieser Stufe entleert das Männchen seine Gameten noch in die Außenwelt, wenn auch in die Nähe oder auch direkt an den Körper seines Partners.

Was nun folgt, ist wohl das phantastischste Kapitel der Zoologie. Es ist staunenerregend, was alles Eros in Bewegung gesetzt hat, um eine sogenannte »innere Befruchtung« zu ermöglichen. Für diesen Zweck werden – man kann ohne Übertreibung behaupten – alle Körperteile ausnahmslos ausprobiert. Besonders die Gliedertiere – diese Wunder der Feinmechanik – zeigen ganz ausgefallene Beispiele. Fühler, Cheliceren, Mundteile, Beine usw. werden benützt, um die Spermien – meistens zu Spermatophoren vereinigt – an die weibliche Geschlechtsöffnung zu bringen, oder aber in dieselbe hineinzustopfen. Die Entwicklung geht dann wei-

---

[5] Vgl. dazu S. Ferenczi: a.a.O., passim, z.B. S. 68.

ter, es tritt Arbeitsteilung ein, und für jede Phase des Geschlechtsaktes werden nur bestimmte Körperteile benützt und ihrer Bestimmung entsprechend umgeformt. So entstehen die *Gonopodien,* diese ausgesprochen männlichen Organe, die ursprünglich Körperanhänge oder Bewegungsorgane waren und nun den Dienst der Spermaübertragung versehen. Greiforgane, Fang- und Halteapparate, Zangen, Taschen, Haken, Blasen, Leitungsrinnen und Kanäle, Pumpen, Dilatoren usw. werden gebildet, gleichgültig woraus. Ihre Funktion besteht darin, daß sie das frei abgesetzte Sperma interimistisch aufnehmen und es dann in den weiblichen Körper weiterbefördern. Noch ausgefallener sind diese Formen bei den Tintenfischen. Hier kann auch der eine Arm oder ein Armpaar die Funktion des Gonopods versehen, eventuell auch als Leitungsrinne ausgebildet sein; bei den Argonautiden löst sich dieser Arm vom männlichen Körper ab und gelangt mit den Spermien beladen selbständig in die weibliche Mantelhöhle. Die Biologen waren lange unschlüssig über die Natur dieser aufgefundenen Gebilde, sie wurden lange für Parasiten gehalten; aus dieser Zeit stammt auch ihr Name *Hectocotylus.* Auch noch bei einzelnen Fischen (bei den lebendig gebärenden Cyprinodontiden) entstehen Gonopodien aus der Afterflosse.

Schon früh, wiederum bei den Würmern, fängt eine andere Linie an, die eigentlich nur eine spezielle Form der vorigen ist. Das Sperma wird direkt aus Geschlechtsöffnung in Geschlechtsöffnung übertragen, also ohne in die Außenwelt zu gelangen. Hierbei werden auch Hilfsorgane entwickelt, aber sie differenzieren sich aus den äußeren Leitungswegen der Genitaldrüsen heraus und werden daher echte Begattungsorgane genannt. Am primitivsten geschieht dies wohl durch einfaches Aneinanderpressen der Geschlechtsöffnungen, wie es bei vielen viviparen Fischen und einigen Salamandern zu beobachten ist. Manche Arten entwickeln hierzu Hilfsorgane, sogenannte Mixipodien, die entweder die beiden Genitalöffnungen fester verankern oder auch, in die weibliche Öffnung hineingestoßen, sie erweitern. Solche Gebilde besitzen die Rundwürmer (hier Spicula genannt), manche Insekten (Grillen und Laubheuschrecken usw.) und die Haifische. Die Funktion dieser Apparate wird oft durch Drüsensekrete unterstützt. – Ein echter Penis entsteht zuerst bei den Plattwürmern. Aber auch bei anderen Würmern finden wir entweder rohr- oder zapfenartige Gebilde, die schwellbar oder auch ausstülpbar sind. So bei manchen Strudelwürmern, Oligochaeten und Hirudineen. Ähnliche Organe bilden die Schnecken und manche Gliedertiere, die sich aus fast allen Untergruppen dieser Klasse rekrutieren. Das Organ wird entweder durch Muskelwirkung oder aber schon durch die einströmende Körperflüssigkeit erigiert, also Verhältnisse, die denen der höchsten Tiergruppen durchaus ähnlich sind. Vielleicht am kompliziertesten sind die Organe der höheren Insekten gebaut, aber im Prinzip sind auch sie Wiederholungen der beiden Urfunktionstypen: Muskelwirkung oder Blutdruckerhöhung. Auch die Verhältnisse bei den Wirbeltieren bedeuten in prinzipieller Hinsicht nichts Neues.

Bevor ich das Ergebnis dieses Exkurses zusammenfasse, muß ich noch eine Leistung des Eros weiter verfolgen. Wie wir gesehen haben, sind zuerst nur die Gameten sexuell differenziert; diese Differenz kann vorerst nur physiologisch sein; in diesem Falle sind die Gameten der Gestalt nach vollkommen gleich, nur daß manche von ihnen nur mit bestimmten kopulieren, mit anderen aber nicht. Hier kann noch nicht von »männlich« und »weiblich« gesprochen werden, die Biologen bezeichnen diese beiden Geschlechter mit + und − und dgl. Bald werden die zwei Formen auch morphologisch ausgebildet; die sexuelle Differenzierung wird dann langsam auch auf die Gametozytengeneration ausgedehnt. Das Soma bleibt aber lange unberührt. Bei den Schwämmen und Coelenteraten war das meiste, was Eros erreichen konnte, daß einige Arten schon getrenntgeschlechtlich geworden sind. Wir wissen aber herzlich wenig darüber, wie er es getan hat. Bei einigen Formen dieser Stufe ist ihm sogar gelungen, eine Art sexuellen Dimorphismus hervorzurufen. Manche Ovarien sind auffallend anders gefärbt als die entsprechenden Spermarien, und so sind bei einigen getrenntgeschlechtlichen Arten die männliche, beziehungsweise weibliche Gameten produzierenden Individuen unterscheidbar (Edelkoralle). Ob diese schon »Männchen« beziehungsweise »Weibchen« genannt werden dürfen, steht noch dahin; alle anderen Teile des Körpers sind absolut gleich. Ganz vereinzelt kommt es auch vor, daß auch das Soma oder richtiger nur Teile von ihm anders gefärbt erscheinen (Meisenheimer kann bloß zwei solche Medusenarten – a. a. O., S. 442 – aufzählen). Auch bei den Würmern kommen solche ungeschlechtlichen Formen vor, denken wir nur an den vielfach vorkommenden Generationswechsel, aber auch an die noch häufige ungeschlechtliche Fortpflanzung in dieser Gruppe, die in keiner höheren mehr vorkommt[6] (von den Tunicaten abgesehen). Auch dieser Kampf wurde von Eros gewonnen. Alle höheren Tiere sind geschlechtlich differenziert; anfangs kann die Differenzierung noch zwittrig sein, bei den höchsten Formen, Insekten und amnioten Wirbeltieren, sind es nur vereinzelte Individuen – also wahrscheinliche Fehlentwicklungen, die nicht streng einge-

---

[6] E. Korschelt: Ungeschlechtliche Fortpflanzung, Z. f. wiss. Zool., 117 (1917), 361.

schlechtlich sind. Dies ist wiederum eine Bestätigung von Ferenczis Genitaltheorie, da diese beiden Gruppen eigentlich alle Landtiere enthalten, von denen nur wenige sekundär wieder zu Wassertieren geworden sind. Nun ist nach Ferenczi echte Begattung erst bei den Landtieren obligat geworden, und sicher steht die strenge Trennung der Geschlechter in ganzen Tiergruppen mit der obligaten Begattung in Zusammenhang.

II. Zwei Notizen über die erotische Komponente der Ich-Triebe (1933)

1. Anpassung und Erziehbarkeit

Will man in das weite Gebiet der Ich-Triebe ein erstes ordnendes Moment hineintragen, so erweist sich die Intensität ihrer erotischen Komponente als ein Merkmal, das geeignet ist, sie in eine Reihe zu ordnen. An dem einen Ende der Reihe stünden Funktionen, die gar keine oder verschwindend wenig erotische Lust verursachen, am andern Ende solche, bei denen man unschlüssig wird, ob sie nicht besser zu den Sexualfunktionen zu rechnen wären. Die Reihe wäre etwa die folgende: Herzarbeit... Atmen... Muskelaktionen... Aufnahme von Flüssigkeit... von festen Speisen... dann die verschiedenen Ausscheidungen (Harn, Stuhl)... weiter die weitgehend erotisierten »Herdeninstinkte«, wie Ehrgeiz usw.... und schließlich könnten die Charakterzüge angereiht werden – die im Erwachsenen sicher erotisch-triebhaft erscheinen, denen aber doch die Ich-Triebkomponente nicht abgesprochen werden kann – wie Hartnäckigkeit, Ausdauer, Neid, aber auch Großzügigkeit, Gelassenheit und dergleichen mehr. Die Reihe könnte eventuell noch fortgesetzt und sicher könnten viele Glieder in sie interpoliert werden, aber für unseren Zweck genügt sie in dieser vorläufigen Gestalt.

Es ist merkwürdig, daß man zu genau derselben Reihenfolge gelangt, wenn die Triebhandlungen nach ihrer Erziehbarkeit eingereiht werden. Die Herztätigkeit wird meines Wissens nirgends erzogen (es gibt zwar einige Menschen, die ihren Herzrhythmus beeinflussen können, sie sind aber so selten, daß sie damit ihren Lebensunterhalt verdienen); das Atmen wird schon bei einigen Tauchervölkern und bei Sportlern trainiert; das Trinken wird bereits öfter und das Essen fast überall an bestimmte Zeitpunkte gebunden; die Erziehung der Ausscheidungsfunktionen ist praktisch bei allen Völkern der Erde obligat. Man glaubt deshalb mit der Behauptung nicht fehlzugehen, daß eben die erotische Komponente die Ich-Triebe erziehungsfähig macht. Sie ist es, die eine Bindung an die Erzieher ermöglicht. Durch ihre Befriedigung in dieser Übertragungsliebe wird die erzogene Person für die Versagung der ursprünglichen Triebströmung entschädigt und dadurch zum Erdulden der Erziehung fähig gemacht.

Wenn wir nun die vorhin aufgestellte Reihe biologisch betrachten, sehen wir, daß zu Anfang solche Funktionen stehen, die praktisch automatisch erfolgen, die also *am besten angepaßt* sind. Demgegenüber stehen am Ende Funktionen, die *zur Anpassung erzogen werden müssen*, die also ursprünglich noch nicht angepaßt sind. Es ist nebensächlich, daß dies wegen der (durch die Kultur) abgeänderten Verhältnisse so ist; sie sind eben diesen Verhältnissen noch nicht angepaßt: sie stecken noch im Anpassungsprozeß. Dementsprechend werden die Anfangsglieder schon im intrauterinen Leben (Herzarbeit, z.T. Muskelaktionen) oder gleich nach der Geburt (Atmen) betätigt, und zwar ohne vorheriges Erlernen; dagegen müssen die späteren gelernt werden. Diese Scheidung ist nicht ganz streng; manche Kinder müssen auch das Atmen lernen (Asphyxie kommt auch ohne Verschulden der Mutter vor), andere wiederum stecken die Fingerchen sozusagen noch während der Geburt in den Mund.

Zusammenfassend könnte man also sagen: die Vorbedingung der Anpassung ist die Erotisierung des betreffenden Ich-Triebes.[1] Diese Erotisierung wird so lange aufrechterhalten, als noch Anpassungsarbeit zu leisten ist. Dann wird die erotische Komponente langsam abgelöst (wahrscheinlich um anderswo verwendet zu werden), und damit verliert die betreffende Ich-Triebfunktion ihre Erziehbarkeit; sie wird starr, automatisch, reflexähnlich.

Hierdurch wird die so umstrittene Orthogenesis verständlich, d.h. deutbar. Wenn eine Entwicklungsrichtung ihre erotische Komponente verliert, mit der sie an den Gesamtorganismus und dadurch an die Realität gebunden war, so wird sie sich nunmehr geradlinig, d.h. ohne Rücksicht auf die Realität, nur nach den immanenten Tendenzen weiter entwickeln, was schließlich zu bizarren Formen führen kann (vgl. die immer zitierten Beispiele *Titanotherium* und *Ammonites*). Im extremen Falle kann dieser Verlust der erotischen Komponente, d.h. Verlust der Liebe zur Realität, zum Aussterben der betreffenden Art durch den Verlust der Anpassungsfähigkeit führen.

Der obige Sachverhalt klärt auch auf, warum bei allen Trieben eine erotische Komponente gefunden wurde. Diese ist im allgemeinen um so größer, je jünger (phylogenetisch) der betreffende Trieb ist. Es ist nicht unmöglich, daß Reflexe auch dadurch entstanden sind, daß eine solche erotische Komponente praktisch zu

---

[1] Ein schönes Beispiel hierfür ist die Tierbändigung, die Anpassung der Tiere an die Kaprizen der Menschen. Die Bändiger sind im allgemeinen (besonders ausdrücklich in der Phantasie der Dichter) erotisch stark anziehende Menschen – und häufig wählen Frauen männliche, Männer weibliche Tiere. Eifersuchtsszenen sind (nicht nur in der Dichtung) keine Seltenheit; so hat z.B. unlängst im Budapester Zoo der zukünftige Gatte einer neuangekommenen Elefantenkuh ihren Lieblingswärter, einen Hindu, arg mißhandelt.

Null reduziert wurde. In diesem Falle könnte man vielleicht den so lange gesuchten »reinen Todestrieb« unter den Reflexen auffinden; vielleicht könnten die schon bekannten Totstellreflexe uns hier den Weg zeigen.

Prinzipiell kann die Möglichkeit nicht abgewiesen werden, daß nicht mehr (oder nur mehr wenig) sexualisierte Ich-Triebfunktionen *regressiv* wiederum erotisch besetzt werden. Nach meiner Meinung ist dies der Mechanismus der Entstehung psychogener organischer Krankheiten. Beispiele dafür sind unschwer zu erbringen: so die Rhythmusänderungen des Pulses bei Gemütserregungen, Extrasystolie, dann das psychogene Asthma, die so häufigen »Organneurosen« aus dem Gebiete der Eß-, Trink- und Ausscheidungsfunktionen usw. Demnach wären diese Fälle und erst recht die hysterische Konversion das regressive Modell der Artumwandlung. In der Konversion besetzen starke, unerledigte Es-Wünsche Ich-Funktionen, die während der Phylogenese schon desexualisiert wurden; in der Artentwicklung hingegen solche Ich-Funktionen, die bisher noch nicht erotisiert worden sind.

Während der analytischen Kur wird die erotische Besetzung, die zu einem hysterischen Konversionssymptom geführt hat, zurückgezogen und anderweitig – mehr realitätsgerecht – verwendet. Dies mag der eine Grund dafür sein, daß nach beendeter Analyse die Patienten im allgemeinen nicht mehr fähig sind, ihre Symptome zu produzieren, während doch a priori nichts dagegenstünde, daß sie jetzt, nachdem der Mechanismus der Symptombildung ihnen bewußt wurde, die Symptome noch sicherer – nämlich absichtlich, nach ihrem Ermessen – hervorbringen könnten.

Aber – keine Regel ohne Ausnahme. Es wird berichtet, daß es Menschen gibt, die so etwas vermögen. Es existieren Vorschriften (Yoga, Buddhismus und die Exerzitien des Ignatius von Loyola), die sich zum Ziel setzen, die verschiedensten – von uns gewöhnlichen Sterblichen unkontrollierbaren – Körperfunktionen unter die Herrschaft des Bewußtseins zu bringen. Dies geschieht, wie Alexander[2] ausgeführt hat, durch eine sehr weitgehende Verwandlung der Objektlibido in narzißtische Libido, was dem Ziele, welchem eine analytische Kur zustrebt, sicher diametral entgegengesetzt ist. Dies mag auch das so verschiedene Endergebnis erklären.

Hier muß ich gleich einem Einwand begegnen. Sicher wird man diesen Gedanken entgegenhalten, daß sie den Narzißmus nicht genügend berücksichtigen. Man könnte z.B. sagen, die Orthogenesis sei nicht durch den Verlust der erotischen Komponente verursacht, sondern umgekehrt durch die sehr weitgehende Verwand-

---

[2] F. Alexander: Der biologische Sinn psychischer Vorgänge, Imago, 9 (1923), 23 ff.

lung von Objektlibido in narzißtische Libido, wie Freud es bei den malignen Tumoren supponiert hat. Sicherlich hat das phylogenetische Phänomen der Orthogenesis viele gemeinsame Züge mit dem ontogenetischen Phänomen der Geschwulstbildung. In beiden Fällen wachsen Körperteile ungehemmt, ohne auf das Wohl des Ganzen zu achten, und rufen dadurch den Untergang des Individuums bzw. der Art hervor. Aber selbst Freud setzt das Wort »narzißtisch« in diesem Zusammenhang in Anführungszeichen[3], womit er offenbar den nur metaphorischen Gebrauch deuten will. Ob dieser schöne Vergleich die Realität tatsächlich beschreibt, d. h., ob in den Zellen Vorgänge wie gegenseitige Libidobesetzung oder absolut narzißtisches Benehmen usw. ablaufen, ist bei weitem noch nicht bewiesen. So ist es z. B. klinische Tatsache, daß ein Mensch seinen Magen oder seine Schönheit (seine Linien, Farben usw.) narzißtisch liebt; aber – nach meiner Meinung – kann der Ausdruck, daß sein Magen sich selbst – narzißtisch – liebe, nur einen metaphorischen Sinn haben. Aber auch wenn so etwas existierte, ändert dies nichts an den dargelegten Gedanken. In praxi läuft es auf dasselbe hinaus, ob eine Funktion oder eine Tendenz deshalb keine Rücksicht auf die Realität oder auf den Gesamtorganismus nimmt, weil sie nicht mehr erotisch besetzt ist, oder weil sie die ganze Besetzung durch narzißtisches Verhalten aufgebraucht hat. Ich glaube aber, daß meine Annahme im Rahmen der Psychologie bleibt – und das ist für diesen Zweck der festere Boden.

So spreche ich in der ganzen Mitteilung absichtlich nur von der erotischen Besetzung eines Organs oder Körperteils, die also vom organisierten Ich ausgegangen ist bzw. wiederum dorthin zurückgezogen wurde. In dieser Hinsicht enthalten meine Ausführungen überhaupt keine neuen hypothetischen Elemente. Ich wollte nur versuchen, wie weit man mit diesen gut bekannten, altbewährten Vorstellungen auf dem Gebiete der Ich-Triebe vorwärtskommen kann.

2. Organogene und psychogene Körperkrankheiten

Es gibt noch eine dritte Art von Phänomenen, die herangezogen werden können, um die Erotisierung einer Ich-Funktion als Vorbedingung ihrer Anpassung zu erweisen: die ziemlich umstrittene psychoanalytische Beeinflussung von Körperkrankheiten. Wir

---

[3] S. Freud: Jenseits des Lustprinzips. Ges. W., Bd. XIII, S. 54.

wissen seit Ferenczis bahnbrechenden Studien, daß die meisten organischen Krankheiten – vielleicht alle – eine große Störung im Libidohaushalt des Menschen verursachen; und zwar dadurch, daß die erkrankte Körperpartie stark libidinös besetzt wird. Solch ein Vorgang ist vor allem die Wundheilung oder allgemeiner die Entzündung. Schon Ferenczi hat hervorgehoben, daß die klassischen Merkmale der Entzündung: *calor, dolor, rubor, tumor et functio laesa,* eigentlich ebenso genau auf die genitale Erregung passen. Dies legt den Gedanken nahe, daß die Entzündung nicht nur psychologisch, sondern auch biologisch mit einer intensiven Erotisierung der betreffenden Körperpartie untrennbar verbunden ist. Wahrscheinlich ist diese Erotisierung die Vorbedingung für das erste Auftauchen der Vorstellung vom betreffenden inneren Organ im Bewußtsein. Solange wir gesund sind, wissen wir von unseren inneren Organen herzlich wenig, besonders wenn wir dieses verschwommene Wissen den so detaillierten Angaben der Kranken gegenüberstellen.

Nun ist die Entzündung das Kernproblem der gegenwärtigen Pathologie, etwas übertrieben könnte man sagen: die Lehre von der Entzündung ist die Pathologie. Es ist bekannt, daß noch immer nicht endgültig entschieden ist, ob die einzelnen pathologischen Prozesse, wie Hyperämie, Stase, Ödem, Atrophie, Degeneration, Metaplasie, Hypertrophie, Geschwulstbildung usw., tatsächlich selbständige Erscheinungen oder nur extreme Fälle von Entzündung sind, die nur aus Gründen der Didaktik oder Systematik als selbständige Gebilde beschrieben werden. Sicher ist für alle Fälle, daß nach etwas längerer Dauer bei allen diesen Partialprozessen unabweislich die weiteren Merkmale der Entzündung nachweisbar werden. Die einzelnen Krankheiten wären also weniger durch das Wesen des Krankheitsvorganges selbst, als durch seine Lokalisation voneinander verschieden, wie auch unsere Diagnose vor allem eine lokalisatorische ist. Demnach wäre jede Krankheit oder genauer: die überwiegende Mehrzahl der Krankheiten, im Grunde genommen Entzündung – und daher untrennbar mit der Erotisierung verbunden.

Die beiden bisher so streng voneinander geschiedenen Krankheitsarten: organische und funktionelle, sind also, von dieser Seite betrachtet, identisch. Ein Hauptcharakteristikum ist beiden gemeinsam: die Erotisierung; verschieden ist nur die Ursache und eventuell der Mechanismus derselben. Im Falle einer Neurose kann der Mensch einige seiner triebhaften Es-Wünsche wegen der versagenden Kulturforderungen nicht befriedigen. Er paßt sich dieser Situation an, indem er seine Triebwünsche verschiebt, d. h. sie in seine Symptome konvertiert. Er besetzt einige Ich-Funktionen mit Libido und produziert so die Krankheit, die eigentlich immer ein – wenn auch mißlungener – Heilungsversuch ist. Da sowohl die versagende Realität als auch die Triebe unaufhörlich arbeiten, läuft dieser Anpassungsvorgang dauernd fort. Ähnlich geht es in extrem »organischen« Krankheiten, wie Verwundung oder Infektion und dergleichen, zu. Auch hier erfolgt – nach unserer Ansicht – die Erotisierung als Auftakt zu einer Neuanpassung eben an die neuen, durch die äußere Gewalt, Infektion usw. geschaffenen Verhältnisse. Gelingt diese Neuanpassung, so wird die Libidobesetzung alsbald zurückgenommen, die Krankheit heilt aus. Gelingt sie nicht, so geht die Krankheit ins chronische Stadium (= dauernde Libidobesetzung der »erkrankten« Körperpartie) über. Dieser Ausgang ist durchaus ähnlich dem bei der psychoneurotischen Symptombildung. Auch hier ist eine fortdauernde Anpassungstendenz wahrnehmbar, auch hier ist einer der dabei wirksamen Mechanismen die Erotisierung; nur die Ursache der Ruhestörung ist andersartig.

Von einem anderen Standpunkt aus kann man die chronische Krankheit mit dem Charakter vergleichen. In beiden Fällen wird die Ursprungssituation durch die Natur des betreffenden Individuums, d.h. durch die augenblickliche Konstitution, bedingt; die äußerliche Veränderung, die zur Neuanpassung zwingt, wird in dem einen Falle durch die Forderungen der Erziehung, in dem anderen durch das sogenannte »ätiologische Moment« hervorgerufen. In beiden Fällen kann der Mensch mit den so entstandenen Konflikten nicht fertig werden, sich nicht ganz, d.h. störungsfrei anpassen. Wie nahe chronische Krankheit und Charakter miteinander verwandt sind, zeigt die alte Erfahrungstatsache, daß bestimmte Krankheiten sehr oft in Menschen mit bestimmten Charakterzügen vorgefunden werden. So sind Magenkranke häufig sogenannte »saure« oder »verbitterte« Menschen, Lungenkranke im allgemeinen hastig, erethisch, Herzkranke mit Rhythmusstörungen furchtsam, Leute, die sich oft erkälten, ängstlich-hypochondrisch usw. Ich habe noch zu wenig Erfahrung und kann daher nicht sagen, ob die Charakterkonstellation die Disposition für die Krankheit schafft oder umgekehrt die Krankheit die Charakterzüge umformt. Aus meinen diesbezüglichen (leider wenig zahlreichen) Analysen bekam ich den Eindruck, daß Krankheit und zugehörige Charakterkonstellation ungefähr gleichzeitig durch die analytische Arbeit aufgelöst werden.

III. Zur Kritik der Lehre von den prägenitalen Libidoorganisationen[1] (1935)

Nach der heutigen Theorie über die infantile Sexualentwicklung, deren erste Fassung erst in der 3. Auflage der ›Drei Abhandlungen‹ von Freud im Jahre 1914[2] erschienen ist, verlaufen die beiden Entwicklungsreihen – die der sexuellen Ziele und die der sexuellen Objektbeziehungen – einander parallel. Es wird dabei nicht ausdrücklich betont, sondern nur stillschweigend angenommen, daß die biologische Natur des gerade führenden Partialtriebes, dessen Befriedigung zu seiner Zeit eben am wichtigsten ist, weil er die größte Lust gewährt, die Form der Objektbeziehungen des Kindes eindeutig bestimmt. Das Hauptgewicht wurde demnach auf die wechselnden Triebziele bzw. Triebquellen, also auf das Biologische gelegt. Die Frage, warum und wie diese führenden Triebe einander ablösen, wurde von seiten der Psychologie nie ernstlich aufgeworfen, folglich auch nie untersucht. Auch in dieser Hinsicht war unsere Theorie unverkennbar bestrebt, die Aufgabe von sich abzuwälzen und die Erklärung von der Biologie zu erwarten. Dieser Tendenz entsprang auch mein Dresdner Vortrag[3]. Unser Sprachgebrauch steht unter demselben Einfluß; wir sprechen nicht nur vom Primat der oralen, analen bzw. genitalen Partialtriebe, sondern auch von oraler, analer und genitaler Liebe.

Diese Parallelität wird dadurch etwas durchbrochen, daß vor dieser Entwicklungsreihe noch ein Stadium angenommen wird, welches polymorph-pervers genannt wurde. Aber auch hinsichtlich der Objektrelation existiert nach der Theorie ein solches Vorstadium oder, richtiger, deren zwei: der Autoerotismus, in welchem das Kind noch überhaupt kein Objekt kennt, und der Narzißmus, in welchem es sein eigenes Ich zum ersten Liebesobjekt wählt. Nur so nebenbei wird dann erwähnt, daß die oralen Objektbeziehungen sehr früh beobachtet werden können und eigentlich zeitlich überhaupt nicht vom Autoerotismus abzugrenzen sind. Ich bemerke schon jetzt, daß uns diese Unsicherheit in der Datierung noch öfters begegnen wird.

Die oben erwähnte Tendenz zur strengen Parallelstellung kam am deutlichsten in der bekannten Abrahamschen Tafel zur Geltung. Es ist aber wichtig zu wissen, daß in der ursprünglichen

---

[1] Vortrag, gehalten in der Wiener Psychoanalytischen Vereinigung am 15. Mai 1935.

[2] S. Freud: Drei Abhandlungen zur Sexualtheorie. Ges. W., Bd. V.

[3] M. Balint: Psychosexuelle Parallelen zum biogenetischen Grundgesetz. Imago, 18 (1932). In diesem Buch Kap. I.

Fassung der Tafel, wie sie Abraham im März 1923 in Berlin vorgetragen hatte, dreimal so viel (neun gegen drei) parallele Reihen enthalten waren als in der späteren, welche im Dezember desselben Jahres publiziert wurde.[4] Offenbar fühlte Abraham, der auch gegen sich selbst ein strenger Kritiker war, daß er die Parallelisierung zu weit getrieben hatte. Nichtsdestoweniger hat dieses Schema die psychoanalytische Denkweise entscheidend beeinflußt. Eine jede infantile Situation, ein jedes Ereignis aus der Kindheit wurde erst dann als endgültig definiert angesehen, wenn sein Platz in dieser Stufenleiter genau angegeben werden konnte. Diese ist um so merkwürdiger, als noch im selben Jahr wie Abrahams Tafel auch eine Arbeit von Freud erschien – ›Die infantile Genitalorganisation‹ mit dem Untertitel ›Eine Einschaltung in die Sexualtheorie‹[5] –, welche uns nahelegte, eine neue, bisher übersehene Phase, die phallische, einzureihen. Die Stelle dieser Phase im Abrahamschen Schema ist etwas unsicher, meistens wird sie – mit einiger Prokrustes-Arbeit – als die letzte ambivalente Phase aufgefaßt. Es zeigt die alles überwältigende Wirkung der Abrahamschen Auffassung, daß auch Ferenczi, der sonst gerne seine eigenen Wege ging, versuchte, die Entwicklung des erotischen Realitätssinnes, wie er sie in der Genitaltheorie[6] beschreibt, dem Abrahamschen Schema entsprechen zu lassen, was ebenfalls nur mit einigem Zwang erreicht werden konnte.

Wir wissen ferner, daß es erhebliche Schwierigkeiten verursacht, wenn man die einzelnen Abrahamschen Phasen nach Lebensjahren datieren will. Die anfangs angenommenen Zeiten haben sich immer wieder als zu lang erwiesen, so daß die einzelnen Stufen immer wieder in noch frühere Lebensperioden vorverlegt werden mußten. Man versuchte, sich über diese, nach meiner Ansicht prinzipielle, Unsicherheit hinwegzutäuschen, indem man die Schuld unseren vorläufig noch lückenhaften Kenntnissen zuschob. Dem widerspricht schon der Umstand, daß ziemlich viele Analytiker derjenigen Forscherin, welche diese Phasen am weitesten vordatieren möchte, Frau Melanie Klein[7], nur sehr widerwillig folgen wollen.

Ein weiterer wesentlicher Zug der Vorstellung von den prägenitalen Organisationen ist, daß sie auf nur ganz wenige Partialtriebe basiert ist und daß auch diese alle einer bestimmten Klasse von Trieben angehören; alle drei besitzen gut bekannte körperliche

---

[4] K. Abraham: Versuch einer Entwicklungsgeschichte der Libido auf Grund der Psychoanalyse seelischer Störungen. Wien 1924.
[5] S. Freud: Ges. W., Bd. XIII, S. 293 ff.
[6] S. Ferenczi: Versuch einer Genitaltheorie. Wien 1924.
[7] M. Klein: Die Psychoanalyse des Kindes. Wien 1932.

Quellen, d.h. sie sind an erogene Zonen gebunden. Alle anderen Partialtriebe werden in dieser Theorie kaum berücksichtigt, so als ob sie sich in der Entwicklung nicht änderten oder ihre Änderung nicht von Belang wäre; oder aber es wird versucht, sie aus den gutstudierten Partialtrieben sozusagen als biologisch notwendige Folgen abzuleiten. Ich erinnere an die älteren Versuche, welche darauf abzielten, den Sadismus als einen Abkömmling der Analerotik aufzufassen, und an die neueren, welche die Ambivalenz aus der biologischen Natur der Oralerotik ableiten wollen.

Nach diesen Erwägungen glaube ich, daß es mindestens eines Versuches wert wäre, die beiden Entwicklungen für sich gesondert zu untersuchen. Ich weiß wohl, daß die heutige Theorie der prägenitalen Libidoorganisationen aus unzähligen einwandfreien klinischen Beobachtungen abgeleitet wurde. Es ist auch nicht meine Absicht, diese Beobachtungen, d.h. die Basis der Theorie anzufechten. Was ich erreichen möchte, ist, für die Theoriebildung zu den bisher berücksichtigten Tatsachen auch solche hinzuzunehmen, welche – obwohl allgemein bekannt – bis jetzt beiseitegeschoben wurden, eben weil man glaubte, daß sie zur weiteren Entwicklung unserer Anschauungen, zur Vertiefung unserer Theorie nichts beitragen können.

Das eine Problem ist also die Entwicklung der Objektbeziehungen, d.h. die Entwicklung der Liebe. Dieses Problem wird der Gegenstand des heutigen Vortrages sein. Das angeblich parallele Problem: die Entwicklung der sexuellen Ziele oder, was fast dasselbe bedeutet, die Entwicklung des Lusterwerbs, der Erotik, möchte ich bei einer anderen Gelegenheit behandeln.

Beginnen wir mit der Praxis. Ich frage also, wie benimmt sich der Analytiker, wenn er in seinen therapeutischen Bemühungen auf Erscheinungen stößt, die zweifellos unter die Diagnose der Autoerotik oder der prägenitalen Liebe fallen. Als erste Quelle nehmen wir die ausgiebigste, die Analyse von ausgesprochen neurotischen Menschen. Die Analyse ihrer Symptome führte zum Ergebnis, daß bei ihnen die Objektbeziehungen zum Teil krankhaft sind. Das heißt, diese Leute sind zwar bestrebt, in ein normales Verhältnis zu ihren Liebesobjekten zu gelangen, entwickeln aber statt dessen gezwungenerweise etwas anderes. Die Symptome bringen dann entweder dieses »andere« klar zur Geltung oder sie werden im Gegensatz hierzu eben durch die Abwehr dieses »anderen« bestimmt. Dieses differente Verhältnis, der Ersatz der »genitalen« oder, wie ich sie nennen möchte, der aktiven Objektliebe, wird von der analytischen Theorie als Regression oder als Entwicklungshemmung aufgefaßt. Wie gesagt, wird für die heutige Untersuchung die eine Art der Abweichungen, die vom normalen

Sexualziel, außer acht gelassen. Die andere Art der Abweichungen, und nur mit diesen will ich mich heute befassen, betrifft das Verhältnis zum Sexualobjekt. Diese sind von zweierlei Art: Entweder das Objekt der normalen Liebe ist ein verbotenes (Inzest), oder die Art und Weise der Objektbeziehung an sich ist nicht normal. Nun hat die analytische Arbeit in jedem Fall nachgewiesen, daß alle diese krankhaften Erscheinungen tatsächlich auf frühere schicksalentscheidende Situationen zurückzuführen sind. Diese Erfahrungstatsache bildete die Grundlage der Lehre von der Fixierung; des weiteren wuchs eben aus dem Studium dieser, im erwachsenen Alter sicherlich krankhaften Objektbeziehungen die Lehre von den prägenitalen Libidoorganisationen hervor.

Bezeichnenderweise ist das Wort Fixierung vieldeutig. In manchen Fällen erscheint der Neurotiker direkt an das Trauma gebunden zu sein, das ihm sein früheres konfliktloses Leben zerstört hat. Die Analyse deckt in solchen Fällen auf, daß es der Betreffende – unbewußt, aber zielstrebig – immer wieder versteht, sich ein ähnliches Trauma, anscheinend durch das »Schicksal«, arrangieren zu lassen. In anderen Fällen kann zweifellos nachgewiesen werden, daß der Betreffende an die vortraumatische glückliche Situation fixiert ist, und daß seine Symptome hauptsächlich den Zweck haben, ihn vor einer Weiterentwicklung seiner Objektbeziehung zu schützen. Es gibt aber noch eine dritte Möglichkeit. Diese könnte am einfachsten als eine Fixierung an die Erledigung des Traumas beschrieben werden. Diese Personen – die meisten Charakterneurosen gehören hierher – sind nur eines bestimmten Objektverhältnisses fähig, alles andere ist für sie gleichsam nicht existent. Auch dieses Verhältnis zum Objekt ist historisch erklärbar.

Nun, es ist sicher nicht von Vorteil, wenn drei so verschiedene Erscheinungen: Fixierung an das Trauma, Fixierung an die vortraumatische Situation und schließlich Fixierung an die Erledigung des Traumas, zusammengeworfen und mit demselben Namen belegt werden. Ich glaube, die Tatsache, daß wir trotz sehr intensiver klinischer Forschungsarbeit so wenig von der Fixierung wissen, ist zum Teil auf diesen Umstand zurückzuführen. So können wir eigentlich auch heute noch nicht angeben, in welchem System die Fixierung zu suchen wäre: im Ich, im Es oder im Über-Ich? Aber nicht nur die topische, auch die ökonomische und die dynamische Betrachtungsweise lassen uns im Stich. Die Analyse hat sich bis jetzt kein Bild davon machen können, was für eine Änderung der Vorgang (oder das Ereignis) der Fixierung an die Triebe bedeutet.

Für unser Problem brauchen wir glücklicherweise alle diese verwickelten Zusammenhänge nicht zu klären. Es genügt, wenn wir die ursprüngliche infantile Situation, in welcher das Kind vor dem

Trauma lebte bzw. durch das Trauma getroffen wurde, von derjenigen, welche später in der Neurose des Erwachsenen sich klinisch manifestiert, unterscheiden. Die beiden können analog, sogar identisch sein, müssen es aber nicht. Häufig stehen sie zueinander im Verhältnis von Ursache und Folge. Die fixierte Situation, welche im Krankheitsbild erscheint, kann jede Form der sexuellen Befriedigung bzw. der sexuellen Objektrelation annehmen, selbstverständlich auch eine prägenitale oder gar die autoerotische Form. Dagegen gehört die infantile Situation, der Ursprung der Fixierung, ausnahmslos in die Objekterotik. Aber noch mehr, das Verhältnis des Kindes zu seinem Objekt in dieser Ursprungssituation, welche also damals zum Trauma hingeführt hat, ist keineswegs einfach, unproblematisch, wie man es nach der heutigen biologisierenden Theorie erwarten würde – auch dann nicht, wenn dieses Verhältnis vollkommen dem klassischen Bilde einer oralen, anal-sadistischen oder phallischen Liebe entspricht. Dasselbe gilt auch für den sogenannten negativen Ödipuskomplex. Wenn man sich nur etwas in diese Situation vertieft, bekommt man unausweichlich den Eindruck eines vorausgegangenen Kompromisses, einer bereits geleisteten Anpassungsarbeit. Zur Heilung einer Neurose oder, bescheidener ausgedrückt, zur Auflösung des betreffenden Symptoms ist es nicht immer notwendig, die Analyse noch weiter zu vertiefen. Ich halte es aber für äußerst wichtig, daß auch in einem solchen Fall immer genügend Anzeichen dafür vorhanden sind, daß diese schicksalsschweren Situationen, die dann die Basis einer Krankheit bilden, noch eine verschlungene Vorgeschichte hatten.

Als einziges Beispiel möchte ich den berühmten Fall des Wolfsmannes[8] anführen. Nicht nur die Zwangsneurose seines Kindesalters, sondern auch die meisten seiner späteren Objektrelationen, wie auch viele Charakterzüge seines Wesens entsprechen vollkommen dem klassischen Bild der anal-sadistischen Libidoorganisation. Wir kennen auch den Zeitpunkt, in dem diese Erscheinungen begonnen haben. Es war im Alter von etwa 3½ Jahren. Aus Freuds Darstellung geht es ganz klar hervor, daß ungefähr hier die sexuelle Entwicklung des Kindes gewaltsam geknickt wurde. Die Urszene und die Szene mit der Gruscha waren bereits überstanden, aber dann kamen nahe nacheinander das Mitanhören der Klagen der Mutter vor dem Arzt, die Verführungsversuche seiner älteren Schwester und schließlich sein mißlungener Annäherungsversuch an die Nanja. Das war mehr, als das Kind ertragen konnte. Was die Schwester, der Liebling des Vaters, ohne Strafe, sogar

---

[8] S. Freud: Ges. W., Bd. XII. – R. Mack-Brunswick: Int. Z. f. Psa., 15 (1929).

ohne jegliche üble Folge tun durfte, zog für ihn die schwersten Konsequenzen nach sich; die einmal schon erhaltene Beschämung (Gruscha) wurde in der viel schärferen Form einer Kastrationsandrohung wiederholt. Die Folge war eine erzwungene Anpassung auf dem Wege der Aufgabe der genitalen und des Beginns der »anal-sadistischen« Strebungen. Die im Erwachsenenalter immer wiederkehrende »fixierte« Situation kann etwa durch folgende Kennzeichen beschrieben werden: gesellschaftlich niedriger stehende Objekte, womöglich Bedienstete; Betonung der Nates, wichtig für die Objektwahl; sexuelle Beziehungen a tergo; häufige wertvolle Geschenke; starke Ambivalenz der Gefühle dem Objekt gegenüber; besonders hervortretend die Tendenz zum Quälen und schließlich unerklärbare, panikartige Mißtrauensanfälle, welche zum beständigen Wechsel der Liebesobjekte nötigen. Die Ursprungssituation, in welcher das Kind durch das Trauma getroffen wurde, ist ganz andersartig. Vollkommen arglos zeigt sich das Kind mit seinem Genitale spielend und wird, wie durch einen Blitz aus heiterem Himmel, durch die Kastrationsdrohung seiner geliebten Nanja getroffen. Freud teilt noch ausdrücklich in der Krankengeschichte mit, daß der Patient bis zu diesen Ereignissen »ein sehr sanftes, gefügiges und eher ruhiges Kind gewesen« sei (a.a.O., S. 38). Trotzdem steht als Erklärung der jähen Charakterveränderung der in der psychoanalytischen Literatur refrainartig immer wiederkehrende Satz: »Das beginnende Sexualleben unter Leitung der Genitalzone war also einer äußeren Hemmung erlegen und durch deren Einfluß auf eine frühere Phase prägenitaler Organisation zurückgeworfen worden« (a.a.O., S. 50). Ich betone nochmals, daß weder in der Krankengeschichte von Freud noch im Nachtrag von Mack-Brunswick überhaupt erwähnt ist, daß anal-sadistische Objektrelationen vor diesem verhängnisvollen Sommer beobachtet worden wären. Warum trotzdem diese weder beobachtete noch erinnerte, primäre anal-sadistische Organisation als Erklärung benützt wird, darauf werde ich später zurückkommen. Jetzt will ich nur hervorheben, daß auch die Szene mit der Nanja eine komplizierte Vorgeschichte hatte. Wesentliche Teile davon enthält die Krankengeschichte, andere kann man nur vermuten. Wichtig ist, daß das Verhältnis des Kindes zu seinem Liebesobjekt auch hier nicht spontan, sozusagen auf biologischem Grund, entstanden ist, sondern daß seine individuellen Schicksale dieses Verhältnis bestimmt haben. Sicherlich hat man den Eindruck, daß es wahrscheinlich zu einem Ausbruch der anal-sadistischen Objektbeziehungen nicht gekommen wäre, falls man das Kind verständnisvoller behandelt hätte.

Wie man sieht, will die analytische Arbeit auch bei einer solchen

Situation nicht haltmachen; wir fragen nach den Bedingungen, welche gerade diese Umstände hervorgerufen haben. Obwohl das aufgedeckte Verhältnis genau dem theoretischen Bilde entspricht, sind wir noch nicht zufrieden und suchen nach weiteren Erklärungen. Dies besagt, daß unsere Theorie und unsere Praxis miteinander nicht im Einklange sind. Wenn diese Erscheinungen, wie z.B. »anale Objektliebe«, »Narzißmus« usw. – wie es die Theorie fordert – Stufen einer natürlichen Entwicklungsreihe sind, warum will sie dann unsere Praxis noch weiter zerlegen? Und umgekehrt, wenn es unserer Praxis gelingt, sie zu analysieren, sie aus der individuellen Geschichte des Kindes abzuleiten, dann ist vielleicht die »natürliche Entwicklungsreihe« der Theorie gar nicht so natürlich.

Mit um so größerem Interesse wenden wir uns jetzt der zweiten wichtigen Quelle unseres diesbezüglichen Wissens zu: der Kinderanalyse. Wenn man schon aufmerksam geworden ist, fällt es einem dann gleich auf, wie früh Kinder schwer neurotisch erkranken können. Ich meine jetzt nicht nur die von Freud untersuchten primären Angstzustände, mit vielleicht einfacherem Mechanismus, sondern komplizierte, schwere Fälle von Hysterie und Zwangsneurose, vielleicht auch schizophrenieartige Bilder. Solche Fälle wurden in allen Ländern der psychoanalytischen Welt einwandfrei beobachtet und beschrieben. Der Ausbruch dieser Krankheiten reicht ins Alter von vier, sogar von zwei Jahren zurück, eventuell noch früher, also bestimmt in die Periode der prägenitalen Objektbeziehungen. Alle diese Analysen zeigen unzweideutig, daß diese infantilen Neurosen an Kompliziertheit in keiner Weise den Neurosen des erwachsenen Alters nachstehen.[9] Daraus folgt, daß die Objektbeziehungen dieser Kinder in vieler Hinsicht denen der Erwachsenen ähnlich sein müssen. Dem entspricht wiederum unser therapeutisches Vorgehen. Ich glaube bestimmt, daß es keinen Analytiker gibt, der ein Kind, das bei ihm in Analyse gewesen, aus der Kur als geheilt entlassen würde, wenn bei ihm Symptome der prägenitalen Objektbeziehungen noch das Feld beherrschten, z.B. wenn es seine Liebesobjekte ausschließlich oder vorwiegend quälen, kommandieren oder beherrschen möchte, wenn sein Interesse ausschließlich oder doch vorwiegend an die eigenen Ausscheidungsprodukte gebunden geblieben wäre, oder wenn es noch an der Theorie der oralen Befruchtung und der analen Geburt ernstlich festhalten möchte. Dasselbe gilt von den Erscheinungen der phallischen Periode: so vom Glauben an die Nichtexistenz der

---

[9] B. Bornstein: Int. Z. f. Psa., 17 (1931), 344. – F. Fromm-Reichmann: Z. f. psa. Päd., 5 (1931), S. 460. – St. Bornstein: Z. f. psa. Päd., 7 (1933), 253. – E. Sterba: Z. f. psa. Päd., 8 (1934), 37. – M. Schmideberg: Z. f. psa. Päd., 8 (1934), 197.

weiblichen Genitalorgane, an das Kastriertsein des ganzen weiblichen Geschlechts oder an den doch vorhandenen mütterlichen Phallus. Genauso werden jene Erscheinungen von unserer Technik behandelt, welche unter dem Namen des negativen Ödipuskomplexes zusammengefaßt wurden. Alle diese Erscheinungen, die unsere Theorie als »anal-sadistische« oder »phallische Objektbeziehungen« bzw. als »negativen Ödipuskomplex«, gleichsam als naturnotwendig beschreibt, werden durch unsere Praxis analysiert, verstanden, gedeutet und – aufgelöst.

Genau dasselbe geschieht mit den autoerotischen Betätigungen. Auch diese werden einer Analyse unterworfen, und es stellt sich dabei regelmäßig heraus, daß diese Autoerotismen gar nicht so absolut objektlos sind, sondern als verkrüppeltes Überbleibsel einer mißglückten Objektliebe aufgefaßt werden müssen.

Ich möchte noch ausdrücklich hervorheben, daß sich unsere Technik diesbezüglich keine Ausnahmen erlaubt. Es gibt kein Alter, in dem bei einem *analysierten* Kinde diese Erscheinungen der prägenitalen Liebe als normal, als weiter nicht analysierbar angesehen würden. Besonders dann nicht, wenn sie sozusagen das Feld beherrschen, das Verhältnis des Kindes zu seiner Umgebung bestimmen. Sie können höchstens als die gute Objektbeziehung nicht mehr störende Spiele geduldet werden. Alle Darstellungen von Kinderanalysen enden auch mit fast denselben Feststellungen: Die Haßregungen, die Aggressionen, sind fast oder gar gänzlich verschwunden, die Ambivalenz der Gefühle wurde weitgehend gemildert, das Kind erlangte wieder oder zum erstenmal in seinem Leben die Fähigkeit zum Lernen, zur Anpassung. Es wird meistens nicht ausdrücklich gesagt, ist aber doch immer herauszufühlen, *daß das Verhältnis des Kindes zu den Personen seiner Umgebung am Ende der analytischen Behandlung vorwiegend zärtlich geworden ist.*

Die Beobachtungen an gesunden, richtig erzogenen Kindern – unsere dritte Erfahrungsquelle – bringen nichts, was diesen Feststellungen widersprechen würde. Was wir an Objektbeziehungen bei solchen Kindern unserer Gesellschaftsschichten zu sehen bekommen, ergibt immer ein ziemlich buntes Bild. Vor allem: Wünsche nach Zärtlichkeit, welche eine sehr wichtige Rolle spielen, und die, soweit man sie auch verfolgen mag, immer objektgerichtet sind. Dann Erscheinungen des Hasses, der Aggressivität; diese sind aber nie unhistorisch, sondern haben ihre Erklärungen, sind zwar manchmal ins Extreme übertrieben, jedoch immer begründet. Schließlich die Autoerotik, welche, wenn sie leidenschaftlich, nicht spielerisch leicht betätigt wird, immer als Ausdruck des Trotzes, der bitter erworbenen Unabhängigkeit erscheint, bei näherer Betrachtung aber auch ihre Natur als Trost verrät. Das uns Wichtigste aber ist das gute, zärtliche Einvernehmen zwischen dem Kind und den es umgebenden Erwachsenen; dies ist es, woran sozusagen der Erfolg der Erziehung bzw. deren Mißlingen abgemessen werden kann.

Die Wichtigkeit dieses guten Einverständnisses kann sehr weit, beinahe bis in die ersten extrauterinen Tage nachgewiesen werden. Ein Kind, das schon an die Reinlichkeit gewöhnt war, kann mit dieser Anpassungsleistung momentan aufhören, wenn es eine schwere Enttäuschung erleben muß. Ebenso kann sehr oft nachgewiesen werden, daß Kleinkinder, sogar Säuglinge, deshalb grantig, lästig, weinerlich werden, weil zwischen ihnen und ihrer Umgebung der gute Kontakt gestört wurde. Es handelt sich hier zweifellos um eine Objektbeziehung, nur wurde sie bisher, abgesehen von Ferenczi und seinen Schülern, theoretisch wenig beachtet; sicher auch deshalb, weil diese Relation keiner Stufe der theoretischen prägenitalen Libidoorganisationen entspricht. Den theoretischen Einwand, wie ein Kind in der allerersten Zeit seines extrauterinen Lebens eine Objektbeziehung unterhalten kann, da es doch noch nichts von der Außenwelt weiß, noch gar nicht gelernt hat, sich selbst von der Umwelt abzugrenzen, hat A. Balint in ihrer Ferenczi-Arbeit ›Die Entwicklung der Liebesfähigkeit und der Realitätssinn‹[10] behandelt. Ich werde auf diese Arbeit noch zurückkommen. Auch auf eine bereits zitierte Stelle von Freud kann ich mich hier berufen. Er führt in den Vorlesungen aus[11], daß manche Partialtriebe – wie z. B. der Sadismus – von vornherein ein Objekt besitzen. Er setzt dann fort: »Andere, die deutlicher an bestimmte erogene Körperzonen geknüpft sind, haben es nur im Anfang, solange sie sich noch an die nichtsexuellen Funktionen anlehnen und geben es auf, wenn sie sich von diesen loslösen.« Gemeint ist die Oralerotik. Die Fortsetzung lautet: »*Der orale Trieb wird autoerotisch* ... Die weitere Entwicklung hat, um es aufs knappste auszudrücken, zwei Ziele: erstens den Autoerotismus zu verlassen, das Objekt am eigenen Körper *wiederum* gegen ein fremdes zu vertauschen ...« (Hervorhebungen von mir.) Auch hier ist es ganz klar ausgedrückt, daß selbst die Oralerotik, welche bis jetzt in den theoretischen Erwägungen sozusagen als Musterbeispiel des Autoerotismus fungierte, zu allererst eine Objektbeziehung durchmacht. Nur wurde diese allgemein bekannte Tatsache nie berücksichtigt, weil sie zu den heutigen Anschauungen nicht gut paßte.

[10] In ungar. Sprache in ›Lélekelemzési Tanulmányok‹, Budapest 1933.
[11] S. Freud: Ges. W., Bd. XI, S. 341 (Hervorhebungen von mir).

Zusammengefaßt: So tief wir auch mit unserer analytischen Technik bzw. mit unseren Beobachtungen in die Geschichte eines Menschenlebens vordringen können, haben wir immer, ohne Ausnahme, Objektbeziehungen vorgefunden. Die autoerotischen Befriedigungsformen waren entweder belanglose Spiele, oder aber sie stellten bereits Kompromißbildungen dar. Sie entpuppten sich in der Analyse als Trost- oder Trotzmechanismen für verlorengegangene oder konfliktuös gewordene Objetbeziehungen. Dasselbe gilt von den Erscheinungen der sogenannten prägenitalen Liebe, wie der »anal-sadistischen« oder der »phallischen« Liebe und auch des »negativen« Ödipuskomplexes. Entweder unwichtig, belanglos, oder, wenn von Wichtigkeit, dann analysierbar und auflösbar. Wie bereits gesagt, will diese Arbeit sich bloß mit der Entwicklung der Objektrelationen befassen. Deshalb wurde auch hier, wie denn überall in der Darstellung, die Untersuchung der wechselnden sexuellen Triebziele unterlassen. Ich frage also absichtlich nicht, weshalb orale, anale, urethrale, genitale usw. Befriedigungsweisen in der Entwicklung auftreten, was sie zu bedeuten haben, sondern beschränke meine Aufgabe auf die Frage, *weshalb die Einstellung des Individuums zu der Umwelt, insbesondere zu seinen Liebesobjekten, sich ändert,* und worauf diese Änderungen, welche wir als orale, anale, phallische, genitale, narzißtische usw. Liebe beschreiben, zurückzuführen sind.

Die angeführten klinischen Tatsachen sind mit dem Grundgedanken der heutigen Theorie der Libidoentwicklung unvereinbar. Es wurden mit der Zeit auch Neben- oder Zusatzhypothesen entwickelt, die, obwohl nicht als solche bezeichnet, dennoch darauf ausgingen, Theorie und Klinik auszusöhnen. Natürlich konnte man die Richtigkeit der oben erwähnten klinischen Tatsachen nicht bestreiten; deshalb wurde behauptet, sie seien Regressionsprodukte. Das Individuum hätte bereits eine höhere Libidoposition erreicht, diese wäre ihm durch ein Trauma unmöglich gemacht worden; deshalb müßte es die alten Befriedigungsweisen, die alten Formen der Objektbeziehung wiederum aufsuchen. Was wir bei den Kindern beobachten können bzw. was wir in der Erwachsenenanalyse in die Erinnerung zurückbringen, sind diese Regressionserscheinungen; deshalb haben sie bereits eine Vorgeschichte, deshalb finden wir in ihnen Reste von »genitalen« Objektbeziehungen. Eine notwendige Folge dieser Denkweise ist, daß unsere Theorie nie fertig werden konnte. Sie mußte sich immer frühere Daten gefallen lassen, und so kamen einige Forscher auf Grund einer einzigen falschen Prämisse, sonst aber ganz folgerichtig, dazu, z. B. Über-Ich-Bildung, vollwertige genitale Tendenzen, komplizierte Ödipussituationen, ganz schwere Kastrationskonflikte usw. bereits um das erste Lebensjahr, oder eventuell noch früher, als ziemlich allgemein vorkommend zu supponieren. So entsteht auch die immerwährende Unsicherheit in den Zeitangaben auf Basis dieser Theorie.

Ein anderer Ausweg war die Zuflucht zur Konstitution. Merkwürdigerweise hat die gleiche Schule davon am ausgiebigsten Gebrauch gemacht, die auch in der Vordatierung die kühnste war. Nach dieser Auffassung sind ein oder einige Partialtriebe des Kindes, besonders die aggressiven, so stark entwickelt, daß selbst die leiseste, durchaus realitätsgerechte Versagung schicksalsschwere Folgen nach sich ziehen kann. Die Realität der ganz frühen Objektbeziehungen wird durch diese Annahme zwar nicht ganz geleugnet, aber auch nicht voll angenommen. Sie behauptet, daß in der Wirklichkeit diese Einwirkungen bei weitem nicht so schwer, nicht so verheerend gewesen waren, wie sie sich uns später in der Analyse, eben durch diese Triebkonstruktion vergrößert, zeigen.

Sie wissen, daß keiner dieser Gedankengänge in der psychoanalytischen Literatur die volle Anerkennung sich zu erringen vermochte, obwohl in den letzten Jahren ihre Anhänger sich bedeutend vermehrt hatten. Aber auch die Kritiker dürfen dieser Auffassung nicht das Verdienst des Mutes absprechen; bildeten sie doch lange Zeit den einzigen Versuch, sich mit den oben aufgezählten, klar erkannten Schwierigkeiten auseinanderzusetzen. Nur der Strebende kann sich irren. Wir anderen haben die Existenz dieser Unstimmigkeit ohne viel Kopfzerbrechen lange genug ruhig hingenommen.

Als Führer aus dieser Klemme zwischen Theorie und Praxis bietet sich uns die Klinik an. Wir müssen endlich einmal ernst nehmen, was wir alle gefunden haben und was als erster Ferenczi[12] in seiner Genitaltheorie beschrieben hat, nämlich daß auch in den tiefsten, durch die Analyse eben noch erreichbaren Schichten der Seele Objektbeziehungen vorherrschen. Sie sind es, welche das Wohl und das Wehe des Individuums prinzipiell bestimmen. Es fällt einem aber nicht leicht, sie genauer darzustellen, d. h., die Erfahrungen in Worte zu kleiden. Ich erkannte sie zuerst in solchen Analysen, in welchen wir wegen besonders hartnäckiger Charakterstörungen die analytische Arbeit im wahren Sinne des Wortes vertiefen mußten. In der Endphase solcher Behandlungen, die ich »Neubeginn«[13] genannt habe, äußerte sich ganz klar die Natur dieser ersten Objektbeziehung. Sie ist fast vollkommen pas-

---

[12] S. Ferenczi: Versuch einer Genitaltheorie, a. a. O.
[13] M. Balint: Charakteranalyse und Neubeginn. Int. Z. f. Psa., 20 (1934). Ders.: Das Endziel der psychoanalytischen Behandlung. Int. Z. f. Psa., 21 (1935). In diesem Buch Kap. XI u. XIII.

siver Art. *Der Betreffende liebt nicht, sondern wünscht, geliebt zu werden. Dieser passive Wunsch ist zweifellos sexuell, libidinös.* Die Forderung, daß diese Wünsche von der Umgebung befriedigt werden sollen, ist absolut unproblematisch und wird ziemlich oft ganz vehement, mit sehr großem Energieaufwand geäußert, beinahe wie im Falle eines Selbsterhaltungstriebes. Das Ziel all dieser Wünsche aber entspricht nicht dem, was man allgemein mit den Worten sinnlich, erotisch bezeichnet, sondern viel eher dem, was Freud zärtlich, zielgehemmt genannt hat. Die Nichtbefriedigung ruft leidenschaftliche Reaktionen hervor, die Befriedigung dagegen nur ein stilles Wohlgefühl. Diesen Unterschied hat Ferenczi in seiner letzten, Wiesbadener Kongreßarbeit[14] bereits beschrieben. Weitere Eigenschaften dieser passiven Objektliebe hat Hermann[15] schon ziemlich lange erkannt, vor allem die Tendenz zur Anklammerung. Dieser Tendenz entstammt auch die von A. Balint[16] jüngst untersuchte Angst vor dem Fallengelassenwerden.

Die Erzieher, aber auch die Psychoanalyse, haben diese Erscheinungen in doppelter Weise mißverstanden. Zunächst wurde die leidenschaftliche Forderungsweise des Kindes als primär angesehen und so als Zeichen der Aggression, sogar des angeborenen Sadismus gedeutet. (Diese Auffassung führte geradenwegs zur Konstitution.) Man vergaß die Etymologie, nämlich: daß Leidenschaft von Leiden stammt, aber auch die klinische Erfahrung, daß wir eigentlich nie einen angeborenen schlechten oder bösen Menschen, einen wahren Sadisten gesehen haben. Bosheit, Schlechtigkeit, sogar Sadismus sind analysierbar, heilbar, oder, was gleichbedeutend ist: sie haben ihre Entstehungsgeschichte. Man wird schlecht durch Leiden. Sowohl der Erwachsene wie auch das Kind haben, wenn sie böse, aggressiv, sadistisch sind, dann auch allen Grund dazu. Wiederum aber hört, wenn man den Grund behoben hat, diese Charaktereigenschaft, die sadistische Objektliebe (nicht aber die spielerisch-aggressive Befriedigungsart), auf. Ich glaube kaum, daß es einen Kinderanalytiker gibt, der dieser Behauptung widersprechen wollte.

Das zweite Mißverständnis betrifft ebenfalls die Leidenschaftlichkeit. Man verwechselte Erscheinungsform und Triebziel und glaubte, was so leidenschaftlich gewünscht wird, muß auch eine leidenschaftliche Freude, einen leidenschaftlichen Genuß, einen sinnlichen Orgasmus verursachen. Daher die Folgerung, daß Kin-

---

[14] S. Ferenczi: Die Sprachverwirrung zwischen den Erwachsenen und dem Kinde. Int. Z. f. Psa., 24 (1933).
[15] I. Hermann: Zum Triebleben der Primaten. Imago, 19 (1933). (Dort auch weitere Literaturhinweise.)
[16] A. Balint: Über eine besondere Form der infantilen Angst. Z. f. psa. Päd., 7 (1933).

der in sehr zartem Alter wollüstige genitale Tendenzen und dergleichen mehr aufweisen können. Auch ich wurde Opfer dieser Täuschung, bis ich erkannte, daß leidenschaftlich vorgebrachte Wünsche in der Neubeginnperiode normal, dagegen leidenschaftliche Ziele als Warnungszeichen aufzufassen sind. Dasselbe gilt auch für das Kind. Wünsche, deren Erfüllung gegebenenfalls auch leidenschaftlich gefordert wird, deuten auf ein gesundes, kräftiges Triebleben, leidenschaftliche Triebziele hingegen auf eine bereits erheblich gestörte Entwicklung, auf ein lange bestehendes Mißverständnis, oder mit Ferenczis Worten: auf eine Sprachverwirrung zwischen den Erwachsenen und dem Kinde.[17]

Diese Gedanken ergänzen – nach meiner Meinung – die bisherige Theorie. Freud[18] hat diese erste Periode des Kindes einerseits polymorph-pervers, andererseits autoerotisch oder narzißtisch genannt. Beide Namen sind zwar richtig, beschreiben den wahren Sachverhalt – aber nur von einem bestimmten Standpunkt aus gesehen. Das Kleinkind ist sicher polymorph-pervers; sein ganzer Körper, alle seine Funktionen sind lustbetont. Dieser Terminus ist also eine reine Deskription, berücksichtigt aber ausschließlich die Triebsphäre, die Biologie. Es ist ebenso richtig, daß die Welt des Kindes noch nicht in Ich und Außenwelt geschieden ist; es ist also narzißtisch, wenn man es vom Standpunkt des Realitätssinnes, der Realitätsprüfung betrachtet (vgl. A. Balint[19]). Selbst die ihm lebensnotwendigen äußeren Objekte, z. B. die Mutterbrust, werden noch nicht vom Ich abgesondert. Aber libidinös ist es vollkommen an die äußere Pflege gebunden, es ist ohne sie einfach dem Tode verfallen.

Nun, diese primäre Tendenz: *mich soll man lieben, immer, überall, auf jede Weise, meinen ganzen Körper, mein ganzes Ich, ohne jegliche Kritik, ohne die kleinste Gegenleistung meinerseits, ist das Endziel alles erotischen Strebens.* Dies wird auch zeitlebens beibehalten, von manchen Leuten auch ganz offen eingestanden. Die anderen aber, und diese sind in der überwiegenden Mehrzahl, können dieses Ziel der »passiven Objektliebe« erst auf Umwegen erreichen. Diese Umwege erzwingt, zum Teil sogar ersinnt die Erziehung. Wenn dem Kinde zu wenig geboten wird, besetzt es mit all seiner Libido die bisher spielerisch getriebene Autoerotik, wird also narzißtisch, oder es wird aggressiv, oder beides zugleich. Wenn es etwas bekommt, wird es durch die erhaltenen Befriedigungen gleichsam modelliert. Die so häufig, so regelmäßig gefun-

---

[17] S. Ferenczi: Die Sprachverwirrung zwischen den Erwachsenen und dem Kinde, a. a. O.
[18] S. Freud: Drei Abhandlungen zur Sexualtheorie, a. a. O.
[19] Siehe Fußnote 10.

dene Entwicklungsreihe der anal-sadistischen, phallischen und schließlich genitalen *Objekt*beziehungen wäre also nicht biologisch, sondern sozial begründet. Wie man sieht, habe ich die oralen Beziehungen ausgelassen. Absichtlich, denn für diese kann ich die Gesellschaft, d. h. die Erziehung, nicht allein verantwortlich machen.

Der eine Umweg zur Erreichung des Urzieles, des Geliebtwerdens, des Befriedigtwerdens, wäre also der Narzißmus: wenn die Welt mich nicht genügend liebt, so werde ich mich selbst lieben, selbst befriedigen. Folglich wäre der libidinöse Narzißmus immer von sekundärer Art. Es ist in diesem Zusammenhang sehr lehrreich, zu verfolgen, wie der Inhalt des Terminus »Narzißmus« im Laufe von wenigen Jahren sich geändert hat. Ursprünglich wurde dieses Wort von Naecke als Bezeichnung für eine bestimmte Perversion des erwachsenen Alters geprägt. Sadger[20] hat ähnliche Erscheinungen bei Homosexuellen gefunden, nach seiner Definition aus dem Jahre 1910 ist »der Narzißmus eine notwendige Entwicklungsstufe beim Übergang vom Autoerotismus zur späteren Objektliebe«. Rank[21] sieht im Jahre 1912 im Narzißmus ähnlich »ein normales Entwicklungsstadium, welches die Pubertätszeit einleitet und dazu bestimmt ist, den notwendigen Übergang vom reinen Autoerotismus zur Objektliebe zu vermitteln«. Beide Arbeiten, besonders die von Rank, datieren den Narzißmus für unsere heutigen Ansichten zu spät. Soviel ich weiß, hat Ferenczi den Begriff »sekundärer Narzißmus« geschaffen; er fand ihn beim Studium von organisch kranken Menschen. Freud schwankt in seiner grundlegenden Arbeit ›Zur Einführung des Narzißmus‹ (1914) noch zwischen zwei Auffassungen. Nach der einen sind nur die autoerotischen Triebe uranfänglich, »es muß also irgend etwas zum Autoerotismus hinzukommen, eine neue psychische Aktion, um den Narzißmus zu gestalten«[22]. Erst die andere Auffassung führt den Begriff des primären Narzißmus ein; nach ihr »wären alle psychischen Energien zunächst im Zustande des Narzißmus beisammen und für unsere grobe Analyse ununterscheidbar«. Als Illustration dieser Auffassung erscheint zum erstenmal das später so berühmt gewordene Bild des Protoplasmatierchens mit den Pseudopodien. Noch in der nächsten darauf bezüglichen Arbeit, in ›Jenseits des Lustprinzips‹ aus dem Jahre 1920, ist dieses Schwanken erkennbar. Erst in ›Das Ich und das Es‹[23], 1923 erschienen, wird diese Frage, allerdings ohne Diskussion, zugunsten des pri-

[20] Jb. f. psa. u. psychopathol. Forsch., 2 (1910), 110.
[21] Jb. f. psa. u. psychopathol. Forsch., 3 (1912), 401.
[22] S. Freud: Zur Einführung des Narzißmus. Ges. W., Bd. X, S. 142.
[23] S. Freud: Das Ich und das Es. Ges. W., Bd. XIII.

mären Narzißmus entschieden. Diese Entwicklung bildet ein typisches Beispiel für die anfangs erwähnte Vordatierungstendenz, welche prinzipiell erst dann sich beruhigen kann, wenn das Datum bis zur Geburt oder noch mehr bis in die intrauterine Existenz vorgeschoben wurde. Dies ist hier um so bemerkenswerter, als Freud selbst ausdrücklich hervorhebt, daß »der primäre Narzißmus des Kindes, der eine der Voraussetzungen unserer Libidotheorien enthält, weniger leicht durch direkte Beobachtungen zu erfassen, als durch Rückschluß von einem anderen Punkte her zu bestätigen ist«[24]. Die Kontroverse zwischen den beiden zitierten Auffassungen ist nie ausgetragen worden, es scheint im Gegenteil, daß die psychoanalytische Forschung sie eher verdeckt hat. Nach meiner Meinung müßten wir der ersteren den Vorzug geben, nach welcher der libidinöse Narzißmus erst im Laufe des Lebens entwickelt wird. Es bleibt aber dann das beunruhigende Problem, wie die andere Auffassung überhaupt aufkommen, ja viele Jahre hindurch das Feld für sich behaupten konnte.

Den Grund hierfür glaube ich in dem unexakten Sprachgebrauch, in einer nicht genügend scharfen Distinktion gefunden zu haben. Es wurden nämlich verschiedene Begriffe, die zwar untereinander verwandt sind, jedoch verschiedene Erfahrungen beschreiben wollen, im Terminus »Narzißmus« untergebracht. Vor allem die Autoerotik, welche, wie wir gesehen haben, ursprünglich eine einfache triebpsychologische, beinahe rein biologische Deskription war. Sie bezeichnet das Phänomen der Selbstbefriedigung und weiter nichts, hat also mit der Objektbeziehung nichts zu tun. Man kann bis über die Ohren verliebt sein und doch sich autoerotisch befriedigen, wie dies z. B. bei Kriegsgefangenen usw. gar nicht so selten der Fall war. Unter Narzißmus im engsten Sinne versteht man weiter mindestens zweierlei. Erstens eine Art der Libidounterbringung, nämlich, wenn die betreffende Person sich selbst liebt, zweitens jenes Verhältnis zur Umwelt, in welchem die Person von der Realität gar nicht oder nicht genügend Kenntnis nimmt. Da Tatsachen, welche zwei von diesen drei Bedeutungen entsprechen, beim Neugeborenen zweifellos beobachtet werden können, nämlich die Autoerotik und das narzißtische Verhalten gegenüber der Realität, hat man später auch den Narzißmus in seiner dritten Bedeutung, die narzißtische Liebe, die Selbstliebe als primär, als angeboren angesehen. Nach meiner Meinung ist dies nicht richtig. Mindestens ist es aber erwünscht, daß in Zukunft immer genau angegeben werde, welcher Begriff gemeint ist, wenn über Narzißmus gesprochen wird.

[24] S. Freud: Zur Einführung des Narzißmus, a. a. O., S. 157.

Der eine Umweg, das Urziel der Erotik, das Geliebtwerden, zu erreichen, wäre also der libidinöse Narzißmus, die Selbstliebe. Der andere Umweg ist die aktive Objektliebe. Wir lieben und befriedigen unseren Partner, um von ihm wiedergeliebt, befriedigt zu werden. Diese aktive Liebe bedeutet immer ein Opfer, eine Anstrengung, geht immer mit einer zeitweiligen Spannungssteigerung einher. Man nimmt diese Entbehrungen auf sich, man erträgt diese Spannung in der Hoffnung, auf diese Weise zum Ziel zu kommen, d. h. so geliebt zu werden, wie man anfangs geliebt worden war. Welche Opfer man auf sich nimmt, hängt davon ab, was von einem verlangt wird, wie man erzogen wurde. So gesehen, rücken die prägenitalen Objektbeziehungen, die prägenitalen Liebesformen in ein anderes Licht. Sie können nicht mehr sozusagen biologisch erklärt werden, sondern wir müssen sie mit einem vielleicht etwas starken Worte als Kunstprodukte betrachten, d. h. allgemein die Gesellschaft, individuell die betreffenden Erzieher für sie verantwortlich machen. Übrigens handelte – wie ich gezeigt zu haben glaube – unsere klinische Therapie immer in diesem Sinn.

Einer der besten Beweise für oder gegen diese Auffassung liegt bei der Ethnologie. Leider ist unser diesbezügliches Wissen viel zu lückenhaft. So viel scheint aber schon jetzt festgestellt, daß dort, wo die Kinder nur wenig erzogen werden, auch die Gesellschaft der Erwachsenen auf Reaktionsbildungen weniger angewiesen ist. Róheim[25] zitiert in diesem Zusammenhange oft seine Erfahrungen mit den Australiern und den Papuas. Dementsprechend finden wir Erscheinungen der oralen bzw. analen Liebe bei Erwachsenen nur dort, wo die Gesellschaft diese sozusagen erzwingt. Sie sollen z. B. bei den Australiern kaum vorhanden sein. Einen ähnlichen Unterschied hat Margaret Mead bei den Einwohnern von Samoa und Neu-Guinea feststellen können.[26]

Aber nicht nur die prägenitale, auch die sogenannte postambivalente, genitale Liebe, die ich im Sinne Ferenczis als »aktive Objektliebe« bezeichnen möchte, entsteht aus der passiven Objektliebe. Auch sie ist ein Kunst- oder, mit einem schöner klingenden Namen, ein Kulturprodukt. Auch sie muß – manchmal recht mühsam – erlernt werden. Wiederum möchte ich betonen, daß diese Behauptung nur für die »genitale Liebe«, nicht aber für die genitale Befriedigungsart gilt. Auch hier kann ich die Klinik als Zeugen anrufen. Leute, die nicht fähig sind zu lieben, obwohl sie genital potent sind, können diese Fähigkeit in der analytischen Kur erwer-

---

[25] G. Róheim: Die Psychoanalyse primitiver Kulturen. Imago, 18 (1932).
[26] M. Mead: Coming of Age in Samoa. London 1929. –: Growing up in New Guinea. London 1930.

ben. Ein anderer Beweis, daß Genitalität und aktive Objektliebe nicht identisch sind, wird uns durch die Liebe der Alten, sogar der Greise, geboten. Es ist gar nicht so selten, daß auch nach vollkommenem Verschwinden der genitalen Funktion die Liebesfähigkeit voll erhalten bleibt. Sicher kennen alle Goethes Gedicht ›Dem aufgehenden Vollmonde‹ aus seinem 79. Lebensjahre, eines der glühendsten Liebesgedichte der Weltliteratur.

Mit dem Terminus »Genitalität« wird also ein ähnlicher Fehler begangen, wie mit dem Begriff des Narzißmus. Auch hier wurden ein triebbiologischer und ein sexualpsychologischer Begriff miteinander vermischt. Genitalität sollte eigentlich nur eine bestimmte Form der Erotik, des Lusterwerbs bedeuten. Genitale Potenz bzw. genitale Genußfähigkeit sind – wie die Praxis uns lehrt – bei weitem nicht identisch mit Liebe. Was man bisher »genitale Liebe« genannt hat, sollte auf Grund dieser Ausführungen richtiger aktive Objektliebe genannt werden. Diese geht im glücklichsten Falle mit der Genitalität zusammen, aber wir begegnen in unserer Praxis häufig genug Leuten, bei denen dies nicht der Fall ist.

Nach meiner Ansicht könnte von der passiven zur aktiven Objektliebe eine gerade Linie führen. Bedenken wir doch, daß die Periode der passiven Objektliebe mit Recht polymorph-pervers genannt werden kann. In ihr sind alle Befriedigungsweisen, alle möglichen Arten der Objektrelationen in nuce, potentiell vorhanden. Welche davon entwickelt werden, welche die Oberhand über die anderen gewinnen, hängt davon ab, welche das Urziel, das Befriedigtwerden, am raschesten und am sichersten zu erreichen helfen – also letzten Endes vom Einfluß des Milieus. So meine ich ernstlich, falls Kinder richtig erzogen werden könnten, müßten sie sich nicht durch die verschlungenen, ihnen aufgezwungenen Formen der prägenitalen Objektbeziehungen recht mühsam durchschlagen. Sicher könnte ihnen diese schwierige Aufgabe erheblich erleichtert werden, falls die Erzieher gesünder, d. h. aufrichtiger sein könnten. Diese Entwicklung von der passiven Objektliebe, mit ihrem zärtlichen Sexualziel, zur aktiven Objektliebe, mit ihrem genitalsinnlichen Sexualziel, kann ich heute noch nicht ganz durchschauen. Vor allem deshalb nicht, weil mir der Ursprung der Leidenschaftlichkeit, der sinnlichen, orgastischen Begierden nicht klar ist. Was ich darüber weiß, möchte ich in einer anderen Arbeit – ›Über die Entwicklung der Erotik‹ – behandeln.

Hier möchte ich noch zeigen, daß die eben entwickelte Auffassung als Arbeitshypothese auf verschiedene Probleme erfolgreich angewendet werden könnte.

Zuerst das Problem der Zärtlichkeit. Dieses wurde durch Freud in seinem bahnbrechenden Aufsatz ›Über die allgemeinste Erniedrigung des Liebeslebens‹[27] aufgeworfen. Er schreibt: »Von diesen Strömungen« – gemeint ist die sinnliche und die zärtliche – »ist die zärtliche die ältere. Sie stammt aus den frühesten Kinderjahren ... Sie entspricht der *primären kindlichen Objektwahl* ... Diese zärtlichen Fixierungen des Kindes setzen sich durch die Kindheit fort und nehmen immer wieder Erotik mit sich.« Auch die Quelle dieser mitgenommenen Erotik wird angegeben. Einerseits die sogenannte Zärtlichkeit der Eltern mit ihrer nur dürftig verhaltenen Erotik, welche dann die Erotik des Kindes aufweckt, anderseits die mächtige sinnliche Strömung der Pubertät. Was ich nun getan habe, war, daß ich, den Spuren Ferenczis[28] folgend, diese Gedanken ganz ernst genommen und sie ausführlicher ausgearbeitet habe.

Die psychoanalytische Forschung hat in der Zärtlichkeit nur die andere Seite der Frage beachtet. Vielleicht auch deshalb, weil Freud in der zitierten Arbeit nur diese Seite zur Lösung seiner Frage brauchte. Demnach wird die Zärtlichkeit als zielgehemmte Erotik aufgefaßt. Das heißt, die erwachsene Person möchte eigentlich sinnlich lieben, kann sich aber die volle Erreichung dieses Triebzieles nicht erlauben, falls sie ihr eigentliches Liebesobjekt behalten will. Diese Beschreibung wird nur den Tatsachen bei der aktiven Zärtlichkeit der Erwachsenen gerecht, wirft aber die Frage gar nicht auf, weshalb diese zielgehemmten Liebesweisen vom Empfänger, vom Partner gefordert, sogar genossen werden. Die vorgetragene Auffassung gibt darauf zwanglos die Antwort, daß solche Forderungen, solche Befriedigungsweisen zeitlebens bestanden haben und daß sie seit der Kindheit immer das Ziel der Liebesbeziehung gewesen sind. Tatsächlich neigt ein jeder zärtlich Liebende dazu, seiner Partnerin Kosenamen, eigentlich Kindernamen zu geben, sie in jeder Hinsicht als Kind zu behandeln, mit ihr sogar in der Kindersprache zu reden. Auch die Geliebte kommt ihm entgegen, indem sie sich als Kind benimmt. Übrigens kehrt sich das Verhältnis häufig um, indem der Mann sich als Kind benimmt, um Zärtlichkeiten zu empfangen.

Interessanterweise gibt es in einigen Sprachen besondere Ausdrücke, welche diese zärtliche Form der Liebe ausdrücken. So im Deutschen: »ich bin dir gut«, »ich hab' dich lieb«, ich hab' dich gern« usw. Auch im Englischen, wie: I am fond of you, I care for you und dergleichen. Dagegen kennt die ungarische nur den einen Ausdruck: szeretlek, gleich: »ich liebe dich«, wie auch die französische: je t'aime. Merkwürdig genug, ganz parallel mit diesem

[27] S. Freud: Ges. W., Bd. VIII, S. 79f.
[28] S. Ferenczi: Die Sprachverwirrung zwischen den Erwachsenen und dem Kinde, a.a.O.

Reichtum bzw. mit dieser Armut, geht eine andere Eigenschaft dieser Sprachen, soweit ich sie eben kenne. Das ist die eigenartige Kindersprachenliteratur. Am reichsten daran scheint mir die englische Sprache zu sein: die vielen Nursery Rhymes, wie die bekannten Verse von Mother Goose, dann z. B. ›Alice in Wonderland‹, Gestalten wie Micky Mouse und die aus den ›Silly Symphonies‹ von Walt Disney und unzählige mehr. All diese sprechen in ihrer eigenen Sprache, welche zwar drollig, aber nicht unangenehm komisch ist. Der englischen am nächsten kommt die deutsche Sprache. Dagegen kennt die französische keine literaturfähige Kindersprache, in der französischen Ausgabe z. B. sprechen der Big Bad Wolf und die Three Little Pigs ebenso elegant, vornehm und erwachsen wie die Abgeordneten im Parlament. Mit der ungarischen Sprache steht es fast ebenso. Es scheint also, daß Zärtlichkeit und Kindlichkeit von den Kulturen ungefähr in gleicher Weise behandelt werden; manche erlauben mit einer Namengebung, daß die Teilnehmer der betreffenden Kultur über diese Dinge öffentlich reden, andere nicht.

In einem Punkte sind aber alle europäischen Sprachen – wiederum soweit ich sie kenne – gleich. Alle sind so arm, daß sie die beiden Arten der Objektliebe – die passive und die aktive – nicht unterscheiden können. So ist z. B. für den einen der Schmerz, die Qual, die Trauer, welche sein Partner beim Abschied fühlt, eine Quelle der Freude: wird doch dadurch bewiesen, daß er immer noch, sogar sehr intensiv geliebt wird. Ein anderer wird bei einer solchen Gelegenheit den traurigen Partner zu trösten versuchen, seinen eigenen Schmerz verbergen, um den anderen zu schonen, ihm den Abschied zu erleichtern. Für beide Verhältnisse haben die Sprachen nur das eine Wort »Liebe« zur Verfügung, obwohl die psychologische Situation wesentlich verschieden ist. Was für den einen Schmerz bedeutet, ist für den anderen Freude. Der eine ist bereits im Stadium der aktiven Objektliebe, der andere zum Teil noch in dem der passiven.

Im allgemeinen ist die Liebe, wie sie unsere okzidentale Kultur begreift, immer stark mit Zärtlichkeit vermengt. Es ist schwer zu sagen, ob dies gesund ist oder nicht, ob die egoistische Liebe, welche nur auf die Befriedigung der eigenen Wünsche achtet und den Partner nur soweit berücksichtigt, als sie ihn für diesen Zweck benötigt, natürlicher ist als die rücksichtsvolle, altruistische, welche die Befriedigung des Partners an die erste Stelle setzt.

Etwas bestimmter antwortet der vorgetragene Gedankengang auf die Frage, warum die narzißtische Liebe nie voll befriedigend sein kann. Sie erreicht den ursprünglichen Zweck aller Erotik, den des Geliebtwerdens, nicht in der Realität, sondern nur in der

Phantasie. Es bleibt an ihr immer etwas von der Natur des nicht vollwertigen Ersatzes, das Gefühl »mangels eines Besseren« haften. Damit erledigt sich auch eine Frage, zu welcher Freud in der ›Einführung des Narzißmus‹ ganz folgerichtig gekommen ist. »Woher rührt denn überhaupt die Nötigung für das Seelenleben, über die Grenzen des Narzißmus hinauszugehen und die Libido auf Objekte zu setzen?« (a.a.O., S. 151). Er muß sich dort, auf der Hypothese des primären Narzißmus stehend, mit einer klinisch richtigen, theoretisch aber die Frage tautologisch wiedergebenden Antwort begnügen, »diese Nötigung trete ein, wenn die Ich-Besetzung mit Libido ein gewisses Maß überschritten habe. Ein starker Egoismus schützt vor Erkrankung, aber endlich muß man beginnen zu lieben, um nicht krank zu werden und muß erkranken, wenn man infolge von Versagung nicht lieben kann« (a.a.O., S. 151f.). Die Annahme der passiven Objektliebe gibt uns die Erklärung dieses präzis beschriebenen klinischen Tatbestandes. Wie ich soeben ausgeführt habe, kann die narzißtische Selbstliebe den Urzweck aller sexuellen Strebungen nie erreichen; um geliebt zu werden, d.h. um gesund bleiben zu können, muß man mit der Welt in Berührung treten, die Objekte mit Libido besetzen.

Noch ein Wort über unsere Technik. Sie wissen, wie oft es vorkommt, daß unsere Patienten sich beklagen, daß sie nie arglos sein können, daß sie immer achtgeben müssen, daß ihnen die volle Hingabe niemals – weder in der Liebe noch in der Kur – gelingen will. Im Wunsche nach dieser Hingabe hat die Psychoanalyse, bisher vielfach den Spuren Otto Ranks folgend, den Ausdruck der Mutterleibsregression, dementsprechend in der Hemmung der Hingabe die Wirkung des Traumas der Geburt gesehen. Es war schon Ferenczi aufgefallen, wie bereitwillig unsere Patienten diese Deutung angenommen haben. Verständlich, weil dieser Gedanke an ihre Affekte fast gar nicht rührte. Ich glaube, wir waren zwar auf dem richtigen Weg, wir haben aber eine Stufe übersprungen. Was waren doch die Kennzeichen, auf Grund deren wir eine sogenannte »Mutterleibsregression« festgestellt haben? Wärme, Stille, eventuell Dunkelheit, wohltuende monotone Geräusche, Wunschlosigkeit, Aufhören des Zwanges zur kontinuierlichen Realitätsprüfung, Fallenlassen allen Argwohns usw. Ich glaube, all diese Merkmale sind viel eher als aus dem Stadium der passiven Liebe stammend zu erklären. Diese Deutung löst nach meiner Erfahrung bei den Patienten viel stärkere Affekte aus als jene des farblosen Wunsches nach Mutterleibsregression, besonders deshalb, weil letztere nicht realisierbar ist, die Hingabe zur passiven Objektliebe hingegen oder, in der Sprache der Erwachsenen ausgedrückt, das Fallenlassen der vielen Bedingungen, an welche der Patient seine

Hingabe und sein Vertrauen gebunden hat, in der Kur erreichbar ist, ja sogar erreicht werden muß.

Das Hauptresultat, zu dem wir gelangt sind, lautet etwa so: Bisher haben wir die Entwicklung der genitalen Funktion und die Entwicklung der Objektbeziehungen als zwei Aspekte desselben Vorganges betrachtet. Wir sprachen z. B. von einer anal-sadistischen Stufe und meinten damit sowohl eine bestimmte Art der Objektbeziehung als auch eine bestimmte Art von Befriedigungserlebnissen. Dabei wurde stillschweigend angenommen, daß die Aufeinanderfolge dieser »Stufen« biologisch bestimmt ist, ohne Einwirkung der Außenwelt gleichsam automatisch vor sich geht. Nun glaube ich, daß diese zwei Entwicklungen, obzwar vielfach ineinander verschlungen, doch gesonderte Prozesse sind; ferner, daß die verschiedenen Objektbeziehungen nicht als biologisch bedingte einander spontan ablösen, sondern eher als Reaktionen auf tatsächliche Umwelteinflüsse, vor allem auf Erziehungsmaßnahmen, aufzufassen sind. Der beste Beweis dafür ist unsere Therapie. Wo wir jene Erscheinungen in der Objektbeziehung beobachten konnten, haben wir sie »analysiert« und »aufgelöst«, wenn diese z. B. nach dem Muster der »anal-sadistischen« Phase aufgebaut waren. Mit anderen Worten, wir haben nach Erklärungen für diese Erscheinungen gesucht, da wir sie als nicht normal, d. h. als »krankhaft« betrachteten. Dasselbe fanden wir für die »phallische Phase«, für den »negativen Ödipuskomplex« usw. usw. Wenn man statt der bisherigen Parallelität eine eigene Entwicklung der Liebe annimmt und als Ausgangssituation die von Ferenczi zuerst beschriebene passive Objektliebe wählt, lassen sich diese Erfahrungen zwanglos erklären.

Zum Schluß möchte ich einen Satz aus Freuds ›Drei Abhandlungen zur Sexualtheorie‹ zitieren, und zwar in der noch nicht abgeschwächten Form, wie er sich in der ersten Auflage findet:

»*Die Objektfindung ist eigentlich eine Wiederfindung.*«[29] Dieser Satz hätte auch als Motto meiner Ausführungen dienen können.

---

[29] S. Freud: Drei Abhandlungen zur Sexualtheorie, a. a. O., S. 123.

IV. Eros und Aphrodite[1] (1936)

Das klassische Altertum hat die Herrschaft über die Liebe zwei Gottheiten anvertraut, welche keine Doubletten, sondern zwei im Wesen verschiedene Gestalten sind. Die eine, Aphrodite, gehört wahrscheinlich zu der Gruppe Ischtar – Astarte – Isis, ist also ursprünglich eine Muttergöttin. In der entwickelten Form der klassischen Zeit wird sie aber als eine junge, bezaubernd schöne Frau dargestellt, die stets Liebe entfacht und auch selber meistens verliebt ist. Sie hat mit der Moral nichts zu tun, hat viele Liebhaber, wie Adonis, Anchises, und auch einige Gatten, wie Hephaistos, Ares, Hermes. Sie lebt zweifellos ein reifes sexuelles Leben; zwar nicht immer mit demselben Partner, wenn sie aber jemanden liebt, dann geht sie in dieser Liebe auf. Die andere Liebesgottheit ist Eros. Ein mächtiger Gott und doch ein Kind, spitzbübisch, nichtsnutzig, frech, ein Schelm. Die Ethnologen werden natürlich nachweisen, daß er eigentlich den Penis symbolisiert, aber das soll uns jetzt nicht stören. Für uns wird es wichtig sein, daß Eros nie als Mann gedacht wurde; er ist zwar ein ständiger Begleiter der Aphrodite, jedoch nie ihr Partner. Er spielt nur, doch spielend löst er die schwersten Aufgaben. Ein Kind, das aber mächtiger ist als die großen Götter: eine beliebte Darstellung ist der Triumphzug des Eros, in dem Zeus selbst lächelnd, aber in Ketten geschlagen dem Triumphwagen nachfolgen muß; eine andere zeigt, wie die Eroten mit den Insignien der höchsten Götter spielen oder wilde Bestien zähmen usw. Eros ist sicher ein Kind, dessen Pfeile aber niemanden zu respektieren haben; er ist als allererster Gott direkt aus dem Chaos entstanden, und ihm zu Ehren hat Platon seinen schönsten Dialog geschrieben.

Die Erscheinungen der Liebe zerfielen also für die Griechen in zwei Gruppen, die sie dann als zwei Ideen, als zwei Gottheiten erlebten. Eine ähnliche Zweiheit des libidinösen Erlebens ist auch in den ›Drei Abhandlungen‹ von Freud beschrieben worden. Bei der Befriedigung sind Vorlust und Endlust zu unterscheiden, von diesen beiden kennt die infantile Sexualität die Endlust noch nicht. Seither stehen diese Sätze am Anfang jeder Arbeit, die sich mit der Trieblehre befaßt, nur haben wir diese Erkenntnis nie genügend ausgewertet. Die Endlust wird stillschweigend als eine entwickel-

---

[1] Vortrag, gehalten im Magyarországi Pszichoanalitikai Egyesület am 23. Mai 1936 (Sándor-Ferenczi-Gedächtnis-Vortrag) und auf dem XIV. Internationalen Psychoanalytischen Kongreß in Marienbad am 7. August 1936.

tere, etwas kompliziertere, sagen wir erwachsene Form der Lust aufgefaßt, nicht aber wesentlich von der Vorlust unterschieden. Selbst Ferenczi, der die Sonderstellung der Genitalität unter den übrigen Partialtrieben besonders betont hat, betrachtet in seiner Amphimixis-Theorie[2] die Endlust als eine einfache Summation der Vorlustmechanismen. Diese Annahme erscheint mir problematisch, und so möchte ich die Frage aufwerfen, ob nicht vielmehr Vorlust und Endlust zwar verwandte, doch voneinander wesentlich verschiedene Arten des Lusterlebens sind. Diese Verschiedenheit wollte ich mit der Gegenüberstellung von Eros und Aphrodite hervorheben.

Meine Annahme wird durch die allgemein bekannte Tatsache unterstützt, daß Endlust und Angst eng zusammenhängen, etwa so, als ob die Endlust den erwachsenen Menschen gegen die Angst immunisieren würde. Je weniger jemand fähig ist, den Orgasmus zu ertragen, je weniger innere und äußere Möglichkeiten zum periodischen Endlusterleben für den Menschen vorhanden sind, um so leichter überfällt ihn die Angst. Auch diese Erfahrung ist bereits in den allererstens Arbeiten Freuds beschrieben. Sie erinnern sich an das bekannte Beispiel der Angstneurose, bei der immer wieder Angst auftritt, solange die frustranen Erregungen andauern; sobald aber die volle Befriedigung, die Endlust gesichert ist, hören die Angstanfälle auf. Wir wissen auch, daß das Kind, das den Orgasmus noch nicht kennt, viel leichter Angst erlebt als der Erwachsene. Demnach scheint eine Bedingung der Angstentstehung die Disproportionalität zwischen den tatsächlichen Erregungen und den gegebenen Befriedigungsmöglichkeiten zu sein. Sind die Erregungen zu groß, dann ist nur der Orgasmus, die Endlust, die adäquate Erledigung.

In diesen Zusammenhang gehört eine wichtige klinische Beobachtung, auf welche mich Ferenczi 1925 aufmerksam gemacht hat. Einige Jahre später hat Sadger sie als erster beschrieben – seltsamerweise nur nebenbei, in einer Fußnote –, und auch seither hat sie nicht mehr Beachtung gefunden: »Nur zwei Beispiele statt vieler: Ein Mann, etwa 40 Jahre alt, ist obligat homosexuell; er hat nur aus Neugier ein- oder zweimal ausprobiert, wie es ihm bei einem Mädchen ergehen würde, wurde aber nicht im mindesten erregt. Er war zeitlebens beim Akt passiv, übte beinahe nur den *coitus per anum*, hat auch für lange Perioden seinen Lebensunterhalt als männlicher Protitutierter, meistens in weiblichen Kleidern, verdient. Er sucht die Poliklinik wegen zwanghafter Onanie auf. Auch wenn er Gelegenheit hat, den Akt mit einem entsprechenden

---

[2] S. Ferenczi: Versuch einer Genitaltheorie. Wien 1924, Kap. I.

Partner, selbst mehrmals, auszuüben, wird er nur erregt und muß sich schließlich mit gehäufter Onanie beruhigen. Die einzige Form, welche ihn befriedigen kann, ist die, daß er sich selbst – während einer *Paedicatio* – masturbiert.

Der andere, ein junger Mann, etwa 30, zeigt ein äußerst buntes Bild von Perversionen: verschiedene onanieartige Spiele mit dem Anus; Voyeurtum, dessen Objekte jüngere Burschen in enganliegenden, kurzen Hosen sind (wie Pfadfinder, Athleten usw.); ein lustvoller Zwang, sich solche kurzen Hosen anzuschaffen, um sie sich dann anzuziehen; verschiedene homosexuelle Versuche aktiver und passiver Art, aber auch heterosexuelle bei Prostituierten. Er kombiniert oft in seiner Jagd nach Befriedigung verschiedene dieser Betätigungen miteinander, wird aber durch all das nur äußerst intensiv erregt, nie befriedigt. Befriedigung bringt ihm nur die entweder durch ihn selbst oder durch einen anderen vollführte Onanie.«[3]

Von echten Perversen kann man nämlich erfahren, daß ihnen die eigentliche perverse Handlung keine Befriedigung bringt, nur eine ungeheuer große Erregung. Die endliche Erlösung wird erst in der darauf folgenden genitalen Onanie oder im Koitus gefunden. Dies gilt gleicherweise für Exhibitionisten, Voyeurs, Fetischisten, Sadisten, Masochisten usw.

Ich möchte die Auswertung dieser Beobachtungen für die allgemeine Theorie der Perversionen auf ein anderes Mal verschieben. Jetzt nur soviel: Wir dachten uns, daß bei den Perversionen ein Partialtrieb die Genitalität aus der Führerrolle verdrängt hat und daß nun die ganze Sexualität unter dem Primat dieses Partialtriebes organisiert wurde. Das ist aber nur ein Teil der Wahrheit. Tatsächlich steht bei dem Perversen ein Partialtrieb im Vordergrunde, seine Erregung überwiegt alles andere, aber schließlich wird die Erregung, wenn auch fast im geheimen, doch auf dem genitalen Endlustweg abgeführt. Demnach wäre die Perversion nur ein aufregender, oft sehr umständlicher, manchmal sogar für die Person gefährlicher Umweg zur genitalen Endlust, welcher durchlaufen werden muß, da alle anderen Wege – durch Verdrängungen – gesperrt sind. Die Perversion arbeitet also, wie der Traum, mit Affektverschiebung. Der Perverse verschiebt den Akzent vom Eigentlichen auf das Uneigentliche – auf den Partialtrieb –, um dann um diesen Preis doch zur endgültigen, genitalen Befriedigung gelangen zu können. Die lauten Symptome der Perversionen sind eigentlich nur Schein, ja sogar Betrug, Schwindel, was sehr gut zum sonstigen Charakter dieser unglücklichen Menschen paßt.

---

[3] J. Sadger: Genitale und extragenitale Libido. Int. Z.f. Psa., 15 (1929), 185, Fußnote.

Diese Erkenntnis ist auch der Inhalt des alten Witzes, in welchem zwei wetten, wer von ihnen mehr Arten des Liebesgenusses kenne. Der eine erwähnt den normalen Koitus als erste Art und hierauf erklärt sich der andere – meist ein alter Roué – für besiegt, daran habe er gar nicht gedacht. Nun, dies mag zutreffen, aber sicher kennt er viele andere Arten der Lustauslösung. Warum führt er diese nicht an? Wohl darum, weil alle diese zusammen – auch in seinen Augen – einen normalen Koitus nicht aufwiegen.

Diese Auffassung, welche der genitalen Endlust eine Sonderstellung im Libidohaushalt zuspricht, erledigt auch die alte Frage, warum die Genitalität keine Perversion ist. Diese Frage war als eine logische Konsequenz der Libidotheorie aufgetaucht, für welche die Genitalität nur ein Partialtrieb war, durch nichts vor den anderen Partialtrieben ausgezeichnet. Solange nur die Vorlustmechanismen funktionieren, hat die Genitalität tatsächlich keinen Vorzugsplatz. Doch die ganze Sachlage wird anders, sobald Endlust regelmäßig erlebt werden kann; scheint sie doch irgendwie an die Genitalität gebunden zu sein. Perversionen, d. h. Umwege können dagegen nur aus Vorlustmechanismen gebildet werden.

Ein weiterer Unterschied ist ebenso wichtig, scheint aber nicht so allgemein gültig zu sein. Bekanntlich ist die Vorlusterotik weder männlich noch weiblich, wird von den beiden Geschlechtern auf die gleiche Weise, mit den gleichen Zielen, oft auch an den gleichen Objekten erlebt und ist also eigentlich geschlechtslos. Wir deuten zwar manche dieser Handlungen, dieser Verhaltensweisen als männlich oder weiblich, aber nur mit einer ziemlich großen Willkür; außerdem dienen beinahe allen diesen Deutungen die beiden mehr als fraglichen Gleichungen aktiv = männlich, passiv = weiblich als Basis.[4] Bezeichnenderweise ist dies auch für die Vorlustgenitalität gültig. Wie ich oben ausgeführt habe, hat sie, solange das Endlusterleben noch nicht gesichert ist, tatsächlich nicht mehr Bedeutung als die anderen Partialtriebe. Wenn wir dies bedenken, wird vielleicht die viel diskutierte phallische Phase einfacher zu beschreiben sein. Vor allem auch die sehr merkwürdige Beobachtung, daß in ihr die beiden Geschlechter eigentlich noch immer nicht differenziert sind. Dagegen ist die Endlustfunktion immer sexuell differenziert. Ganz deutlich hat die Endlust, und nur sie, im Gegensatze zu den Vorlustmechanismen, zwei Formen – männlich und weiblich.

Der Mechanismus, der zur Vorlustauslösung führt, ist sehr ein-

---

[4] I. Hermann: Die Verwendung des Begriffs »aktiv« in der Definition der Männlichkeit. Int. Z. f. Psa., 20 (1934), 261 ff.

fach, hat meistens die Form des Streichelns, des Kitzelns, des Leckens, des Saugens. Die Reaktion darauf ist beim Erwachsenen dementsprechend: Lächeln, Kichern, Lachen, eventuell Schreien, Kreischen usw. Das ganze steht dem Witz, dem Komischen sehr nahe. Demnach ist die Vorlusterotik für den Erwachsenen eher ein Spiel, einfach, nicht streng zielgerichtet, daher zersplittert, auseinanderfallend, eigentlich ein Amüsement. Die Endlustfunktion dagegen ist ernst, dramatisch, wenn nicht tragisch, oft auch todernst, sterben doch viele Tierarten im ersten Orgasmus. Auch der Gesichtsausdruck wird in diesem Sinne beeinflußt, er wird beinahe düster; denken wir z. B. an Michelangelos Leda. Der Koitus ist also vor allem streng zielstrebig, kein Amüsement, sondern genau gerichtet, eine zu erledigende Arbeit. Derjenige aber, der es gut versteht, beim Koitus auch die Vorlustmechanismen ausgiebig und kunstgerecht zu verwenden, wird nicht nur von der strengen katholischen oder puritanischen Theologie, sondern allgemein auch von Laien pervers genannt. Dies paßt gut zu meinen vorigen Ausführungen, handelt es sich doch auch hier um einen verlängernden Umweg, mit dem Ziele, die Erregungen möglichst hoch zu steigern. Vorlust und Endlust stehen zueinander daher – zumal beim erwachsenen Menschen – im Verhältnis von Spiel und Ernst. Dies kann uns nicht wundern, da erst der sicher erreichbare Orgasmus aus dem Jüngling einen Mann, aus dem Mädchen eine Frau macht.

Und schließlich wird die Vorlusterotik vom Kinde von Anfang an betätigt, die Endlustfunktion ist dagegen sicher in der Zeit begrenzt. Zwar können weder der Anfang noch das Ende genau angegeben werden, doch ist die Aufteilung des menschlichen Lebens in Kindheit, Pubertät, Erwachsensein, Klimakterium und Alter eben auf diese Phasen der Endlustfunktion basiert. Die Fähigkeit zur Endlust ist ursprünglich nicht vorhanden, wird wahrscheinlich während oder knapp vor der Pubertät entwickelt und dann langsam, Schritt für Schritt gefestigt. Mit dem Alter wird sie dann schwächer, verschwindet schließlich oder wird höchstens ganz sporadisch erlebt. Dagegen ist die Vorlusterotik ewig wie das Leben, sie beginnt mit der Geburt und hört erst mit dem Tode auf. Diese Differenz kommt in den Gestalten der beiden griechischen Liebesgottheiten gut zum Ausdruck: Eros entsteht aus dem Chaos als Kind und wird nie Erwachsener, dagegen war Aphrodite nie Kind, nach dem Mythus taucht sie, die Anadyomene, gleich als erwachsene Frau aus dem Meere empor und bleibt dann ewig jung.

Einige weitere Unterschiede zwischen Vorlust und Endlust möchte ich nur summariter in Tabellenform erwähnen, um so mehr, als sie zum Teil bereits durch Sadger[5] beschrieben worden sind.

Vorlust	Endlust
von der Geburt an vorhanden	erst später entwickelt, wahrscheinlich um die Pubertät
immer bereit	ganz ausgesprochene Periodizität
bis zum Tod anhaltend	unbedingt begrenzt
	die Grenze individuell verschieden
verhältnismäßig einfacher Mechanismus	sehr kompliziert (erectio, frictio, ejaculatio; schlüpfrige Schleimsekretion, Kontraktionen)
kein eigenes Exekutivorgan	eigenes Organ
immer an Ich-Funktionen gebunden	selbständiges System mit der Fortpflanzung eng verbunden
das Organ, die Funktion dient nur nebenbei dem Lusterwerb	das Organ ist direkt auf Lusterwerb eingerichtet
eigentlich geschlechtslos	zwei sexuell verschiedene Formen
kein ausgesprochenes Ende kann endlos fortgesetzt werden	im günstigen Fall: Orgasmus dann beendet, sogar nachher für Reize refraktär
kann zur Perversion werden	ist der Schlußakt
	immunisiert gegen die Angst
Spiel	ernste Arbeit

Damit sind wir zu unserem Hauptproblem gekommen. Ist die Endlustfunktion aus der Vorlusterotik entstanden, oder hat sie eine eigene Entwicklung? Es ist sehr bemerkenswert, daß diese Frage nach der Herkunft nie in bezug auf die Vorlusterotik gestellt wurde. Die Vorlust stammt – anscheinend wie Eros selbst – direkt aus dem Chaos. Hingegen haben die Menschen sich von jeher vielfach den Kopf darüber zerbrochen, warum, woher und wie die Endlust zu uns gekommen ist. Mythen, Sagen, Märchen, Schwänke, philosophische und wissenschaftliche Theorien haben versucht, dieses Problem zu lösen. In der psychoanalytischen Literatur wurde – zwar ohne Diskussion – angenommen, was Rank[6] am

---

[5] J. Sadger: Genitale und extragenitale Libido. Int. Z.f. Psa., 15 (1929), 183.
[6] O. Rank: Zur Genese der Genitalität. Int. Z.f. Psa., 11 (1925), 411.

schärfsten formuliert hat: »Es steht fest, aus der prägenitalen Erotik wird die Genitalität entwickelt, durch Verschiebung von Libido.« Die diesbezügliche Literatur, vorwiegend aus den Jahren 1924–1930, wohl unter der Wirkung von Ferenczis Genitaltheorie entstanden, steht einheitlich auf diesem Standpunkte. In der Genitaltheorie selbst gibt Ferenczi eine ausführliche Physiologie der genitalen Endlust, nach ihm ist die Genitalität in der Phylogenese – wie Aphrodite Anadyomene – aus dem Meere entstanden; ganz deutlich wollte er ihr eine Sonderstellung einräumen, stand aber zu sehr unter der Wirkung der allgemeinen Ansicht, um unsere Frage überhaupt aufwerfen zu können. Ranks oben zitierte Arbeit behandelt trotz ihrem Titel ›Zur Genese der Genitalität‹ nur die Genese der genitalen Objektbeziehungen. Sadgers ausgezeichneter Aufsatz[7] ist eine musterhafte klinische Deskription, befaßt sich aber nicht mit der Genese des Orgasmus. Reich ist in seinem Buche ›Die Funktion des Orgasmus‹[8] zum Ergebnis gekommen, daß die Genitalität aus folgenden drei Grundelementen besteht: 1. der lokalen Erogenität der Genitalzone (genitale Reizbarkeit), 2. der am Genitalen zentrierten somatischen Libido (genitaler Drang), 3. der psychogenitalen Libido (genitale Sehnsucht). Unter Punkt 2 wird Ferenczis Amphimixis-Theorie wiedergegeben. Punkt 3, die genitale Sehnsucht, richtiger die aktive Liebe, gehört nicht ganz zu unserem Thema, auch habe ich an anderem Ort zusammenzufassen versucht, was ich darüber zu sagen weiß.[9] Punkt 1, die genitale Reizbarkeit, d.h. die Frage, weshalb gerade das Genitale geeignet ist, Orgasmus zu produzieren, würde direkt zu unserem Problem führen. Reich bleibt aber stehen und verweist uns auf die Physiologie: »Es muß am physiologischen Aufbau der verschiedenen erogenen Zonen liegen, daß nur der Genitalapparat orgastische Befriedigung zu vermitteln vermag« (a.a.O., S. 150). Dies ist sicher wahr, trotzdem wollen wir den Versuch nicht aufgeben, auf dem Boden der Psychologie wenigstens einen Schritt vorwärts zu kommen.

Zuerst aber ein Exkurs in die Biologie. Wie wir gesehen haben, ist die Vorlust dauernd, wie das menschliche Leben, sie wird fortwährend ausgelöst und knüpft sich untrennbar an alle körperlichen Funktionen (wie z.B. Ernährung, Verdauung, Exkretion, Sinneswahrnehmungen, Muskelarbeit usw.). Sie ist also wahrscheinlich eine Urfunktion unseres Körpers, des Soma. Die Endlust, der Orgasmus dagegen, scheint verhältnismäßig spät erwor-

---

[7] J. Sadger: Genitale und extragenitale Libido. Int. Z.f. Psa., 15 (1929), 411.

[8] W. Reich: Die Funktion des Orgasmus. Wien 1927, bes. Kap. VI.

[9] M. Balint: Zur Kritik der Lehre von den prägenitalen Libidoorganisationen. Int. Z.f. Psa., 21 (1935), 525. In diesem Buch Kap. III.

ben zu sein. Es bleibt auch zeitlebens etwas Fremdartiges an ihr haften; das Soma wird von ihr wie berauscht oder gar betäubt. Man kann auch, ganz im Gegensatze zur Vorlust, für ziemlich lange Zeiten ohne sie auskommen, auch dauert sie nicht durch das ganze Leben. Oft hört man sogar, daß die Alten eigentlich froh seien, sich von ihren Anforderungen endlich frei fühlen zu können.[10] Demnach könnte man denken, daß das Soma, also unser Körper ursprünglich asexuell und anorgastisch war, wohl aber erotisch, nur die Vorlust kennend, und daß ihm erst im Laufe der Phylogenese die sexuelle Differenzierung und die Endlust aufgezwungen wurde. Wie wir wissen, bestehen wir – wie alle Wirbeltiere – eigentlich aus zwei differenten Systemen: aus den diploiden Körperzellen und aus den haploiden Keimzellen, und es muß doch eine Bedeutung haben, daß die Periode der Endlust ungefähr mit der Zeit zusammenfällt, wo reife haploide Keimzellen im Körper vorhanden sind. Ich habe schon einmal versucht,[11] diese Zusammenhänge klarzustellen, konnte aber nur bis zur Schlußfolgerung gelangen, daß die Begattungsfunktion, der Orgasmus, die Individualisation und der Tod zusammen in der Phylogenese auftreten, parallel sich entwickeln und daher wahrscheinlich zusammen erklärt werden müssen, da keine dieser Funktionen eine Ureigenschaft des Lebens oder des Somas bildet.

Auch für die Seele bedeutet ein intensiver genitaler Wunsch, die Sehnsucht nach Endlusterleben (manchmal auch das Erleben selbst), eine beträchtliche Störung. Dieses Streben führt – viel häufiger, als irgendein anderes – zu Konflikten, und dann ist die Lösung oft die uns wohlbekannte Regression. Die Endlust wird verpönt, statt ihrer tritt die Befriedigung in einer »prägenitalen« Form, eben als Vorlust auf. Auch für die Seele, nicht nur für das Soma, scheint also die Vorlustfunktion viel verwandter, viel ungefährlicher zu sein, als ob die Endlust von fernher, wie aus einem anderen System kommen würde. Dem entspricht auch der Umstand, daß die Endlust, verglichen mit den beinahe kontinuierlichen Vorlustformen, deutlich diskontinuierlich ist, also auch in dieser Hinsicht gleichsam ein Mittelding zwischen den echt somatischen Triebreizen und den Außenweltreizen.

Dieser biologische Gedankengang spricht also eher dafür, daß Vorlust und Endlust zwei verschiedene Funktionen sind, d. h. die Endlust sich nicht aus den Vorlustmechanismen entwickelt hat.

---

[10] Cicero: De senectute; Schopenhauer: Vom Unterschiede der Lebensalter; Wells: William Clissold, um nur einige zu nennen.
[11] M. Balint: Psychosexuelle Parallelen zum biogenetischen Grundgesetz. Imago, 18 (1932), 28 ff. In diesem Buch Kap. I.

Nun wenden wir uns zur Psychologie. Die orgastische Funktion wurde in unserer Literatur zumeist, mit Ausnahme von Ferenczi[12], vom Standpunkte der Dynamik behandelt. Versuchen wir uns nun an der Ökonomie. Der erste Gedanke wäre, Vorlust mit einer kleineren, Endlust mit einer größeren Erregung in Verbindung zu bringen; dem ist aber nicht so. Wie wir bei den Perversionen und den Finessen der ars amandi gesehen haben, können gerade durch Vorlustmechanismen sehr große Erregungen hervorgerufen werden; hervorgerufen, aber nicht abgeführt. Es scheint, als ob eine größere Erregungsmenge nur durch die genitale Endlust abgeführt werden könnte. Ist diese Möglichkeit durch Verdrängungswiderstände versperrt und bleiben dem Menschen somit nur Vorlustwege offen, so endet der Zustand entweder in Angstneurose oder in einer Form der Süchtigkeit. Die Angstneurose würde – ökonomisch betrachtet – der immer steigenden Spannung entsprechen, die Süchtigkeit dagegen einer forcierten Abfuhr in refracta dosi, bei dauernd peinlich großer Spannung, ähnlich der Ischuria paradoxa.

Das Genitale hingegen ist zur Hervorbringung solcher übergroßer Spannungen wenig geeignet, da leicht die Endbefriedigung eintritt, der dann ein refraktäres Stadium folgt. Darum ist die Koketterie nur so lange Koketterie, als sie die Endlust nicht gewährt, ihre Waffen sind die Vorlustmechanismen, ihr Untergang die Endlust. Anderseits ist ein Koitus ohne entsprechende Vorbereitung durch Vorlust weniger befriedigend, wie dies Ferenczi bereits im Jahre 1912 in seinem Beitrag zur Onaniediskussion[13] beschrieben hat. Die vorausgehende beträchtliche Spannungssteigerung gehört also zu den wesentlichen Eigenschaften einer guten Endlust, wogegen dies bei der Vorlust keine Bedingung ist.

Diese Spannungssteigerung wird zum Teil durch die reale Situation herbeigeführt. Um sich genital befriedigen zu können, muß man zuerst sein Liebesobjekt gefügig machen. Nicht jeder Trieb stellt diese Bedingung. Bei den oralen und analen Trieben ist dies viel weniger notwendig, etwas mehr beim Exhibitionismus oder Voyeurtum. Bei vielen Perversionen ist das Liebesobjekt nur ein lebloses Ding, wie bei der Kleptomanie, beim Fetischismus usw. Die meisten Ansprüche an die Gefügigkeit des Liebesobjekts stellt eben die Genitalität (und der Sado-Masochismus). Wenn unser Objekt nicht gefügig ist, nicht mit uns kommt, sich nicht eins mit uns fühlt, so ist eine genitale Befriedigung kaum möglich. Es muß

---

[12] S. Ferenczi: Versuch einer Genitaltheorie, a. a. O. –: Sprachverwirrung zwischen den Erwachsenen und dem Kinde. Int. Z. f. Psa., 21 (1933), 5.
[13] S. Ferenczi in: Die Onanie. Wiesbaden 1912, S. 6.

also Arbeit geleistet werden, um aus dem Objekt einen genitalen Partner zu machen.[14]

Dieser Umstand erklärt zum Teil die notwendige Spannungssteigerung vor der Endlust. Aber diese Erklärung ist sehr dürftig. Die klinischen Erscheinungen vor und während eines Koitus sind doch viel zu gewaltig, als daß sie durch diese Arbeit des Gefügigmachens erklärt werden könnten. Die Bewegungen sind kaum mehr koordiniert zu nennen, und auch das Bewußtsein wird mehr oder weniger getrübt. Wenn wir nach ähnlichen Erscheinungen suchen, so finden wir zuerst den epileptischen Anfall, dann den Affektausbruch, z. B. den Wutausbruch und die Panik, und schließlich die traumatische Neurose. Bei allen ist charakteristisch die unerträgliche Spannung, welche unaufhaltsam zu bestimmten Bewegungen führt; diese sind beinahe oder ganz unkontrollierbar, reflexartig, dennoch rhythmisch, müssen auch eine bestimmte Zeit andauern, um die Spannung verschwinden zu lassen. Nach Freuds Gedankengang[15] hat ein übergroßer Reiz diese Menschen getroffen; die dadurch hervorgerufene Erregung war so hoch, daß sie nicht imstande waren, sie auf einmal abzuführen; die Herrschaft des Lustprinzips wurde interimistisch aufgehoben, das heißt, es war nicht mehr ausschlaggebend, ob lustvoll oder peinlich, es sollte nur die Erregung – um welchen Preis auch immer – vermindert werden. *Die Form*, in welcher diese Verminderung angestrebt wird, *ist immer die einer Bewegung*. Diese archaische Arbeitsweise des seelischen Apparates hat Freud eben aus der traumatischen Neurose, aus bestimmten Kinderspielen und aus den Übertragungserscheinungen erschlossen. Als viertes Studienobjekt empfiehlt sich die Endlustfunktion; hier könnten wir – nach meiner Meinung – eine traumatische Situation in statu nascendi beobachten. Leider beziehen sich die meisten Angaben unserer Analysanden auf den Körper. Über die seelischen Vorgänge kann man nur sehr wenig erfahren, vielleicht gerade, weil sie in archaischen, schwer zugänglichen Schichten ablaufen. Das wenige Material lautet etwa so: anwachsende Spannung, welche den Drang nach rhythmischer Bewegung auslöst; die Spannung wird noch größer ... man möchte von ihr befreit werden, um jeden Preis, selbst wenn es Leiden bedeuten sollte ... man kann es kaum aushalten ... oft wird gestöhnt, geächzt, gejammert, sogar geflucht, manchmal kommt es zu aggressiven, gewalttätigen Handlungen gegen den Partner ... das Gefühl vor der Akme wird als ein Nichtmehrhal-

---

[14] Dieses Gefügigmachen geschieht eben vermittels der Vorlustmechanismen, als ob zuerst die beiden Partner zusammen Kinder werden müßten, um dann miteinander zum Orgasmus aufwachsen zu können (Bemerkung von Alice Balint).

[15] S. Freud: Jenseits des Lustprinzips. Ges. W., Bd. XIII.

tenkönnen, Bersten, Hineinfließen, Sichauflösen angegeben...
und erst das Ende ist *ein stilles, ruhiges Wohlbehagen.* Dieses stille,
ruhige Wohlbehagen scheint die Urform der Lust zu sein. Sicher
streben alle Vorlustfunktionen direkt nach ihr, und auch wo sie
nicht mehr ausreichen, wird dieser Zustand auf dem Umwege:
anwachsende Erregung – Endlust, doch angestrebt und auch erreicht.

So wird uns eine bestimmte Störung der Sexualfunktion verständlich. Wenn der Reiz allzu groß ist – dies ist gut zu beobachten
bei Männern, die lange abstinent gelebt haben –, dann wird die
Tendenz, sich von der Spannung zu befreien, so mächtig, daß die
Befriedigungslust erheblich vermindert, eventuell gleich Null
wird. Dies wird bei manchen Männern zum System erhoben; der
erste Koitus ist solch ein traumatischer Akt, bringt nur die Befreiung, und erst der zweite ist lustvoll. Also nur wenn die Erregung
sicher zu dosieren ist, wenn man genau weiß, daß sie nicht höher
steigen kann, als man selber will, als man sicher gut ertragen kann,
nur dann ist die Befriedigung, die Endlust, gut.

In ökonomischer Hinsicht ist demnach die Endlust eine Integration zweier, einander entgegengesetzter Strebungen. Die eine ist
die archaische, beinahe biologisch zu nennende. Sie stammt aus
den Zeiten vor dem Lustprinzip, ihr Ziel ist: *sich von der Spannung um jeden Preis zu befreien,* sie ist nicht unbedingt lustvoll.
Als Vorbild dieser Strebung kann die Autotomietendenz von Ferenczi dienen.[16] Die andere Strebung ist viel jünger, sie ist sicher
seelisch. Ihr Ziel ist, *die Erregung auf einem bestimmten, für das
Individuum erprobt ungefährlichen Niveau zu halten,* diesen Grad
der Erregung bewußt, absichtlich auf sich zu nehmen und sie dann
sicher zu lösen. Diese Funktion, man könnte sagen: dieses Kunststück, ist eminent lustvoll.

Ähnliche Gedanken finden sich bei S. Pfeifer.[17] Auch er unterscheidet zwei »Ablaufstypen«. Je primitiver ein Trieb entwickelt
ist, desto kleiner ist die ertragbare Spannungsdifferenz, desto mehr
muß darauf geachtet werden, daß »Reiz und Befriedigung zeitlich
fast zusammenfallen«. Der Unterschied zwischen dieser Ablaufsart und der Genitalität besteht nach ihm eben darin, daß etwas
»Katastrophales« sich in den Ablauf eingeschaltet hat.

Die Fortsetzung dieses Gedankenganges führt uns geradewegs
in die Ich-Psychologie. Wir haben, besonders in den letzten Jahren, häufig den Begriff »Ich-Stärke« benützt. Streng definiert war
dieser Begriff noch nicht, aber ganz deutlich *beruht er auf einer*

---

[16] S. Ferenczi: Versuch einer Genitaltheorie, a. a. O., Kap. IV.
[17] S. Pfeifer: Die neurotische Dauerlust. Int. Z. f. Psa., 14 (1928), 210.

quantitativen Vorstellung. Ich möchte nun vorschlagen, als Maß der jeweiligen Ich-Stärke die maximale Spannung oder Erregung zu nehmen, die vom Ich noch störungsfrei ertragen werden kann. Halbwegs normale Verhältnisse vorausgesetzt, ist die einzige Erregung, welche beim Erwachsenen nahe an diesen Maximalwert heranreicht, eben die Erregung vor und im Orgasmus. Und wenn sie nicht die einzige sein sollte, so ist sie sicher die häufigste, gehört sie doch zu den normalen Erfordernissen des erwachsenen Lebens. Hierdurch wird die etwas mystisch klingende »Vorbildlichkeit des Sexuallebens« einfach verständlich. Die ersten Zeichen einer latenten Störung, eines latenten Fehlers des Ichs werden wahrnehmbar, falls man es mit Erregung schwerer belastet, d.h. eben bei der »orgastischen Funktion«. Hingegen haben Menschen, die fähig sind, sich periodisch einem Orgasmus auszusetzen, ein genügend starkes Ich, das auch andersartigen Belastungen gewachsen ist.

Jede Erziehung arbeitet – prinzipiell betrachtet – nur mit zwei Arten von Mitteln. Einerseits wird das Kind liebevoll behandelt, d.h. in ökonomischer Hinsicht libidinös belastet. Hierher gehören: Streicheln, Schaukeln, Umarmen, Küsse, Auf-den-Schoß-Nehmen usw. Anderseits aber werden ihm gewisse Vorlustwege abgesperrt, bei der Entwöhnung, dem Verbot des Lutschens, der Reinlichkeitsgewöhnung, dem Einhalten von festen Terminen usw. Die Erziehung bedroht also gleich von zwei Seiten das ohnedies labile Libido-Gleichgewicht des Kindes: es werden sowohl die aktuellen Erregungen gesteigert als auch die Abfuhrmöglichkeiten beschränkt.

Wenn eine Überbelastung eintritt, kann das Kind auf zwei Arten sein Gleichgewicht wiederherstellen. Bei der einen wird sein Ich von der wachsenden Erregung überflutet, es bricht ein panikartiger Zustand aus, der sich dann in einem Affektausbruch, in unkoordinierten Bewegungen entlädt. Oder aber, es wird sich anstrengen, alle Kräfte aufbieten, um doch der Erregung standhalten zu können. Die erste Art ist einem klonischen, die zweite einem tonischen Krampfe nahe. Zweifellos aber sind diese beiden Reaktionsweisen die Urabwehrformen des Ichs, und ich glaube, daß die späteren, welche A. Freud[18] in ihrem neuen Buche zum ersten Male systematisch zusammengefaßt hat, in diesen beiden wurzeln, gleichsam als psychische Überbauten über diesen beiden, beinahe körperlichen Abwehrformen.

Die Erziehung bevorzugt deutlich das Ertragen; für sie ist jeder Affektausbruch ein Greuel. Manchmal gelingt es ihr gut; die Kinder lernen tatsächlich, alles zu ertragen, aber sie bezahlen es mit

---

[18] A. Freud: Das Ich und die Abwehrmechanismen. Wien 1936.

einem ständigen krampfhaften Zustand. Sie antworten auf jeden Reiz mit einem erhöhten Krampf, besonders, wenn sie unsicher sind, ob der Reiz nicht noch intensiver werden könnte. Ferenczi[19] hat uns zuerst auf solche körperliche Abwehrformen (besonders dauernde Muskelspannungen) aufmerksam gemacht. Solche krampfbereiten Menschen können sich nur unter großen Widerständen den freien Assoziationen überlassen, können sich in der Liebe nie hingeben, kaum im Genuß aufgehen. Es ist dann eine Wiederkehr des Verdrängten, wenn krampfhaft frigide Frauen im Augenblick, wo der Orgasmus eintreten sollte, statt dessen krampfhaft lachen oder weinen müssen. Durch den tonischen Krampf hat sich bei ihnen der klonische Affektausbruch doch Bahn gebrochen.

Auch in der Endlustfunktion finden wir diese beiden Tendenzen, die mehr biologische klonische Befreiungstendenz und die mehr psychologische, ich-nähere Tendenz zum Ertragen, sogar zum Steigern der Erregung. Wie wir jetzt verstehen, ist die Voraussetzung für das störungsfreie Zusammenarbeiten dieser beiden Tendenzen eine gewisse Stärke des Ichs (und der Triebe). Wahrscheinlich bringen dies erst die biologischen Umwälzungen der Pubertät zustande, aber auch dann hat noch, wenigstens in unserer Kultur, die Entdeckung der Endlust eine traumatische Wirkung. Wie V. Kovács[20] es zuerst beschrieben hat, ist das erste Endlusterlebnis oft furcht- und angsterregend, so bei den Männern die erste Ejakulation, bei den Frauen der erste Orgasmus, sowohl durch Onanie als auch durch Koitus (Defloration). Es ist sehr selten, daß diese Vorgänge ganz störungsfrei verlaufen. Die von A. Freud beschriebene »Spontanheilung der Prägenitalität«[21] wird nur mit ganz langsamen Schritten erreicht, die ersten Akte sind beinahe nie lustbetont, sie befreien zwar den Menschen von der Spannung, aber nur ganz, ganz langsam werden sie auch genußbringend. Es könnte so manches für die Verteidigung der – paradox klingenden – Behauptung angeführt werden, daß der Koitus, der Prototyp der Lust, ursprünglich durchaus nicht lustvoll ist und bloß der Autotomietendenz dient; erst später wird er durch Erotisierung lustvoll, genußbringend.

Die vielen Menschen, die an Potenzstörungen oder Frigidität leiden, wären also eigentlich nicht krank, nur in ihrer Entwicklung gehemmt. Ihr Ich ist noch immer nicht stark genug, eine so große

---

[19] S. Ferenczi: Technische Schwierigkeiten einer Hysterieanalyse. In: Hysterie und Pathoneurosen. Wien 1919. –: Psycholanalyse von Sexualgewohnheiten. Int. Z.f. Psa., 11 (1925), 6.
[20] V. Kovács: Das Erbe des Fortunatus. Imago, 12 (1926), 321.
[21] A. Freud: a.a.O., S. 170.

Spannung zu ertragen; entweder entledigt es sich ihrer in einer Art von Kurzschluß (z.B. durch Ejaculatio praecox), oder es verliert sich in krampfhaften Anstrengungen, die Erregungen doch höher zu treiben (Frigidität). Dies gelingt manchmal bis zu einem gewissen Grade, aber eben infolge des Krampfes bleibt die Endlust aus, und es bleibt nichts anderes übrig, als erschöpft aufzuhören. Die Fortschritte der Psychoanalyse werden in allen diesen Fällen stereotyp mit denselben (bezeichnenden) Worten beschrieben: »Ich war fähig, weiter zu gehen«, »es ist mir gelungen, höher zu kommen«, »ich konnte mehr ertragen« und dergleichen.

Mein Gedankengang würde uns zu einer Reihe von interessanten Problemen führen, wie dem Unterschied männlich – weiblich, der primären Angst vor Triebgefahr, den ökonomischen Unterschieden zwischen dem kindlichen und dem erwachsenen Triebleben und dergleichen mehr. Bei dieser Gelegenheit kann ich sie aber nicht behandeln. Ich möchte nur das Hauptresultat meiner Arbeit kurz zusammenfassen.

Der Unterschied zwischen Vorlust und Endlust ist viel tiefergehend, als wir ihn bisher angenommen haben. Die Vorlustfunktion ist verhältnismäßig einfach, sie scheint eine Ureigenschaft der Lebewesen zu sein. Die Endlustfunktion hingegen ist ein phylogenetischer Neuerwerb, so kompliziert, daß sie vom einzelnen noch immer neu erlernt werden muß. Sie setzt sich aus zwei einander entgegengesetzten Strebungen zusammen; die Integration beider zu einem Orgasmus, dieses Kunststück hängt vom Ertragenkönnen einer beinahe schon traumatischen Erregung ab. Hier habe ich versucht, diese Beobachtungen in die Libidotheorie bzw. in die Ich-Psychologie einzubauen.

V. Frühe Entwicklungsstadien des Ichs
Primäre Objektliebe[1] (1937)

Die wichtigste Arbeitsweise unserer Wissenschaft ist die genetische; wir erklären eine jetzt beobachtete seelische Erscheinung, indem wir sie auf eine früher dagewesene zurückführen und zeigen, inwiefern und durch welche äußeren und inneren Einflüsse der frühere Vorgang umgewandelt wurde. Diese rückläufige Arbeitsrichtung muß aber irgendwo stehen bleiben, und zwar dort, wo das früher Dagewesene, das Ursprüngliche nicht mehr gut beobachtet, nur mehr aus dem noch Beobachtbaren gefolgert werden kann. In den Kinderjahren der Psychoanalyse ist die wissenschaftliche Forschung theoretisch bis in die Blütezeit der Ödipussituation, also etwa bis zum dritten bis fünften Lebensjahr, vorgedrungen. Die so gewonnenen Einsichten haben das Beobachtungsvermögen geschärft, und die mit besseren Augen ausgerüsteten Beobachter haben diese theoretischen Annahmen glänzend verifiziert.

Auch seither hat der Eifer der Forscher nicht geruht, und immer wieder wurde versucht, auf noch frühere seelische Zustände zu schließen. Die Situation ist aber grundsätzlich verschieden. Damals wurde nur eine Theorie, richtiger zwei einander ergänzende Theorien – die des klassischen Ödipuskomplexes und die der polymorph-perversen Natur der kindlichen Sexualität – aufgestellt, heute stehen einige Theorien neben-, sogar gegeneinander. Leichte Unterschiede im angenommenen theoretischen Bild wären schon verständlich, wir lesen und hören aber Ausführungen, welche sehr stark voneinander abweichen, oft sogar einander diametral entgegengesetzt sind, einander ausschließen. Merkwürdigerweise scheinen diese Gegensätze eine Funktion der geographischen Entfernung zu sein, so daß man – trotz bestehender Divergenzen – doch von lokalen Ansichten sprechen kann. Wahrscheinlich wird sich jeder unter uns dagegen wehren, seine Arbeiten in eine lokale Ansicht untertauchen zu lassen, und wird sich dabei auf starke Kontroversen innerhalb seiner eigenen Gruppe berufen; nichtsdestoweniger erscheinen die Ergebnisse seiner Arbeit Fernerstehenden als einzelne Töne eines lokalen Zusammenklanges. Solche »lokalen«, nicht identischen, wohl aber zusammenklingenden Ansichten haben sich in den letzten Jahren in London, in Wien und in Budapest ausgebildet.

---

[1] Referat am 1. Symposion der zweiten Vierländertagung in Budapest (15.–17. Mai 1937).

Das Wort »Ansichten« habe ich mit Absicht benützt. Wir dürfen nämlich nicht vergessen, daß hier letzten Endes um theoretische Konstruktionen diskutiert wird. Denn darin sind wir wohl einig, daß in der Wirklichkeit der früheste Zustand der menschlichen Seele in London sich nicht wesentlich von dem in Wien oder Budapest unterscheiden wird, und auch darin, daß wir alle ungefähr gleich gut oder gleich schlecht analysieren können. In den erzielten therapeutischen Resultaten kann man wenigstens keine großen Unterschiede erkennen. Nur nehmen die Forscher aus verschiedenen Gruppen verschiedene Standpunkte ein und benützen eine etwas verschiedene Terminologie; daraus resultieren eben diese so unangenehm divergierenden Ansichten.

In diesem Referat möchte ich versuchen, die Differenzen im theoretischen Bilde auf die verschiedenen Standpunkte, auf die verschiedenen Erwartungsvorstellungen und auf Differenzen in der Terminologie zurückzuführen. Damit will ich aber nicht sagen, daß jeder Standpunkt, jede Terminologie gleich vorteilhaft wäre. Im Gegenteil, ich will eben zeigen, daß manche Standpunkte mit bestimmten Fehlern behaftet sind.

Ich habe vorhin behauptet, daß das Material, woraus wir alle unsere – einander so unähnlichen – Schlüsse gezogen haben, dasselbe ist. Als Ausgangspunkt muß ich also eine Beschreibung der infantilen Seele nehmen, an der niemand etwas aussetzen wird. Dazu brauchen wir einen scharfen Beobachter, der zugleich ein prägnanter Berichterstatter sein muß. Ich zitiere ihn wörtlich.[2] »Die kindliche Liebe ist maßlos, verlangt Ausschließlichkeit, gibt sich nicht mit Anteilen zufrieden. Ein zweiter Charakter ist aber, daß diese Liebe auch eigentlich ziellos, einer vollen Befriedigung unfähig ist und wesentlich darum ist sie dazu verurteilt, in Enttäuschung auszugehen und einer feindlichen Einstellung Platz zu machen« (S. 524), so dem Vorwurf: »... die Mutter hat dem Kind zu wenig Milch gegeben, es nicht lange genug genährt. Dies mag in unseren kulturellen Verhältnissen recht oft zutreffen, aber gewiß nicht so oft, wie es in der Analyse behauptet wird. Es scheint vielmehr, als sei diese Anklage ein Ausdruck der allgemeinen Unzufriedenheit der Kinder... als wären unsere Kinder für immer ungesättigt geblieben, als hätten sie nie lange genug an der Mutterbrust gesogen.« »So groß ist die Gier der kindlichen Libido.« (S. 527) »In den ersten Phasen des Liebeslebens ist offenbar die Ambivalenz das Regelrechte.« (S. 528) Weiter heißt es, daß »jenen ersten Libidoregungen eine Intensität eigen ist, die allen späteren überlegen bleibt, eigentlich inkommensurabel genannt werden

---

[2] S. Freud: Über die weibliche Sexualität (1931). Ges. W., Bd. XIV.

darf« (S. 537). Nun glaube ich, mit dieser Beschreibung von Freud werden wir alle – Londoner, Wiener wie Budapester – zufrieden sein; sie gibt die Tatsache, und nur diese, klar und korrekt wieder und enthält sich jeder theoretischen Auswertung oder Erklärung.

Die Londoner würden in dieser Beschreibung nur Bestätigungen ihrer Ansichten sehen. Die beschriebenen Charakteristika des infantilen Seelenlebens, wie Maßlosigkeit, feindliche Einstellung, allgemeine Unzufriedenheit, unersättliche Gier, offenbare Ambivalenz usw. sind die von London immer wieder hervorgehobenen Erscheinungen. Beginnt doch Joan Riviere ihren repräsentativen Wiener Vortrag mit dem Satze: »Ich will in dieser Arbeit eine kurze allgemeine Darstellung der frühesten psychischen Entwicklungsprozesse des Kindes versuchen, d. h. in erster Linie der Probleme der oral-sadistischen Regungen und der dazugehörigen Ängste.«[3] Nach der Londoner Ansicht ist »das Seelenleben des kleinen Kindes in seinen ersten Lebenswochen von narzißtischem Charakter« (a. a. O., S. 489). Sie nimmt weiter an, »daß orale und kannibalistische Triebregungen primär in der Säugeperiode entwickelt werden« (a. a. O., S. 488). Diese Entwicklung hat zwei Quellen. Sadistische Triebregungen entstehen primär, also auch ohne jede reale Auslösung, als Manifestation des nach außen gewendeten Todestriebes. Sie benützen als Werkzeug in erster Reihe die orale Zone, aber nicht ausschließlich; die Muskulatur, die Augen, die Atmung, die Ausscheidungsfunktion usw. werden auch in ihre Dienste gestellt. Die andere – auch unvermeidliche – Quelle solcher sadistischer Regungen ist die Verspätung der Befriedigung. Das Kind erlebt bei einer solchen Verspätung das Anwachsen der Bedürfnisspannung als eine »traumatische Situation« im Sinne Freuds, ist gezwungen, die Sicherheit des narzißtischen Allmachtgefühls schrittweise aufzugeben, fühlt sich hilflos, ohnmächtig, bösen Mächten ausgeliefert und reagiert darauf mit Haß und Aggression. Diese Affekte sind von Anfang an, oder doch sehr bald sowohl auf Objekte als auch auf die eigene Person gerichtet; da sie für das schwache, eben in Bildung begriffene Ich unerträglich sind, werden sie als von den Objekten stammend empfunden, auf sie projiziert. So entwickelt sich eine Art von Paranoia (a. a. O., S. 497), das Kind wird überempfindlich und reagiert überaus heftig auf jedes winzige, noch so unbedeutende Zeichen einer negativen, fahrlässigen oder auch nur indifferenten Einstellung seiner Umgebung, sieht überall und in allem böse Gewalten. Das Kind hat dann Angst vor den bösen Objekten, haßt sie, fürchtet sich jedoch vor

---

[3] J. Riviere: Zur Genese der psychischen Konflikte im frühen Lebensalter. Int. Z. f. Psa., 22 (1936).

ihrer Rache. Aber: »Zugleich mit diesen Verfolgungsängsten treten schon ansatzweise Schuldgefühle und Sorge für das Objekt auf, sobald sich die Liebe zur Brust und zur Mutter geltend macht« (a.a.O., S. 497). Nun bricht der Abwehrkampf zwischen den voreilenden aggressiven und den etwas späteren, viel weniger vehementen, liebevollen Triebregungen aus, vor allem werden Projektion und Introjektion benützt, aber alle anderen Abwehrmechanismen, einschließlich der Verdrängung, sind bereits in den ersten Lebensmonaten am Werk (M. Schmideberg, zitiert nach Riviere, a.a.O., S. 490). Zwei Tendenzen sind hier als besonders wichtig zu nennen: Die eine ist die beinahe krampfhaft zu nennende Anstrengung, die guten Objekte von den bösen fernzuhalten, sonst würden auch sie, die hilfreichen, von den bösen verdorben werden, die andere ist die Wiedergutmachungstendenz, die die Wirkungen der eigenen sadistischen Regungen reparieren, d.h. die bösen und deshalb mißhandelten Objekte in gute verwandeln möchte.

Die weitere Entwicklung gehört nicht mehr zu unserem Thema. Ich möchte nun die wichtigsten Annahmen – sit venia verbo –, auf denen sich die englischen Ansichten aufbauen, zusammenstellen:
1. Das Kind wird im Zustande des primären Narzißmus geboren.
2. Sehr früh und äußerst vehement treten sadistische, aggressive Impulse auf; es bleibt dabei unentschieden, welchen Anteil dann der nach außen gewendete Ur-Todestrieb und welchen die durch die Behandlung der Umgebung ausgelösten Haßreaktionen haben. Sicher ist es aber, daß die liebevollen Regungen merklich später und viel schwächer auftreten. 3. Es besteht Unsicherheit darüber, wann und wie die Realitätsprüfung beginnt; die Unsicherheit ist so groß, daß sich die Autoren manchmal selbst widersprechen. Nur ein Beispiel: J. Riviere mahnt uns, nicht zu vergessen, »daß diese narzißtische Welt der Psyche (des Säuglings) ... völlig autistisch ist und nicht nur der Objektivität, sondern zunächst auch der Objekte entbehrt«. Gleich im nächsten Satz wird Glover zitiert, der »Nachdruck darauf gelegt hat, daß das ganz kleine Kind einen gewissen Realitätssinn hat« (a.a.O., S. 490–491). 4. Es wird weiter angenommen, daß die Verarbeitung der primären Erfahrungen vorwiegend auf dem Wege der Introjektion und Projektion geschehe.

Hier setzt die Wiener Kritik an. Ich bin in der angenehmen Lage, mich auch hier, wie in London, auf eine repräsentative Arbeit der Schule berufen zu können.[4] Eben deshalb kann ich mich ganz kurz fassen: Waelder bezweifelt die Ubiquität und die von

---

[4] R. Waelder: Zur Frage der Genese der psychischen Konflikte im frühen Kindesalter. Int. Z. f. Psa., 22 (1936).

den Londonern beschriebene Intensität der oral-sadistischen Manifestationen, in zweiter Linie natürlich auch die Richtigkeit der Folgerungen, welche aus diesen angeblichen Beobachtungen durch Verallgemeinerung gewonnen worden sind. Weiter rügt er als Verwirrung stiftend den unexakten, vom gewöhnlichen abweichenden Gebrauch der Begriffe Introjektion und Projektion. Ebenso verwirrend ist nach ihm die Art, wie die Londoner Phantasie und Realität oder, vielleicht richtiger, die äußere und die psychische Realität beschreiben. Schließlich bezweifelt er überhaupt, ob die Erlebnisse dieser allerersten Entwicklungsstadien der menschlichen Seele je bewußt erinnert, geschweige denn in Worten ausgedrückt werden können.

Diese Einwände sind gewichtig, die Beweisführung Waelders überzeugend. Und trotzdem – nichts wurde klarer. Wenn man den Londoner Standpunkt verläßt und sich den Wienern anschließt, steht man ratlos vor den von Freud beschriebenen Eigenschaften der Kinder. Warum sind sie so maßlos gierig, unbefriedigbar, warum entsteht unvermeidlich die Feindseligkeit, woher der Vorwurf, daß die Mutter sie nie richtig ernährt, nie richtig behandelt hat? Wir möchten uns gerne Waelder, d. h. den Wiener Ansichten anschließen, denn auch wir sind der Meinung, daß die Londoner in ihrer Entdeckerfreude übers Ziel geschossen sind – aber wir können es nicht tun, ohne zuerst die angeführten infantilen Eigenschaften irgendwie erklärt zu haben. Denn das muß man den Londonern zugeben: auf Grund ihrer Ansichten lassen sich diese von uns allen beobachteten Erscheinungen zwanglos ableiten.

Die Situation ist also ziemlich trostlos: Auf der einen Seite eine Theorie, welche uns viele der wichtigsten Eigenschaften der kindlichen Seele verständlich zu machen vermag, deren wesentliche Annahmen aber alle einer strengen Kritik nicht standhalten; auf der anderen Seite eine Kritik, deren Ausführungen kaum zu widersprechen ist, die aber gerade über das uns interessierende Gebiet beinahe nichts zu sagen hat.

Das besagt aber, daß das bisher untersuchte Material nicht genügt, um diese höchst wichtige Streitfrage zu entscheiden. Wo aber finden wir neues? Ich habe schon zuvor erwähnt, daß nach Waelders Meinung kaum zu erwarten ist, daß die Erlebnisse im Anfang des ersten Lebensjahres je bewußt erinnert werden können. Aber mindestens ebenso zweifellos ist es, daß die Erlebnisse dieser Zeit von ausschlaggebender Bedeutung sind, das ganze spätere Leben des Menschen wesentlich beeinflussen. Soweit sind wir wohl alle einig; es entsteht nun aber die Frage, wie man etwas Sicheres über diese Erlebnisse erfahren könnte. Prinzipiell wären, wie auch Waelder hervorhebt, zwei Wege möglich: die direkte

Beobachtung des Kindes und die Rekonstruktion des kindlichen Verhaltens aus den Daten des erwachsenen Lebens. Wenn ich Waelder richtig verstanden habe, sind die Schwierigkeiten einer einwandfreien Verifikation der eventuellen Annahme so groß, daß die Wiener wohlweislich jede Annahme über dieses Gebiet äußerst skeptisch betrachten.

Nun bin ich endlich in Budapest angekommen. Wir sind – allerdings erst in den letzten Jahren – in dieser Hinsicht etwas weniger skeptisch geworden. Drei – voneinander unabhängig begonnene und ganz verschiedene Wege benützende – Gedankengänge, von A. Balint, von I. Hermann und von mir, haben in der letzten Zeit Resultate gezeitigt, die einander so gut stützen, daß wir beinahe überzeugt sind, daß wir mindestens in der richtigen Richtung arbeiten. Unser gemeinsamer Grundgedanke geht direkt auf Ferenczi[5] und hinter ihm auf Freud zurück. Wir sind alle drei davon ausgegangen, die formalen Elemente der analytischen Situation, weit mehr als bisher, als Übertragungserscheinungen zu betrachten, in der Hoffnung, auf diesem Wege wertvolle Daten zur individuellen Geschichte des Menschen zu erhalten. Diese Hoffnung hat sich auch erfüllt, wir haben aber weit mehr gefunden. Es hat sich herausgestellt, daß bestimmte Züge der analytischen Situation ganz monoton in jeder Kur zum Vorschein kamen, sogar um so mehr und um so klarer zu beobachten waren, je mehr der Patient – eben durch die Analyse – von den erinnerbar erworbenen seelischen Mechanismen befreit wurde. So lag der Schluß nahe, in diesen immer wiederkehrenden Zügen etwas allgemein Menschliches zu sehen, und es blieb bloß noch zu entscheiden, ob diese entweder biologisch bedingt oder aber als Niederschläge der allerersten seelischen Erlebnisse zu betrachten sind.

Unabhängig voneinander und ohne es klar ausgesprochen zu haben, haben wir alle drei von diesen zwei Möglichkeiten die zweite als Arbeitshypothese gewählt, das heißt, wir wollten sehen, *wieviel von den beobachteten, monoton immer wiederkehrenden Zügen der analytischen Situation auf frühinfantile Erlebnisse zurückführbar wäre,* noch richtiger, *wie weit aus diesen leicht verifizierbaren Beobachtungen auf die frühinfantilen Seelenvorgänge gefolgert werden könnte.* Selbstverständlich haben wir versucht, durch anderes Material die so gewonnenen Rückschlüsse zu stützen und zu ergänzen. Hier gingen dann die drei Wege auseinander. Hermann benützte als zweite Materialquelle die vergleichende

---

[5] ›Entwicklungsstufen des Wirklichkeitssinnes‹, ›Versuch einer Genitaltheorie‹ und ›Sprachverwirrung zwischen den Erwachsenen und dem Kinde‹. Auch unter den englischen Analytikern sind einige Schüler Ferenczis.

Psychologie, vor allem das Studium der Primaten, A. Balint eine eben in Entstehung begriffene Wissenschaft, die vergleichende Pädagogik, und ich sammelte Daten aus der Sexualtheorie.

Ich möchte die erzielten Resultate ganz kurz referieren und beginne die Darstellung mit meinen Untersuchungen.[6] Es fiel mir auf, daß zu Zeiten, nachdem die analytische Arbeit schon ziemlich tief vorgedrungen war, die Patienten bestimmte, sehr primitive Wunschbefriedigungen, hauptsächlich vom Analytiker, aber auch von ihrer Umgebung erwarteten, oft sogar forderten. Hielt ich einfach bei der analytischen Passivität aus, d.h. wurde diesen Wünschen die Befriedigung automatisch eben durch meine Passivität versagt, so traten Erscheinungen auf, welche in allen wesentlichen Zügen dem Bilde, das sich die Londoner Analytiker vom kleinen Kinde bildeten, entsprachen. Verlust der seelischen Sicherheit, das Gefühl der eigenen Wertlosigkeit, Verzweiflung, tiefe bittere Enttäuschung, das Gefühl der Unfähigkeit, sich je wieder einem Menschen anvertrauen zu können und dergleichen mehr. Dies, gemischt mit der gehässigsten Aggression, mit wildesten sadistischen Phantasien, mit Orgien der raffiniertesten Quälereien und Erniedrigungen des Analytikers. Dann wieder Angst vor der Vergeltung, die vollkommenste Zerknirschtheit, da man es für immer verspielt habe, vom Analytiker geliebt oder auch bloß mit Interesse und Wohlwollen weiterbehandelt zu werden, nie werde man von ihm auch nur eines guten Wortes gewürdigt werden usw.

Falls ich aber später – eben durch solche Erfahrungen gewitzigt – auf die Erfüllung dieser kleinen Wünsche einging, kam ich aus dem Regen in die Traufe. Es brach ein beinahe manisch zu nennender Zustand aus. Die Patienten waren überglücklich, sie wollten weiter nichts, als nochmals und immer wieder die Befriedigung ihres Wunsches erleben. Die Symptome verschwanden – scheinbar –, die Patienten fühlten sich übergesund, solange sie sich sicher fühlen konnten, die so überaus wichtige Wunschbefriedigung auf Verlangen sofort erleben zu können; auch konnten sie zu solcher Zeit kaum bei der Arbeit gehalten werden. Das psychologische Bild ähnelt durchaus dem einer Sucht oder einer schweren Perversion – auch in seiner Labilität. Bei der ersten ernsten Versagung oder erheblichen Verspätung der Befriedigung bricht das ganze Gebilde dieser suchtartigen Glückseligkeit zusammen, und jäh schlägt die Stimmung in die oben beschriebene Form der Verzweiflung, des Hasses und der Vergeltungsängste um.

---

[6] M. Balint: Das Endziel der psychoanalytischen Behandlung. Int. Z. f. Psa., 21 (1935). Ders.: Zur Kritik der Lehre von den prägenitalen Libidoorganisationen, Int. Z. f. Psa., 21 (1935). Ders.: Eros und Aphrodite, Int. Z. f. Psa., 22 (1936). In diesem Buch Kap. XIII, III u. IV.

Nun gehen wir einen Schritt weiter. Wie sehen diese gefährlichen Wünsche in der Realität aus? Recht harmlos, naiv, muß man sagen. Ein liebevolles Wort vom Analytiker, die Erlaubnis, ihn beim Vornamen zu nennen, oder von ihm so genannt zu werden[7], ihn auch außerhalb der Stunden zu sehen, von ihm etwas auszuleihen, von ihm – selbst mit einer Kleinigkeit – beschenkt zu werden usw. Sehr oft gehört zu diesen Wünschen, den Analytiker berühren, ihn anfassen zu dürfen, oder von ihm berührt, gestreichelt zu werden. Dies führt uns schon in das Gebiet der Anklammerungserscheinungen hinüber, worüber gleich zu sprechen sein wird.

Ich muß bekennen, daß es ziemlich lange Zeit gebraucht hat, ehe mir zwei wesentliche Eigenschaften dieser Wünsche aufgefallen sind. Sie sind erstens *ausnahmslos objektgerichtet*, zweitens *übersteigen sie nie das Vorlustniveau*. Das heißt erstens: Nur die Außenwelt, die Umgebung kann sie befriedigen, eine autoerotische, narzißtische Erledigung ist bei ihnen unmöglich. Weiter, falls die Befriedigung im richtigen Zeitpunkt und im richtigen Ausmaß erfolgt, löst sie nur kaum beobachtbare Reaktionen aus, eben weil das Befriedigungserlebnis so leise verläuft. Man könnte dieses Lustgefühl als *ein stilles, ruhiges Wohlbehagen* beschreiben. Bleiben aber diese Wünsche unbefriedigt, so wird ihre Erfüllung ganz vehement gefordert, eine etwaige Versagung ruft die allerheftigsten Reaktionen hervor.

Jetzt endlich konnte ich mir erklären, woher die lärmenden, suchtartigen Befriedigungserlebnisse kamen, durch welche ich mich anfangs so verwirren ließ. Sie sind keine naiven, keine primären Reaktionen, sondern haben bereits eine Vorgeschichte, sie sind Reaktionen auf erlittene Versagungen, welche das Kind im Patienten eben durch die Sprachverwirrung mißdeutet, ähnlich, wie z.B. auch die Onaniegelüste nach einer – als Kastrationsdrohung aufgefaßten – Milieueinwirkung für lange Zeiten überwuchern, schier unersättlich scheinen und sich erst nach einer Weile des Austobenlassens auf ein reales Niveau einstellen können. Auf Grund dieser Erkenntnis konnte ich dann diese Erscheinungen des *Neubeginns* – wie ich sie genannt habe – richtiger bewerten und auch richtiger behandeln. Doch darüber später.

Es lag nun nahe, von diesen Beobachtungen auf das Infantile zu folgern, d.h. anzunehmen, daß unsere Patienten diese immer wieder auftretenden Reaktionsformen aus der frühinfantilen Zeit mit

---

[7] Ein solcher Wunsch hat im ungarischen Leben, in dem es üblich ist, daß sich Personen der gleichen sozialen Schicht beim Vornamen nennen, auch wenn sie nicht nahe befreundet sind, geringeres Gewicht als in anderen Ländern.

sich gebracht haben. Hier – fürchte ich – werden meine Ausführungen Widerspruch hervorrufen. Man wird vielleicht einräumen, daß diese Erscheinungen infantile Situationen wiederholen, aber sicher bestreiten, daß diese Situationen gerade die primitivsten seien. Erlauben Sie mir, der Einfachheit halber auf diese Einwände später bei der Diskussion des primären Narzißmus, dann aber ausführlich einzugehen und jetzt meinen Gedankengang fortzusetzen. Demgemäß wäre eine ziemlich frühe – nach meiner Meinung die allerfrüheste – Phase des extra-uterinen Seelenlebens nicht narzißtisch, sondern objektgerichtet, nur ist diese Objektrelation von passiver Natur, ihr Ziel ist: *ich soll geliebt, befriedigt werden,* und zwar *ohne die kleinste Gegenleistung meinerseits.* Dies ist und bleibt das Endziel allen erotischen Strebens. Die Realität zwingt uns dann Umwege auf. Der eine Umweg ist der Narzißmus: wenn die Welt mich nicht genügend liebt, mir nicht genug Befriedigung bringt, so muß ich mich selbst lieben, selbst befriedigen. Der klinisch beobachtbare Narzißmus ist demnach immer Schutz vor dem bösen oder nur widerspenstigen Objekt. Der andere Umweg ist die aktive Objektliebe. Wir lieben, befriedigen unseren Partner, d. h. richten uns nach seinen Wünschen, um von ihm wiedergeliebt, befriedigt zu werden.

Diese Ergebnisse erhalten eine wertvolle Unterstützung durch die Arbeiten von Imre Hermann.[8] Wie ich erwähnt habe, traten in der von mir als Neubeginn bezeichneten Periode sehr oft Wünsche auf, mit dem Inhalt, den Analytiker berühren zu dürfen oder von ihm berührt zu werden. Dieser triebhafte Wunsch nach körperlichem Kontakt beschäftigt Hermann – ganz unabhängig von mir – seit mehr als zehn Jahren. Auf ganz breiter Basis hat er dieses Thema anzugehen versucht; ich kann hier nur *den* Teil seiner Ergebnisse referieren, welcher sich auf unser Thema bezieht. Seine Theorie geht aus zwei Feststellungen hervor: 1. der Säugling der Primaten verbringt die ersten Monate des extra-uterinen Lebens am Körper der Mutter, angeklammert; 2. der menschliche Säugling wird viel zu frühzeitig vom mütterlichen Körper gewaltsam losgerissen. Das menschliche Kind möchte noch lange als Bestandteil der Mutter-Kind-Einheit (einer Dual-Einheit) weiterleben; da dies durch die Realität – wenigstens in unserer Kultur – verhindert wird, entwickelt es eine Reihe von triebhaften Ersatz-Äußerungen. Hierher gehören, um nur die wichtigsten zu nennen: die Schlafstellungen des Säuglings, eine Reihe von Reflexen (Moro und dergleichen), viele Erscheinungen der Saug- und Greiferotik,

---

[8] I. Hermann: Zum Triebleben der Primaten. Imago, 19 (1933). Ders.: Sich-Anklammern – Auf-Suche-Gehen. Int. Z. f. Psa., 22 (1936).

wie auch die ganz allgemeine Tendenz, sich festzuhalten, sich im Augenblicke der hereinbrechenden Gefahr anzuklammern.

Wie man sieht, handelt es sich überall um ein aktives Verhalten des Säuglings, sogar um eine objektgerichtete Aktivität. Hierher gehört auch die Tatsache, daß entgegen dem alltäglichen Sprachgebrauch das Kind nie gestillt wird, sondern in Wirklichkeit aktiv saugt.

Selbstverständlich sind die Auswirkungen dieser Tendenz auch beim Erwachsenen überall zu beobachten, so im sexuellen Leben, in der Neurose, in der Assoziationsform, in den erwähnten Erscheinungen der Neubeginn-Periode usw. Ich möchte auch die unzähligen magischen, mystischen, symbolhaften Handlungen hervorheben, welche alle diese Tendenz als Basis benützen, wie Handreichen, Handauflegen, Berühren, Sich-Anklammern und dergleichen, mit dem eingestandenen Zwecke, sich dem andern gleichzusetzen oder bei ihm Hilfe zu suchen.

Weiter weist Hermann nach, daß die Anklammerung das gemeinsame Vorstadium einer ganzen Reihe von Objektrelationen darstellt. Durch Milderung dieser Tendenz zu betasten, zu streicheln, entsteht die Zärtlichkeit; durch Versagungen, auf welche regressive Verstärkungen erfolgen, könnte sich der Sadismus entwickeln. Auch masochistische Tendenzen können auf die Anklammerung zurückgeführt werden. Die Wichtigkeit der Anklammerung in der normalen, sinnlichen Sexualität als Umarmen, Ansichdrücken usw. bedarf keiner weiteren Beweise.

Auf eine noch breitere Basis wird diese Theorie durch die Untersuchungen von A. Balint[9] gestellt. Hermann und ich haben diese Erscheinungen vom Standpunkte des Patienten, d. h. des Kindes durchgedacht. Es mußte natürlich eine Frau kommen, um diese Dual-Einheit auch von der anderen Seite, von der Seite der Mutter, ins klare Licht zu stellen. Dabei hat sich der nicht unerwartete, dennoch sehr wichtige und folgenschwere Fund ergeben, daß die beiden Parteien dieses Verhältnisses libidinös gleichwertig sind. Die Mutter ist in libidinöser Hinsicht ebenso Empfänger und Spender wie ihr Kind; sie fühlt das Kind ebenso als Teil ihres eigensten Körpers und dennoch als etwas Feindlich-Fremdes wie das Kind den Körper der Mutter; sie schaltet und waltet – oft in der Phantasie, nicht so selten aber auch in der Realität – mit ihrem Kinde, als ob es kein Eigenleben, keine Eigeninteressen hätte – und

---

[9] A. Balint: Die Entwicklung der Liebesfähigkeit und der Realitätssinn. (In ungarischer Sprache). In: Lélekelemzési Tanulmányok, Budapest 1933. Dies.: Handhabung der Übertragung auf Grund der Ferenczischen Versuche. Int. Z. f. Psa., 22 (1936). Dies.: Die Liebe zur Mutter und die Mutterliebe. Vortrag, gehalten im Januar 1937 in der Psychoanalytická Skupina v Č. S. R. in Prag. In diesem Buch Kap. VI.

beinahe mit denselben Worten beschreiben unsere Londoner Kollegen das Verhalten des Kindes den Eltern gegenüber.

Diese primitiv-egoistische Form der Liebe verfährt nach dem Grundsatz: was mir gut ist, ist dir recht, das heißt, sie kennt keinen Unterschied zwischen Eigeninteressen und den Interessen des Objekts, sie nimmt als selbstverständlich an, daß die Wünsche des Partners mit den eigenen identisch sind. Über diese Einstimmigkeit hinausgehende Ansprüche des Objekts sind unerträglich, sie rufen Angst oder Aggression hervor. Dieselbe Einstellung entwickelt sich regelmäßig im Laufe der analytischen Kur. Hier kann neben dem rücksichtslosen Egoismus auch eine andere Eigenschaft dieser Objektrelation gut beobachtet werden: die paranoide Empfindlichkeit. Alles dreht sich um den Patienten, aus allem werden Schlüsse gezogen, ob er genügend geliebt, beachtet wird, oder nicht.

Es ist eine banale Wahrheit, daß das letzte Ziel aller Triebe die Verschmelzung mit dem Objekt, die Herstellung der Ich-Objekt-Einheit ist. Der Erwachsene kommt im Orgasmus diesem Urziel am nächsten. Nun beginnt der Koitus zwar als eine altruistische Handlung, je höher aber die eigene Erregung steigt, desto weniger wird auf den Partner Rücksicht genommen, um dann knapp vor und im Orgasmus die Interessen des Partners gänzlich zu vergessen, aber im sicheren Glauben, mit ihm in eine Einheit verschmolzen zu sein und zusammen die höchste Lust zu genießen.

In allen diesen Fällen handelt es sich um einen mangelhaften, sogar fehlenden Realitätssinn in bezug auf den Partner bzw. auf den Analytiker; er wird so behandelt, als ob seine Wünsche mit den eigenen vollkommen identisch wären. Seine Existenz wird aber nicht in Frage gestellt. Es ist naheliegend, dieselbe primitive Liebesart auch beim Kind zu supponieren. Diesen Schluß hat die Autorin dann durch Daten aus der Ethnologie der Pädagogik stützen können.

Ich will noch bemerken, daß diese Ansichten, besonders die Anklammerungstheorie von Hermann, bereits erfolgreich angewendet wurden, so durch L. Kertész-Rotter[10] auf die Probleme der weiblichen Sexualität und der inzestuösen Fixierung, durch G. Róheim[11] in seiner Entwicklungstheorie der menschlichen Kulturen.

Fassen wir das gemeinsame Ergebnis dieser drei Untersuchungsrichtungen zusammen:

---

[10] L. Kertész-Rotter: Zur Psychologie der weiblichen Sexualität. Int. Z. f. Psa., 20 (1934). Ders.: Der tiefenpsychologische Hintergrund der inzestuösen Fixierung. Int. Z. f. Psa., 22 (1936).
[11] G. Róheim: The Garden of Eden or the Psychology of Mankind. Vorträge in Budapest, Marienbad und London.

1. Die von uns beschriebene Phase der Objektbeziehung – nennen wir sie primäre oder primitive Objektliebe – fällt in eine ziemlich frühe Entwicklungsphase.

2. Diese Phase ist unüberspringbar, eine unvermeidlich notwendige Stufe der seelischen Entwicklung. Alle späteren Relationen lassen sich aus ihr ableiten, d. h. weisen Spuren und Überbleibsel von ihr in sich auf.

3. Diese Form der Objektbeziehung ist nicht an irgendeine erogene Zone gebunden, sie ist nicht orale, oralsaugende, anale, genitale und dergleichen Liebe, sondern ist etwas für sich, wie die anderen Formen der Liebe es sind, wie Autoerotik, Narzißmus, Objektliebe. Ich halte diesen Umstand für äußerst wichtig; obwohl ich seine Bedeutung hier nicht näher begründen kann, möchte ich der Hoffnung Ausdruck geben, daß durch diese klare Scheidung die heillose Verwirrung, welche dadurch entstanden ist, daß die Entwicklung der Triebziele und die Entwicklung der Triebobjekte sowohl in der Theorie wie auch in unserer Terminologie in- und durcheinander gemengt wurden, endlich zu entwirren sein wird.

4. Als die biologische Basis dieser primären Objektbeziehung ergab sich die triebhafte Aufeinanderbezogenheit von Mutter und Kind; die beiden sind aufeinander angewiesen, aber zugleich auch aufeinander abgestimmt, sie befriedigen sich selbst durch einander, ohne auf einander Rücksicht nehmen zu müssen. Tatsächlich ist der einen gut, was dem anderen recht ist. Diese biologische Verbundenheit in der Dual-Einheit haben wir uns bisher viel zu oberflächlich vorgestellt; so wollten wir sie von der Seite der Mutter bloß durch die narzißtische Identifizierung mit ihrem Kinde ergründen.

5. Diese enge Verbundenheit wird durch unsere Kultur viel zu früh zerrissen. Daraus resultieren unter anderen die so wichtigen Anklammerungstendenzen, aber auch die allgemeine Unzufriedenheit, die unersättliche Gier unserer Kinder.

6. Falls der Triebwunsch – oft durch körperliche Nähe – befriedigt wird, übersteigt das Befriedigungserlebnis nie das Vorlustniveau, das Gefühl des stillen, ruhigen Wohlbehagens. Eine Versagung löst dagegen äußerst heftige Reaktionen aus, und wahrscheinlich erst nach solchen unverstandenen und deshalb mißdeuteten Milieueinwirkungen erfolgen im Kinde als Reaktionserscheinungen suchtartige, nie zu stillende Gelüste, eventuell auch orgasmusartige Zustände.

Diese Annahmen ermöglichen uns, den Streit zwischen Wien und London zu verstehen und eventuell auch zu schlichten. Beide Parteien haben recht und unrecht zugleich. Die Londoner haben nur die heftigen Reaktionen nach bereits erlittener Versagung studiert, das stille Erlebnis nach der richtigen Befriedigung entging ihnen oder wurde nicht in seiner ökonomischen Bedeutung gewürdigt. Die Erscheinungsform übertönte das Wesentliche: *Was lärmend, vehement, heftig auftrat, wurde als wichtig, was still vor sich ging, als unwichtig bewertet.* Aus dieser unvollständigen Beschreibung entsprang eine einseitige Theorie; alles in ihr war richtig, nur die Proportionen nicht. Die Wiener Kritik hat dies klar erkannt, hob nach Gebühr die Unvollständigkeit der Londoner Ansichten hervor, nur konnte sie die tatsächlich beobachteten Erscheinungen der infantilen Zeit, wie Gier, Unersättlichkeit, starke Ambivalenz, nur durch Ad-hoc-Hypothesen, d. h. nicht befriedigend erklären (z. B. primäre Angst vor der Triebstärke).

So entstand eine hoffnungslose Polemik. Die Engländer fühlten, daß sie recht hatten, indem sie das Unbefriedigtsein der Kinder betonten. Hier sind sie aber stehengeblieben. Sie konnten nicht bis zur Auffassung der infantilen Situation als einer triebhaften, wechselseitigen Aufeinanderbezogenheit von Mutter und Kind gelangen. Und zwar deshalb nicht, weil sie – ebenso wie die Wiener – krampfhaft an der Hypothese des primären Narzißmus festhielten. Diese Hypothese aber schließt eine jegliche Beziehung zur Außenwelt aus. Dieses Argument aus der Theorie wurde auch von den Wienern immer wieder ins Treffen geführt. Dagegen konnten die Londoner nichts machen, als immer wieder ihr einseitiges klinisches Material, die aggressiven Phänomene des kindlichen Unbefriedigtseins zitieren. Ein typisches Beispiel des aussichtslosen aneinander Vorbeiredens, trotz guten Willens von beiden Seiten. Dabei haben die Wiener eine feste Basis – ihre Theorie, deshalb ist ihre Kritik vornehm, maßvoll und sicher. Sie zahlen aber einen hohen Preis für ihre Sicherheit; bestimmte klinische Erscheinungen – ich werde gleich einige aufzählen – dürfen nicht beachtet werden oder müssen, wenn schon beachtet, von allen anderen isoliert, beiseite geschoben werden. Sie haben eben keinen Platz im Gebäude des primären Narzißmus. Die Engländer sind – ohne es bemerkt zu haben – bereits über diese Theorie hinausgegangen, aber sie wagen sie nicht an Hand ihrer klinischen Erfahrungen zu kritisieren. Deshalb sind ihre theoretischen Ausführungen – nicht aber die Beobachtungen – unexakt, kompliziert, oft auch verworren, unsicher, manchmal sogar sich selbst widersprechend.

Ich behaupte also, daß die Annahme des primären Narzißmus die Sprachverwirrung zwischen Wien und London verursacht. Da nach meiner Meinung die heutige Diskussion über unser Thema durch dieselbe Sprachverwirrung arg gefährdet ist, möchte ich – schon aus Vorsicht – diese Annahme näher untersuchen. Der primäre Narzißmus ist ein sehr merkwürdiger Begriff, inhaltsreich und eigentlich doch sehr arm. Demgemäß soll das allerfrüheste Stadium des extra-uterinen Lebens ungefähr so charakterisiert werden: Das Kind hat noch keine Kenntnis von der Außenwelt, nimmt sie noch nicht wahr; hat subjektiv keine Beziehung zu den Objekten seiner Umgebung, deshalb auch keine nach außen gerichteten Wünsche; es erlebt nur Anwachsen und Verschwinden von Bedürfnissen, bringt diese Erlebnisse aber noch in keinen Zusammenhang mit der Außenwelt, die von uns beobachteten Reaktionen (Schreien, Fuchteln, Kreischen, Kratzen, Strampeln einerseits, Lächeln, selige Ruhe usw. andererseits) sind bloße Abfuhrreaktionen; da das Kind noch keine Außenobjekte bewußt wahrnimmt, kann es natürlich keine libidinösen Objektbeziehungen haben, von seiner Libido ist noch nichts nach außen gewendet.

Nun möge man zwei Einwände bedenken. Mein erster Einwand ist ein methodologischer. Alle Charakteristika des Begriffes »primärer Narzißmus« sind erstens negativ, zweitens fassen sie in sich das Wörtchen »noch«. Primärer Narzißmus ist also ein negativer Begriff, und noch dazu wird er der Theorie nach den realen Tatsachen nur auf eine ganz kurze Zeitspanne gerecht. Es ist äußerst schwierig, solche negativen Begriffe zu diskutieren, man kann sie nirgends anpacken; da sie nichts Positives enthalten, sind sie glatt wie ein Aal. Dazu kommt das vorhin erwähnte Wörtchen »noch«. Alles, was man als Kritik vorbringen könnte, kann mühelos, ohne Anstrengung und ohne Nachdenken, schematisch abgewiesen werden: Alles, was der Annahme widerspricht, ist *schon* ein Entwicklungsprodukt, ursprünglich war es *noch nicht* vorhanden.

Dieses Vorgehen ist typisch für die Extrapolation. Also meine ich, die Annahme des primären Narzißmus beruhe auf Extrapolation, sei aber keine Tatsache, sondern eine Hypothese, was übrigens Freud selbst immer hervorgehoben hat, etwa wenn er sagt: »*Der von uns supponierte* primäre Narzißmus des Kindes, der eine der Voraussetzungen unserer Libidotheorie enthält, ist weniger leicht durch direkte Beobachtungen zu erfassen, als *durch Rückschluß von einem anderen Punkte her* zu bestätigen.«[12]

Diese Meinung wird noch verstärkt durch das zweite Bedenken. Die beiden Zustände, welche dieser Hypothese am ähnlichsten sind und welche seit Freuds grundlegender Arbeit immer wieder bei ihrer Darstellung herangezogen werden, sind der Katatoniker und der neugeborene Säugling. Ich selber habe nur wenig Erfahrung auf diesem Gebiete, aber erstens haben erfahrene, analytisch

---

[12] S. Freud: Zur Einführung des Narzißmus (1914). Ges. W., Bd. X, S. 157. (Die Hervorhebungen von mir.)

geschulte Psychiater mir oft versichert, daß kein Katatoniker absolut unbeeinflußbar sei.[13] Mit genügender Geduld kann man von ihnen sichere Antworten erhalten, also Objektbeziehungen nachweisen. Über Säuglinge konnte Dr. Petö Beobachtungen mitteilen[14], nach denen Reaktionen auf libidinöse Umwelteinflüsse schon in ganz frühen Stadien einwandfrei nachweisbar waren. Was man diesen Beobachtungen entgegenhalten wird, ist wiederum das Gegenspiel zwischen den Wörtchen »schon« und »noch«. Diese beobachtbaren Reaktionen sind *schon* Entwicklungsprodukte, der primäre Narzißmus bezieht sich also auf *noch* frühere Stadien bzw. auf *noch* tiefere Regressionen... Also wieder derselbe Ausweg: die Extrapolation, die Tendenz zur Vordatierung. Diese Vordatierungstendenz macht übrigens unsere ganze Chronologie des frühinfantilen Lebens unsicher, ja beinahe unmöglich.

Ich will noch einige klinische Banalitäten aufzählen, die – obwohl allgemein bekannt – immer nur nebenbei erwähnt wurden. Es wurde zwar immer als natürlich angenommen, daß diese Erscheinungen klinisch untrennbar mit dem Narzißmus verbunden sind, da sie aber der Theorie unbequem waren, schob man sie beiseite.

1. Bereits Freud hat hervorgehoben, daß der vollständige Narzißmus allein unmöglich ist, da ein Lebewesen in diesem Zustande lebensunfähig ist. Seither, seinem Beispiel folgend, erwähnen wir immer die pflegende Außenwelt in diesem Zusammenhange – beinahe in demselben Atemzug. Vollkommen korrekt so. Dieser Primärzustand ist natürlich nur in der Form der Mutter-Kind-Einheit möglich.

2. Die narzißtische Einstellung sollte den Menschen von der Welt unabhängig machen. Die Erfahrung lehrt aber, daß dies nur sehr selten erreicht werden kann (selbst Buddha ist es bekanntlich nicht gelungen). Im allgemeinen sind narzißtische Menschen beinahe paranoid-überempfindlich, reizbar, bei den kleinsten Anlässen geraten sie in heftige Affektausbrüche, sie erwecken also den Eindruck einer ängstlich und qualvoll ausbalancierten enormen Labilität. Dasselbe gilt auch für das Verhalten des Kindes von Anfang an. Diese alltägliche Erfahrung kann nur durch Gewalt mit der Theorie des Urnarzißmus vereinigt werden, dagegen folgt sie ganz natürlich aus unseren Ansichten.

3. Hierher gehört auch, daß narzißtische Menschen so schwer zufriedenzustellen sind. Was man auch tut, wie man sich ihnen

---

[13] Geschrieben 1937. Vgl. die neuen psychotherapeutischen Versuche an Katatonikern von J. Rosen.
[14] E. Petö: Infant and Mother. Int. J. Psa., 30 (1949), 260.

gegenüber auch benimmt, ist es schlecht, sie haben nie genug. Nach der alten Theorie würde man eher Gleichgültigkeit der Außenwelt gegenüber erwarten. Diese Menschen benehmen sich wie die Kinder, die anfangs zitierte Beschreibung Freuds paßt auch auf sie.

4. Nun noch ein Beispiel aus der allerersten Zeit. Es ist eine allgemein bekannte Tatsache, daß Neugeborene in den ersten Wochen viel mehr weinen als später. Auch Waelder erwähnt diese Erfahrung, obwohl sie gegen seine Beweisführung spricht. Wird solch ein schreiendes Kind aufgenommen – was man aber den Kinderärzten nach nie tun sollte –[15], so kommt es sehr oft vor, daß es zu schreien aufhört; legt man es wieder hin, so beginnt es von neuem. Zur Erklärung dieser alltäglichen Erfahrung wurden die abenteuerlichsten Hilfshypothesen herangezogen, so z. B., daß die Mutter als Schutz gegen das eventuelle Anwachsen der Triebbewegung diene und dergleichen, nur das Naiv-Tatsächliche nicht, daß es sich hier um einen Wunsch nach körperlichem Kontakt handelt. Die Anerkennung eines solchen Wunsches würde die Anerkennung einer nachgewiesenen Objektbeziehung bedeuten, damit wäre aber der Urnarzißmus in Frage gestellt.

In dieser Beziehung ist es interessant, daß die Kinderärzte behaupten, falls ihre Vorschriften bezüglich der Regulierung der Mahlzeiten und ihr Verbot des Aufnehmens des Kindes nicht *vom ersten Tage an* genau eingehalten würden, entwickle sich das Kind ganz anders und könne eigentlich später nie mehr in Ordnung gebracht werden. Auch wenn man die professionelle Wichtigtuerei abrechnet, ist diese Behauptung ein guter Beweis für die allerfrüheste Objektrelation.

5. Es ist wiederum allgemein bekannt, daß das Stadium des primären Narzißmus nie rein, d. h. ohne sichere Erscheinungen der »oralen«, eventuell »oral-sadistischen Liebe« beobachtet werden konnte. Auch dies folgt als selbstverständlich aus unserer Theorie: Die Oralerotik ist eben eine der wichtigsten Ausdrucksformen der primären Objektliebe. Für die bisherige Theorie war primärer Narzißmus objektlos, folglich mußten die tatsächlich beobachteten Formen der Objektbeziehung der Oralerotik zugeschrieben werden, wie z.B. am prägnantesten in Abrahams ›Beiträge der Oralerotik zur Charakterbildung‹[16], einer Arbeit, die dann die Entwicklung der theoretischen Vorstellung (nicht nur in England) entscheidend beeinflußt hat. Freud ist viel vorsichtiger gewesen, in der zitierten Deskription vom Jahre 1931 steht kein Wort von

---

[15] Dies wurde 1937 geschrieben, seitdem hat sich in der Pädiatrie vieles geändert.
[16] In: K. Abraham: Psychoanalytische Studien zur Charakterbildung. Wien 1925.

»oraler Liebe«, er spricht von der Unersättlichkeit, Gier, Unzufriedenheit usw. als von *den Eigenschaften des Kindes*. Wir möchten hinzufügen, diese sind eben Eigenschaften der von uns supponierten primären Objektbeziehung, unter deren Herrschaft sich die Oralerotik entwickelt, aber auch andere erotische Tendenzen, wie z.B. die Anklammerung, der Wunsch nach körperlichem Kontakt, die ebenso unersättlich, gierig usw. sind.

Mit all dem will ich also sagen, daß der *primäre Narzißmus klinisch nie beobachtet werden konnte;* was man klinisch zu sehen bekommt, ist immer nur der *sekundäre* Narzißmus, und auch dieser *vermengt* mit Resten einer *verstümmelten Objektliebe*. Zweitens, daß theoretisch der primäre Narzißmus undiskutierbar ist; will man die klinischen Beobachtungen mit der Theorie konfrontieren, so beginnt von neuem das ewige Spiel mit den beiden Adverben »schon« und »noch«. Damit meine ich nicht, daß die Annahme des primären Narzißmus falsch ist, bloß daß man über ihn – per definitionem – kaum etwas erfahren kann und eben deshalb diese Annahme überflüssig und Verwirrung stiftend ist. Wo unsere Studien beginnen, worüber wir etwas Positives aussagen können, das sind die primären Objektbeziehungen des Kindes. Allerdings gebe ich zu, daß diese Objektrelation von ganz merkwürdiger Art und noch bei weitem nicht durchstudiert ist. Da ihre Wirkungen aber bis ins erwachsene Alter nachweisbar sind und unsere Relationen zu den Mitmenschen, zu den erwachsenen Objekten wesentlich mitbestimmen, sind sie wohl ein eingehendes Studium wert. Solche Studien sind bereits von verschiedenen Seiten, nicht nur durch uns Budapester, unternommen worden, die Ergebnisse zeigen eine erfreuliche Übereinstimmung.

So meint z.B. Glover, das Kind habe ganz früh »some primitive objective reality of its own«. Ganz folgerichtig ist es, daß für Glover »the term ›narcissism‹ has to some extent outworn its usefulness«[17]. Ich weiß nicht, ob Federn nicht protestieren wird, wenn ich seine Untersuchungen über den Narzißmus und die wechselnden Ich-Grenzen auch hierher rechne.[18] Unbedingt hierher zu rechnen ist die schöne klinische Studie von Isakower über die Einschlafphänomene.[19]

Auch eine kürzlich erschienene Arbeit von Müller-Braun-

---

[17] E. Glover: The Relation of Perversion-Formation to the Development of Reality-Sense. Int. J. Psa., 14 (1933).
[18] P. Federn: Das Ich als Subjekt und Objekt im Narzißmus. Int. Z. f. Psa., 15 (1929). –: Narzißmus im Ich-Gefüge. Int. Z. f. Psa., 13 (1927).
[19] O. Isakower: Beitrag zur Pathopsychologie der Einschlafphänomene. Int. Z. f. Psa., 22 (1936).

schweig[20] benützt die Annahme einer primären Objektbeziehung zur Mutter als Ausgangspunkt für die Untersuchungen über die weibliche Sexualität. Ein besonderer Platz gebührt in dieser Zusammenstellung der ausgezeichneten Arbeit von E. P. Hoffmann[21]. Darin werden genau dieselben Beobachtungen beschrieben, aus diesen die gleichen Folgerungen abgeleitet, aber alles noch gewaltsam und gequält in die alte Terminologie hineingezwängt. Man hat nur »narzißtische Befriedigung des Früh-Ichs« mit »primärer Objektbeziehung«, »Zweieinigkeit« mit »Mutter-Kind-Einheit« usw. zu vertauschen, um zu sehen, daß Hoffmann tatsächlich dasselbe meint wie wir.

Zwei sicher zu erwartende Einwände möchte ich kurz vorwegnehmen. Man wird gegen die von uns supponierte primäre Objektbeziehung als erstes Argument anführen, daß das Kind noch keine Außenwelt kenne, geschweige denn Objekte in der Außenwelt unterscheide, daß es also Unsinn sei, zu denken, daß es zu diesen in seiner Seele noch nicht existierenden Objekten in irgendwelche Beziehung treten könne. Meines Wissens geschieht es hier zum ersten Male in der Psychoanalyse, daß der Umstand, daß etwas (eventuell) nicht bewußt erlebt wird, als Beweis gegen seine psychologische Existenz verwendet wird. Und weiter, woher wissen wir denn so sicher, daß der Säugling ganz und gar nichts von der Außenwelt weiß? Sicher nicht aus einwandfreien Beobachtungen, wohl aber aus theoretischen Annahmen über das infantile Seelenleben, also aus der Annahme des Urnarzißmus, während doch ebendiese Theorie erst bewiesen werden sollte. Es ist bemerkenswert, daß gerade jene Forscher, welche selbst die Möglichkeit verifizierbarer Annahmen über die frühesten Phasen der Seele am meisten bezweifeln, absolut fest und sicher zu wissen behaupten, was in der infantilen Seele nicht enthalten sein kann.

Bedenken wir auch, daß biologisch ein Lebewesen ohne Beziehung zur Außenwelt einfach undenkbar ist. Beginnend mit der menschlichen Entwicklung können eine sehr scharfe Realitätsprüfung und sicher objektgerichtete Tendenzen schon bei den Spermien einwandfrei nachgewiesen werden; wie könnten sie sonst die Eizellen erreichen? Ebenso gesichert ist es, daß sich die befruchtete Eizelle selbst mittels Fermenten in die Decidua einbettet. Wie und wann sollten diese Eigenschaften im Laufe der Entwicklung verlorengehen? Und tatsächlich sehen wir ähnliche, si-

---

[20] C. Müller-Braunschweig: Die erste Objektbesetzung des Mädchens in ihrer Bedeutung für Penisneid und Weiblichkeit. Int. Z. f. Psa., 22 (1936).
[21] E. P. Hoffmann: Projektion und Ich-Entwicklung. Int. Z. f. Psa., 21 (1935).

cher objektgerichtete Tendenzen beim Neugeborenen: vor allem das Saugen und das Greifen.

Darauf wird man sagen, und das ist der zweite Einwand, die eben erwähnten Phänomene seien längst bekannt und hätten mit der Seele nichts zu tun, sie stellten einfache Anpassungserscheinungen dar. Wiederum argumentiert man mit derselben These, welche erst bewiesen werden sollte. Zweifellos handelt es sich hier um Anpassungserscheinungen, aber haben wir mit dieser Behauptung etwas über ihre seelische Seite ausgesagt? Das Saugen des Kindes ist sicher eine Anpassungsleistung, aber niemandem wird es einfallen zu leugnen, daß es auch seelisch eine wichtige Rolle spielt.

Es zeigt eben die überwältigende Macht der Hypothese, daß die ganze Seele, mithin auch das Es – wie von Natur aus – ursprünglich nur narzißtisch gedacht werden konnte. Eine Seele, welche keine Beziehungen zur Außenwelt unterhält, ist die logisch einfachste Vorstellung, aber folgt daraus, daß diese Form in der Realität auch die ursprünglichste sein muß? Dies ist ein naheliegender Trugschluß, welchem nicht nur wir Psychoanalytiker zum Opfer gefallen sind. Ähnlich setzten die Wirtschaftstheoretiker lange Zeit die sogenannte Robinson-Situation an den Anfang der wirtschaftlichen Entwicklung, ähnlich nahm man in der Kulturgeschichte an, daß sie bei logisch-einfachen Verhältnissen à la Rousseau beginne, und auch in der Biologie stand die Amöbe da als »primum vivens«. Der psychologische Inhalt all dieser Annahmen ist eben der von allen Seiten abgeschlossene narzißtische Zustand. Die eingehendere Untersuchung hat dann mit diesen drei Annahmen aufgeräumt. So hatte z. B. die Biologie zu lernen, daß die logisch so einfache Amöbe eine Sekundärform ist; in ihrer individuellen (nicht phylogenetischen) Jugend weist sie Formen auf, welche flagellatenartig frei herumschwimmen, ziemlich kompliziert gebaut und vor allem sexuell dimorph sind und demgemäß zueinander Objektbeziehungen entwickeln.

Ich glaube, wir stehen vor einem ähnlichen Wandel in der Psychoanalyse. Der logisch einfachste Zustand der Seele ist sicher der Urnarzißmus. Dieser nie beobachtete Zustand wurde aus den klinisch beobachteten sekundär-narzißtischen Erscheinungen durch Extrapolation konstruiert. Diese Annahme erwies sich als ausgezeichnet brauchbar, solange die Analyse nicht wesentlich tiefer als bis zum Ödipuskomplex vordringen konnte. Verglichen mit der Ödipussituation kann der Narzißmus mit einer gewissen Berechtigung auch primär genannt werden, sind doch narzißtische Verhaltensweisen vor der Ödipussituation einwandfrei nachweisbar. Die Analyse des Kleinkindes, das beginnende Studium der Psychotiker und vor allem die wesentliche Verbesserung unserer technischen Mittel und dadurch das tiefere Verständnis der Übertragung brachten immer mehr Material aus der präödipalen Zeit zu Tage. Bei der Erklärung dieser neuen Daten erwies sich die Theorie des Urnarzißmus immer weniger brauchbar.

Nun, auch die hier vorgeschlagene Theorie der primären Objektbeziehung beruht auf einer Extrapolation. Aber erstens extrapolieren wir auf viel näher und zweitens ist unsere Annahme alles andere als ein leerer Begriff. Einige Eigenschaften habe ich heute aufgezählt, weitere finden sich in den Originalarbeiten. Alle diese sind nachprüfbar. Ein weiterer methodologischer Vorteil unserer Theorie ist, daß ihr kein Ausweg offensteht wie dem Urnarzißmus durch das Spielen mit den beiden Wörtern »noch« und »schon«. Was wir erreichen wollen, ist, daß andere unsere Annahmen als Arbeitshypothese auf ihre Brauchbarkeit prüfen. Vor allem beim Studium des Kleinkindes und des Psychotikers. Ob dann hinter den von uns supponierten primären Objektbeziehungen der Weg doch zum Urnarzißmus führen wird, mag dahingestellt bleiben. Ich persönlich glaube es nicht. Nach meiner Ansicht erleben wir nach der Biologie nun auch in der Psychoanalyse das Ende der Amöbensage.

VI. Liebe zur Mutter und Mutterliebe[1] (1939)
von Alice Balint

Die Beziehung Kind–Mutter stand seit jeher im Mittelpunkte des psychoanalytischen Interesses. Ihre Bedeutung wurde noch erhöht, da es sich als notwendig erwies, in der analytischen Durchforschung unserer Fälle regelmäßig bis in die präödipale Zeit vorzudringen. Als die früheste Objektbeziehung, deren Anfänge bis in jene nebelhaften Zeiten reichen, wo die Grenzen von Ich und Außenwelt noch ineinanderfließen, ist sie von höchster praktischer und theoretischer Bedeutsamkeit. Es ist daher nur zu verständlich, wenn sich fast jeder von uns an den Problemen der Mutter-Kind-Beziehung versucht. Mein Beitrag zu diesem Thema ist im wesentlichen ein Versuch der Zusammenfassung, wobei ich nur für den Gesichtspunkt, unter dem die Zusammenfassung durchgeführt wird, einige Originalität beanspruchen kann.

1

Einige klinische Beispiele mögen als Ausgangspunkt dienen. Ich beginne mit einem Fall, in dem die Liebe zur Mutter in einer besonders eigenartigen Weise zum Ausdruck kam. Es handelt sich um eine Patientin, deren Hauptleiden darin bestand, daß sie die Sklavin ihrer Mutter war. Ihre erfolglosen Befreiungsversuche enthüllten sich bald als Enttäuschungsreaktionen, denn in Wahrheit liebte sie ihre Mutter und brachte ungeheure Opfer, um sie zu befriedigen, was ihr jedoch nie gelang. Besonders bemerkenswert war der Umstand, daß die Tochter den völlig unbegründeten Vorwürfen der Mutter vollkommen hilflos gegenüberstand und mit einem ihr selbst unerklärlichen Schuldgefühl reagierte. Die erste Erklärung dieses Schuldgefühls ergab sich aus dem außerordentlich starken Männlichkeitskomplex der Patientin. Von Anbeginn der Analyse war es klar, daß sie der verwitweten Mutter den Vater (und den freigebigen Liebhaber) ersetzen wollte. Die ersten Jahre der Analyse waren fast vollständig mit der Aufarbeitung des Männlichkeitswunsches ausgefüllt. Am Ende dieser Analysenpha-

---

[1] Z. T. erschienen in ungarischer Sprache, unter dem Titel ›A szeretetfejlödés és a valóságérzék‹ (Die Entwicklung der Liebesfähigkeit und der Realitätssinn). In: Lélekelemzési tanulmányok, Budapest 1933.

se waren bereits wesentliche Erleichterungen in der Beziehung zur Mutter eingetreten. Die Patientin erlangte eine ziemlich normale Bewegungsfreiheit, konnte zu Hause nach Belieben kommen und gehen und hatte ein Privatleben, wie es einem Erwachsenen zukommt. Auch auf dem Gebiete der Sexualität zeigte sich die Wendung zum Besseren. Eine, wiewohl sehr labile, Orgasmusfähigkeit trat an die Stelle der bisherigen vollständigen Frigidität und wiederholte, wenn auch unterbrochene, Graviditäten deuteten ebenfalls in die Richtung der Bejahung der Weiblichkeit. Aber trotz aller Erleichterungen blieben die Angst- und Schuldgefühle der Mutter gegenüber in unveränderter Stärke bestehen. Die weitere Analyse der gegen die Mutter gerichteten Todeswünsche führte endlich zur Aufdeckung der tieferen Wurzel des Schuldgefühls der Patientin. Es zeigte sich nämlich, daß die Todeswünsche keineswegs dem Haß gegen die Mutter entsprangen. Dieser Haß diente vielmehr der sekundären Rationalisierung einer viel primitiveren Einstellung, derzufolge die Patientin einfach wünschte, die Mutter möge »da sein« oder »nicht da sein«, je nach Bedarf. Der Gedanke an den Tod der Mutter erfüllte sie mit den wärmsten Gefühlen dieser gegenüber, deren Sinn nicht Reue war, sondern etwa Folgendes: »Wie lieb von dir, daß du gestorben bist, wie gerne habe ich dich dafür.« Das Schuldgefühl der Patientin erwies sich also letzten Endes doch als real begründet, eben in der Art der Liebe, die sie ihrer Mutter gegenüber empfand. Es war dies eine Liebe, vor der man wohl Angst haben konnte und die auch zur Genüge erklärte, warum die Patientin selbst nie Kinder haben wollte. Wir entdeckten in ihr die tiefe Überzeugung, daß es zur Pflicht einer liebenswerten Mutter gehöre, sich gegebenenfalls zum Wohle ihrer Kinder töten zu lassen. Mit anderen Worten: wir entdeckten bei dieser »Tochter einer schlechten Mutter«, daß sie zutiefst von der Mutter *unbedingte Selbstlosigkeit* forderte. Sie liebte ihre Mutter als den einzigen Menschen, der – wenigstens für das Unbewußte – die Möglichkeit einer solchen Forderung zuließ. Sowohl die Befreiungsversuche der Patientin wie auch ihre Anstrengung, die Mutter zu befriedigen, erhielten nunmehr eine weitere Bedeutung. Sie dienten offenbar als Gegenbesetzungen, mit deren Hilfe sie die Verdrängung ihrer primitiven Liebesart aufrechterhielt. Auch die Bedeutung der Identifizierung mit dem Gatten (Liebhaber) der Mutter konnte erst jetzt klar erkannt werden. In der einen Schicht diente diese Identifizierung, wie schon erwähnt, der Befriedigung des Männlichkeitswunsches, in der anderen jedoch war sie der Ausdruck der Liebesansprüche der Patientin in der Umkehrungsform. So wie die Mutter von den Männern geliebt wurde, wollte sie von der Mutter geliebt werden. Und so rücksichtslos, wie jene die Männer ausnützte und wegwarf, sobald sie unbrauchbar (alt oder krank) geworden waren, wollte auch sie die Mutter benützen und loswerden, wie es ihr gerade paßte. Indem sich also die Patientin von ihrer Mutter ausnützen ließ, versuchte sie sekundär *aus dem Haß die Kraft zu jener unbekümmerten Rücksichtslosigkeit zu schöpfen, um deren willen sie ihre Mutter beneidete.*

Diese tiefste Schicht der Einstellung zur Mutter kann nicht als Ambivalenz im eigentlichen Sinne aufgefaßt werden. (So wie wir auch vom Jäger nicht sagen können, daß er das Wild haßt, auf dessen Tod er es abgesehen hat.) Wenn Kinder mit der arglosesten Miene der Welt vom wünschenswerten Tode einer geliebten Person sprechen, wäre es sicher unrichtig, dies immer mit Haß zu erklären, insbesondere wenn es sich um die Mutter oder einen Mutterersatz handelt. Das kleine Mädel, das meint, die Mutter solle ruhig sterben, damit sie den Vater heiraten könne, haßt zunächst seine Mutter keineswegs, sondern fände es nur sehr natürlich, daß die liebe Mama im richtigen Augenblick verschwindet. Die ideale Mutter hat eben keine Eigeninteressen. Echter Haß[2], und somit auch echte Ambivalenz, kann sich weit eher im Verhältnis zum Vater entwickeln, den das Kind zumeist von Anfang an als ein Wesen mit Eigeninteressen kennenlernt.

Im folgenden Fall handelt es sich um einen 21jährigen homosexuellen Patienten, der in erster Linie über die Unfähigkeit klagt, jemanden zu finden, zu gewinnen, der ihn liebt. Langsam stellt es sich heraus, daß er selber nicht lieben kann (im sozialen Sinne). Wir erfahren, wie wenig er über die Leute weiß, mit denen er in homosexuelle Berührung kommt und an die er doch außerordentlich hohe Zärtlichkeitsansprüche stellt. Seine Interesselosigkeit anderen Menschen gegenüber wird deutlich und dahinter die Tendenz, an jeden beliebigen Fremden denselben Anspruch auf unentgeltliche Liebe zu stellen, den das kleine Kind an die Mutter stellt. In dieser Schicht wird es uns klar, daß er keineswegs im Sinne des Liebens und Geliebtwerdens der Erwachsenen geliebt werden will. Der Partner, der ihn liebt, versetzt ihn durch seine Ansprüche in Angst. Schließlich gelangt er dahin, sich jemanden zu wünschen, der ihn nicht aus Liebe – denn Liebende sind egoistisch –, sondern aus Kavalierspflicht mit Geschenken überhäuft. Es stellt sich bald heraus, daß die »Kavalierspflicht« eigentlich die »elterliche Pflicht« vertritt. Das Wesentliche an der elterlichen Pflicht ist, daß die Eltern von dem Kind nichts zu fordern haben, da sie ja nur, dem Druck der öffentlichen Meinung gehorchend, ihre Pflicht tun, in-

---

[2] Echter Haß ist *reine Aggression;* Pseudohaß ist die ursprünglich immer der Mutter geltende *Forderung nach Selbstlosigkeit* von seiten des Objekts.

dem sie das Kind versorgen, ob es nun schlimm oder brav ist. Das sind bequeme »Liebhaber«. Es ist nicht schwer, in dieser Verkleidung die primitive Liebesart des Kleinkindes zu erkennen, das die Mutter als ein Wesen mit Eigeninteressen noch nicht kennt und zu dieser Erkenntnis durch nichts gezwungen wird. Später, wenn die Mutter für ihre Liebe Gegenleistungen fordert, wird sie als lästig empfunden und zurückgewiesen. »Ich will gar nicht geliebt werden«, scheint das Kind trotzig zu sagen. Eigentlich heißt es aber: »Warum werde ich nicht mehr *so* (d. h. uneigennützig) geliebt wie einst?«

Dieselbe Angst vor dem Geliebtwerden, besser gesagt, vor den Forderungen des Liebespartners zeigt auch der dritte Fall, den ich erwähnen will. Der Patient hat folgenden Traum: Als er seine Wohnung betritt, sieht er in der Mitte des Zimmers einen großen Tubus. Er legt sich darauf wie auf ein Bett. Es wird auch zu einem Bett (oder Divan), doch bald verwandelt es sich in eine alte Frau, die wollüstig grunzende Laute von sich gibt. Es ekelt ihn und er steigt von ihr herunter, trotzdem sie ihn zurückzuhalten versucht. Den aktuellen Anlaß des Traumes bildet die Beobachtung, wie seine Mutter ihren Enkel verhätschelt und ganz für sich haben will. Er erkennt mit starker Mißbilligung die verdrängte Erotik in ihrem Tun und fühlt zugleich mit Beschämung die eigene Eifersucht. Hinter und neben der Eifersucht ist aber auch Mitleid mit dem kleinen Neffen da, dem dasselbe Los bevorsteht wie ihm. Auch er wird einmal von der Großmutter loskommen wollen, und sie wird ihn festhalten, wie sie ihn, den Sohn, festgehalten hatte. Der Traum ist natürlich sehr vielschichtig und bietet unter anderem manche Anhaltspunkte für die Kastrationsbefürchtungen des Patienten. Am wichtigsten für unser Thema ist die Empörung, mit der der Patient die Erotik in der Mutterliebe entdeckt. Bisher, wenn er das Verhalten der Mutter kritisierte, dachte er an Unverstand, doch nicht an Eigennutz. Jetzt wird sie ihm zur grunzenden Alten, die den Sohn für die eigene Wollust gebraucht. Eigentlich hat er allen Frauen gegenüber eine ähnliche Einstellung. Die sexuelle Bedürftigkeit der Frau empfindet er als peinlich und erschreckend. Die Frau soll zwar willig sein, aber nicht fordern. Am liebsten nähert er sich ihnen als weinendes Kind, das bemitleidet und liebkost werden will. Die Heirat ist verpönt, denn da hat doch die Frau einen Nutzen an der Sache, und in diesem Falle kann er an ihre Liebe nicht mehr glauben. Eine Gegenseitigkeit der Forderungen ist ihm so unfaßlich wie einem kleinen Kind, das als Ektoparasit der Mutter lebt. Ein Hauptsymptom dieses Patienten ist die Liebe zu ganz kleinen Mädchen, die auch durch obszöne Kinderbilder vertreten werden können. Die Kinder, die er wie Puppen behandelt, um deren Gefühle er sich nicht zu kümmern braucht, haben eigentlich Mutterbedeutung. Es sind die wahren, uneigennützigen Liebesobjekte.

In allen drei Fällen wurde die beschriebene Einstellung zum Liebesobjekt im Laufe der analytischen Arbeit auf die verschiedenste Art gedeutet: als orale Einverleibungstendenz, als narzißtisches Verhalten, als Geliebtwerdenwollen, als Egoismus, wie es gerade das jeweilige Material mit sich brachte. Doch am Ende schien jene Auffassung am meisten gerechtfertigt, die in meiner Beschreibung der Fälle zum Ausdruck kommt. Die orale Einverleibungstendenz erschien als eine spezielle Ausdrucksform dieser Liebe, die mehr oder weniger stark ausgeprägt sein konnte. Der Begriff Narzißmus wurde ihrer starken Objektgerichtetheit, der Begriff der passiven Objektliebe (des Geliebtwerdenwollens) vor allem ihrer Aktivität nicht genügend gerecht. Am nächsten kommen wir ihr mit dem Begriff des Egoismus. Es handelte sich hier um eine *archaische, egoistische* und ursprünglich speziell der Mutter geltende *Liebesweise*, als deren Hauptcharakteristikum das Fehlen des Realitätssinnes in bezug auf die Interessen[3] des Liebesobjektes erschien. Diesen Egoismus, der eigentlich nur die Folge des Fehlens des Realitätssinnes ist, nenne ich, zum Unterschied von der bewußten Vernachlässigung der Interessen des Objekts, den *naiven Egoismus*[4].

Ein besonders deutliches Bild der speziell der Mutter geltenden Liebe erhalten wir meiner Meinung nach aus gewissen, ganz allgemeinen Übertragungserscheinungen, die in jedem Falle, unabhängig von Alter, Geschlecht und Krankheitsform, ja auch bei den praktisch gesunden Lehranalysanden zu finden sind. Ich beschrieb diese Übertragungserscheinungen in meinem Vortrag über die Handhabung der Übertragung[5] als ein paranoid empfindliches und dabei rücksichtslos egozentrisches Verhalten, dessen Aufrechterhaltung mit Hilfe einer charakteristischen Blindheit gegenüber der Person des Analytikers ermöglicht wird. Der Analytiker ist während der Kur für den Patienten kein Mensch wie die anderen, d. h. kein Mensch mit Eigeninteressen. Diese Einsicht wird regelmäßig erst in der Ablösungsperiode schrittweise errungen. Ich möchte dieser allgemeinen Beschreibung noch ein Beispiel hinzufügen.

Ein Patient äußert den Wunsch nach einer weiteren Stunde wö-

---

[3] Ich meine hierbei sowohl die libidinösen wie die Ich-Interessen des Objekts.

[4] »Man kann absolut egoistisch sein und doch starke libidinöse Objektbesetzungen unterhalten...« S. Freud: Vorlesungen zur Einführung in die Psychoanalyse. Kap. XXVI. Ders.: Die Libidotheorie und der Narzißmus. Gs. W., Bd. XI, S. 432.

[5] A. Balint: Handhabung der Übertragung auf Grund der Ferenczischen Versuche. Int. Z. f. Psa., 22 (1936).

chentlich. Der Wunsch ist berechtigt, da er wegen Zeitmangels nur viermal in der Woche zur Behandlung kommt. Trotzdem verhalte ich mich einstweilen passiv und beschränke mich auf das Analysieren dieses Wunsches, was uns zu wertvollen Einblicken in die Gefühlswelt des Patienten verhilft. Der Wunsch nach einer weiteren Stunde enthüllte sich als eine Liebeserklärung seitens des sehr affektgehemmten Patienten. Gleichzeitig bedeutete er aber auch die Abwehr des Bewußtwerdens der sich meldenden Gefühlsregung. Er wollte noch eine Stunde haben, um nicht die Sehnsucht, in der sich seine Liebe verriet, fühlen zu müssen. Er wollte also die Stunde eigentlich, um mich nicht liebhaben zu müssen, was er mir bei der Gelegenheit auch sehr ausführlich auseinandersetzte. Am peinlichsten war ihm der Gedanke, daß ich möglicherweise keine Zeit für ihn bereit haben werde, daß also unsere Interessen auseinandergehen. *Er wollte mit mir sein, aber womöglich ohne von mir zu wissen.* Es lag nahe, dieses Verhalten aufzufassen als narzißtische Zurückziehung der Libido im Augenblick, da die Sehnsuchtsspannung ein gewisses Maß übersteigt. Andererseits war aber sein Wunsch unleugbar eine Liebeserklärung. Am richtigsten schien doch, anzunehmen, daß es sich hier durchwegs um Liebe handelt, um jene archaische Liebe, deren Grundbedingung die vollkommene Harmonie der Interessen ist.[6] Bei dieser Liebe ist die Zurkenntnisnahme des *vorhandenen* Liebesobjektes überflüssig, es will ja sowieso dasselbe wie ich. Diese an sich unscheinbare Beobachtung halte ich für wertvoll, da sie uns vielleicht etwas vom Wesen jener subjektiven Selbstgenügsamkeit verrät, welche wir beim befriedigten Säugling vermuten.

Ein anderes Merkmal der archaischen Liebe ist die Pseudoambivalenz. Bei dieser primitiven Objektrelation ist die Möglichkeit verschiedenartigen Verhaltens dem Objekt gegenüber keine Folge jeweils verschiedenartiger Gefühlseinstellungen (Liebe, Haß), sondern wurzelt in dem naiven Egoismus des kleinen Kindes. Im naiven Egoismus wird der Gegensatz zwischen Eigeninteresse und Interesse des Objekts überhaupt nicht wahrgenommen. Wenn z. B. ein kleines Kind oder der in der entsprechenden Übertragungseinstellung befindliche Patient meint, die Mutter oder vielmehr der Analytiker dürfe nicht krank sein, so bedeutet das keine Sorge um das Wohlbefinden des anderen, sondern um das eigene Wohl, das durch die Krankheit des anderen möglicherweise gefährdet wird. Daß dem wirklich so ist, ersieht man an der wenig freundlichen Art, in welcher auf das Eintreten der befürchteten

---

[6] Ein anderer ebenfalls stark affektgehemmter Patient sagte einmal gegen Schluß der Stunde: »Es geht zu Ende mit uns.«

Krankheit reagiert wird. Sollen wir aber darum an dem Liebescharakter dieses Benehmens zweifeln? Nach einer monatelangen Krankheit hatte ich gute Gelegenheit, diese Frage zu studieren. Alle Patienten, ohne Ausnahme, waren böse auf mich, denn sie fühlten sich durch die Tatsache meiner Krankheit benachteiligt, was ja auch vollkommen der Wirklichkeit entsprach. Ihr Bösesein war der stärkste Ausdruck ihrer kindlichen Liebe und Anhänglichkeit. Hier sei noch bemerkt, daß der Ausdruck »Anhänglichkeit« wie auch das entsprechende ungarische Wort *ragaszkodás* (Klebrigkeit) zur Bezeichnung der kindlichen Liebe, ein schönes Beispiel des unbewußten Wissens darstellt.

Obwohl ich nicht daran zweifle, daß jeder in der beschriebenen Liebesart die speziell der Mutter geltende Form des Liebens erkennt (ich habe ja damit nur allgemein Bekanntes wiederholt), möchte ich doch mit besonderem Nachdruck auf die Beobachtung hinweisen, daß die meisten Menschen, auch wenn sie sonst normal und einer sogenannten »erwachsenen«, das Interesse des Partners berücksichtigenden, altruistischen Liebesweise wohl fähig sind, der eigenen Mutter gegenüber die beschriebene naiv-egoistische Einstellung zeitlebens beibehalten. Es bleibt uns allen selbstverständlich, daß die Interessen von Mutter und Kind identisch sind, und es ist das allgemein anerkannte Maß der Güte oder Schlechtigkeit der Mutter, wie weitgehend sie diese Interessengemeinschaft auch wirklich fühlt.

Bevor ich dieses Thema abbreche und zur Besprechung der Mutterliebe übergehe, möchte ich noch auf eine Bemerkung zurückkommen, die ich bezüglich der Liebe zum Vater gemacht habe.[7] Obwohl der Familienvater weitgehend mütterliche Eigenschaften angenommen hat und daher vom Kinde in vieler Hinsicht wie die Mutter behandelt wird, fehlt hier doch jenes archaische Band, das das Kind mit der Mutter verbindet. Das Kind lernt den Vater schon unter der Herrschaft des Realitätssinnes kennen. So allgemeine Beobachtungen, wie daß Kinder dem Vater gegenüber meist folgsamer sind als der Mutter gegenüber, lassen sich nicht durchwegs mit der Tatsache erklären, daß der Vater oft der Strengere ist. Das Kind benimmt sich dem Vater gegenüber realitätsgerechter, weil jener Urgrund einer ursprünglichen, natürlichen Interessengemeinschaft im Verhältnis zum Vater nicht vorhanden ist. Die Mutter dürfte naturgemäß nichts wollen, was dem Kinde zuwider ist. Dasselbe gilt jedoch nicht für den Vater. (Auf dieselbe Weise läßt sich auch die größere pädagogische Wirksamkeit der Fremden erklären.) Auch das Volksmärchen scheint dies zu bestätigen, in-

---

[7] A. Balint: Der Familienvater. Imago, 12 (1926), 292–304.

dem es die böse Mutter immer als Stiefmutter auftreten läßt, wogegen der böse Vater kein Stiefvater zu sein braucht; und das gilt sowohl für die Tochter wie für den Sohn. (Übrigens ist ein weiterer Beweis für das Archaische der beschriebenen Liebesweise, daß sie sich bei beiden Geschlechtern auf die gleiche Art manifestiert, also sicher präödipal ist.) Also: *die Liebe zur Mutter ist ursprünglich eine Liebe ohne Realitätssinn,* den Vater hingegen lieben und hassen wir – die Ödipuseinstellung miteinbezogen – realitätsgerecht.

2

Wir wollen nunmehr zur Mutterliebe übergehen. Ich beginne wiederum mit einem Beispiel. Eine junge Mutter erzählt mir ihre Meinung über einen kriminalpsychologischen Vortrag, den sie am Vortag gehört hat. Der Vortragende sprach über den Fall einer Frau, die, in unglücklicher Ehe lebend, in ihrer Verzweiflung ihre beiden Töchter tötete und auch sich selbst umzubringen versuchte. Die Mutter blieb am Leben und wurde wegen Mordes zu fünfzehn Jahren Zuchthaus verurteilt. Der Vortragende fand das Urteil ungerecht; die Dame, die es mir erzählte, ebenfalls. Doch die Erklärung, die sie anfügte, fand ich bemerkenswert. Sie meinte, das Urteil wäre unangebracht, da ja die Frau nicht als »gemeingefährlich« gelten kann. Sie hat ja nur ihre eigenen Kinder getötet. Im weiteren Gespräch wurde es immer deutlicher, daß ihr der Gedanke, die Kinder hätten auch etwas zu sagen gehabt, gar nicht in den Sinn kam. Sie betrachtete das ganze Geschehnis als eine innere Angelegenheit der Mutter, denn *das eigene Kind ist doch nicht die Außenwelt.*

Ich muß wohl nicht besonders betonen, wie befremdet die Dame nach dem lauten Aussprechen dieser ihr doch so natürlichen Gedanken war. Was sie sagte, war ein Stück archaischer Wirklichkeit, die in unserer Kultur meist nur in Verkleidungen zum Ausdruck kommt. Primitive Völker hingegen kennen den Kindesmord wirklich als etwas, was nicht als Mord im eigentlichen Sinne aufgefaßt wird. Es ist eine innere Angelegenheit der Familie, die Gesellschaft hat nichts damit zu tun.

Róheim erzählt, daß die zentralaustralischen Mütter, wenn sie der »Fleischhunger« überkommt, mit ihrer Hand einen Abortus herbeiführen und den Fötus aufessen. Er erwähnt dabei nichts von etwaigen Gewissensbissen oder ähnlichem. Die Leibesfrucht scheint für diese Frauen im vollsten Sinne des Wortes ihr eigenster

Besitz zu sein, mit dem sie nach Belieben schalten und walten. Wir können vielleicht die bei diesen Stämmen übliche Regel, nach der jedes zweite Kind von der Familie verspeist wird, auch als Einschränkung auffassen, indem auf diese Weise einer gewissen Anzahl von Kindern das Leben gesichert wird. Dabei dürfen wir nicht etwa glauben, die australischen Frauen seien im allgemeinen »böse« Mütter. Im Gegenteil, sie lassen ihren lebenden Kindern das vollste Maß der mütterlichen Zärtlichkeit zukommen. Auch Opferwilligkeit läßt sich ihnen nicht absprechen, wenn wir bedenken, daß sie die Nächte auf Knie und Ellbogen gestützt über ihren Säuglingen verbringen, um sie mit ihrem eigenen Körper vor Kälte zu schützen.

Einige Aufzeichnungen über die Eskimos scheinen ein Übergangsstadium zwischen der unbekümmert kinderessenden australischen Mutter und unserer bewußten Einstellung anzudeuten.[8] (Ich sage »bewußte Einstellung«, denn kannibalistische Gelüste Kindern gegenüber sind besonders in Träumen gar nicht selten.) Es wird z. B. von einer Eskimofrau erzählt, die während einer Hungersnot ihr Kind aufgegessen hat, nun gelähmt ist und ihren Urin nicht halten kann. Die Dorfbewohner meinten, dies komme daher, »weil sie einen Teil ihrer selbst« gegessen hat. Häufiger geschieht es, daß Kinder bei Hungersnöten dem Erfrierungstode ausgesetzt werden. Die Leute zeigen bei solchen Anlässen eine Härte und Entschlossenheit, die den Berichterstatter auf das höchste erstaunte, da er die Zärtlichkeit und Liebe kannte, mit der sie sonst ihren Kindern zugetan waren. Die Eskimos entäußern sich ihrer Kinder unter dem Druck einer schrecklichen Not, wie wir etwa bei einem Schiffbruch unser kostbarstes Gut untergehen lassen, nur um das nackte Leben zu retten. Ein wichtiges Moment, welches ursprünglich denkenden Menschen ganz geläufig und nur unserem individualistischen Fühlen fremd erscheint, ist dabei der Umstand, daß Kinder nach Belieben neu angeschafft werden können, wie sonstiges Hab und Gut.

Das Kinderessen, das für die zentralaustralische Frau eine durch keinerlei Schuldgefühl belastete Triebbefriedigung und für die Eskimofrau eine in letzter Not verübte verzweifelte Tat ist, die zwar schlimme Folgen haben kann, aber eher bedauert denn verurteilt wird, erscheint der ungarischen Folklore als die Höllenstrafe für jene Frauen, die ihr Kind abtreiben.[9]

Die Tatsache der »Abtreibung« ist ein besonders wichtiger Faktor in der Beziehung zwischen Mutter und Kind. Alle Frauen der

---

[8] K. Rasmussen: Rasmussens Thulefahrt. Frankfurt 1926, S. 358.
[9] A magyarság néprajza (Folklore der Ungarn). Bd. IV, S. 156.

Erde kennen den künstlichen Abortus, entscheiden also letzten Endes über »Sein oder Nichtsein« des Kindes. (Dieser Umstand ist wohl eine der Wurzeln der Unheimlichkeit der Mutter für das Kind, dessen Leben im wahrsten Sinne des Wortes davon abhängt, ob es der Mutter genehm ist.) Auch die unleugbare Tatsache der psychogenen Unfruchtbarkeit spricht dafür, daß *das geborene Kind immer auch das von der Mutter gewollte Kind ist.* Die moralische Verpönung oder gar strafrechtliche Verfolgung der Fruchtabtreibung ist vermutlich eine Schutzmaßnahme gegen die gefährliche Machtvollkommenheit der Frau. Als eine Schutzmaßnahme betrachte ich auch die Übertragung des ursprünglich mütterlichen Rechtes auf das Leben des Kindes auf den »pater familias«. Für die Ursprünglichkeit des mütterlichen Rechtes spricht der Umstand, daß es unformal ist, eine Privatangelegenheit der Frau. Das väterliche Recht hingegen ist eine gesellschaftliche Einrichtung.

Trotz der kulturellen Einschränkungen des mütterlichen Urrechts gilt wahrscheinlich für die Mehrzahl der Kinder, daß sie geboren werden als Verwirklichung der mütterlichen Triebwünsche. Tragen, gebären, säugen, hätscheln sind Triebäußerungen der Frau, die sie mit Hilfe des Kindes befriedigt.[10] Eine möglichst dauernde körperliche Annäherung ist für beide Teile gleich lustvoll. Ich glaube sogar – um wieder einen Sprung ins Ethnologische zu tun –, daß jene Regeln, die die Ehegatten nach der Geburt eines Kindes manchmal monatelang einander fernhalten, ihren Ursprung im Wunsche der Frau haben, die sich in der Verbindung mit dem Kinde ungestört ausleben will. Auf dem Boden dieser Gegenseitigkeit erwächst das grenzenlose Vertrauen des Kindes in die Liebe der Mutter, das erst später durch die Ahnung oder Erfahrung, daß die Mutter diese Bindung von sich aus lösen, das eine Kind durch ein anderes ersetzen kann, arg erschüttert wird.

Die Mutterliebe gilt eben ihren triebhaften Wurzeln entsprechend nur dem ganz kleinen Kinde, dem am mütterlichen Körper hängenden Säugling. Deshalb sehen wir so oft, daß die Mütter, die die Kultur zwingt, ihre Kinder viel länger, bis in die Erwachsenheit, zu hegen und zu pflegen, diese, so groß sie auch sein mögen, als ihr »Kleines« betrachten, was oft auch in Wort und Gebärde zum Ausdruck kommt. Für die Mutter wird das Kind nie erwachsen, denn erwachsen ist es ja ihr Kind nicht mehr. Ist dies nicht ebenfalls ein Beispiel der Realitätsfremdheit in der Mutterliebe, genau der Realitätsfremdheit der Kindesliebe entsprechend, derzufolge die Mutter vom Kinde nie ganz als Mensch mit separaten

---

[10] Vgl. S. Ferenczis Begriff der »Parentalerotik« in: Versuch einer Genitaltheorie. Wien 1924.

Interessen erkannt wird? *Die Mutterliebe ist das beinahe vollkommene Gegenstück der Liebe zur Mutter.*

Wie die Mutter dem Kind, ist auch das Kind für die Mutter ein Befriedigungsobjekt. Und genauso, wie das Kind die Eigeninteressen der Mutter nicht wahrnimmt, betrachtet auch die Mutter das Kind als einen Teil ihres Selbst, dessen Interessen mit den ihren identisch sind. Das Verhältnis zwischen *Mutter und Kind* ist auf die *Aufeinanderbezogenheit der gegenseitigen Triebziele* aufgebaut. Es gilt für dieses Verhältnis in vollstem Maße, was Ferenczi über die Beziehung von Mann und Weib im Koitus gesagt hat. Er meint: Beim Koitus kann weder von Egoismus von noch Altruismus gesprochen werden, es ist Mutualismus, d. h., was dem einen gut ist, ist dem anderen recht. *Infolge der naturgegebenen Aufeinanderbezogenheit der gegenseitigen Triebziele erübrigt sich die Sorge um das Wohl des anderen.*

Dieses Verhalten nenne ich die *triebhafte Mütterlichkeit,* im Gegensatz zur *kulturellen*[11]. Sie kann am besten bei Tieren und ganz primitiven Menschen beobachtet werden. Der naive Egoismus spielt in ihr die gleiche Rolle wie in der Liebe des Kindes zur Mutter. Doch wenn wir beide Partner (Mutter und Kind) gleichzeitig ins Auge fassen, können wir nunmehr mit Ferenczi von Mutualismus sprechen. Der Mutualismus ist das biologische, der naive Egoismus das psychologische Moment. *Die biologisch gegebene Aufeinanderbezogenheit macht den naiven Egoismus psychologisch möglich.* Jede Störung dieser Aufeinanderbezogenheit führt zur Entwicklung über den naiven Egoismus hinaus.

Würde die Kind-Mutter-Einheit bei den Menschen, wie bei den Tieren, von der Erwachsenen-Sexualität, d. h. der Mann-Weib-Einheit, unmittelbar abgelöst, so würde der naive Egoismus als Liebesweise für das ganze Leben ausreichen. Der für den Menschen charakteristische zeitliche Abstand zwischen Kleinkind-Periode und Erwachsenheit – also den beiden Lebensphasen, in denen eine gegenseitige Aufeinanderbezogenheit zweier Wesen gegeben ist – führt jedoch eine Unstimmigkeit herbei, die ausgeglichen werden muß. Diese mit der kulturellen Entwicklung immer wachsende Unstimmigkeit wird zu einem großen Teil durch die fortschreitende *Ausdehnung der Herrschaft des Realitätssinnes auf das Gefühlsleben ausgeglichen.*

Takt, Einsicht, Rücksichtnahme, Dankbarkeit, Zärtlichkeit (im Sinne gehemmter Sinnlichkeit) sind Anzeichen und Folgen der Herrschaft des Realitätssinnes in der Gefühlssphäre. Die eigentli-

---

[11] Über die »kulturelle« Mütterlichkeit siehe A. Balint: Die Grundlagen unseres Erziehungssystems. Z. f. psa. Päd., 11 (1937).

che Liebesfähigkeit im sozialen Sinne ist also eine durch äußere Störung entstandene sekundäre Bildung. Sie hat mit der Genitalität direkt nichts zu tun. Ist doch der genitale Akt eben jene Situation, in der die in der ersten Kindheit erlebte gegenseitige Aufeinanderbezogenheit wieder aufersteht. Alles was inzwischen gelernt wurde, mag in der Werbung eine wichtige Rolle spielen, muß aber im Akt vergessen werden. Zuviel Realitätssinn (Takt), eine zu genaue Absonderung des einen Menschen vom anderen, wirkt störend, gilt als Kälte, kann sogar zu Impotenz führen. Man denke nur an die aus der Reinlichkeitserziehung stammende Angst mancher Neurotiker, dem Partner mit dem Körpergeruch oder unwillkürlichen Lauten und Bewegungen ekelerregend oder lästig zu werden.

Die erste Störung des naiven Egoismus erfolgt durch die Abwendung der Mutter von dem heranwachsenden Kind. Diese Abwendung kommt entweder direkt in wirklicher Entfremdung oder indirekt darin zum Ausdruck, daß die Mutter die Entwicklung des Kindes irgendwie aufhalten möchte. Ich glaube, es erübrigt sich, hierfür besondere Beispiele zu geben. Für das Kind wäre es ganz natürlich, wenn die Mutter auch nach der Säuglingszeit sein sexueller Partner bliebe. Ihre Weigerung kann von dem Kinde nur als die Folge des störenden Eingriffes einer äußeren Macht aufgefaßt werden. Dies stimmt auch vollkommen für die Tiere, bei denen die sexuelle Reife die Säuglingszeit fast unmittelbar ablöst. Nur die Stärke des Vatertieres ist das Hindernis der sexuellen Vereinigung von Mutter und Kind. Anders bei den Menschen. Da hört die sexuelle Bedeutung des Kindes für die Mutter viel früher auf, als die Zeit eintritt, wo das Kind sexuell reif wird, also auch in der erwachsenen Form Partner der Mutter sein könnte. Der triebhaften Bindung folgt die triebhafte Ablehnung seitens der Mutter. Hier wird es deutlich, worin – trotz vieler Übereinstimmungen – der grundsätzliche Unterschied zwischen der Mutterliebe und der Liebe zur Mutter besteht. Die Mutter ist einzig und unersetzlich, das Kind kann durch ein anderes ersetzt werden. Wir erleben die Wiederholung dieses Konflikts in jeder Übertragungsneurose. Die relative Unersetzlichkeit des Analytikers im Verhältnis zur tatsächlichen oder vermeintlichen Leichtigkeit, mit der der Analytiker seine freigewordene Stunde wieder besetzt, macht jedem Patienten mehr oder weniger zu schaffen. Die Ablösung von der Mutter im Sinne der Lösung der ursprünglichen, auf Gegenseitigkeit beruhenden Bindung bedeutet die *Aussöhnung* mit der Tatsache, daß die Mutter ein besonderes Wesen mit Eigeninteressen ist. Haß gegen die Mutter ist keine Form der Lösung, sondern bedeutet das Fortbestehen der Bindung mit negativem Vorzeichen. Man haßt die Mutter, weil sie nicht mehr ist, was sie war. (In der analytischen Praxis wissen wir seit langem, daß der Haß gegen den Analytiker nach beendeter Analyse das Zeichen ungelöster Übertragung ist.)

Fassen wir zusammen: Das der Säuglingszeit entwachsene Kind ist der Mutter nicht mehr so angenehm (wir haben immer die triebhafte Mütterlichkeit vor Augen), hängt aber nichtsdestoweniger an ihr und kennt nur den naiven Egoismus als Liebesart. Der naive Egoismus jedoch wird unhaltbar, da nunmehr die Gegenseitigkeit fehlt, die seine Grundlage war. So wird das Kind vor die Aufgabe gestellt, sich den Wünschen jener anzupassen, deren Liebe es bedarf.[12] Damit beginnt die Herrschaft des Realitätssinnes im Liebesleben des Menschen.[13]

3

Zum Schluß möchte ich in diesem Zusammenhange auf die Frage der Autoerotik kurz eingehen. Wir wissen, die Autoerotik ist uranfänglich. Ihr wichtigstes Merkmal vom Standpunkte der Realitätsanpassung ist ihre weitgehende Unabhängigkeit von der Außenwelt. Die autoerotische Betätigung muß vom Kinde nicht erlernt werden, und es bedarf bei ihrer Ausübung keiner Mithilfe seitens der Umgebung; sie kann jedoch von außen gestört, verhindert werden. Sie ist aber nicht unabhängig von den inneren Vorgängen. Bekanntlich können die einzelnen Autoerotismen einander vertreten, wenn die eine oder andere Abfuhrart aus irgendeinem Grunde unmöglich wird. Auch die Auflösung der triebhaften Aufeinanderbezogenheit von Mutter und Kind beeinflußt die autoerotische Funktion. Ja man kann sogar sagen, daß erst hier ihre psychologische Wirksamkeit beginnt. In der nun folgenden, an relativer Liebesentbehrung reichen Zeit gewinnt die Autoerotik die Bedeutung einer Ersatzbefriedigung. So wird sie zur biologischen Grundlage des sekundären Narzißmus, dessen psychologische Voraussetzung die Identifizierung mit dem treulosen Objekt ist. Je früher die Säuglingsharmonie aufhört, um so früher erhält die Autoerotik diese Rolle im Seelenleben des Menschen. Im Ge-

---

[12] Auch die protrahierte Säuglingshaftigkeit kann Anpassungsleistung sein.
[13] Es wäre hier noch zu bemerken, daß diese Herrschaft des Realitätssinnes im Gefühlsleben nicht identisch ist mit dem Ferenczischen Begriff des erotischen Realitätssinnes. Der Begriff des erotischen Realitätssinnes bezieht sich ausschließlich auf die erotische Funktion, deren Entwicklung aufgefaßt wird als die Suche nach der vollkommensten Abfuhr der erotischen Spannung.

gensatz zur Ansicht der Mehrzahl der Analytiker glaube ich nicht, daß es sich hierbei um eine Regression auf das autoerotische Stadium handelt, sondern stelle mir die Sache so vor, daß die Autoerotik und die archaische Verbundenheit mit der Mutter gleichzeitig nebeneinander bestehende, einander die Waage haltende, doch von Anfang an verschiedene Faktoren sind, deren Verschiedenheit erst bei der Störung der ursprünglichen Harmonie augenscheinlich wird. Meiner Meinung nach gibt es also keine Lebensphase, die von der Autoerotik allein beherrscht wäre. Wenn das notwendige Maß an Befriedigung seitens der Objektwelt nicht erreicht wird, kommt dem Menschen die Autoerotik als Trostmechanismus zu Hilfe. Ist die Entbehrung nicht allzu groß, läuft alles ohne viel Aufsehen ab. Doch eine Überlastung der autoerotischen Funktion zeigt sich alsbald in krankhaften Erscheinungen: Die autoerotische Betätigung entartet zur Sucht. Aber auch umgekehrt können wir beobachten, daß eine allzu erfolgreiche erzieherische Unterdrückung der Autoerotik die Überbelastung der Objektbeziehungen zur Folge hat, was zumeist in abnormer Unselbständigkeit und krankhaftem Hängen an der Mutter oder sonstigen Pflegepersonen zum Ausdruck kommt. Eine nicht übermäßige Hemmung der Autoerotik hingegen festigt die Objektbindungen in dem vom Standpunkte der Erziehbarkeit erwünschten Grade. Anscheinend gibt es für jede Altersstufe ein optimales Verhältnis zwischen Autoerotik und Objektgebundenheit. Dieses Gleichgewicht ist zwar elastisch, so daß Entbehrungen auf der einen Seite durch Befriedigungen auf der anderen ausgeglichen werden können, doch nicht über ein bestimmtes Maß hinaus. Dieser Umstand sichert die Entwicklung des Realitätssinnes im Gefühlsleben. Denn der Mensch kann nicht ohne schwere Schädigung der Objektliebe entsagen.[14]

4

Die Arten des Liebens werden in der psychoanalytischen Wissenschaft nach mehreren Gesichtspunkten unterschieden: erstens nach ihrer Beziehung zur Zielhemmung, zweitens nach ihrer Zugehörigkeit zu einem Partialtrieb und der Genitalität. Aus der einen Gruppierung entstanden die Begriffe der oralen, analen und genitalen Liebe, aus der anderen die der zärtlichen und grobsinnlichen Liebe. Eine dritte Unterscheidung der Liebesweisen ergab

---

[14] Vgl. die Beobachtungen des Analytikers und Kinderarztes E. Petö, die in einer Arbeit ›Säugling und Mutter‹ in der Z. f. psa. Päd., 11 (1937) erschienen sind.

sich aus der Gegenüberstellung von narzißtischer und Objektlibido, als eine narzißtische und objektlibidinöse Art des Liebens, die irgendwie auch mit Egoismus und Altruismus zusammenhängt. Zum Schluß sei noch Ferenczis Unterscheidung zwischen passiver und aktiver Objektliebe erwähnt, die er zumeist an Stelle der sonst gebräuchlichen Ausdrücke – narzißtische und objektlibidinöse Liebe – verwendet, ohne genau zu sagen, ob die passive Objektliebe mit der narzißtischen Liebe gleichbedeutend sei. Der Gesichtspunkt, nach dem ich die Liebesweisen unterscheide, ist ihre Beziehung zum Realitätssinn. Die wahre Objektliebe steht auf zwei Füßen: 1. Bedürfnisbefriedigung seitens der Objektwelt, 2. Realitätssinn.

Ad 1. Erstere ist von Anfang an gegeben, insbesondere wenn wir uns auf den Standpunkt der Genitaltheorie stellen, wonach der gesamten Sexualität, die autoerotische Funktion mit inbegriffen, eine objektgerichtete Tendenz zugrunde liegt.

Ad 2. Letzterer wird stufenweise entwickelt. Auf Grund der Beobachtung einer Liebesweise, deren bezeichnendes Merkmal die geringe Entwicklung des Realitätssinnes ist (das Objekt wird zur Kenntnis genommen, aber nicht seine Eigeninteressen), nehme ich an, daß der stufenweisen Entwicklung des Realitätssinnes eine stufenweise Entwicklung der Objektliebe entspricht. Die Parallelität dieser beiden Entwicklungsreihen ist jedoch keine vollständige. Denn die Ausdehnung der Herrschaft des Realitätssinnes auf die Objektbeziehungen wird durch zwei mächtige Faktoren hintangehalten. Der eine dieser Faktoren ist bekanntlich die weitgehende Unabhängigkeit von der Außenwelt, die auf libidinösem Gebiet durch die autoerotische (nach Ferenczi autoplastische) Befriedigungsart ermöglicht wird. Der zweite Faktor ist die von mir hervorgehobene triebhafte Aufeinanderbezogenheit, die zwischen Mutter und Kind (später zwischen Mann und Weib im Koitus) vorhanden ist. Die triebhafte Aufeinanderbezogenheit zweier Wesen schafft eine Situation, in der die Anerkennung der Eigeninteressen des Objekts überflüssig ist. Dies wäre die Grundlage des naiven Egoismus auf objektlibidinösem Gebiet.

Den Begriff einer primären *archaischen Objektbeziehung ohne Realitätssinn* erhalte ich durch Extrapolation. Sie ist das Endglied einer Reihe, die durch die verschiedenen Grade der Realitätsanpassung auf dem Gebiete der Objektbeziehungen gegeben ist. Demnach gäbe es eine archaische Liebesart, deren Wesen nicht durch irgendeinen Partialtrieb, sondern durch das Fehlen des Realitätssinnes in bezug auf das Liebesobjekt bestimmt wird. (Um Mißverständnisse zu vermeiden, möchte ich betonen, daß wir hierbei streng *Befriedigungsart,* zum Beispiel oral, anal usw., und *Liebes-*

art, zum Beispiel naiv egoistisch, altruistisch usw., voneinander unterscheiden müssen.) Die Entstehung der sozial höherstehenden Liebesweisen hingegen wird als Folge der Realitätsanpassung aufgefaßt. Diese Einteilung ist der Freudschen Unterscheidung zwischen grobsinnlicher und zielgehemmter Liebe sehr nahe verwandt, denn die Zielhemmung ist ja der wichtigste jener von der Außenwelt bewirkten Faktoren, die eine Entwicklung des Gefühlslebens herbeiführen; wohingegen die reine Sinnlichkeit nur den »erotischen Realitätssinn« kennt und im Verhältnis zum Partner recht gut mit dem naiven Egoismus gepaart bleiben kann.

Der Punkt, an dem sich mein Gedankengang von dem Freuds teilweise entfernt, ist die Bewertung der Rolle der libidinösen Objektbeziehung in diesem Zusammenhang. Auch Freud führt die Entstehung der Objektliebe auf die Unersetzlichkeit der Außenwelt zurück, doch als die Grundlage dieser Unersetzlichkeit gelten in erster Reihe nicht die erotischen, sondern die Selbsterhaltungstriebe. In Anlehnung an die Befriedigung der Selbsterhaltungstriebe entstehen die ersten Objektbeziehungen, die aber bald durch eine autoerotische Unterbringung der Libido abgelöst werden. Erst nach diesem Umweg über den Autoerotismus gelangt die Libido im Laufe der weiteren Entwicklung zur Objektwelt zurück. Nur für einige Komponenten des Sexualtriebes nimmt Freud an, daß sie von vornherein ein äußeres Objekt haben und es auch beibehalten, für den Bemächtigungstrieb (Sadismus) und den Schau- und Wißtrieb.[15] Nach der Ergänzung der Libidotheorie durch die Theorie des primären Narzißmus erscheint »der Autoerotismus als die Sexualbetätigung des narzißtischen Stadiums der Libidounterbringung«, wobei dieses narzißtische Stadium, wie bekannt, als das Urstadium betrachtet wird.[16]

Ich habe – gestützt auf die noch beobachtbaren Erscheinungen – dieses selbe Urstadium darzustellen versucht als eine archaische Objektbeziehung ohne Realitätssinn, aus der sich das, was wir Liebe zu nennen gewohnt sind, unter dem Einfluß der Realität unmittelbar entwickelt.

Ganz zwanglos läßt sich meine Anschauung mit den Begriffen von Ich und Es ausdrücken. Die archaische Liebe ohne Realitäts-

---

[15] Seit den neueren Arbeiten I. Hermanns kann die Zahl der von vornherein auf ein äußeres Objekt gerichteten Komponenten des Sexualtriebes um den Anklammerungstrieb vermehrt werden.
[16] S. Freud: Vorlesungen zur Einführung in die Psychoanalyse. Ges. W., Bd. XI, Kap. XXI, S. 331 und XXVI, S. 431.

sinn wäre eben die Liebesweise des Es, die als solche zeitlebens bestehen bleibt, während die sozialen bzw. realitätsgerechten Formen der Liebe die Liebesweise des Ichs darstellen.[17]

Nachtrag

Dualeinheit (Zweieinigkeit) und primäre (archaische) Objektbeziehung. In einigen Diskussionsbemerkungen wurde mir nahegelegt, die Bezeichnung primäre Objektbeziehung zugunsten der Begriffe Zweieinigkeit bzw. Dualeinheit aufzugeben. Nun meine ich aber, daß es für das allgemeine Verständnis weit günstiger ist, wenn man auch kleine Abweichungen in der Auffassung in der Terminologie zum Ausdruck bringt. I. Hermann, E. P. Hoffmann und Frau Rotter-Kertész betonen ausdrücklich, daß sie die Zweieinigkeit nicht als eine Objektbeziehung irgendwelcher Art auffassen wollen. Ich hingegen denke tatsächlich an die Möglichkeit einer primitiven Objektbeziehung, die vor der Entstehung der Fähigkeit zur Unterscheidung zwischen Ich und Objekt, also sozusagen schon im Es vorhanden ist. Den Ausgangspunkt meines Gedankenganges bildet der bekannte Ferenczische Begriff der *passiven Objektliebe*. In meiner im Ferenczi-Gedenkbuch erschienenen Arbeit über das gleiche Thema benütze ich noch durchwegs diesen Ausdruck. Später meinte ich – unter dem Einfluß teils der Gedanken M. Balints über »Neubeginn«, in denen er die Aktivität des kindlichen Verhaltens betont, teils der Hermannschen Funde über den Anklammerungstrieb –, daß der Ausdruck *passiv* nicht gut zur Bezeichnung eines Verhältnisses paßt, in dem so ausgesprochen *aktive* Tendenzen, wie eben der Anklammerungstrieb, eine Hauptrolle spielen. Seither gebrauche ich – wie auch in der vorliegenden Arbeit – an Stelle des Begriffs der *passiven Objektliebe* vorwiegend die Bezeichnungen *archaische* oder *primäre Objektbeziehung (Objektliebe)*.

Diese letztere Bezeichnung könnte ich nur dann mit »Dualeinheit« oder »Zweieinigkeit« vertauschen, wenn diejenigen, die sich

---

[17] Arbeiten der letzten Jahre, die eine ähnliche Richtung verfolgen: M. Balint: Zur Kritik der Lehre von den prägenitalen Libidoorganisationen. Int. Z. f. Psa., 21 (1935). Ders.: Frühe Entwicklungsstadien des Ichs. Primäre Objektliebe. Imago, 23 (1937). In diesem Buch Kap. III u. V. – I. Hermann: Sich-Anklammern – Auf-Suche-Gehen. Int. Z. f. Psa., 22 (1936). – E. P. Hoffmann: Projektion und Ich-Entwicklung. Int. Z. f. Psa., 21 (1935). – L. Rotter-Kertész: Der tiefenpsychologische Hintergrund der inzestuösen Fixierung. Int. Z. f. Psa., 22 (1936).

ihrer bedienen, ihre bisherige Ansicht dahin änderten, daß sie geneigt wären, die Dualeinheit als eine primitive Objektbeziehung aufzufassen, oder wenn ich den Gedanken aufgäbe, daß die Objektbeziehungen so alt seien wie ihre biologische Grundlage.

VII. Über genitale Liebe[1] (1947)

Wenn man in der psychoanalytischen Literatur nach Beiträgen zum Thema »genitale Liebe« Ausschau hält, findet man erstaunlicherweise, daß erstens sehr viel mehr über die prägenitale als über die genitale Liebe geschrieben worden ist (z. B. fehlt das Stichwort »genitale Liebe« sowohl in Fenichels Lehrbuch[2] als auch in Nunbergs ›Allgemeiner Neurosenlehre‹[3]); zweitens ist fast alles, was über gentiale Liebe geschrieben wurde, negativ formuliert, so z. B. die Beschreibung durch Abrahams berühmten Begriff der »postambivalenten Phase«. Wir wissen verhältnismäßig gut, was eine ambivalente Liebesbeziehung ist, aber von der »postambivalenten« Liebe wissen wir kaum mehr, als daß sie eben nicht mehr ambivalent ist oder sein sollte.

Diese Betonung der negativen Eigenschaften, d. h. derjenigen, die im Laufe der Entwicklung überholt sind oder sein sollten, verwischt das eigentliche Bild. Nicht das Vorhandensein bestimmter positiver Eigenschaften wird dargestellt, sondern die Abwesenheit gewisser anderer.

Um nicht in den gleichen Fehler zu verfallen, wollen wir den Idealfall annehmen, daß eine solche »postambivalente« Liebe keinerlei Spuren von Ambivalenz oder prägenitaler Objektbeziehung mehr zeigt:

a) Es ist dann keine Gier, keine Unersättlichkeit mehr vorhanden, kein Wunsch, das Objekt zu verschlingen, ihm jegliche unabhängige Existenz zu versagen usw., das heißt, es dürfen keine *oralen* Züge mehr vorhanden sein;

b) es darf kein Wunsch mehr vorhanden sein, dem Objekt weh zu tun, es zu erniedrigen, zu ängstigen, zu beherrschen usw., das heißt keine *sadistischen* Züge;

c) es darf nicht mehr der Wunsch bestehen, den Partner zu entwerten, ihn wegen seiner sexuellen Wünsche und Empfindungen zu verachten; die Gefahr, vor dem Partner Ekel zu empfinden oder im Gegenteil nur von bestimmten unerfreulichen Zügen an ihm angezogen zu sein, darf nicht mehr bestehen, das heißt, es sollten keine Reste *analer* Züge mehr vorhanden sein;

d) es darf kein zwanghaftes Bedürfnis mehr bestehen, sich mit dem Besitz des Penis zu brüsten, aber auch keine Angst vor den

---

[1] Vortrag auf der Konferenz der Europäischen Analytiker in Amsterdam am 26. Mai 1947.
[2] O. Fenichel: The Psycho-analytic Theory of Neurosis. New York 1945.
[3] H. Nunberg: Allgemeine Neurosenlehre. Bern 1932.

Sexualorganen des Partners oder vor den eigenen, kein Neid auf die männlichen oder weiblichen Genitalien, keine Furcht, kein richtiger Mann oder keine richtige Frau zu sein oder keine normalen Sexualorgane zu haben, auch nicht, daß der Partner solche Mängel hat, usw.; es darf also keine Spur der *phallischen* Phase oder des Kastrationskomplexes mehr vorhanden sein.

Wir wissen alle, daß solche Idealfälle in Wahrheit nicht existieren, aber wir mußten einmal alles Negative aus dem Wege räumen, ehe wir mit der eigentlichen Betrachtung der positiven Eigenschaften beginnen können.

Was also ist »genitale Liebe«, abgesehen vom Fehlen der aufgezählten »prägenitalen« Züge? Nun, man liebt seinen Partner,

1. weil er einen befriedigen kann;
2. weil man ihn befriedigen kann;
3. weil man mit ihm gemeinsam, fast oder völlig gleichzeitig, einen vollen Orgasmus erleben kann.

Das scheint nun ganz einfach zu sein, aber leider ist es doch nicht so. Nehmen wir schon die erste Bedingung, nämlich daß unser Partner uns befriedigen kann. Diese Bedingung kann recht egoistisch sein und ist es vermutlich auch; sie kann sogar völlig narzißtisch sein. Sie setzt kaum irgendwelche Rücksicht auf das Glück des Partners voraus. Bekanntlich gibt es solche Typen sowohl unter den Männern als auch unter den Frauen. Ihr einziges Ziel ist die eigene Befriedigung, die zwar wirklich *genital* ist, aber offenbar nicht unbedingt mit Liebe verbunden zu sein braucht.

Das gleiche gilt für die zweite Bedingung, nämlich daß wir unseren Partner befriedigen können. Das ist, für sich genommen, überaus altruistisch, obwohl nicht unbedingt masochistisch. Hier geht es nur um das Objekt, und für diese Art von Liebe ist es charakteristisch, daß die eigenen Bedürfnisse, Interessen und das eigene Glück ganz unberücksichtigt bleiben. Auch hierfür gibt es unter Männern wie Frauen viele Beispiele. Und obwohl auch hier die Befriedigung echt genital ist, braucht sie nicht mit Liebe verbunden zu sein.

Man könnte einwenden, daß beide Typen keine wirklichen Liebesbeziehungen seien, aber das stimmt nicht. Die auf einer dieser beiden Arten von genitaler Beziehung beruhenden Beziehungen können über lange Zeiträume hinweg sehr harmonisch sein, sogar ein Leben lang, besonders wenn die Liebesbedürfnisse der beiden Partner einander ergänzen.

Die Betrachtung dieser beiden Typen scheint uns in eine Sackgasse geführt zu haben. Vielleicht ist die Erforschung des dritten Typs ertragreicher. Wenn zwei Partner einander lieben, weil sie in einem gemeinsamen Erleben Beglückung finden, so muß das doch wohl die rechte Liebe sein. Aber ist sie das wirklich? Es gibt viele Beispiele – in der Geschichte, in der chronique scandaleuse und in der psychoanalytischen Praxis –, daß zwei Menschen sexuell vollkommen miteinander harmonieren, in der Umarmung wirklich glücklich, auch völlig sicher sind, daß sie jedesmal, wenn sie zusammenkommen, einander glücklich machen können, und doch – und obwohl man sie Liebende nennt – lieben sie einander nicht. Oft ist sogar das Gegenteil der Fall, wie Shakespeare in seinem berühmten 129. Sonett klagt:

> Wir wissen's alle, aber keiner flieht
> Den Himmel, drin solch höllisch Feuer glüht.

Dieser Zustand – unwiderstehliches Begehren des Partners vor dem Akt, Unfähigkeit, ihn zu ertragen, danach – ist manchmal beiderseitig, häufiger einseitig. Oft ist der Partner nach dem Orgasmus dem anderen nicht völlig unerträglich, sondern nur gleichgültig, und es gibt noch manche Zwischenformen.

Wenn wir gehofft hatten, daß diese Art der genitalen Beziehung uns eine Vorstellung davon geben würde, was wahre genitale Liebe ist, so ist das Ergebnis enttäuschend. Die genitale Befriedigung ist offenbar zwar eine notwendige, aber keine zureichende Bedingung der genitalen Liebe. Wir haben nur erfahren, daß die genitale Liebe sehr viel mehr ist als Dankbarkeit oder Zufriedenheit, einen Partner zur genitalen Befriedigung zur Verfügung zu haben. Und es macht keinen Unterschied, ob diese Dankbarkeit oder Zufriedenheit einseitig oder gegenseitig ist.

Was ist sie also außerdem noch? Wir finden neben der genitalen Befriedigung in einer echten Liebesbeziehung
1. Idealisierung;
2. Zärtlichkeit;
3. eine besondere Form der Identifizierung.

Da Freud sich mit dem Problem der Idealisierung beschäftigt hat[4], und zwar sowohl hinsichtlich des Objekts als auch des Triebes, brauche ich nur seine Befunde zu wiederholen. Er zeigte, daß erstens die Idealisierung nicht unbedingt notwendig ist, daß auch ohne Idealisierung eine gute Liebesbeziehung möglich ist, und zweitens, daß in vielen Fällen die Idealisierung nicht eine Hilfe, sondern eher ein Hindernis für die Entwicklung einer befriedigenden Form der Liebe sein kann. Wir können daher diese Bedingung als nicht zwingend notwendig weglassen.

Mit der zweiten Erscheinung, der Zärtlichkeit, ist es etwas ande-

---

[4] S. Freud: Über die allgemeinste Erniedrigung des Liebeslebens. Ges. W., Bd. VIII.

res. Seit Freud sie zuerst erwähnte, hat die psychoanalytische Literatur insgesamt diesen Begriff in zwei verschiedenen Bedeutungen gebraucht. Nach Meinung der einen Richtung[5] ist Zärtlichkeit das Ergebnis der Zielhemmung. Sie ist sogar das am häufigsten genannte Beispiel einer Zielhemmung: Die ursprüngliche Triebregung ging auf ein bestimmtes Ziel aus, mußte aber aus irgendwelchen Gründen sich mit einer nur teilweisen Befriedigung begnügen, d. h. mit weniger als dem ursprünglichen Ziel. Nach dieser Ansicht ist Zärtlichkeit eine Sekundärerscheinung, ein nur schwacher Ersatz für das ursprüngliche Ziel, und wegen dieser Eigenschaft des faute de mieux führt sie nie zur vollen Befriedigung, das heißt, sie ist immer ihrem Wesen nach mit etwas Versagung verknüpft.

Nach der zweiten Ansicht[6] ist Zärtlichkeit eine archaische Eigenschaft, die im Zusammenhang mit den ältesten Selbsterhaltungstrieben erscheint und kein anderes Ziel hat als eben diese ruhige, nicht leidenschaftliche Erfüllung. Nach dieser Ansicht wäre eher die leidenschaftliche Liebe das Sekundärphänomen, das die archaische zärtliche Liebe überlagert.

Diese zweite Anschauung könnte durch einige suggestive Daten aus der Anthropologie gestützt werden. In groben Zügen könnte man die vorhandenen Kulturen in zwei Typen einteilen. Beim ersten Typ finden wir Liebesleidenschaft, Idealisierung des Objekts oder des Triebes, eine durch strenge Verbote aufgezwungene Latenzzeit, Liebeswerbung, Liebeslieder und -dichtung in reichem Maße, sexuelle Heuchelei, Hochschätzung der Zärtlichkeit und gewöhnlich eine reichentwickelte, komplizierte ars amandi. Beim zweiten Typ der Kulturen scheint die Latenz nicht streng gefordert zu sein, ja, es besteht kaum irgendwelche soziale Forderung nach sexueller Abstinenz in irgendeiner Altersgruppe; es gibt nicht viel Liebeswerben, kaum eine Liebeslyrik, sehr wenig Idealisierung, nicht viel Zärtlichkeit; statt dessen finden wir eine direkte, umweglose, unkomplizierte genitale Sexualität. Vielleicht sind sowohl Liebesleidenschaft als auch gesteigerte Zärtlichkeit »künstliche« Produkte der Kultur, das Ergebnis systematischer Erziehung durch Versagung. Der scheinbare Widerspruch in Freuds beiden Verwendungen des Begriffs »Zärtlichkeit« ließe sich auf diese Weise versöhnen: Zärtlichkeit ist nicht eine sekundäre Zielhemmung, sondern eine gehemmte Entwicklung.

Auch die Etymologie scheint diese Idee zu unterstützen. Das deutsche Wort zart, die Wurzel des Wortes Zärtlichkeit, bedeutet

---

[5] S. Freud: Drei Abhandlungen zur Sexualtheorie. Ges. W., Bd. V.
[6] S. Freud: Über die allgemeinste Erniedrigung des Liebeslebens, a.a.O.

weich, verletzlich, jung; eine ähnliche Bedeutung hat das französische Wort *tendre*[7].

Hier scheint doch etwas nicht zu stimmen. Wie konnte die genitale, also die reife Form der Liebe in die zweifelhafte Nachbarschaft von Kränklichkeit, Schwäche, Unreife usw. gelangen? Und noch überraschender ist, daß die prägenitalen Formen der Liebe nach Aussage der psychoanalytischen Literatur nicht unbedingt mit Zärtlichkeit verbunden sind, während die genitale Liebe nur dann echt ist, wenn sie eine erhebliche Bindung mit Zärtlichkeit eingegangen ist.

Unzweifelhaft ist es eine Aufgabe der Erziehung und vor allem der Erziehung in unserer Kultur, den Menschen lieben zu lehren, d. h. ihn zu zwingen, diese Art von Bindung zu vollbringen. Was wir genitale Liebe nennen, hat mit Genitalität recht wenig zu tun; sie benutzt die genitale Sexualität nur als den wilden Stamm, auf den etwas ganz anderes aufgepfropft werden muß. Kurz, es wird von uns verlangt, Freundlichkeit, Rücksicht, Achtung zu geben und zu erwarten, und zwar selbst zu Zeiten, in welchen kein genitaler Wunsch, keine genitale Befriedigung gefühlt werden. Dies widerspricht dem Verhalten der meisten Tiere, die nur in der Brunstzeit Interesse für das andere Geschlecht bekunden. Vom Menschen hingegen wird erwartet, daß er seinem Partner ständig Interesse und Rücksicht entgegenbringt.

Eine Parallelerscheinung zu dieser dauernden Forderung nach Rücksichtnahme ist die lange Kindheit des Menschen. Wenn das Tier geschlechtsreif geworden ist, zeigt es gewöhnlich keinerlei kindliche, affektive Anhänglichkeit mehr an seine Eltern und respektiert höchstens noch deren größere Stärke. Wir dagegen fordern Dankbarkeit bis ans Lebensende, und der Mensch bleibt das Kind seiner Eltern, solange diese leben, wenn nicht sogar für immer. Er soll seinen Eltern allezeit Liebe, Rücksicht, Achtung, Ehrfurcht, Dankbarkeit erweisen und tut es gewöhnlich auch. Etwas Ähnliches wird in der Liebe gefordert: eine ständige, gleichbleibende affektive Bindung, nicht nur zu Zeiten des genitalen Begehrens, sondern weit darüber hinaus, bis ans Lebensende des Partners und sogar über den Tod hinaus.

---

[7] Alix Strachey hat »Zärtlichkeit« mit *affection, fondness, tenderness* übersetzt. Von diesen hat *affection* eine doppelte Bedeutung: Außer Zärtlichkeit bedeutet es auch Anfälligkeit, Schwäche; auch im Deutschen spricht man von einer Herzaffektion, einer Nierenaffektion. Das Wort *fond* hat sogar dreifache Bedeutung. Es ist das Partizip des mittelenglischen Verbs *fonnen*, das soviel wie »närrisch lieben«, necken oder foppen bedeutet und von dem die heutigen Worte *fun* und *funny* herstammen. Die drei Bedeutungen von *fond* sind: 1. eitel, abgeschmackt, prahlerisch (so wird König Lear als ein »sehr eitler alter Narr« beschrieben); 2. leichtgläubig; 3. zärtlich. *Tender* bedeutet weich, nicht zäh *(tender meat);* empfindsam, verletzlich, unreif, jung und erst in letzter Linie herzlich und liebevoll.

Nach dieser Auffassung ist das, was wir »genitale Liebe« nennen, ein Artefakt der Kultur, wie die Kunst oder die Religion. Sie wird uns abgefordert, ungeachtet unserer biologischen Bedürfnisse, durch den Umstand, daß die Menschheit in sozial organisierten Gruppen leben muß. Die genitale Liebe ist sogar doppelt künstlich. Erstens errichtet die dauernde Einmischung der Gesellschaft in die freie sexuelle Bedürfnisbefriedigung (und zwar nicht nur die genitale, sondern auch die prägenitale) äußere und später auch innere Widerstände gegen die Lust und verursacht dadurch die Entwicklung von Leidenschaften, die den Menschen wiederum instand setzen, diese Widerstände gelegentlich zu durchbrechen. Zweitens zwingt uns die lange, gleichbleibende Rücksichtnahme und Dankbarkeit dazu, auf die archaische, infantile Form der zärtlichen Liebe zu regredieren oder sogar aus dieser gar nicht herauszuwachsen. Man kann den Menschen daher als ein Geschöpf betrachten, das selbst in der »Reife« bei einer infantilen Form der Liebe stehengeblieben ist.

Interessanterweise hat die Anatomie ähnliche Fakten schon vorher entdeckt. Sie hat festgestellt, daß der Mensch anatomisch eher dem Affenembryo als dem erwachsenen Affen gleicht. Nach dem Urteil der Anatomen ist der Mensch biologisch retardiert, der Struktur nach ein Fötus, ja fötalisiert; trotzdem erreicht er die volle genitale Funktion.[8] Es gibt auch einige Beispiele aus dem Tierreich, daß der Embryo echte, ausgereifte bisexuelle Genitalfunktion erwirbt; man nennt ihn dann neotenisch. Die genitale Liebe ist eine genaue Parallele zu diesen Formen. Die volle genitale Funktion ist mit infantilem Verhalten gekoppelt, das heißt, der Mensch ist nicht nur anatomisch, sondern auch seelisch ein neotenischer Embryo.

Diese These kann einige Besonderheiten in der menschlichen Genitalität erklären. Bekanntlich ist die genitale Liebe sehr unstabil, besonders im Vergleich zu den ewigdauernden »prägenitalen« Formen der Liebe. Da sie eine phylogenetisch »neue« Funktion ist, ist sie noch nicht sicher verankert; der Mensch hatte sozusagen noch nicht genügend Zeit, sich dieser Form der Liebe anzupassen, so daß sie tatsächlich noch in jeder Generation neu gelernt werden muß. Dies trifft z. B. für die *orale Liebe* keineswegs zu. Es besteht daher auch keine Gefahr, daß die orale Liebe aufhört, wogegen die genitale Liebe viel weniger gesichert ist.

Eine andere Besonderheit ist die widersprüchliche Haltung der Gesellschaft zur genitalen Liebe. Einerseits werden der rücksichts-

---

[8] L. Bolk: Das Problem der Menschwerdung. Jena 1926. – A. Keith: The Evolution of the Human Races. J. Roy. Anthrop. Soc., 58 (1928), 312.

lose Frauenheld oder die »Sexbombe« bewundert und verehrt, wenn auch nicht ohne Angst und Argwohn; andererseits zollt die Gesellschaft einer lebenslangen genitalen Liebe den schuldigen Respekt und feiert Goldene und Diamantene Hochzeiter. Oft jedoch wird die ewige Treue als Vorsicht, Sentimentalität und Schwäche auch belächelt.

Eine dritte, mit der genitalen Liebe zusammenhängende Erscheinung ist eine Sonderform der Identifikation, die sich von der genauer studierten oralen Identifizierung stark unterscheidet und die man vielleicht *genitale Identifizierung* nennen sollte. Die orale Identifizierung beruht vor allem auf der Introjektion: Das Ich übernimmt gewisse Eigenschaften des Objekts, ohne auf dieses selbst viel Rücksicht zu nehmen. Ein Beispiel dieser Art der Identifikation ist der Ritus der Kommunion, der vom Gläubigen (mit Unterstützung des Priesters) zu seinem eigenen Heil vollzogen wird. Der Gläubige wünscht gottähnlich zu sein, und die Frage, ob auch Gott wünscht, von ihm inkorporiert, assimiliert zu werden, stellt sich ihm nicht, das setzt er als selbstverständlich voraus. Bei der genitalen Identifizierung ist die Situation ganz anders; gemeint ist eine Beziehung, die nicht nur auf genitaler Befriedigung, sondern auch auf »genitaler Liebe« beruht. Hier sind die Interessen, Wünsche, Gefühle, Empfindlichkeiten und Schwächen des Partners beinahe ebenso wichtig wie die eigenen – oder sollten es jedenfalls sein. In einer harmonischen Beziehung müssen alle diese miteinander konkurrierenden Tendenzen sorgfältig gegeneinander abgewogen sein – keine einfache Aufgabe. Um ein liebendes und liebenswertes genitales Objekt zu gewinnen und für immer zu besitzen, kann man nichts als selbstverständlich voraussetzen, wie es bei der oralen Liebe geschieht. Die Realitätsprüfung muß stets und ständig, ununterbrochen und unermüdlich wach bleiben. Dies könnte man *Eroberungsarbeit* (conquest work) nennen. (Umgekehrt bedeutet es für den Betreffenden zugleich ein anstrengendes Stück *Anpassungsarbeit* an sein Objekt.) In den Anfangsstadien einer Beziehung kostet diese Arbeit unerhört viel Kraft, und in gemilderter Form muß sie, solange die Beziehung fortdauert, immer weiter geleistet werden. Mit anderen Worten, die beiden Partner müssen immer trachten, sich in Harmonie zu befinden.

Bei den Tieren ist das anders. Wenn das männliche und das weibliche Tier heiß sind, wollen beide auch den sexuellen Akt, und irgendeine Eroberung ist nicht notwendig; vor allem gibt es kaum irgendwelche mit den menschlichen vergleichbaren Vorstufen der Verliebtheit. Wenn die Partner nicht heiß sind, nützt auch das gekonnteste Liebesspiel nichts. Eine dauernde Harmonie zwischen den Partnern ist gewöhnlich nicht erforderlich. Im Gegensatz dazu ist der Mensch potentiell immer »heiß«, kann immer interessiert werden; zugleich ist er potentiell auch immer imstande, einen sich ihm antragenden Partner abzulehnen, und die Bedingung dauernder Harmonie ist von überragender Bedeutung.

Von Freud ist die Bedeutung der Vorlust, d. h. der prägenitalen Befriedigung, in der Eroberungsarbeit beschrieben worden.[9] Man könnte sie auch als eine kurze Wiederholung der individuellen Sexualentwicklung vor jedem Geschlechtsakt beschreiben.[10] Diese Entwicklung ist natürlich bei jedem Paar verschieden. Eine harmonische Liebe kann sich nur einstellen, wenn diese individuellen Unterschiede nicht zu groß sind und die wechselseitige Identifizierung der beiden Partner ohne übermäßige Belastung möglich ist.

So braucht eine harmonische genitale Liebe die ständige Realitätsprüfung, damit die beiden Partner so viel wie möglich von ihrer beider Bedürfnissen und Wünschen in der Vorlust entdecken und befriedigen können. Und wir sollen dabei unserem Partner nicht nur alles geben, was wir irgend können, sondern auch noch am Geben Lust empfinden, sollen aber zugleich nicht allzusehr unter der notwendigerweise nicht ganz vollkommenen Befriedigung unserer eigenen Wünsche leiden. Das alles muß vor und nach jeder genitalen Erfüllung stattfinden, und zwar solange die Liebesbeziehung währt. Diese Eroberungsarbeit (und Anpassungsleistung) ist daher ein gemeinsamer Versuch beider Partner, einander die Wünsche und Bedürfnisse zu befriedigen, die im Gange der Erziehung in individuell verschiedener Art und Weise von den ursprünglichen primitiven Instinkten abgelenkt, d. h. verformt wurden. Es ist eine Arbeit, die eine erhebliche Belastung des seelischen Apparates darstellt und nur von einem gesunden Ich geleistet werden kann. Sie darf auch bis zum Moment des Orgasmus nicht nachlassen. Dann jedoch tritt das vertrauende Glücksgefühl ein, daß nun die ganze Welt in Ordnung ist, alle individuellen Bedürfnisse befriedigt, alle individuellen Unterschiede aufgehoben sind und bei beiden Partnern nur noch der eine Wunsch besteht, in dem das ganze Universum versinkt und sie in der »unio mystica« eins werden.

Man darf jedoch nicht außer acht lassen, daß dieses höchste Glück weitgehend eine Illusion ist und auf der Regression auf eine infantile Stufe der Realitätsprüfung beruht. Nur wegen dieser unentwickelten Realitätsprüfung ist es dem Individuum für kurze Zeit erlaubt, zu glauben, daß alle seine Bedürfnisse befriedigt seien, daß die ganze Welt, vor allem alles Gute in ihr dem glückseligen Ich gehöre. Dies ist die primitivste Stufe der Objektbeziehung,

---

[9] S. Freud: Drei Abhandlungen zur Sexualtheorie, a. a. O.
[10] M. Balint: Eros und Aphrodite, Int. J. Psa., 19 (1938), 199. In diesem Buch Kap. IV.

das, was Ferenczi[11] die passive Objektliebe nannte. Der gesunde Mensch ist elastisch genug, diese weitgehende Regression furchtlos zu erleben, im sicheren Vertrauen, daß er immer imstande ist, wieder daraus emporzutauchen.

Wir wollen die interessanten pathologischen Konsequenzen dieser Theorie hier beiseite lassen, bis auf eine. Der wichtigste Aspekt der Angst, der mit dieser Situation verknüpft ist, ist die Furcht davor, die reife Einstellung zur Welt zu verlieren oder nicht wiederfinden zu können. In solchen Fällen ist Reife vor allem eine Abwehr gegen den Wunsch, infantil zu sein, oder umgekehrt ist diese Furcht ein Zeichen, daß es diesen Menschen sehr schwer gefallen ist, reif zu werden, daß sie ihre Reife nur mit erheblicher Anstrengung erreicht haben und sich deshalb nicht gehen lassen dürfen. Diesen Menschen erscheint jegliche prägenitale Lust kindisch, abstoßend, sogar verächtlich; sie können ihre »gereifte Würde« nicht ablegen, wagen es nicht, im oder vor dem Orgasmus den Kopf zu verlieren.

Bekanntlich gibt es für das schwache Ich drei sehr verbreitete Gefahren: a) die Psychose, entweder eine transitorische, etwa in einem akuten Angstzustand, oder eine chronische wie die Paranoia oder die schizophrenen Halluzinationen; b) den Rausch, entweder einen akuten alkoholischen oder einen chronischen Zustand wie bei der Sucht; schließlich kommt hinzu noch c) die Verliebtheit. Die Dichter aller Zeiten wußten, daß diese drei Zustände eng miteinander verwandt sind, und haben von der Liebe oft als von einem Wahnsinn oder einem Rausch gesprochen. Die psychologische Basis dieser Ähnlichkeit ist die Gefahr eines Zusammenbruchs der Ich-Struktur. Nur ein starkes Ich kann dieser Drohung furchtlos begegnen und stolz darauf vertrauen, daß es unverwundet, ja belebt und erfrischt aus dieser Gefahr hervorgehen kann.

Um es zusammenzufassen: Auf den Menschen bezogen, ist »genitale Liebe« in Wirklichkeit eine falsche Bezeichnung. Genitale Liebe im wahren Sinne des Wortes findet sich nur bei den Tieren, die sich geradlinig und ohne Umweg von den infantilen Verhaltensweisen zur reifen genitalen Sexualität entwickeln und dann sterben. Der Mensch, ein neotenischer Embryo, erreicht die volle Geschlechtsreife nie; in seiner anatomischen Struktur, seinem emotionalen Verhalten gegenüber älteren und verehrten Menschen und in seinem Liebesleben bleibt er ein Embryo. Was wir »genitale Liebe« nennen, ist eine Verschmelzung sehr verschiedenartiger Elemente: nämlich der genitalen Befriedigung mit prägenitaler Zärtlichkeit. Diese Verschmelzung findet ihren Ausdruck in der

---

[11] S. Ferenczi: Versuch einer Genitaltheorie. Wien 1924.

genitalen Identifizierung, und die Belastung durch diese Verschmelzung wird belohnt durch die Möglichkeit, periodisch für einige glückliche Augenblicke auf die infantile Stufe zu regredieren, auf der noch keine Realitätsprüfung stattfindet, zur kurzfristigen Wiederherstellung einer vollkommenen Einheit des Mikro- und des Makrokosmos.

Anhang

1. Ursprünge der Homosexualität

Wenn wir Freuds Hypothese[12] über die Ursprünge der Menschheit weiter verfolgen, müssen wir folgern, daß die »genitale Liebe« – jene merkwürdige Mischung aus genitaler Befriedigung und prägenitaler Zärtlichkeit – sich zunächst in einer homosexuellen Form entwickelte. Es erscheint freilich paradox, daß die Quintessenz der reifen Sexualität beim Menschen, die genitale Liebe, in ihrer ursprünglichen Form homosexuell, d. h. pervers und nicht völlig reif gewesen sein soll. Natürlich herrschte aber in der »Urhorde« zwischen dem Urvater und seinen Frauen keine genitale Liebe, sondern nur genitale Befriedigung. Dasselbe muß für die gelegentlichen flüchtigen Sexualakte zwischen den Söhnen und den Frauen gelten. Die einzige Beziehung, in welcher sich eine »genitale Liebe« entwickelt haben kann, war das heilige Freundschaftsband, das die Söhne in homosexueller Liebe gegen den väterlichen Tyrannen verband. Sofern diese homosexuelle Liebe nur schwach war und nach der Vatertötung, durch die sich die Möglichkeit offener heterosexueller Befriedigung eröffnete, aufhörte, nahm sich jeder Sohn so viele Frauen, wie seine Macht, seine List oder Stärke es ihm erlaubten, und gründete eine neue Vaterhorde. Entwickelte sich jedoch eine echte, die Söhne für immer bindende Liebe, so behielten Achtung und Dankbarkeit füreinander die Oberhand, und es bildete sich eine »Bruderhorde«. Die Hauptzüge dieser neuen Organisation waren a) Achtung und Rücksichtnahme auf die Rechte, Wünsche und Interessen jedes männlichen Mitgliedes, b) eine periodische, komplizierte, kultische Zeremonie mit starken, kaum zielgehemmten, genital-homosexuellen Zügen, die alle Männer immer wieder zu einer Einheit zusammenfaßte, und c) eine recht einfache und direkte heterosexuelle Genitalität ohne viel Sentiment und Romantik.

[12] S. Freud: Totem und Tabu. Ges. W., Bd. IX.

Bis einmal die Anthropologen sich geäußert haben werden, ob diese Hypothese mit den beobachtbaren Daten vereinbar ist oder nicht, dürfen wir sie als eine Arbeitshypothese benutzen und die Linie verfolgen, auf der sich die »genitale Liebe« von ihrem homosexuellen Ursprung zur heterosexuellen Genitalität und zum sozialen Leben entwickelte.

2. Heterosexuelle Beziehungen

In jeder Zivilisation besteht ein unverkennbarer Zug in Richtung der Zähmung und Beschränkung der plumpen, direkten genitalen Befriedigung und der Entwicklung immer komplizierterer, »verfeinerter« Formen der Liebe. Umgekehrt bedeutet dies das zunehmende Eindringen prägenitaler und daher infantiler, »perverser« Reize und Befriedigungsformen in die reife Genitalität, die dadurch zur »Liebeskunst«, zur ars amandi verwandelt wird.

Wie schon angedeutet, ist die Einstellung jedes menschlichen Liebes-Objekts in der Regel ambivalent, zwischen Gewähren und Versagen schwankend. Es in einen »genitalen Partner« zu verwandeln, ist eine mühsame Aufgabe; ich habe sie die »Eroberungsarbeit« genannt. Sie beginnt mit der Bejahung der Tatsache, daß unser Objekt ein Mensch nach eigenen Gesetzen ist, weil auch er der Tortur der Erziehung unterworfen war, lernen mußte, Dinge zu lieben und abzulehnen, die nicht die gleichen sein müssen wie die unseren. Ferner müssen wir einsehen, daß unser Objekt nur dann in die Rolle des genitalen Partners einwilligen wird, wenn in einem gerechten Kompromiß auf den Großteil seiner (oder ihrer) individuellen Eigenheiten gebührend Rücksicht genommen wird.

So beruht eine dauernde genitale Beziehung immer auf einer Mischung von Harmonie und Spannung. Es ist ein recht unsicherer Grund, besonders wenn wir bedenken, daß die individuelle Entwicklung lebenslänglich weitergeht. Die oft hypokritische Forderung nach absoluter Monogamie stützt sich auf die Annahme, daß die Entwicklung der beiden Individuen, sobald eine harmonische genitale Beziehung zwischen ihnen hergestellt ist, von nun an parallel verlaufen werde. Unglücklicherweise ist diese Annahme, wie die allgemeine Erfahrung zeigt, nur in den seltensten Fällen berechtigt.

Eine recht häufige Lösung der durch abweichende individuelle Entwicklung verursachten Spannung ist der allmähliche Wandel der ursprünglich innigen genitalen Liebesbeziehung in eine weniger leidenschaftliche, mehr oder weniger zielgehemmte, echte und warme heterosexuelle Freundschaft. In vielen Komödien und vielen ernsthaften psychologischen Romanen wird diese Art der Lösung dargestellt und die eine oder andere Seite der zahlreichen, komplizierten Möglichkeiten hervorgehoben. Was uns hier interessiert, ist die ontogenetische Wiederkehr der phylogenetischen ursprünglichen Form liebevoller Freundschaft aus der niedergebrannten Glut der genitalen Sexualität.

3. Soziologische Konsequenzen

Die genitale Sexualität ist sehr exklusiv; man könnte sie egoistisch und asozial nennen. Außer den zwei Partnern existiert nichts und niemand, alle äußeren Ereignisse oder Reize sind nur störend, sogar unlusterregend.

Die prägenitale Sexualität hat einen viel weiteren Bereich, der vom einsamen Narzißmus zu ganze Gruppen umfassenden Befriedigungsformen reicht; man denke an die Freuden der Tafel, an Rauchen, Fußball, Boxkämpfe, Festzüge, das Theater usw. Das alles kann der einzelne ebenso genießen wie eine organisierte oder unorganisierte Gemeinschaft von Menschen. Die einzige Bedingung des Genusses in Gruppen ist die allgemeine Berücksichtigung der Interessen und Eigenheiten des Durchschnittsmitglieds, so daß jedes Glied der Gruppe sich mit einem mehr oder minder »durchschnittlichen« Anteil begnügen muß. Dieser »durchschnittliche« Anteil wird den Wünschen und der Persönlichkeit des einzelnen Mitglieds zwar nur mehr oder minder gerecht, aber es wird dennoch von ihm erwartet, daß es das, was ihm geboten wird, genießt.

Das war in der Vaterhorde gewiß nicht der Fall. Die erste Beziehung, in der sich die Vorstellung eines »durchschnittlichen Anteils« für jeden entwickeln konnte, war die homosexuelle Liebe, mit der die Bruderhorde zusammengehalten war. Von da ab kann jede soziale Entwicklung als freiwillige oder erzwungene Annahme der Forderung nach zunehmender Berücksichtigung der Interessen und Wünsche des »durchschnittlichen« Mitgliedes betrachtet werden. Meine These lautet, daß diese neue Forderung zuerst in der (homosexuellen) Beziehung zwischen Männern anerkannt und erst in zweiter Linie auch auf die Frauen ausgedehnt wurde, wodurch sich die frühen Stufen der menschlichen Evolution wiederholen.

Eine interessante Phase in diesem Prozeß ist die moderne Forderung nach absoluter Gleichheit der beiden Geschlechter (Wahlrecht, juristisch gleiche Rechte, Zugang zu höherer Bildung und den entsprechenden Berufen, gleicher Lohn usw.). Diese Forderungen widersprechen zweifellos der biologischen Tatsache, daß die beiden Geschlechter eben nicht gleich sind. Das bedeutet natürlich nicht, daß der Mann – wie vom stärkeren Geschlecht in aller Welt behauptet und im gesamten sozialen Leben gewaltsam durchgesetzt wird – der Frau in jeder Beziehung überlegen sei. Psychologisch ist die Forderung nach absoluter Gleichheit indessen das Ergebnis einer konsequenten Entwicklung. »Alle Männer müssen gleich sein«, so hieß es in der homosexuellen Phase der »Bruderhorde«; die Forderung, »die Frau muß die gleichen Rechte haben wie der Mann«, ist die Ausweitung der homosexuellen Liebe in die heterosexuelle Sphäre.

Wenn das zutrifft, dann bedeutet Kultur eine allmähliche Eroberung aller Beziehungen zwischen den Menschen durch eine sublimierte, zielgehemmte, homosexuelle Liebe und erst in zweiter Linie die Übertragung jener neuen Formen der Liebe auf die Beziehung zwischen Mann und Frau. Man hat den Eindruck – der vielleicht nur eine weitere ungerechte Verleumdung des zarten Geschlechts durch den Mann ist –, daß die Beziehungen der Frauen untereinander eine von diesem Kultivierungsvorgang noch am wenigsten berührte Sphäre sind.

VIII. Über Liebe und Haß[1] (1951)

1

Wenn man den Leser auffordern möchte, einige altvertraute Vorstellungen neu zu untersuchen, so erscheint es am ratsamsten, dies an Hand eines ganz einfachen Beispiels zu tun. Daher möchte ich mit einem in der analytischen Praxis alltäglichen Ereignis beginnen.

Eine meiner Patientinnen, eine Frau in den Vierzigerjahren, kaufte sich kürzlich ein Haus, die erste ruhige Heimstätte in ihrem sehr unbeständigen Leben. Selbstverständlich bedeutete dies ein großes Ereignis, das Haus mußte geändert, eingerichtet und so ausgebaut werden, wie sie es wünschte. Ich will hier nicht bei der offensichtlichen Bedeutung des Hauses als ein Symbol ihrer selbst und der Mutter verweilen. Auf alle Fälle war es eine große Sache. Dann hörte sie von der Absicht eines Ehepaars, sie zu besuchen und ungefähr für vierzehn Tage mit ihr im neuen Haus zu wohnen. Es handelte sich um alte vertraute Freunde, und sie freute sich sehr über ihren bevorstehenden Besuch.

Sie kamen eben zur Fertigstellung des Hauses, und es war eine große Freude für beide Teile. Die Patientin konnte nicht häufig genug betonen, wie nett es sei, gerade als die ersten Gäste im neuen Hause Menschen um sich zu haben, mit denen man wirklich vertraut sei.

Zu unserer großen Überraschung machten sich aber im Laufe weniger Tage völlig unbegreiflicherweise immer stärkere Gefühle der Reizbarkeit, Spannung und Unbehaglichkeit bemerkbar. Die Reizbarkeit steigerte sich zu einem ernsthaften Angstzustand, der immerhin, wenn auch mit Schwierigkeit, unter Kontrolle gehalten werden konnte. Mit der Zeit dachte sie ungeduldig: wenn nur um Himmels willen diese Menschen bald abreisen würden. Zu diesem Zeitpunkt konnte einige analytische Arbeit getan werden, und wir entdeckten hinter der Ungeduld und Angst einen bitteren Haß gegen ihre »Freunde«. In der Folge dieser Besprechungen ließ die Angst nach, schließlich reisten auch die Freunde ab. Aber der Haß ihnen gegenüber bestand unverändert weiter.

Nun, diese Situation war uns beiden längst schon vertraut. Wer auch immer sich ihr in Freundschaft näherte, wurde, er mochte

---

[1] Vortrag, gehalten anläßlich des 17. Psychoanalytischen Kongresses, Amsterdam 1951.

wollen oder nicht, mit »Engelsflügeln« ausgestattet, was (subjektiv) die selige Erwartung bedeutete, nun werde sie einmal *wirklich* geliebt, und nun werde auch sie fähig sein, *zu lieben und sich dabei geborgen zu fühlen.*

Durch dieses Ereignis nun entdeckten wir einmal mehr, daß es unmöglich sei, ihren Erwartungen zu genügen, daß jedermann ihnen gegenüber versagen müsse, da jeder auch noch sein eigenes Leben, seine persönlichen Bedürfnisse und Interessen habe, die notwendigerweise unabhängig und daher auch immer verschieden von den ihren seien. Ihr ganzes bisheriges Leben war eine ununterbrochene Wiederholung dieser selben Situation gewesen. Sie hungerte beständig nach Liebe und Zuneigung; mehrmals hatte sie sich auf leiseste Zeichen von Aufmerksamkeit hin weggeworfen. Der betreffende Partner bekam seine »Engelsflügel«, und sie lebte wieder für eine kurze Zeit in seliger Erwartung. Dann aber wurden ihr, da der andere Mensch nicht identisch mit ihr war, unweigerlich gewisse Verzichte auferlegt, die sie als Herzlosigkeit und grausame Vernachlässigung empfand. Das Resultat war dann jeweils eine schmerzhafte Enttäuschung. Diese wandelte sich bald in Haß, der Partner wurde als schlecht, herzlos, verdorben, grausam usw. entlassen. Sehr oft, wie im obenerwähnten Fall, mußte der Haß zurückgedrängt werden, und an seiner Stelle erhob sich heftige Angst.

Überlegen wir uns, was hier eigentlich geschah:

Ohne Zweifel folgten sich stets: Liebe, Haß und Angst. Die Rückwandlung der Angst in Haß kann mit unserer psychoanalytischen Technik ziemlich leicht erreicht werden, wohingegen der nächste Schritt, die Verwandlung des Hasses in Liebe, sich als sehr viel schwieriger erweist. Hier zeigt sich eine Reihe von Problemen. Zuerst fragt es sich, ob die hier beschriebene Liebe überhaupt Liebe genannt werden darf, oder ob es sich dabei nicht um etwas ganz anderes handelt. Kann man wirklich sagen, meine Patientin habe ihre Freunde vor ihrem unglücklichen Besuch »geliebt«? Zuerst scheint es, als wäre dies eine unwichtige, einfältige und irgendwie bloß akademische Frage, aber ich hoffe zeigen zu können, daß uns jede Art ihrer Beantwortung unvermeidlich zu sehr ernsthaften theoretischen Konsequenzen führt.

Ich selbst bin der Ansicht, daß meine Patientin ihre Freunde wirklich liebte, aber sie tat dies in einer merkwürdigen, äußerst primitiven Weise. Andere psychoanalytische Forscher haben andere Ansichten über diese primitive Beziehung. Ich schlage vor, zuerst ihre Gedankengänge kurz zu resümieren, bevor ich meine eigenen darlege.

Vorher möchte ich aber noch einen sehr wichtigen Punkt betonen, nämlich, daß diese Art Liebe merklich verschieden ist von dem, was wir reife Liebe nennen. Andererseits können der Haß und die Angst, die meine Patientin erlebt, weder reif noch infantil noch primitiv genannt werden. Diese Unterscheidung dünkt mich fundamental, daß es nämlich zwar eine primitive und eine reife Form der Liebe gibt, daß aber die Angst (und bis zu einem gewissen Grade auch der Haß) nur in einer primitiven Form existiert.

Die zahlreichen Versuche, die unterschiedliche Natur der primitiven und der reifen Liebe zu erklären, werden meist als sich ausschließende Gegensätze behandelt. Es wäre mir lieber, die einzelnen Erklärungen als Beiträge zu betrachten, die sich gegenseitig ergänzen und so jeweils einen neuen Aspekt dieses komplizierten Tatbestandes beleuchten; mit anderen Worten, ich möchte die verschiedenen Ansichten als überdeterminierende Faktoren betrachten.

Eine Ansicht betont vor allem, daß *das schwache Ich* nur in der infantilen Form lieben könne. Diese Schwäche macht es dem Individuum unmöglich, irgendwelche ernsteren Versagungen zu ertragen, es muß sämtliche Abwehrmechanismen dagegen mobilisieren, insbesondere Angst. Aber, sofern wir diese Ansicht bejahen, ist in diesem Falle der Haß auch ein Abwehrmechanismus?

Eng verbunden mit der Annahme einer Ich-Schwäche ist die andere, die die *unentwickelte und falsche Realitätsprüfung* in den Mittelpunkt stellt, die das Fortbestehen infantiler Wünsche und Erwartungen weit über das Erfüllbare hinaus erlaubt.

Gestützt auf die Theorie vom Todestrieb, legt ein dritter Versuch besonderes Gewicht auf *starke angeborene sadistische Tendenzen*, die entweder eine Vereinigung mit libidinösen Strebungen unmöglich machen, oder, sollte eine solche sich entwickeln, so sei diese unbeständig und leicht durch irgendwelche Versagung zu zerstören. Solche Menschen könnten dann lediglich ambivalente Beziehungen zu ihren Objekten haben, ihre Liebe würde durch ihre zerstörerischen Tendenzen und ihren Sadismus leicht erstickt.

Eine andere Ansicht, die sich ebenfalls auf die Idee von starken sadistischen Neigungen stützt, beantwortet unsere Frage, indem sie die Wichtigkeit von *inneren Spaltungsprozessen* sowohl sich selbst als auch den Objekten gegenüber betont. Die Liebesobjekte dieser Menschen werden wie zweigeteilt. Sie erscheinen bald äußerst gut, bald ganz besonders schlecht, im letzteren Fall erscheinen sie als indifferent, herzlos, hassend und grausam, mit einem Wort als Verfolger, die, an Stelle von Liebe, nur Gefühle von Haß und Angst hervorrufen.

Noch eine andere Theorie versucht den Unterschied zwischen reifer und primitiver Liebe mit starken *narzißtischen Tendenzen* zu erklären, seien diese nun angeboren, oder erworben und somit Narben früherer Versagungen. Diese narzißtischen Strebungen würden die Aufrechterhaltung einer länger dauernden Liebesbeziehung unmöglich machen.

Eng verbunden mit diesen Gedankengängen sind jene, welche die Ursache der Liebesunfähigkeit in *depressiven Ängsten* suchen, d. h. sie zurückführen auf eine verminderte Fähigkeit, in »normaler« Weise unabwendbare Rückschläge zu ertragen. Ein so gearteter Mensch ist unfähig, selbst die geringste Entbehrung auf sich zu nehmen, wie sie die realen Lebensumstände unvermeidlich mit sich bringen. Er wird im Gegenteil zu Haß und Angst seine Zuflucht nehmen müssen, während ein normales Individuum zwar in angemessener Weise sich grämen wird, die Belastung aber dennoch erträgt.

Die vorletzte Theorie, die ich hier anführen möchte, beruft sich auf die Annahme starker oraler Strebungen, im besonderen von *oraler Gier*. Diese Ansicht findet gegenwärtig das größte Echo. Jeder Wunsch und jedes Begehren, das sich als schwer erfüllbar erweist, soll auf dieser oralen Gier beruhen. Jedes derart sehnlichst erwünschte Objekt symbolisiert die Muttermilch, und jeder Mensch, der im Brennpunkt solchen Wünschens steht, verkörpert die gütige oder abweisende Mutter (oder Mutterbrust).

Es wurde immer wieder betont, daß mit dem Begriff oral nur eine der verschiedenen Seiten urtümlicher Objektbeziehung beleuchtet wird, wenn auch zugegebenermaßen eine hervorragend wichtige. Andere, ebenfalls wesentliche Aspekte sind Wärme, körperlicher Kontakt, vertraute Gerüche und Berührungen, mit einem Wort: angemessene Fürsorge und Pflege. Wir alle wissen, daß physiologisch zwar einwandfreie Nahrung, die aber ohne zugewendete Betreuung und vor allem ohne jeglichen körperlichen Kontakt dem Kinde verabreicht wird, keinen günstigen Einfluß hat, während Kinder, die an sich unüberlegter ernährt werden, aber eine verständnisvollere, ihnen liebend zugewendete Pflege genießen, sich gut entwickeln. Daher würde ich gegen eine nicht wörtliche, sondern im übertragenen Sinne als *pars pro toto* verstandene Bedeutung von »oral« nichts einzuwenden haben. Leider wird der Ausdruck oral nicht so verstanden.

Denselben Einwand habe ich gegen das Wort Gier zu erheben. Dieser Ausdruck beschreibt nicht eine tatsächliche Situation, er gibt nur einen subjektiven Eindruck, und zwar in einer der Welt der Erwachsenen angemessenen, »adultomorphen« Bedeutung. Für uns Erwachsene erscheint ein Kind (oder meine Patientin) gierig, da es, wenn man es enttäuscht oder warten läßt, außerordentlich laute, höchst dramatische und stürmische Symptome zeigt, während, sobald es befriedigt ist, der Außenstehende kaum mehr etwas wahrnehmen kann. Denn die Gewährung erzeugt nichts als ein ruhiges Wohlbefinden.

Es scheint uns, als lege diese Theorie nur dem, was lärmt, Gewicht bei, und als sei ihr die Stille unwesentlich (es ist sogar möglich, daß unauffällige Zeichen von dieser Theorie übersehen werden, jedenfalls werden sie kaum erwähnt). Auf diese Weise aber entsteht das völlig verzeichnete Bild des gierigen Kindes.

Meiner Ansicht nach ist bei dieser besonderen Form von Liebe eine angemessene und rechtzeitige Erfüllung *aller* Bedürfnisse von ganz entscheidender Bedeutung, wegen der sozusagen *absoluten Abhängigkeit* des Kindes (oder der Patientin) vom Objekt. Anders ausgedrückt: das Kind ist nicht ungewöhnlich gierig, sondern Objekt und Befriedigung sind für es von äußerster Wichtigkeit. Dieses Übergewicht von Objekt und Erfüllung erlaubt es nicht, ihnen gegenüber »großzügig« zu sein. *Das Objekt ist in Tat und Wahrheit nur ein Objekt* und muß als solches behandelt werden, das heißt, daß weder seinen Interessen und Empfindlichkeiten noch seinem Wohlergehen irgendwelche Beachtung geschenkt, noch auf sie Rücksicht genommen wird. Man muß mit ihm rechnen können und tut dies tatsächlich auch.

Ein sprechendes Beispiel für diese Art von Objektbeziehung finden wir in der Einstellung der Erwachsenen in bezug auf die Versorgung mit Luft. Ich nehme nicht an, daß irgendwer das Atmen als Ausdruck einer oralen Gier auffaßt, obwohl wir kaum jemals ein Zeichen von Befriedigung sehen können, solange der nötige Sauerstoffbedarf gedeckt ist. Dagegen kommt es augenblicklich zu äußerst heftigen und dramatischen Symptomen, sobald ein Lufthunger entsteht und Erstickung droht. Ferner wird ausreichende Versorgung mit Luft von uns allen als selbstverständlich angesehen, und es fällt keinem von uns ein, sich Gedanken darüber zu machen, ob die Luft es liebt oder nicht, von uns ein- und ausgeatmet zu werden. Unsere Haltung ist einfach die: Wir brauchen die Luft, und darum muß sie stets da sein.

Ein weiterer Zug dieser besonderen Liebes- oder Zwei-Personenbeziehung ist die »Allmacht«. Dieser Begriff war sehr in Mode bis zu jener Zeit, als die Ich-Psychologie aufkam (um 1925), dann wurde er aus unseren Erwägungen irgendwie verdrängt. Jüngst zog man ihn wieder zur Beschreibung gewisser Aspekte der eben erwähnten urtümlichen Ich-Du-Beziehung (Zwei-Personen-Beziehung) heran. Ich fürchte, es handelt sich auch hier wieder um einen Begriff, dessen Bedeutung ganz in der Welt der Erwachsenen wurzelt. Denn tatsächlich bezeichnet »Allmacht« nie ein wirkliches Machtgefühl, ganz im Gegenteil, es stellt einen verzweifelten und recht fragwürdigen Versuch dar, ein Gefühl der Hilflosigkeit und Ohnmacht zu überwinden. Einen solchen Versuch nennen wir aber erst dann »Allmacht«, wenn folgende Bedingungen erfüllt sind:

a) gewisse Objekte und Befriedigungen können als fraglos gegeben hingenommen werden;

b) dem Objekt braucht weder Aufmerksamkeit noch Rücksicht geschenkt zu werden, das Objekt kann als bloßes Objekt, als Ding behandelt werden;

c) es besteht ein Gefühl vollständiger Abhängigkeit, das Objekt und die Befriedigung durch dieses sind überaus wichtig.

Diese Ergebnisse überraschen. Wir fanden den gleichen dynamischen Aufbau bei der »oralen Gier«. Außerdem erscheint folgender Umstand sehr wichtig: daß nähmlich »orale Gier« und »Allmacht« praktisch immer miteinander verbunden sind, daß also, finden wir das eine in irgendeiner Ich-Du-Beziehung, das andere kaum je vermißt wird. Diese ihre äußerst nahe Beziehung und ihr sozusagen identischer dynamischer Aufbau deuten überzeugend auf einen gemeinsamen Ursprung beider hin.

2

Sämtliche »prägenitalen« oder »primitiven« Objektbeziehungen enthalten, in verschiedenem Ausmaß allerdings, die folgenden drei Bestandteile: ohnmächtige Abhängigkeit, Verleugnung dieser Abhängigkeit durch »Allmacht« und Annahme des Objekts als etwas fraglos Gegebenes, das als bloßes Objekt, als Ding behandelt werden kann. Oder, ausgedrückt in Begriffen einer Ich-Du-Psychologie: die urtümliche Objektbeziehung ist eine Beziehung, in welcher nur *ein* Partner Forderungen stellen darf, der andere wird als Objekt behandelt, wenn auch als Trieb- oder Liebesobjekt. Ein ausdrücklicher Beweis dieser Auffassung liegt in der praktisch ungeschlechtlichen (das heißt den Geschlechtsunterschied nicht beachtenden) Natur all dieser »prägenitalen« Beziehungen; z.B. spielt es bei der Mutter-Kind-Beziehung, die allen unseren Theorien zugrunde liegt, keine Rolle, ob das Kind ein Knabe oder ein Mädchen ist. Jedermann, ob Vater, Mutter, Bruder, Schwester oder Dienstmädchen usw. kann gleichermaßen durch einen Knaben wie durch ein Mädchen eingeschüchtert werden, und dasselbe bewahrheitet sich auch in bezug auf Kotgeschenke *(coprophilic gratifications)*. Allen diesen prägenitalen oder urtümlichen Objektbeziehungen liegt eine falsche Realitätsprüfung zugrunde, entweder ist sie nur noch unentwickelt (beim Kind) oder verkümmert (bei Erwachsenen wie meiner Patientin). Deshalb ist diese »allmächtige« oder »gierige« Liebe unbeständig, dazu verdammt, Versagungen zu erleiden und sich in Haß zu kehren. Um zu einer reiferen Beziehung zu gelangen, brauchen wir eine weit zuverlässigere Realitätsprüfung. Wir haben einzusehen, daß unsere Bedürfnisse viel zu wechselnd, zu vielfältig und zu spezialisiert wurden, als daß wir noch länger ihre automatische Befriedigung erwarten dürften. Wir haben das Niederdrückende dieser Einsicht zu ertragen und wir müssen der Tatsache ins Auge sehen, daß wir unserem Objekt etwas bieten müssen, und zwar etwas, was es von uns erwartet, um es auf diese Weise zu einem *Partner* zu machen. Das Objekt kann nicht mehr länger als selbstverständlich hingenommen werden, wir müssen es so weit bringen, daß es selbst Freude daran empfindet, uns zu befriedigen, das heißt, es muß ihre oder seine Befriedigung gleichzeitig mit seiner eigenen erleben, in *demselben gegenseitigen Erlebnis*. Um diese Gegenseitigkeit zu begründen, um ein widerstrebendes und teilnahmsloses Objekt zu seinem Partner zu machen, muß man fähig sein, sowohl beträchtliche Spannungen zu ertragen als auch eine gleichmäßige und zuverlässige Realitätsprüfung dauernd aufrechtzuerhalten.

Dies nannte ich die *Eroberungsarbeit*[2] *(the work of conquest)*. Im Gegensatz zur prägenitalen ist diese genitale oder reife Beziehung immer geschlechtlich (meist heterosexuell, sie kann aber auch homosexuell sein). Die prägenitale Objektbeziehung dagegen ist meist ungeschlechtlich (sie beachtet den Geschlechtsunterschied nicht). Eng verbunden mit dieser Wandlung von einer Vorsexualität zur Sexualität ist eine andere Entwicklung, die wir bereits besprachen, jene nämlich, die das Objekt nicht mehr als bloßes Objekt nimmt, sondern es als gleichrangigen Partner behandelt, als ein sexuelles Menschenwesen *(a sexual human being)*.

Ist die Eroberungsarbeit erfolgreich und die darauf folgende Erhaltungsarbeit entsprechend, so können sich Liebe und Harmonie auf der Basis der Gegenseitigkeit entwickeln.

3

Wo ist in dieser Entwicklung der Ort des Hasses? Ist der Haß ebenso normal und naturgegeben wie die Liebe? Oder bedeutet er etwas anderes?

[2] M. Balint: On Genital Love. Int. J. Psa., 29 (1948), 37. In diesem Buch Kap. VII.

Jene Theorie, die auf der Voraussetzung der archaischen Lebens- und Todestriebe beruht, würde Haß und Liebe die gleiche Stellung einräumen. Überdies scheint unsere klinische Erfahrung diese Ansicht bis zu einem gewissen Grade zu bestätigen. Ein wirklich gesunder Mensch muß beides können, lieben und hassen. Wenn seine Fähigkeit zu lieben oder zu hassen geschwächt ist, wird die Gesundheit fraglich. Eine weitere Übereinstimmung zwischen beiden besteht außerdem darin, daß ganz primitiver Haß sich unbeeinflußt von der Realitätsprüfung äußert. Darin gleicht er der prägenitalen Liebe. Im Gegensatz dazu bedenkt reifer Haß aufs genaueste, womit er das Objekt am empfindlichsten treffen könne. Ein Kind würde dem Tischbein, an dem es sich verletzte, den Stoß zurückgeben, ohne zu überlegen und zu prüfen, ob dies dem Tischbein auch wirklich Schmerz bereitet. Die Art des reifen Hasses wird vielleicht am besten durch eine Anekdote aus der Zeit des Nazi-Regimes illustriert: Eine Gruppe von Juden, Emigranten aus Deutschland, sitzen in einem Café und beraten zusammen die Strafen, die Hitler nach der Erringung des Sieges erleiden solle. Alle Arten grausamer Vergeltung werden vorgeschlagen, bis einer die Diskussion mit den Worten unterbricht: »Wir werden hier in diesem Café sitzen und du, Schwarz, wirst zu mir sagen: ›Schau, dort am Tisch nebenan sitzt Adolf Hitler.‹ Und ich werde darauf antworten: ›Wenn schon.‹«

In einer ersten Annäherung fanden wir eine gewisse Übereinstimmung von Liebe und Haß. Wir müssen uns aber fragen, wie weit diese Parallele nun wirklich reicht. Meiner Meinung nach zeigen sich bei näherer Untersuchung wichtige Unterschiede. Die Liebe eines gesunden Menschen sollte ziemlich unveränderlich, gleichmäßig, unwandelbar, beinahe unerschütterlich sein. Unbedeutende oder selbst schwere Versagungen sollten daran kaum etwas oder überhaupt nichts ändern können. Wirkliche Liebe ist verständnisvoll, vergebend und geduldig. Im Gegensatz dazu ist Haß des reifen Menschen nur etwas Potentielles oder Zufälliges; besteht dazu wirklich ein ernsthafter Anlaß, so mag eine starke, selbst heftige Erregung entstehen und sogar aufrechterhalten werden, aber sie mag mehr einem akuten Zornausbruch gleichen. Im Gegensatz zur Liebe soll der Haß leicht und schnell verschwinden, sobald die Situation sich zum Besseren wendet. Irgendwie scheinen sich also Haß und Gesundheit nur für kurze Zeit miteinander zu vertragen, während Liebe und Gesundheit über lange Zeit unzertrennliche Kameraden sein können.

Wie sollen wir diesen wichtigen Unterschied erklären? Ich möchte eine Erklärung zur Diskussion stellen, die ich weder für das tiefste noch für das letzte Wort halte, aber ich glaube doch, daß sie vielleicht eine Reihe der oben erwähnten Eigenschaften des Hasses erhellen kann. Meiner Meinung nach *ist der Haß der letzte Überrest und zugleich die Verleugnung und Abwehr der urtümlichen Objektliebe (das heißt der abhängigen Ur-Liebe).*

Dies bedeutet, daß wir solche Menschen hassen, die für uns zwar außerordentlich wichtig sind, die uns aber *nicht* lieben und sich weigern, unsere Partner zu werden, obwohl wir unsere besten Kräfte darauf konzentrierten, ihre Zuneigung zu gewinnen. Dies rührt alle bitteren Schmerzen, Leiden, Ängste der Vergangenheit in uns wieder auf, und wir verteidigen uns selbst gegen ihre Rückkehr durch eine *Schranke von Haß,* indem wir unser Bedürfnis nach jenen Menschen und unsere Abhängigkeit von ihnen verleugnen. In gewisser Hinsicht überzeugen wir uns immer wieder selbst, daß jene Menschen wohl wichtig, aber schlecht seien, daß wir nicht mehr von der Liebe *aller* Beziehungspersonen abhängen und ohne die Liebe der schlechten unter ihnen auskommen können.

Diese Theorie würde die Leichtigkeit erklären, mit der sich Liebe in Haß kehren kann, und die große Schwierigkeit, diesen Prozeß wieder rückgängig zu machen. Die Umwandlung von Liebe in Haß geht subjektiv, intrapsychisch vor sich. Das Objekt selbst braucht dabei nicht einzugreifen, es kann sogar dieses Geschehen vollständig übersehen. Im Gegensatz dazu kann sich Haß nur dann in Liebe verwandeln, wenn, abgesehen vom intrapsychischen Vorgang, das Objekt zum liebenden Partner wird; mit anderen Worten, es ist auch eine wesentliche Veränderung der äußeren Realität vonnöten.

Diese Theorie ermöglicht es uns zu verstehen, weshalb der Haß, vor allem der anhaltende, uns ein irgendwie unreifes Ich vermuten läßt. Tatsächlich blieb ein beharrlicher Haß durch psychoanalytische Behandlung nie unberührt, und immer zeigte er sich analytischem Bemühen als die Folge einer Liebesversagung.

Andererseits erscheint nur gelegentlicher, nicht hartnäckiger Haß im Lichte meiner Auffassung als eine im großen ganzen nützliche Einrichtung. Ist er doch ein nicht allzu kostspieliger Wächter unserer Reife, der uns davor behütet, zurückzugleiten in die urtümliche Objektwelt, in eine infantile Abhängigkeit von der liebenden Zuwendung unserer Umgebung.

Je reifer ein Individuum ist, um so weniger braucht es Schranken gegen eine Regression zu primitiven Formen der Objektliebe aufzutürmen, und um so geringer ist sein Bedürfnis nach Haß. Aber nicht alle von uns sind fähig, diesen hohen Anforderungen zu genügen, daher brauchen die meisten von uns noch eine gewisse Möglichkeit, mit Haß zu reagieren. Vielleicht ist jene ideale Reife im bekannten Schluß vieler Märchen gemeint: »Und so lebten sie glücklich zusammen bis ans Ende ihrer Tage.« Vielleicht sind Menschen, die diesen Grad der Reife erreicht haben, dazu fähig, ihre sämtlichen Liebesprobleme zu lösen, ohne in irgendeiner Weise zum Haß ihre Zuflucht nehmen zu müssen.

Falls wir diese Ansichten annehmen, sind Liebe und Haß nicht gleichwertig. Liebe ist der allgemeinere Begriff; mehr Menschen und Dinge können geliebt als gehaßt werden, da Haß als zusätzliche Bedingung noch eine Verleugnung der Abhängigkeit verlangt. Zum Beispiel ist es einfach, einen Elefanten oder eine Giraffe im Zoo für liebe Tierchen zu halten, aber es dürfte recht schwierig sein, sie zu hassen.

Liebe kennt keine Schranken, alles und jedes kann geliebt werden, was jemals unsere Bedürfnisse befriedigt hat oder von dem wir in Zukunft irgendeine Befriedigung erwarten können. Um aber hassen zu können, müssen wir von den betreffenden Menschen und Dingen erst abhängig sein. Haß ist ein Maßstab der Ungleichheit zwischen Objekt und Subjekt; je geringer diese und je reifer das Subjekt ist, um so weniger bedarf es des Hasses.

4

Nun ist es an der Zeit, einzuhalten und unsere bisherigen Gedankengänge zu überblicken. Es erhoben sich ernsthafte Zweifel, ob Liebe und Haß einander gleichgestellt werden dürfen. Die Liebe, oder wenigstens eine sehr urtümliche Form derselben, erscheint jetzt im Lichte unserer Überlegungen als eine viel allgemeinere und vor allem als ursprünglichere Form der Objektbeziehung; andererseits scheint der Haß weniger allgemein und sekundär zu sein, die Anzahl seiner möglichen Objekte ist wesentlich geringer, sein dynamischer Aufbau viel komplizierter, und vor allem kann er von einem gesunden Ich nicht so gut ertragen werden wie die Liebe.

Wir befinden uns hier in der Tat auf gefährlichem Boden, sind wir doch jetzt auch verpflichtet, das verdrießliche Problem des Lebens- und des Todestriebs zu untersuchen. Wenn sich Haß im Vergleich zur Liebe als sekundär erweist, dann verlangt die Stellung des Todestriebs ebenfalls eine sorgfältige Überprüfung sowie die theoretisch durch ihn vorausgesetzte primäre Aggressivität, der primäre Sadismus, der primäre Narzißmus und vielleicht noch manches andere mehr. Sicher müßten in diesem Falle unsere Meinungen über den Masochismus auch überprüft werden. Das ist tatsächlich eine riesige Aufgabe, und so wäre es weiser, sie zu umgehen.

Man könnte z. B. voraussetzen, daß die primäre, archaische Objektbeziehung so urtümlich ist, daß sie weder Liebe, Haß, Narzißmus noch sonstwie genannt werden kann. Alles dies wäre als Ansatz und ununterschieden in ihr enthalten und würde erst im Laufe der späteren Entwicklung unterscheidbar. Dies wäre gewiß ein bestechender Gedanke. Bestünden wir darauf, so würde uns dies erlauben, unsere endlosen Diskussionen über die wahre Natur der kindlichen Psyche fortzusetzen.

Aber wir müssen uns doch fragen, was wir durch diesen Ansatz gewinnen würden, und welchen Preis wir dafür bezahlen müßten. Jeder Theoretiker wird mit mir einiggehen, daß Vorstellungen mit nur negativem Inhalt sehr beruhigend und bequem sind. Man kann ununterbrochen und ohne viel zu wagen darüber sprechen, da es beinahe unmöglich ist, einen beim Wort zu nehmen. Wenn ein Gegner mit irgendwelchen positiven Einwänden kommt, kann man sich leicht dadurch herausreden, daß man ihm beweist, daß sich nichts Positives auf den ursprünglichen Begriff beziehen könne. Sofern die urtümliche Objektbeziehung weder Liebe noch Haß, noch Narzißmus ist, sondern im Gegenteil dies alles in nuce enthält, kann alles auf der Welt sowie auch sein Gegenteil als in dieser urtümlichen Objektbeziehung enthalten postuliert sein.

Eine weitere Schwierigkeit erhebt sich in bezug auf unsere zwei grundlegenden klinischen Erfahrungstatsachen: Regression und Fixierung. Ein dynamischer Faktor jeder psychischen Krankheit, sei es Neurose oder Psychose, ist doch die Errichtung einer primitiveren an Stelle der reifen Art von Befriedigung und Objektbeziehung. Dies wird erreicht entweder, indem die Entwicklung stillsteht, d.h. durch Fixierung, oder indem man von der erreichten Entwicklungsstufe zurückfällt, also durch Regression. Ich bin überzeugt, daß es keinem Analytiker schwerfallen wird, aus seiner eigenen Praxis Beispiele für die in der vorliegenden und in anderen meiner Arbeiten beschriebene Form urtümlicher Liebe zu finden.

Aber ich glaube nicht, daß jemand imstande ist, Beispiele für jene theoretische urtümliche Objektrelation zu bringen, die nur negative Qualitäten enthält, für eine Beziehung also, die weder Liebe noch Haß, noch Narzißmus ist; darum nämlich, weil sie nicht besteht. Ich muß zwar zugeben, daß man entgegenhalten kann, daß *noch keine* bis jetzt beobachtete Regression so tief war, daß sie diesem theoretisch angenommenen Zustand entsprochen hätte. Ich denke, daß ich in meiner Arbeit über ›Early Developmental States of the Ego‹[3] genügend auf die Täuschungsmöglichkeiten hingewiesen habe, die die Worte »noch nicht« in sich bergen.

Und außerdem, wie müßten wir uns die Triebmechanismen vorstellen, die zu jenen Vorgängen den Anstoß geben, welche die urtümliche Form der Beziehung in eine reife verwandeln und die diese Prozesse dann auch aufrechterhalten? Sind sie in der menschlichen Natur enthalten, d. h. zum mindesten potentiell angeboren, oder sind sie hauptsächlich äußerlich, d. h. durch die Umwelt bedingt? Von diesem Gesichtswinkel aus betrachtet, müssen wir zugeben, daß unsere Arbeit als Analytiker vor allem darin besteht, zielgerichtete und sorgfältig gehandhabte äußere Einflüsse zur Erleichterung und zur Unterstützung derartiger Entwicklungen zu schaffen. Ich denke, wir gehen auch darin einig, daß ein bereits beträchtlich regredierter Mensch wenig Chancen hat, sich aus eigener Kraft wieder aus der Regression herauszuarbeiten, daß hingegen seine Aussichten bei »geeigneter« analytischer Hilfe wesentlich besser werden. In diesem Fall bedeutet »geeignete« analytische Hilfe sehr günstige äußere Bedingungen, um eine urtümliche in eine reife Objektbeziehung umzuwandeln.

Wir werden wohl auch noch darin übereinstimmen, daß »geeignete« analytische Hilfe, vom Analytiker aus gesehen, bedeutet: so wenig Ambivalenz wie möglich, also sehr wenig Haß, eine sehr gewissenhafte und nie erlahmende Kontrolle über des Analytikers Triebbefriedigungen in der analytischen Situation, eine ständige Bereitschaft, richtig auf jedes Bedürfnis oder Verlangen des Patienten zu reagieren, eine ständige Überwachung jeder möglichen Über- oder Unterbelastung des Patienten durch die Behandlung; Belastungen, die besonders in Hemmungen und Angst zum Ausdruck kommen und durch verständnisvolle Deutung sofort aufgelöst werden müssen.

Dies sind nur einige hervorragende Züge der schwierigen Aufgabe des Analytikers, aber ich nehme an, es wird genügen, um zu beweisen, daß der Analytiker in mancher Hinsicht die Rolle des Objekts der urtümlichen Liebe zu spielen hat, wie sie in dieser Arbeit beschrieben wurde. Die Rolle also eines Objekts, das als selbstverständlich hingenommen wird, auf dessen Interessen, Gefühle und Empfindsamkeiten keine Rücksicht genommen wird, das bei Bedarf immer zur Stelle ist, das also tatsächlich wie ein bloßes Objekt, wie ein Ding gebraucht und behandelt werden kann.

[3] M. Balint: Early Developmental States of the Ego. Int. J. Psa., 30 (1949), 265–273. Das deutsche Original ›Frühe Entwicklungsstadien des Ichs‹ erschien in Imago, 23 (1937), 270. In diesem Buch Kap. V.

Die Annahme also einer urtümlichen Verfassung, die, obwohl objektbezogen, weder als Liebe noch als Haß, noch als Narzißmus beschrieben werden kann, ist nur insofern fruchtbar, als sie uns erlaubt, uns damit in keiner Weise festzulegen. Ich sehe nicht ein, wie sie zu etwas anderem taugen sollte. Selbst die tiefst fixierten oder regredierten Patienten zeigen nie solche theoretisch angenommenen Zustände. Dagegen passen diese genau ins Bild der primären Objektliebe. Ein ebenso gewichtiger Einwand besteht darin, daß der andere Partner dieser urtümlichen Ich-Du-Beziehung, der Analytiker nämlich, mit dem Objekt der primären Objektliebe übereinstimmt. Und zwar betrifft dies sowohl sein (des Analytikers) wirkliches Benehmen als auch die Rollen, die er in den Phantasien des Patienten zu spielen hat.

5

Dies führt uns zum letzten Punkt, zur Bedeutung meiner Ansichten für unsere Technik. Ich halte dies für eine derart wichtige Frage, daß ich im Sinne habe, sie in einer besonderen Arbeit zu untersuchen. Hier möchte ich nur betonen, daß das, was wir analytische Situation nennen, sich eigentlich genau mit dem deckt, dem ich den Namen »urtümliche Objektliebe« gab. Der Analytiker wird als selbstverständlich hingenommen und als Objekt, als Ding behandelt. Andererseits zeigt der Patient alle jene Eigenschaften, die ich zu Beginn meiner Arbeit beschrieben habe. Nämlich: beträchtliche Ich-Schwäche, falsche Realitätsprüfung, starke sadistische Neigungen, Spaltungsprozesse, sowohl in seinem Inneren als auch in bezug auf seine Objekte, was ein paranoides Weltbild erzeugt, starke narzißtische Züge, ausgeprägte Furcht vor Enttäuschungen und Depressionen und vor allem »orale Gier« und ohnmächtige Allmacht. Ich möchte dieser Beschreibung noch beifügen, daß alle diese Affekte, Gefühle und Empfindungen sich zwar nur durch den Anstoß der analytischen Situation entwickeln, daß sie aber von Alter, Geschlecht und Persönlichkeit des Analytikers sowie, und zwar in erstaunlich großem Ausmaß, sogar von seiner individuellen Technik praktisch unabhängig sind. Lange Zeit hindurch besteht das therapeutische Vorgehen nur im Studium und in der Analyse dieser oder jener Seite, dieses oder jenes Anteils der vielfältigen und schwankenden Objektbeziehung, die wir, sit venia verbo, Übertragung nennen. Früher oder später be-

ginnen sich die Gefühle, Assoziationen und das Verhalten des Patienten zu ändern, was wir, im Gegensatz zur prägenitalen Übertragung, genitale Übertragung nennen. (Dies sind abgekürzte Ausdrücke für die richtigeren: »Übertragung von Empfindungen, Gefühlen und Verhaltensweisen usw., die die genitale oder die prägenitale Objektbeziehung charakterisieren«.)

Bei genauerer Untersuchung erscheinen alle diese Veränderungen nur in eine Richtung zu weisen, dahin nämlich, den Analytiker als »wirkliche« Person anzunehmen. Dies bedeutet, daß sich der Patient bemüht, die Wünsche, Anliegen, Interessen, Bedürfnisse und Empfindlichkeiten seines Analytikers herauszufinden, und daß er dann besorgt ist, sein Verhalten, seine Einfälle, sogar seine Sprache und seine Ausdrucksweise dem Bilde anzupassen, das er sich von seinem Analytiker machte, um diesem zu gefallen. Ich möchte auf die genaue Übereinstimmung hinweisen zwischen dieser »genitalen Übertragung« und dem, was ich »Eroberungsarbeit« nannte. Der Zweck beider besteht darin, sich das widerspenstige Objekt (in diesem Falle den Analytiker) zum Partner zu machen.

Die letzte Stufe auf diesem Weg zur Gesundung ist eine *Übertragung* auf reale Objekte. Der Patient realisiert, versteht und akzeptiert nach und nach die Unvollkommenheiten des Analytikers. Zugleich verzichtet er auch Schritt für Schritt auf seinen Wunsch, den Analytiker zum Partner zu haben, d. h. mit ihm eine harmonische Beziehung zu gestalten, in der beide, Patient und Analytiker, die gleiche Befriedigung im selben gegenseitigen Akt fänden. Er sucht in der Zuwendung zur äußeren Realität einen ihm entsprechenden Partner.

Ich bin mir völlig darüber im klaren, daß meine Beschreibung des schwierigen therapeutischen Weges knapp, stark abgekürzt, mager und vereinfacht ist. Mein einziges Ziel ist auch nur dies, die Folgerungen aus meinen Ideen über den Ursprung des Hasses so zu umreißen, daß ihr innerer Zusammenhang sichtbar wird.

Die erste Phase, die wir prägenitale Übertragung nennen wollen, oder genauer Bildung einer Objektbeziehung in der analytischen Situation nach dem Vorbild der primären Objektliebe, oder kurz gesagt: *primäre Übertragung,* enthält alle Faktoren, die wir bei der Bildung des Hasses am Werke finden. Diese sind also: ohnmächtige Abhängigkeit, Verleugnung dieser Abhängigkeit durch »Allmacht« und »orale Gier«, oder mit anderen Worten: Errichtung einer drückenden Ungleichheit zwischen Subjekt und Objekt. Es hieße Wasser in den Rhein tragen, zu beweisen, daß in jeder analytischen Behandlung unweigerlich eine bedeutende Menge Haß frei wird[4] und daß er, wenn er nicht richtig behandelt, entweder die Therapie gefährdet oder die Gefühle des Patienten gegenüber seinem Analytiker für lange Zeit entscheidend beeinflußt, selbst wenn das Endresultat ein gutes war. Wir sagen dann, daß in solchen Fällen die Übertragung nicht vollständig aufgelöst wurde. Diese Feststellung ist zwar richtig, aber nicht genau genug. In Wahrheit blieb der Patient von seinem Analytiker abhängig, die Ungleichheit zwischen dem Objekt und seinem Selbst blieb bestehen, und so bestand eine der möglichen Lösungen für den Patienten darin, eine *Schranke von Haß* gegen sein Objekt, den Analytiker, aufzurichten.

Wir kennen auch eine andere Lösung, die *Verewigung der Abhängigkeit* in Form einer unendlichen Analyse. In einer solchen Beziehung provoziert jede Andeutung, die Analyse zu beenden, Angst und Haß, die wieder durch neue Analysen aufgelöst werden müssen. Und so geht es ununterbrochen weiter. Ich kenne Fälle, bei denen der circulus vitiosus nur durch heroisches Vorgehen durchbrochen werden konnte. Es ist leicht zu behaupten, daß in einer gut geführten Analyse etwas Derartiges nicht vorkommen sollte. Die praktische Erfahrung zeigt, daß selbst anerkannte Analytiker gelegentlich in diese Lage kommen. In anderen Fällen kann die Abhängigkeit stark abgebaut werden, die Behandlung nimmt sogar ein Ende, aber die Patienten bleiben für ewig als »gläubige Schäfchen« in der Einflußsphäre des Analytikers eingefangen.

Dies führt uns zur dritten, vielleicht noch weniger krankhaften Lösung, die ich *idealisierende* oder besser *abhängige Identifizierung* (dependent identification) nennen möchte. Auch hier ist die Abhängigkeit verewigt, wenn auch in sublimierter Form. *Identifizierung mit dem Angreifer* würde einen anderen Aspekt dieser nicht vollzogenen Ablösung beschreiben. Kann man das Objekt, den Gegner nicht besiegen, und der Analytiker wird nur sehr selten besiegt, so muß man es total annehmen, um den Haß vermeiden zu können. In diesem Fall besteht oberflächlich kein Haß, aber der Patient selbst verschwand größtenteils mitsamt seinem Haß – und seiner Liebe.

Sein unbesiegbarer und unversöhnlicher Analytiker ist dann zuoberst, und zwar mit all seinen Ansprüchen an gewohnte Formulierungen und Theorien, mit seiner Art, Gefühle zu haben und in Worten auszudrücken, ja sogar mit seinen kleinen Eigenheiten.

Manchmal allerdings ist diese abhängige Identifizierung nicht

---

[4] Außer dem Haß entstehen in jeder Analyse selige Erwartungen und schwere Angstanfälle. Meiner Ansicht nach stellt diese Trias beim Erwachsenen ein charakteristisches Symptom der primären Objektliebe dar.

die schlechteste Lösung. Schließlich brauchen manche Leute mit schwachen Muskeln und wackligen Gelenken Unterstützung; ohne ihre Krücken wären sie Krüppel, auf sie gestützt mögen sie ein nützliches und hinreichend zufriedenes Leben führen. Obwohl wir dieses Ziel vernünftigerweise nicht anstreben sollen, sehe ich doch keinen Grund, es nicht als zweit- oder drittbeste Lösung gelten zu lassen. Außerdem können gewisse Spuren oder selbst beträchtlich mehr als Spuren von abhängiger idealisierender Identifizierung ohne weiteres auch bei sehr erfolgreich zu Ende geführten Analysen gefunden werden. Es scheint, als ob immer ein unauslöschbares Erinnerungszeichen im Wesen jedes Menschen zurückbliebe, welcher der primären Objektbeziehung ausgesetzt war, sei dies nun in ursprünglicher Form, wie in der Kindheit, oder in der Übertragung, d.h. in der analytischen Situation, geschehen. Möglicherweise kann eine bereits geformte psychische Struktur nur dann geändert werden, wenn man den betreffenden Menschen dieser primären Objektbeziehung aussetzt.

Zusammenfassend wäre zu sagen, daß in gewissen Fällen der Erfolg einer Behandlung darin bestehen wird, hinter einer Schranke von Haß gesund zu sein, ein teurer, aber nicht allzu schlechter Schutz gegen den Wunsch zu regredieren.

In anderen Fällen wird der Erfolg in einer ständigen abhängigen Identifizierung liegen, durch die das Objekt dem Haß durch Idealisierung entzogen wird.

Und schließlich, im günstigsten Fall, werden die bleibenden Zeichen dieser schicksalsvollen primären Objektbeziehung, der primären Übertragung, zu unvergeßlichen, zugleich süßen wie qualvollen Erinnerungen umgewandelt. Im Gedenken an diese glücklichen Menschen möchte ich mit dem Satz schließen, mit dem unsere Märchen enden: »Und so lebten sie glücklich bis ans Ende ihrer Tage.«

Postskriptum

Es ist an dieser Stelle auf die geradezu himmelschreiende Einseitigkeit unserer Theorie hinzuweisen. Praktisch all unsere technischen Bezeichnungen, die diese Frühzeit des seelisch-geistigen Lebens beschreiben, leiten sich von den objektiven oder subjektiven Erscheinungen der Oralsphäre her, so Gier, Einverleibung, Introjektion, Verinnerlichung, Teilobjekte, Zerstören durch Saugen, Kauen und Beißen, Projektion nach den Modi des Ausspuckens und Erbrechens usw. Leider haben wir es weitgehend unterlassen, unser Verständnis für diese frühen, primitiven Erscheinungen durch Schaffung theoretischer Vorstellungen und technischer Bezeichnungen zu erweitern, welche die Erlebnisweisen, die Bilderwelt und die Bedeutung anderer Sphären in Rechnung stellen. Solche Sphären sind die Wärmeempfindung, rhythmische Geräusche und Bewegungen, leises, unartikuliertes Summen, die unwiderstehlichen, überwältigenden Eindrücke von Geschmäcken und Gerüchen, naher Körperkontakt, taktile und Muskelsensationen, besonders an den Händen, und die unleugbare Macht jedes einzelnen dieser Phänomene und aller zusammen, Ängste und Argwohn, selige Befriedigung und bange, verzweiflungsvolle Einsamkeit hervorzurufen und wieder aufzuheben. Es ist sehr wahrscheinlich, daß wegen dieser Unterlassung eine Zeit kommen wird, wo man unsere gegenwärtigen Theorien als mangelhaft und einseitig verurteilen wird.

IX. Perversionen und Genitalität[1] (1956)

Fast jede Abhandlung über Perversionen beginnt, nachdem der Leser auf die Schwierigkeiten des Themas hingewiesen worden ist, mit einer Definition dessen, was eine Perversion ist und was nicht. Es gibt nun drei Grundtypen solcher Definitionen, die sich in der Literatur mehrfach wiederholt haben. Es handelt sich gewiß um ernstzunehmende Versuche, aber sie sind alle drei etwas unexakt und daher irreführend.

Den ersten Typ könnte man den biologischen nennen. Er benutzt den Begriff der Fortpflanzung als Unterscheidungsmerkmal zwischen normalem Geschlechtsverkehr und Perversion. Nach dieser Definition würden schon Onanie und Verwendung von Verhütungsmitteln zu den Perversionen gehören. Das trifft nun sicherlich nicht zu; weder Onanie noch Coitus reservatus sind Perversionen, obwohl sie in seltenen Fällen zu einem unwesentlichen Symptom einer kompliziert konstruierten Perversion werden können.

Der zweite Typ der Definition, der auf Freud und seine ›Drei Abhandlungen zur Sexualtheorie‹[2] zurückgeht, unterstreicht das Fortbestehen infantiler Formen der sexuellen Triebbefriedigung beim Erwachsenen. Das war eine sehr fruchtbare Idee: Sie stützt sich auf die Vorstellung von Partialtrieben und die verschiedenen Organisationen der Libido. Leider schließt diese Definition aus den Perversionen einerseits viele Formen der Homosexualität, andrerseits solche der sadomasochistischen Gruppe aus, die ja (besonders die ersteren) keineswegs Reste infantiler Lustbefriedigungen darstellen, sondern spätere Entwicklungen sind.

Der dritte Typ der Definition beruht auf der Theorie von den Objektbeziehungen. Als Unterscheidungsmerkmal zwischen Genitalität und Perversion gilt der Mangel an eigentlicher Liebe für das menschliche Objekt oder das Vorwiegen unreifer Formen der Liebe bei den Perversionen. Aber jeder, der einmal Homosexuelle behandelt hat, weiß, daß bei ihnen praktisch die ganze Skala von Liebe und Haß vorhanden sein kann, die man auch in der Heterosexualität findet.

Um einen ersten Überblick zu gewinnen, wollen wir damit beginnen, die Perversionen so zu klassifizieren, wie es Freud in sei-

---

[1] Zuerst veröffentlicht in: Perversions, Psychodynamics and Therapy. Hrsg. von S. Lorand und M. Balint. New York 1956.
[2] S. Freud: Drei Abhandlungen zur Sexualtheorie. Ges. W., Bd. V.

nen ›Drei Abhandlungen‹ getan hat. Zur ersten Gruppe zählten dann die verschiedenen Arten von Homosexualität, ein sehr weites und buntes Feld. Dies gilt besonders für die Beziehungen zwischen den beiden Liebenden, ganz gleich, ob es sich um Männer oder Frauen handelt. Man muß zugeben, daß alles Schöne und alles Häßliche, alle altruistische Liebe und alle egoistische Ausbeutung der heterosexuellen sich auch in der homosexuellen Liebe finden lassen. Sie kann die gleiche Wonne, den gleichen Haß, die gleiche Eifersucht, die gleiche Sehnsucht usw. einflößen.

Die zweite Gruppe der Perversionen besteht aus den sehr viel weniger erforschten und dokumentierten Formen des Sadismus und Masochismus. Dies scheint eine kühne Behauptung zu sein, denn die Literatur der letzten dreißig Jahre enthält ja zahllose Artikel, Darstellungen und sogar Bücher über dieses Thema. Aber abgesehen von der ewigen Kontroverse zwischen primärem und nicht primärem Sadismus und Masochismus, gibt das veröffentlichte Material nicht viel her. Es ist tatsächlich überraschend, wie arm an klinischen Beobachtungen manifest sadistischer oder masochistischer Perverser die Literatur ist.

Unsere dritte Gruppe von Perversionen wird in dem oben erwähnten zweiten Typ der Definitionen bereits sehr gut beschrieben. Diese Perversionen scheinen sich wirklich um einen erhalten gebliebenen Partialtrieb herum zu bilden; es gehören dazu der Exhibitionismus, das Voyeurtum, die Bevorzugung anderer Körperteile vor der Genitalzone und so weiter.

Die vierte Gruppe besteht aus den merkwürdigen Erscheinungen des Fetischismus, Transvestitismus und vielleicht noch der Kleptomanie. Sie sind gekennzeichnet durch die Abkehr vom lebenden menschlichen Objekt und dessen Ersetzung durch etwas Unbelebtes.

Es bleiben nun noch zwei Gruppen übrig, von denen ich jedoch nicht sicher bin, ob man sie Perversionen nennen kann. Die eine besteht aus Betätigungen, die man Sodomie nennt. Nach einer freilich begrenzten Erfahrung erreichen diese nie die Höhe einer eigentlichen Perversion; sie scheinen immer »mangels etwas Besserem« vorzukommen. Die unglücklichen Menschen, die sich auf sie einlassen, sind entweder Debile, oft regelrecht Schwachsinnige, oder sie unterliegen dem großen Triebdruck der Pubertät ohne Hoffnung, einen geeigneten Partner finden zu können. Meines Erachtens bedienen sich diese Menschen dann der Tiere, die ihrer Obhut anvertraut sind, als eines Ersatzobjekts für die Abfuhr ihrer Triebbedürfnisse.

Auch die restlichen Formen – Nekrophilie und Mißbrauch unreifer Kinder als Sexualpartner – sollte man nicht unter die Perversionen rechnen. Meiner Meinung nach gehören sie eigentlich zu den Psychosen.

Wir wollen daher mit den Formen beginnen, die zu den Gruppen zwei bis vier gehören, weil wir dort vielleicht auf weniger verwirrende Komplikationen stoßen. Wenn wir hier einige Klarheit gewonnen haben sollten, können wir sehen, ob wir für das Verständnis der restlichen Gruppen etwas Brauchbares übernehmen können.

Bei den genannten drei Gruppen, denen wir uns nun zuwenden wollen, scheint es, als ob unsere zweite Art der Definition die beobachteten Tatsachen erklären könnte. Das Geschlechtsleben dieser Menschen scheint falsch orientiert zu sein: Statt der Genitalität bildet ein Teiltrieb der Sexualität das Zentrum und scheint die Führung an sich gerissen zu haben. Aber ist dieser Eindruck wirklich richtig?

Klinische Beobachtungen an diesen Menschen zeigen, daß die Befriedigung des betreffenden Teiltriebes nur einen Zustand höchster Erregung erzeugt.[3] Obwohl an sich durchaus lustvoll, führt diese Erregung fast niemals zur schließlichen Triebentspannung. Der perverse Akt – z. B. Exhibitionismus – kann mehrmals hintereinander wiederholt und damit ein immer höherer Grad der Erregung erreicht werden, aber die Entspannung, die triebverzehrende Endlust, wird fast immer durch genitale Abfuhr erreicht, entweder mittels Onanierens oder – seltener – durch irgendeine Form von Coitus.

Die allgemeine Richtung dieser perversen Betätigungen ist daher die gleiche wie bei normaler Genitalität. Auch in dieser haben Vorlustakte den Zweck, die Spannung zu erhöhen, die Erregung zur Klimax zu steigern. Alle »artes amandi« der Weltliteratur enthalten Rezepte, wie man diese Erregungssteigerung durch Vorlustspiele erreicht, und weiter nichts. Je mehr solcher Spiele einer beherrscht, je mehr er sie variieren, neue Formen oder Kombinationen erfinden kann, um so größer seine Liebeskunst.

Nun sind alle diese Liebespraktiken zuzeiten »pervers« genannt worden; man hat davon abgeraten, sie in strengeren moralischen oder religiösen Systemen sogar ähnlich wie die Perversionen mit Strafen bedroht. Die Ähnlichkeit, oft sogar Analogie, wie manche Kulturen einerseits die Perversionen, andererseits die Feinheiten der Liebeskunst behandelt haben, ist tatsächlich auffallend.

Aber nicht nur die Kulturen, auch die Psychologie hat große Schwierigkeiten, in Grenzfällen mit Sicherheit zu unterscheiden, was noch zur normalen Sexualität gehört und was pervers ist, und

---

[3] Siehe auch Kap. IV dieses Buches, ›Eros und Aphrodite‹.

was davon wieder neurotisch bzw. psychotisch ist. Ich habe schon erwähnt, daß meiner Meinung nach weder die Sodomie noch die Nekrophilie, noch auch der sexuelle Mißbrauch von Kindern unter die Perversionen gerechnet werden sollten. Wie aber soll man die Bedingungen beurteilen, die manche Menschen stellen, ehe sie einen anderen als potentiellen Partner in Betracht ziehen? Hier kann man frei nach G. B. Shaw sagen: »Sich verlieben bedeutet, die geringfügigen Unterschiede zwischen der einen Frau und allen anderen zu überschätzen.« Wie weit ist die Beschränkung der freien Wahl des Liebesobjekts – und der Triebbefriedigung – gesund, pervers oder neurotisch? Ist es z. B. normal oder nicht, wenn das Liebesobjekt groß oder klein, blond oder schwarz, sehr gescheit oder recht simpel, dominierend oder unterwürfig usw. sein muß? Vielleicht darf man diese Bedingungen als normal betrachten; wie aber, wenn der Mann fordert (ich zitiere aus meiner Praxis), daß die Frau hinkt oder gar ein künstliches Bein hat, ein anderer, daß die Frau beim Coitus schwarze Wäsche trägt, eine Frau, daß der Mann Brillenträger ist? Es ist dann schon schwieriger, die Grenze zu ziehen.

Ich erwähne noch eines der Lieblingsbeispiele von Abraham, daß nämlich die Frau beim Coitus für das Bett, in welchem das Paar lag, wie auf einer Auktion bieten mußte. Je stärker die Erregung, um so höher mußten die Gebote steigen. Aber sie mußten absolut realistisch bleiben, sie durfte keine phantastischen Summen bieten, das hätte die ganze Lust zerstört... Bei einem meiner eigenen Fälle wurde darum gefeilscht, welche Summe der Ehemann seiner Frau für ihre Dienste während des Coitus zu zahlen habe. Je größer die Befriedigung für den Mann, die Erregung für die Frau, um so höher war die Summe, auf die sie sich einigten. Auch hier die gleiche Bedingung: es durfte keine übertriebene Summe sein. Wenn bei diesem Feilschen irgend etwas nicht stimmte, war der Coitus für den Mann absolut unbefriedigend. Es erhebt sich nun die theoretisch wichtige Frage: sind solche klinischen Bilder Perversionen oder neurotische Symptome, oder liegen sie noch im Rahmen des Normalen?

Das könnte eine müßige Frage scheinen, aber ihre Wichtigkeit tritt sogleich hervor, wenn man sich klarmacht, wie ich schon weiter oben sagte, daß bei praktisch allen Perversionen, wie abstrus sie auch sein mögen, die letzte Befriedigung durch irgendwelche genitale Betätigung herbeigeführt wird. Mit anderen Worten: Die Vorlust-Praktiken dienen – sowohl im normalen Falle wie bei Perversen – dazu, eine hohe, aber lustvolle Spannung zu erzeugen, die schließlich durch die Genitalorgane befriedigt wird. Dies ist eine klinische Tatsache, die kaum jemals erwähnt wird, aber von ausschlaggebender Wichtigkeit ist. Sie bedeutet, daß alle perversen Betätigungen, besonders die sehr auffälligen der Gruppen zwei, drei und vier – nämlich Sadismus und Masochismus, Partialtrieb-Befriedigungen und Fetischismus – nur Blendwerk sind, dazu bestimmt, die ganze Welt und den Perversen selbst zu überzeugen, daß die Befriedigung des einen Teiltriebes sein Hauptziel sei und daß die schließliche genitale Endlust nichts zu bedeuten habe. In analytischer Terminologie führen diese klinischen Befunde uns hin zum Kastrationskomplex und seiner Verleugnung, was natürlich in der psychoanalytischen Literatur über die Perversionen auch sehr oft erwähnt worden ist.

Alles das ist wohlbekannt; aber dennoch sind wir bei unseren theoretischen Erwägungen irgendwie auf die trügerische Taktik des Perversen hereingefallen und haben sozusagen geglaubt, daß sein Exhibitionismus, Cunnilingus oder Sadismus sein wahres Ziel und nicht nur Umwege seien, eine verkappte genitale Befriedigung zu erreichen. Das bedeutet, daß der Perverse, um sich von seiner Kastrationsfurcht zu befreien, vorgeben muß, er sei gar nicht an genitaler Lust interessiert. Da die manifeste Kastrationsfurcht bei Männern häufiger auftritt als bei Frauen, kann dieser Befund vielleicht auch erklären, warum alle diese drei Perversionsgruppen so viel häufiger bei Männern vorkommen.[4]

Eine weitere, durch diese Verschiebung und Verleugnung hervorgerufene Wirkung ist der Eindruck oder sogar die Behauptung, perverse Betätigungen seien lustvoller, erregender als der normale Coitus. Da die Kastrationsfurcht bis zu einem gewissen Grade bei jedem von uns besteht, ist es nicht ganz leicht, diese Vorspiegelung falscher Tatsachen zu entlarven. Sie wird schon in dem alten Witz demaskiert, in welchem ein alter Wüstling und ein junger Mann sich voreinander brüsten, mehr Formen sexueller Befriedigung zu kennen als der andere. Der junge Mann beginnt seine Aufzählung mit dem normalen Coitus, worauf der andere sich schon für geschlagen erklärt: daran habe er allerdings nicht gedacht. Aber wie ist es mit den übrigen Befriedigungen? Warum ist die genitale Form sexueller Abfuhr so viel befriedigender, daß sie alle anderen zusammengenommen überwiegt?

Die Anwort lautet *nicht*, weil sie mit der Fortpflanzung in losem Zusammenhang steht. Wir brauchen nur das recht befriedigende

---

[4] Im großen ganzen bilden die Perversionen eine vorwiegend männliche Sphäre; einige Formen, wie genitaler Exhibitionismus, sind offenbar ausschließlich männlich. Zwei andere Gebiete, auf denen die gleiche männliche Vorherrschaft besteht, sind Kriminalität und Sucht, vor allem Alkoholismus. Diese drei Gebiete dürften einen vielversprechenden Ausgangspunkt für eine systematische Untersuchung der speziellen Psychologie der Frau ergeben.

Sexualleben unfruchtbarer Männer und Frauen zu erwähnen oder von Paaren, die Verhütungsmaßnahmen verwenden. So müssen wir uns nach anderen Gründen umsehen. Wir wissen, daß irgendwie sowohl der ganze Körper als auch jeder einzelne Körperteil lustvoller Empfindungen fähig ist. Erotische Erregung und erotische Lust sind so verbreitet und alt wie das Leben selber. Aber wie ich schon im Jahre 1930 zu zeigen versuchte, ist diese allgemeine Erotik unspezifisch, unorganisiert und noch nicht bisexuell differenziert; sie kann daher die einzigartige Bedeutung der genitalen Sexualität, die immer hochorganisiert und vor allem bisexuell ist, nicht erklären.[5]

Der einzige Gedankengang, der uns befähigt, die besondere Bedeutung der bisexuellen Genitalität zu verstehen, stammt von Ferenczi.[6] Nach ihm erzeugt die phylogenetische Katastrophe, die unsere Ahnen zwang, das leichtere thalassale Leben mit den härteren Bedingungen auf dem trockenen Lande zu vertauschen, und die ontogenetische Katastrophe, die jedes Menschenkind zwingt, die leichtere intrauterine Existenz zugunsten des Lebens aufzugeben, in welchem es für sich selber sorgen muß, ein starkes, regressives Gefühl der Sehnsucht nach Rückkehr zu jenen alten, lustvolleren Bedingungen. Alle Formen sexueller Betätigung, auto-erotische wie allo-erotische, können als mehr oder minder erfolgreiche Versuche betrachtet werden, dieses regressive Ziel zu erreichen. Davon, wie nahe sie dieser tiefsten Regression kommen, hängt es ab, ob sie imstande sind, Orgasmus und wirkliche Befriedigung herbeizuführen – d.h. eine Befriedigung, auf welche Gelöstheit und das Gefühl ruhigen Wohlbefindens folgt, das für einen lustbereitenden Coitus charakteristisch ist.

Der Mann kommt dieser Regression während des Coitus am nächsten: mit seinem Samen wirklich, mit seinem Penis symbolisch und mit seinem ganzen Ich in der Phantasie. Die Rolle der Frau beim Coitus ist komplizierter. Einerseits identifiziert sie sich mit dem Mann, indem sie wenigstens vorübergehend ihrem Partner zuliebe sich aller ihrer Maskulinität begibt; andererseits übernimmt sie die Rolle des allumfassenden Meeres oder, ontogenetisch gesprochen, der Mutter, die ihren Sohn in ihren Schoß zurückempfängt.

Der Wille, sich einem überstarken regressiven Zug hinzugeben, setzt ein einigermaßen gut integriertes Ich voraus, das die Herrschaft über die verschiedenen Angstformen, besonders die Kastra-

---

[5] Weitere Einzelheiten hierzu und zu anderen Gedanken dieser Arbeit sind in den Kapiteln I, IV, V, VII und VIII des vorliegenden Buches enthalten.
[6] S. Ferenczi: Versuch einer Genitaltheorie. Wien 1924.

tionsfurcht, erlangt hat und aufrechterhalten kann. Umgekehrt erklärt diese Theorie, warum wir bei praktisch allen Perversen – also den Menschen, die diese periodische Regression systematisch vermeiden – ein geschwächtes Ich, mangelnde Integration, schwachen Realitätssinn usw. beobachten, ganz ähnlich wie bei den Neurotikern.

Dieser Gedankengang erklärt, warum man auch die Homosexualität unter die Perversionen rechnen muß. Wohl findet man bei Homosexuellen ziemlich oft eine ebenso reiche und vielfältige Objektliebe wie bei Heterosexuellen; man findet aber auch jene Atmosphäre der Anspruchlichkeit und Verleugnung, die so kennzeichnend für die anderen Gruppen der Perversionen ist. Auch die Homosexuellen müssen immer wieder versichern, daß ihre Lebensweise und ihre sexuellen Vergnügungen schöner, befriedigender, in jeder Beziehung besser sind als die der normalen Menschen. Die Gründe liegen auf der Hand. Sie müssen übertreiben, um zu leugnen – was sie alle wissen –, daß ohne normalen Geschlechtsverkehr keine wirkliche Entspannung möglich ist.

Es bleibt noch eine weitere Gruppe der Perversionen, nämlich die sehr rätselhafte, die aus Fetischismus, Transvestitismus und fast sicher auch aus der Kleptomanie gebildet wird. Was ich vorher sagte, nämlich daß die Endlust nur durch genitale Befriedigung herbeigeführt werden kann, wird von dieser Gruppe besonders gut demonstriert. Der perverse Akt erzeugt nur eine sehr hochgradige Erregung, die dann meist durch Masturbation, selten durch irgendeine Form von Coitus entspannt wird. Dies ist beim Fetischismus und Transvestitentum ganz augenfällig und gilt auch sehr oft für die Kleptomanie.

Das Problem, das uns zu schaffen macht, ist hier die Ersetzung des menschlichen Partners durch ein unbelebtes Objekt. Seit die Psychoanalyse sich mehr oder weniger von der Biologie und dem Studium der Partialtriebe abgewandt und auf die Objekte und unsere Beziehungen zu ihnen konzentriert hat, ist der Fetischismus zum beliebten Thema der Literatur über Perversionen geworden. Diese Richtung setzte im Jahre 1927 ein, als Freud darauf hinwies, daß der Fetisch möglicherweise als eine Art von Deckerinnerung zu betrachten sei, nämlich als das letzte Objekt unmittelbar vor der endgültigen Entdeckung der kastrierten weiblichen Genitalien. Es folgten andere Autoren, die auf die anale Natur der Fetische hinwiesen: sie mußten etwas Benutztes sein (oder im Gegenteil absolut neu), sie mußten nach etwas riechen, ihr ungestörter Besitz bringt Sicherheit usw. Wiederum andere wiesen auf den Vorgang der Spaltung hin, sowohl hinsichtlich des Objekts – der Fetisch ist ein abgespaltener Teil – als auch hinsichtlich der Psyche des Kranken. Ich selber habe hinzugefügt[7], daß die meisten Fetische hohl sind; in diesen Fällen besteht der perverse Akt darin, daß der Fetisch angezogen wird oder daß ein Körperteil – Fuß, Finger, Penis, Nase – hineingesteckt wird.

Alle diese und gewiß noch viele andere Deutungen der Funktion des Fetischs sind richtig – im Sinne der Überdeterminierung. Der Fetisch ist das Resultat einer Spaltung, er ist ein symbolischer Ersatz für den Penis, er hat anale Bedeutung, stellt eine annehmbare Alternative zur Vagina dar, kann seinem rechtmäßigen Besitzer weggenommen oder gestohlen werden, man kann sich seines Besitzes ungestört erfreuen usw. In der Tat kann man mit ihm praktisch alles tun, was man will – ein sehr wichtiger Unterschied zu jedem menschlichen Objekt.

Wie zuerst in meiner Arbeit ›Über genitale Liebe‹ (1947)[8] beschrieben, muß das Objekt, wenn die gewünschte Befriedigung, welche immer es sei, von einem menschlichen Objekt kommen soll, zuerst in einen kooperativen Partner verwandelt werden. Je primitiver und infantiler der Trieb ist, um so geringer ist der Grad der benötigten Kooperation. So ist beim Voyeurtum oder Exhibitionismus kaum eine Partnerschaft nötig, bei analer Grausamkeit schon etwas mehr. Den höchsten Grad der Beteiligung verlangt die genitale Liebe. Sie muß sich zu »genitaler« Identifizierung steigern – diese Forderung ist viel wichtiger als die gewöhnlich erwähnte »orale« Identifizierung –, und diese kann nur durch ständige Realitätsprüfung aufrechterhalten werden. Damit meine ich, daß dauernd darauf geachtet werden muß, was der Partner von einem erwartet und was von diesen Erwartungen wir tatsächlich erfüllen. Eine harmonische Beziehung kann nur dann aufrechterhalten werden, wenn beides nicht zu weit auseinanderklafft. Wenn das der Fall ist, bedarf es oft einer beträchtlichen Anstrengung, um das Gleichgewicht wieder herzustellen. Ich habe diese ständige Wachheit und Anstrengung »Eroberungsarbeit« genannt, die unaufhörlich geleistet werden muß, solange die Beziehung dauern soll.

Hier liegt ein anderer wichtiger Unterschied zwischen Genitalität und Perversion. Die Perversionen setzen keinen hohen Grad von »genitaler« Identifizierung voraus; sie können sich oft mit weniger, sogar minimal wenig abfinden. Die Fetischisten sind auf diesem Wege vielleicht am weitesten gegangen. Sobald sie einmal einen Fetisch erworben haben, gehört er ihnen; er ändert sich nicht

---

[7] M. Balint: A Contribution on Fetishism. Int. J. Psa., 16 (1935), 481; abgedruckt in: M. Balint: Problems of Human Pleasure and Behaviour. London und New York 1957.
[8] Siehe Kapitel VII.

wie das unvorhersagbare, verräterische menschliche Wesen, er bleibt immer derselbe. Der Fetischist braucht keine gegenseitige genitale Identifizierung mit Hilfe ständiger Eroberungsarbeit aufrechtzuerhalten. Der Fetisch hat keine Wünsche, Forderungen, eigene Interessen; er bleibt, wie er ist.

Diese Art der Beziehung, eine Partnerschaft, in welcher nur der eine Partner Wünsche, Interessen, Begierden haben kann und der andere Partner mit Sicherheit immer in Harmonie mit den Wünschen und Interessen des ersten ist, entspricht derjenigen der primären Liebe. Auch dort ist keine Realitätsprüfung notwendig, man braucht keine Spannungen zu ertragen, keine »Eroberungsarbeit« zu leisten. Der Partner ist da, wenn man ihn braucht und so, wie man ihn sich wünscht. Andere Perverse nähern sich diesem infantilen Zustand, indem sie sich der Teiltriebe bedienen, die nur so viel »Eroberungsarbeit« erfordern, wie sie ertragen können. Der Fetischist greift als Ersatz zu unbelebten Objekten. Das Objekt seiner Wahl muß natürlich die Wege und Mittel seiner Flucht an sich tragen; es ist ein Penisersatz, es zeigt anale Eigenschaften, es stellt einen Ersatzschoß dar und so weiter.

Ich fasse zusammen: Die Perversionen sind Versuche, den beiden Hauptforderungen reifer Genitalität auszuweichen, nämlich 1. der Anerkennung des starken Bedürfnisses nach periodischer Regression in Gestalt heterosexuellen Geschlechtsverkehrs; 2. der Bejahung der Eroberungsarbeit, d. h. der Verwandlung eines gleichgültigen Objektes in einen kooperativen genitalen Partner.

Der Perverse muß diese beiden Aufgaben vermeiden, da sein Ich nicht stark genug ist, um die damit verbundene Anspannung aufzubringen; mit anderen Worten, es ist nicht gut genug integriert, hat die Herrschaft über die verschiedenen Formen der Angst, insbesondere der Kastrationsfurcht, nicht fest genug gesichert. In seiner Suche nach einer erreichbaren Abfuhr greift er oft zu einem der primitiveren, einfacheren Teiltriebe und gibt dann vor, die Befriedigung dieses Triebes sei viel wichtiger und die genitale Befriedigung für ihn nur eine Nebenerscheinung. Er benutzt also einerseits Idealisierung, andererseits Verleugnung, um sich zu tarnen, und betrügt damit die Welt und sich selber.

Ein anderer Weg für den Perversen ist der mehr oder weniger vollständige Verzicht auf den Partner. Wenn er selber weniger Forderungen stellt, kann auch der Partner nicht viel verlangen, und die »Eroberungsarbeit« erfordert sehr viel weniger Anstrengung und Kraft. In dieser Richtung erreicht der echte Fetischist am meisten: er hat überhaupt kein menschliches Objekt mehr nötig.

X. Beitrag zum Symposium über die Theorie der Eltern-Kind-Beziehung[1] (1961)

Ich denke, wir stimmen alle darin überein, daß eine zuverlässige psychoanalytische Theorie sich auf Fakten stützen muß, die in einer die Übertragung zulassenden Situation erhoben werden. Die Übertragung ist die Grundlage jeder analytischen Beobachtung; wir können im großen ganzen, wenn auch vielleicht nicht ganz exakt, sagen, daß in Situationen ohne Übertragung keine psychoanalytische Theoriebildung möglich ist. Aber gerade hier ergibt sich die große Schwierigkeit bei allen Theorien über die frühe Kindheit: die Beziehung zwischen Mutter und Kind ist so eng, so intim, daß der Einfluß jedes weiteren Objektes vernachlässigbar ist und daher kaum irgendwelche Übertragungsmöglichkeiten bestehen. Um dieser Schwierigkeit zu begegnen, wurden mehrere Lösungswege vorgeschlagen, die ich hier kurz zusammenfassen will, ohne mich an die geschichtliche Folge ihres Auftretens zu halten.

Da ist zunächst Melanie Kleins Versuch einer Metapsychologie der frühesten Kindheit, die sich auf Extrapolierungen der in späteren Lebensaltern erzielten Daten stützt. Ein weiterer Versuch, der vor allem mit dem Namen von Ph. Greenacre verknüpft ist, geht von biologischen Befunden aus. Man kann wohl von einer Theorie der Reifung sprechen. Ferner gibt es die auf soziologischen Daten beruhende, vor allem von Bowlby vertretene Richtung, die man vielleicht als ethologische Methode bezeichnen kann. Schließlich gibt es noch einen weiteren Lösungsvorschlag, historisch übrigens der allererste, den ich nur wegen meiner noch ungelösten Übertragung als letzten nenne. Ich bin recht traurig, daß niemand den Namen Sandor Ferenczis erwähnte, der als erster auf die Tatsache hinwies, daß die formalen Elemente der Übertragung und die ganze analytische Situation von der frühesten Kind-Eltern-Beziehung herstammen. Der Gedanke selbst und die Methode wurden uns heute von Winnicott nahegebracht, der in seiner Arbeit ausdrücklich vermerkte, daß er sich bei seinen Darlegungen auf Beobachtungen an Patienten in der analytischen Situation stützt.

Am bedeutendsten ist wohl die Tatsache, daß am Grunde der Kind-Eltern-Beziehung eine wechselseitige Interdependenz besteht; dies wurde sehr klar von Blau dargestellt. Das bedeutet, daß die libidinöse Befriedigung des einen, also des Säuglings, auch libi-

---

[1] Das Symposium fand beim 22. Internationalen Psychoanalytischen Kongreß in Edinburgh statt.

dinöse Befriedigung des anderen Partners, der Mutter, sein muß und umgekehrt. Dieser Gedanke wurde zuerst von Alice Balint ausgesprochen und dann in etwas anderer Weise von M. Mahler in ihrer Theorie der Symbiose aufgegriffen. Eine der Folgen dieser Vorstellung ist, daß etwas Ähnliches auch in der Beziehung zwischen Analytiker und Patient eintreten muß. Winnicott deutete das an, als er sagte, die analytische Behandlung und Heilung dauere etwa ebenso lange wie die Erziehung eines Kindes. Eine weitere Folge ist, daß sowohl der Patient als auch der Säugling keine andere Wahl haben, als die Sprache ihrer Mutter sprechen zu lernen, um sich verständlich zu machen. Es gibt für sie keine andere Sprache, etwa eine, die dem Analytiker bzw. der Mutter nicht verständlich wäre. Weil wir Analytiker selbst in verschiedenen analytischen Zungen reden, sprechen auch die Patienten verschieden zu uns, und das ist der Grund, weshalb unsere Sprachen hier uneinheitlich sind. Martin James sprach von einem Glossar, das notwendig sei, damit wir einander verstehen könnten. Ich werde den Versuch zu einem solchen Glossar machen.

Natürlich mache ich keine Ausnahme bei dieser Sprachenverwirrung. Auch ich habe meine eigene analytische Sprache, und weil ich meine Sprache am besten spreche, will ich die anderen Sprachen in meine übersetzen. In meiner Vorstellung ist die erste Beziehung, die ich primäre Beziehung oder primäre Liebe nenne, die harmonische Beziehung zu einer undifferenzierten Umwelt, einer Umwelt, die vielleicht mit dem identisch ist, was Frau Freud das »bedürfniserfüllende Objekt« und Winnicott die »Haltefunktion der Mutter« nennt. Wenn aus dieser undifferenzierten Umwelt Objekte auftauchen, hat das Kind zwei Möglichkeiten der Entwicklung: eine, die ich »oknophile Welt« nenne, deren wichtigstes Ziel Objektnähe ist; das trifft sich mehr oder weniger mit Bowlbys Beschreibung des »Anklammerns« und »Folgens« oder dem, was die allgemeine analytische Theorie als Objektabhängigkeit beschreibt. Die andere Welt ist die »philobatische«, charakterisiert durch die Erwerbung verschiedener Fertigkeiten. Dies fällt vielleicht mit der Vorstellung Ph. Greenacres von der Reifung oder nach Hartmann, Kris und Loewenstein mit dem Erscheinen der autonomen Ich-Funktionen zusammen; in negativer Bedeutung ist es vielleicht auch in dem enthalten, was Winnicott mit »Entwicklung eines falschen Ichs« meint.

Dies alles sind nur Versuche. Ich bin nicht sicher, ob die Autoren, die ich erwähnt habe, mit meinen Übersetzungen einverstanden sind; es wäre sicherlich ein interessantes und wichtiges Forschungsprojekt für die Internationale Vereinigung, ein derartiges Glossar ausarbeiten zu lassen.

Schließlich möchte ich noch darauf hinweisen, daß die wichtigste Funktion, die Hauptbedingung der Mutter-Kind-Beziehung, eben die ist, daß die libidinöse Befriedigung des einen Partners auch die des anderen sein muß. Mutter und Kind sind bei dieser Vorbedingung gleich befriedigt, wenn es aber bei einem Partner nicht der Fall ist, dann ist die Beziehung gespannt, und es kann beim Kind zu irgendwelchen Ich-Verformungen oder bei der Mutter zu neurotischen Erscheinungen kommen.[2] Darf ich noch einmal auf einen ganz alten Beitrag hinweisen, einen Vortrag, den Ferenczi 1908 auf dem Ersten Psycholanalytischen Kongreß hielt – ein weiterer Beweis meiner ungelösten Übertragung! –, worin er die Anregung gab, experimentelle Untersuchungen über die Befriedigungen anzustellen, die in der Kind-Mutter-Beziehung enthalten sind, wie sie quantitativ zu messen seien und welche Folgen sie für die spätere Entwicklung des Individuums haben können.

---

[2] Siehe mein Buch: Thrills and Regression. London und New York 1959; in deutscher Sprache: Angstlust und Regression. Stuttgart 1961.

Zweiter Teil
Probleme der Technik

XI. Charakteranalyse und Neubeginn[1] (1932)

Es ist allgemein bekannt, daß heute ganz andere Anforderungen an eine »beendete Analyse« gestellt werden, als vor etwa einem Jahrzehnt oder gar noch früher. Wir würden heute z. B. Breuers Fräulein Anna aus der Analyse sicher nicht als geheilt entlassen. Und doch waren alle ihre Symptome verschwunden, sie erklärte sich für arbeitsfähig. Dennoch setzen heute solche Patienten, die schon lange symptomlos sind, ihre Kuren weiter fort. Was wollen wir von ihnen, und noch mehr: was verlangen sie von uns? Aufdeckung der infantilen Amnesie, Vordringen bis zur Urszene? Ich glaube, für solche Sachen wären unsere Patienten kaum viele Monate lang zu haben. Wie auch Reich hervorgehoben hat, ist das, was sie in der Arbeit hält, ihr oft unbewußter Wunsch, angstfrei lieben zu können, die Angst vor der vollen Hingabe zu verlieren. Dies ist eine grundsätzlich andere, zeitlich nachfolgende Aufgabe gegenüber der Heilung einer Psychoneurose.

Ein jeder von uns könnte einige Fälle anführen, in welchen die so lauten neurotischen Symptome in verhältnismäßig kurzer Zeit durch die Kur verschwanden, aber eine vollständige Unfähigkeit oder nur eine sehr bedingte Fähigkeit zur Liebe zurückblieb. Besonders klar wurde mir diese Sachlage bei der Arbeit mit den sogenannten »organisch Kranken«.

Nun, es suchen uns ziemlich häufig Menschen auf, welche gleich bei der ersten Besprechung dieses Bild zeigen. Sie sind nur schwer unter eine diagnostische Rubrik zu bringen. Ihre Hauptklage ist, daß sie ihren Platz im Leben nicht finden können. Eigentlich fehlt ihnen nichts, oder sie haben höchstens einige ganz unbedeutende neurotische Symptome; aber sie können sich nicht freuen. Selbstverständlich ist das Bild ihres sexuellen Lebens dasselbe. Sie bewältigen den Akt mit ganz brauchbarer Erektion, wenn sie Männer sind, sind überhaupt nicht anästhetisch, wenn sie Frauen sind; auch die Endlust bleibt nicht ganz aus; aber trotzdem entsteht ihnen daraus keine erlösende Freude.

Bei der analytischen Arbeit mit diesen Fällen stellt es sich – ohne Ausnahme – heraus, daß es sich bei ihnen um eine eigenartige Angst handelt. Diese Angst überschreit alle anderen Symptome, und es war theoretische Voreingenommenheit daran schuld, daß sie bisher nicht richtig bewertet wurde.

---

[1] Vorgetragen auf dem XII. Kongreß der Internationalen Psychoanalytischen Vereinigung in Wiesbaden am 5. September 1932.

Diese Individuen haben nämlich Angst, überstarke Angst vor der Erregung, vor der befriedigenden Lust selbst. Sie können nicht genießen, weil sie es nie wagen. Sie entwickeln deshalb allerlei Finessen, um sich aus der Hingabe an das Genießen aufzurütteln, um sich aus der Selbstvergessenheit möglichst schnell wieder zur Besinnung zu bringen. Sie denken starr an ein bestimmtes Thema, sagen das Einmaleins vor sich hin, rezitieren endlose Gedichte usw. Auch stellen sie unzählige Bedingungen an das Verhalten des Partners, an den Verlauf des Aktes, und wenn nur eine davon nicht genau erfüllt werden sollte, dann haben sie wieder einen Grund, um nicht genießen zu müssen. Bei der analytischen Durcharbeitung dieser – allgemein bekannten – Erscheinungen kam ich mit meinen Patienten immer zu demselben Resultat: diese Leute vertragen es absolut nicht, oder nur sehr schlecht, daß ihre sexuelle Erregung etwas höher steigt; und wenn sie – auf welche Weise immer – doch dazu gebracht werden, sich dieser Steigerung auszusetzen, bricht eine große Angst aus.

Die Rückverfolgung dieser Angst führte die psychoanalytische Arbeit immer in die Kindheit – zu einer ähnlichen Situation. Meistens waren es Erwachsene, die durch ihre Handlungen im wehrlosen Kinde sexuelle Erregungen, Lustquantitäten hervorgerufen hatten, denen es noch nicht gewachsen war. Diese Handlungen können – gar nicht so selten, wie man es im voraus meinen würde – direkt sexuelle, ja genital-sinnliche sein, müssen es aber nicht. Auch sogenannte »unschuldige Liebkosungen«, wie Küsse, Umarmungen, Streicheln, Schaukeln, die verschiedensten Rutschspiele usw. usw. können solche verhängnisvolle Wirkungen haben. Selbstverständlich bedeutet dies nicht, daß man sich aller Zärtlichkeiten gegenüber den Kindern enthalten soll, im Gegenteil. Wir Analytiker müssen doch wissen, daß es ebensowenig unschuldige Liebkosungen gibt, wie schuldige – beide sind im Wesen sexuelle Handlungen und rufen unausweichlich sexuelle Erregung hervor. Wir wissen auch, daß die Eltern sehr viel von ihrer verdrängten Sexualität in der Kindererziehung ausleben. *Wieviel* dort ausgelebt wird und *welche Partialtriebe* dabei die Hauptrolle spielen, bestimmt fast ausschließlich *das Unbewußte der Eltern* und nur zu einem sehr kleinen Ausmaße das Bedürfnis des Kindes. Und hier liegt der Fehler. Es ist sicher viel Wahres darin, daß das Kind fast nur Sexualität ist, aber Sexualität nach eigener Art, mit eigenen Gesetzen, eigenen Bedürfnissen (Ferenczi). Die kindliche Sexualität unterscheidet sich nicht nur darin von derjenigen der Erwachsenen, daß sie noch unorganisiert (richtiger, noch nicht so straff organisiert) ist, sondern auch darin, was Freud längst hervorgehoben hat, daß sie die Endlust noch nicht kennt. Die Fähigkeit, so große Mengen sexueller Erregung zu ertragen, wie sie zu der Endlustauslösung notwendig sind, scheint dem Kinde noch zu fehlen. Ob dies biologisch oder psychologisch bedingt ist, ist noch unentschieden. Es ist sehr wahrscheinlich, daß diese Unfähigkeit zur endgültigen Lustabfuhr eine der wichtigsten Ursachen der so großen Angstbereitschaft der Kinder darstellt.

Es gibt eine ökonomische Störung im kindlichen Libidohaushalt, welche zwar andersartig ist, aber doch dasselbe Resultat erzeugt. Manche Eltern behandeln ihre Kinder absichtlich mit Kälte oder gar mit spartanischer Härte. Es ist merkwürdig, daß manche Erwachsene, die auf solche Weise erzogen wurden, ebenso mit Angst auf jede größere Sexualerregung reagieren. Hier kann es sich – absolut gemessen – nicht um eine traumatische Übererregung in der Kindheit handeln. Wir müssen aber bedenken, daß bei diesen Kindern schon das normale Bedürfnis an Zärtlichkeit, Wärme usw. das Maß der möglichen Libidoabfuhr weit übersteigt, also Angst erregend wirken kann. Folglich liegt auch hier eine relative Übererregung vor, welche auf einen im Prinzip gleichen Erziehungsfehler, auf das Nichtbeachten der spezifisch kindlichen Bedürfnisse zurückgeht.

Zu diesen biologisch zu erklärenden Gefahren gesellt sich noch eine psychologische. Sobald die Kinder, von selbst oder durch die Handlungen der Erwachsenen, sexuell erregt wurden und diese Erregung in der eigenen sexuellen Ausdrucksweise frei zeigen, erhalten sie fast ohne Ausnahme nicht nur eine energische Zurückweisung, sondern überdies noch eine scharfe, aus moralischer Empörung stammende Predigt über diese abscheuliche Verdorbenheit. Und man kann sagen: regelmäßig ist die Predigt um so schärfer, je deutlicher die Zeichen sexueller (teils bewußter, teils unbewußter) Erregung an dem predigenden Erwachsenen sind. Situationen nach diesem Muster werden – seitdem Ferenczi uns darauf aufmerksam gemacht hat – fast in jeder Analyse beschrieben. So wird den Kindern die ohnehin ungenügende Abfuhrfähigkeit noch weiter eingeschränkt. Sie sind gezwungen, ihre Erregung zu verheimlichen, ja zu verleugnen. Ganz natürlich entsteht aus dieser Situation eine Angst vor jeder größeren Sexualerregung, die höchstens nur zu ganz sicheren, ungestörten Zeiten erlaubt wird, das heißt, das Kind wird direkt in die heimliche Selbstbefriedigung getrieben. *Erregt sein vor anderen Menschen ist gleichbedeutend mit Gefahr und wird daher mit Angst besetzt.*

Nun kehren wir zu den oben beschriebenen Patienten zurück. Unser therapeutisches Ziel ist klar. Diese »argwöhnischen« Leute müssen in der Kur lernen, sich der Liebe, dem Genuß, so angstfrei, so »arglos« hingeben zu können, wie sie es in ihrer allerersten

Kindheit vermochten. Mit anderen Worten, sie müssen dazu gebracht werden, gewisse instinktive Funktionen, welche bisher überhaupt nicht oder nur unter Angst, oder wenn ohne Angst, dann ohne jede bewußte Lust betätigt werden konnten, wiederum, und zwar mit Lust zu betätigen.

Wie können wir unseren Patienten dabei behilflich sein? Freud beschreibt diese Situation, soviel ich weiß, nur an einer Stelle in seiner oft zitierten Arbeit ›Erinnern, Wiederholen, Durcharbeiten‹. Nach ihm ist das Ziel unserer Arbeit, die Patienten erinnern zu lassen. Zum Teil läßt sich das nicht rein durchführen; man muß dulden, daß die Patienten manches agieren. Dies soll aber möglichst in engen Schranken gehalten werden. Was wiederholt oder agiert der Patient eigentlich? »Er wiederholt alles, was sich aus den Quellen seines Verdrängten bereits in seinem offenkundigen Wesen durchgesetzt hat, seine Hemmungen und unbrauchbaren Einstellungen, seine pathologischen Charakterzüge.« Dies muß heute etwas erweitert werden. Der Patient agiert natürlich nicht nur die pathologischen, sondern *alle* seine Charakterzüge, er benimmt sich eben, wie er ist, er kann doch nicht anders. Dies zu verhindern, ist unmöglich. Was wir tun müssen, ist unsere Gegenübertragung zu meistern. Das heißt, wir müssen ihn dazu bringen, daß er das analytische Verhältnis auch in seinen kleinsten Details *möglichst einseitig* entwickle. Und erst dann, wenn es uns also gelungen ist, die Übertragung nicht zu stören, können wir ihm zeigen, wo, wann und mit welchen Mitteln er sich gegen die hingebungsvolle Liebe bzw. den hingebungsvollen Haß schützt. Es kommt also für diese Periode der Arbeit gesetzmäßig erst das Wiederholen und dann das Erinnern.

Auf diese Weise wird es auch klar, daß sich der Patient immer, also auch gegenüber anderen Menschen, ebenso benommen hat, nur wurde das Bild dort durch die störende Wirkung der Gegenübertragung des Partners verworren. Hier ist der Partner, der Analytiker, passiv, das Verhältnis entwickelt sich, wie der Patient es – unbewußterweise – haben wollte. Diese Mitteilung wird fast regelmäßig mit heftigen Affekten wie Zorn, Schmerz, Kränkung, Scham usw. beantwortet. Der Analytiker soll sich aber nicht irreleiten lassen, alle diese Affekte werden nur vorgeschoben, um die Angstentwicklung hintanzuhalten. Diese Angst richtet sich gegen die Hingabe, gegen diese unerträgliche Erregung; mit ihrem Bewußtwerden taucht auch regelmäßig die Situation aus der Kindheit auf, in der das Vertrauen der Kleinen mißbraucht wurde. Man würde erwarten, daß jetzt eine Veränderung einsetzen wird; aber es geschieht fast nie so: nur, daß der Patient diese Zusammenhänge nun kennt. Der Analytiker hat darauf hinzuweisen, daß das einst vielleicht rationell gewesene Verhalten heute schon irrationell ist; der Patient ist seitdem erwachsen, heute kann er viel mehr ertragen als damals; aber auch die reale Situation ist eine andere: damals standen mächtige Erwachsene ihm gegenüber, die ihr Unbewußtes an ihm ausleben mußten, heute arbeitet er mit dem Analytiker, der bestrebt ist, nichts an ihm auszuleben. Mit einem Worte: Heute kann er selbst das Maß der Erregung bestimmen, das er noch fähig ist zu ertragen.

Das ist das Wichtigste: *daß das Maß der zu ertragenden Erregung, der Spannung, tatsächlich vom Patienten selbst bestimmt werde.* Dies klärt auf, warum in vielen Fällen die sonst so nützlichen aktiven Eingriffe nach Ferenczi wirkungslos bleiben. Anfangs hießen sie doch Gebote und Verbote, wurden auch mit ziemlichem Nachdruck gegeben, sogar manchmal – wie bei der Terminsetzung – scheinbar unwiderruflich. Ferenczi selbst war der erste, der die Unbrauchbarkeit dieser Form einsah und eine neue, viel mildere Form, die »Ratschläge« empfahl. Damit wurde versucht, dem Patienten anzuvertrauen, das Maß der zu ertragenden Erregung selbst zu bestimmen. In vielen Fällen ist auf diese Weise erreichbar, was Ferenczi mit »aktiven« Eingriffen bezweckte, nämlich das durch die Angst erzwungene, krampfhafte Ertragen abzubauen und statt dessen ein neues Regime einzuführen, welches auf spontane Einsicht, auf praktische Anpassung basiert ist. In manchen Fällen aber können wir dies mit den Ratschlägen nicht erzielen. Dieses Ergebnis zeigt, daß auch die mildere Form der Ratschläge manchmal nur unseren unbewußten Wünschen entspricht und für den Patienten immer noch eine inadäquate Spannungssteigerung bedeuten kann.

Wo die Ratschläge sich als unnütz erwiesen haben, bleibt nichts übrig, als sie zu revidieren und von neuem und wieder von neuem zu erwägen, wieviel Spannung momentan dem Patienten zugemutet werden kann, ohne eine übergroße, zurückschreckende Angstentwicklung hervorzurufen. Diese Revision muß gegebenenfalls (nicht so sehr selten) auf die ganze psychoanalytische Situation ausgedehnt werden. Zweifellos ist das passive Zuwarten und das Deuten das sicherste und in den meisten Fällen zweckdienlichste Verhalten. Aber nicht in allen Fällen; folglich ist dieses Verhalten, welches – wir können es eingestehen – für uns das bequemste ist, manchmal revisionsbedürftig.

Was diese Revision bedeutet, kann ich hier wegen des beschränkten Platzes nicht behandeln. Ohne ausführliche klinische Belege ist jede Erörterung über Technik nutzlos. Ich möchte nur so viel erwähnen, daß es sich immer darum handelte, den Patienten, natürlich mit seinem Einverständnis, bestimmten Spannungen auszusetzen. Das ist im Prinzip nichts Neues, eigentlich nur die Weiterführung einiger Ideen, welche hauptsächlich durch Ferenczi, zuletzt in seiner Arbeit ›Kinderanalyse mit Erwachsenen‹, angeregt wurden.

Falls die Art und das Maß dieser bewußt hervorgerufenen Spannungen und auch der Zeitpunkt richtig gewählt wurden, kam es meistens zu großen Affektausbrüchen und es tauchten regelmäßig bisher nicht zugängliche Erinnerungsstücke auf; einmal kam es sogar zu einer intensiven Halluzination, die nur nachträglich als aus der Vergangenheit stammend erkannt wurde. Aber dies ist nur der eine Teil des Erfolges. Ebenso wichtig sind Reaktionen, die in der Richtung liegen, welche ich den *Neubeginn* nennen will. Damit meine ich eine Änderung im Verhalten, exakter im Libidohaushalt des Patienten. Freud erwähnt in seinen technischen Schriften, daß es eigentlich eine große Enttäuschung für ihn war, daß keine Besserung erfolgte, wenn er seinen Patienten das bisher Verdrängte aufgedeckt hatte. Seit langem wissen wir, daß hierdurch nur der Widerstand verschärft wurde. Später haben wir alle mit ihm die zweite Enttäuschung erlebt. Nach vieler Arbeit haben wir unseren Patienten dazu gebracht, daß er sich nun selbst erinnern kann, daß er damals dies und jenes verdrängt hat. Manchmal verschwinden hierauf seine Symptome – manchmal auch nicht –, aber geheilt will er sich doch nicht fühlen. Was hier noch fehlt, ist, daß er die vielen Bedingungen, die er noch immer stellen muß, um angstfrei lieben zu können, endlich fallenlasse. Es ist also nicht genug, wenn der Patient weiß, daß diese Bedingungen eigentlich nur den Zweck hatten, ihn vor der Hingabe, vor dieser für ihn zu großen Erregung zu schützen – wenn er auch das Trauma kennt, von welchem diese Bedingungen herstammen –, er muß noch lernen, wiederum *arglos, bedingungslos* lieben zu können, wie nur Kinder lieben können. Dieses Fallenlassen der Bedingungen nenne ich Neubeginn. Dieser muß natürlich immer infantil sein. Die Entwicklung muß dort fortgesetzt werden, wo sie damals durch das Trauma von der ursprünglichen Richtung abgelenkt wurde. Eine Patientin wünschte z. B., daß ich ihr einen Finger reiche, den sie wie ein Wickelkind mit der ganzen Hand umklammerte. Eine andere brachte in dieser Periode Tag für Tag einen Traum, in welchem sie selbst als ein Kind vorkam; dieses Kind wurde in jedem Traum etwas älter und tat weiter nichts als lieben; diese verschiedenen Liebesweisen wiederholten ihre ganze Entwicklung.

Damit wird es auch verständlich, warum eigentlich das Zurückverfolgen der Libidoentwicklung, sei es durch Erinnern oder durch Wiederholen, unbedingt notwendig ist. Um etwas von neuem beginnen zu können, muß man bis zur Störungsstelle zurückkehren. Die Rückkehr selbst – also das Erinnern, das Aufdecken des Verdrängten – bedeutet noch keine Änderung, sie ist aber zur Änderung, zum Neubeginn unbedingt notwendig.

Was geschieht nun weiter? Manchmal erst nach einigen neuen, schüchternen Versuchen, andere Male auch eruptionsartig ohne sie, zeigt sich ein schier unersättliches Verlangen, solche neubegonnenen, infantilen Betätigungen der Liebe immer und immer zu wiederholen. Nachdem dies abflaut, wozu nur selten erhebliche Zeit notwendig ist, verschwindet die Angst, und der Patient wird fähig, seine diesbezüglichen Wünsche anzuerkennen und sie entweder in der Realität zu verwirklichen oder aber ihnen endgültig zu entsagen. Selten ist die analytische Arbeit mit einem einzigen Schub von Neubeginn beendet. Meistens lassen die Patienten nur Schritt für Schritt die vielen Bedingungen, Formeln usw. fallen, an welche sie ihre Hingabe, ihre Liebesbereitschaft gebunden hatten.

Sicher ist diese Periode eine der interessantesten in der analytischen Arbeit. Ich glaube, sie ist dasselbe, was Freud »Durcharbeiten« genannt hat. Aber obgleich er feststellt, daß es »jenes Stück der Arbeit ist, welches die größte verändernde Wirkung auf den Patienten hat«, behandelt er es in seinem schon zitierten Aufsatze nur sehr kurz; nur die zwei letzten Absätze sind diesem Problem gewidmet. Auch gibt er für diese Phase der Behandlung dem Analytiker weiter keinen Rat als den üblichen: Geduld und Festhalten an der Befolgung der psychoanalytischen Grundregel. Solange ich noch ausschließlich nach dieser klassischen Technik arbeitete, bekam ich zwar neubeginnartige Reaktionen zu sehen, konnte aber die Gesetzmäßigkeit und die Bedeutung dieser Erscheinungen noch nicht erkennen. Dieser Umstand mag vielleicht die eine Ursache sein, warum Freud diese wichtige Frage so unverhältnismäßig kurz behandelt hat.

Diese letzte Periode in der analytischen Kur, das Durcharbeiten der Widerstände, oder wie ich es nennen möchte: *das Suchen nach einem angstfreien Neubeginn*, bringt immer eine Erweiterung der Liebes- und Genußfähigkeit mit sich. Es werden von nun an auch solche Funktionen, und zwar lustbringend, betätigt, welche bisher durch die versperrende Angst unmöglich waren.

Sicher bedeutet aber diese Erweiterung auch eine Charakteränderung. Und somit wären wir bei der heiß umstrittenen Frage der Charakteranalyse angelangt. Kann unsere Arbeit einen Charakter verändern? Wie weitgehend? Soll man es tun? Und überhaupt, darf man es tun? Diese Fragen schweben seit der Einführung der Lehranalysen, die eigentlich dieses Thema aufgerollt haben, andauernd in der Luft. Wir wissen, daß dieselben noch keineswegs endgültig beantwortet sind. Im Gegenteil, sehr erfahrene Analytiker stehen diesen Fragen durchaus skeptisch gegenüber; andere ebenso erfahrene hingegen sind überzeugte Bejaher. Die obige Behauptung, daß durch Änderung der Liebesfähigkeit auch der Charakter geändert wird, spricht für die eine Lösung, aber es bliebe dann das beunruhigende Problem unbeantwortet, warum gute Analytiker das Gegenteil behauptet hatten. Nun, es ist eine alte Erfahrung, wenn in einer Wissenschaft von ernsten Forschern einander so widersprechende Meinungen zu hören sind, dann ist immer die betreffende Frage nicht exakt genug formuliert.

Beginnen wir mit dem Sprachgebrauch. Charakter stammt von charásso, das so etwas wie einkratzen, einmeißeln bedeutet. Charaktér bedeutet im Altgriechischen also das meißelartige Werkzeug, das so entstandene Zeichen und erst im übertragenen Sinne den Charakter. Wir Ungarn haben dafür ein Wort *jellem,* das als Stamm das Wort jel = Zeichen hat. Auch im Deutschen sind »charakteristisch« und »bezeichnend« gleichbedeutend. Demgemäß wäre Charakter ein Zeichen, das seinen Träger kenntlich macht.

Man spricht zwar auch von charakteristischen Körpermerkmalen, aber im allgemeinen wird dieses Wort für das Verhalten der Menschen gebraucht. So nennt die alltägliche Sprache charakterfest denjenigen, welcher unter den verschiedensten Umständen, unter den schwersten Versuchungen nach erkennbaren Regeln, Gesetzen handelt, denkt, sogar fühlt; ihn beschreibt Horaz in seiner bekannten Ode: Iustum ac tenacem propositi virum ...; charakterlos wird dagegen derjenige genannt, dessen Handlungs- und Denkweise keine solche Regeln, keine Gesetze kennt. Man sagt auch von ihm, er sei jeder noch so abscheulichen Tat fähig. Vorerst müssen wir von dem sozialen Urteil, welches in diesen Bezeichnungen liegt, ganz absehen und sie nur als psychologische Diagnose betrachten. Demgemäß wäre der Charakter eine geregelte, gesetzmäßige starre Reaktions- bzw. Aktionsform.

Freilich fällt diese Erstarrung bei verschiedenen Menschen verschieden aus. Von fast automatenähnlichen Reaktionsformen führen Übergänge allmählich zu ganz unberechenbaren Formen. Übrigens ist auch das Verhältnis des Menschen zu seinem eigenen Charakter sehr verschieden. In glücklichen Fällen erkennt die betreffende Person ihren Charakter als einen wichtigen Teil, sogar als den Kern ihres Selbst an. In anderen Fällen aber fühlt sie ihn als einen fremden Zwang, der viel mächtiger ist als sie selbst. Auch in dieser Hinsicht liegt die große Mehrzahl der Menschheit zwischen beiden Extremen.

Bei all diesen Differenzen handelt es sich immer um das eine, ob etwas zu tun, zu denken oder zu fühlen gestattet ist oder nicht.

Dies nenne ich das Formproblem der Charakterologie. Ich möchte gleich betonen, daß mit diesem Formproblem die Charakterologie durchaus nicht erschöpft ist. Um nur das wichtigste der weiteren Probleme zu nennen: die Menschen sind voneinander auch nach der Intensität, nicht nur nach der Form ihrer Handlungen verschieden. Diese Intensitätsfrage kann ich hier nur hervorheben, zu ihrer Lösung nichts Nennenswertes beitragen.

Uns interessiert vor allem das Formproblem. Zum Studium der geregelten Charakterreaktionen sind die einfachsten psychologischen Reize unbrauchbar. Die Bestimmung des Sehvermögens, der Hörschwelle, der Reaktionszeit zum Beispiel ergeben viel wertvolles Material zur Individualität, zur Konstitution, zu der momentanen Disposition des betreffenden Menschen, aber nichts zum Studium seines Charakters. Der Charakter ist wohl individuell verschieden, macht aber nicht die ganze Individualität aus. Wir müssen also zur Untersuchung des Charakters kompliziertere Reize anwenden.

Beispiele sind leicht zu nennen. Wir müssen beobachten, ob ein Mensch einer Person, die er liebt, verzeihen kann und wie weitgehend; ob er bei einer ihm wichtigen Angelegenheit lange ausharren kann, oder sie leicht wieder fallen läßt; wie er seinen Freunden in der Not hilft und wie er seine Feinde bekämpft; ob er ungeduldig wird, wenn etwas nicht so ist, wie er es haben möchte; was er tut, wenn etwas nach seinen Wünschen geht und was, wenn es gegen seine Wünsche geht, usw. usw. All diese und viele ähnliche Beobachtungen liefern wichtige Stücke zum Aufbau seines Charakters. Haben aber all diese scheinbar so heterogenen Reize etwas Gemeinsames? Ich glaube, dieses Gemeinsame gefunden zu haben. Alle die hier aufgezählten Merkmale und alle anderen, die ich darauf untersucht habe, liegen nämlich ohne Ausnahme auf dem Gebiete des Denkens, Fühlens, Handelns, welches mit zwei Zeitworten bezeichnet werden kann; diese sind: lieben und hassen. *Der Charakter regelt also das Verhalten des Menschen zu seinen Liebes- und Haßobjekten.*

Nun müssen wir aber bedenken, daß der Charakter immer eine ganz bestimmte Art des Liebens (Hassens) fordert, ja die anderen Arten des Liebens (Hassens) nicht nur erschwert, sondern in vielen Fällen einfach unmöglich macht; so ergibt sich der einfache Satz: *Charakter bedeutet immer eine mehr oder weniger weitgehende Einschränkung der Liebes- und Haßmöglichkeiten.* Aber noch mehr. Falls der betreffenden Person durch äußere Umstände andere, seinem Charakter nicht entsprechende Liebesmöglichkeiten geboten oder auch aufgezwungen werden, so wird sie in diesen Situationen weder lieben noch – und dies viel weniger – genießen können. *Charakter bedeutet also auch eine Einschränkung der Liebes- und Genußfähigkeit.* Mit anderen Worten: charakterfeste Leute sind im allgemeinen benachteiligt gegenüber den sogenannten Charakterlosen; sie müssen eventuell schwer unter solchen Umständen leiden, die von »Charakterlosen« mit Genuß empfunden werden. Der daraus resultierende Neid mag wohl eine wichtige Ursache für die Verurteilung, ja Verachtung der Charakterlosen durch die Charakterfesten abgeben.

Oben habe ich den Charakter eine geregelte, erstarrte Reaktionsform genannt. Dies will sagen, daß früher einmal auch andere Reaktionen möglich waren, die Form war eben noch wandlungsfähig; erst später wurde sie zu einer regelmäßigen, starren. Der Zeitpunkt dieser Erstarrung fällt in das extrauterine Leben, aber nicht in seinen Anfang. Verarbeitung von so komplizierten Reizen ist sicher nicht die Aufgabe dieser ersten Zeiten. Betonen möchte ich aber, daß dies nur für die Charakter*form* gilt; die Intensität des Charakters scheint früher determiniert zu sein.

In der psychoanalytischen Literatur findet man immer als Ursache der Charakterbildung die Angst vor der Strafe. Diese Strafe drohte ursprünglich dem Kinde von den Eltern (Erziehern); später, nach der Errichtung des Über-Ichs, auch von seinem eigenen Gewissen. Die Absicht jeder Strafe ist das Erreichen der Identifizierung mit der strafenden Gewalt, also eine Ich-Veränderung, um eine neuerliche Bestrafung vermeiden zu können. Später wurde dieser Satz ausgedehnt; unter Strafe hat man nicht nur ein körperliches Leiden zu verstehen, auch die Androhung des Liebesentzuges kann dieselbe Wirkung ausüben. Ich wollte mit diesen Ausführungen zeigen, daß neben ihr auch die Angst vor der inadäquaten, d.h. allzu großen Lustauslösung bei der Charakterbildung eine wichtige Rolle spielt.[2]

Jetzt verstehen wir auch, warum der Charakter gerade das Ver-

---

[2] Diese beiden Arten von Angst – so verschieden sie auch erscheinen mögen – haben doch viel Gemeinsames miteinander. Sicherlich ist die Strafe, auch wenn sie milde Liebesentzug genannt wird, eine – manchmal sehr ausgiebige – sexuelle Befriedigung für die sadistischen Eltern und auch für den Masochismus des Kindes. Die Strafe (Liebesentzug) könnte also unter den inadäquaten sexuellen Erregungen subsumiert werden, womit ich aber gar nicht leugnen will, daß sie in ultima analysi immer auch eine reale Todesandrohung für das hilflose Kind bedeutet. Gleicherweise aber erzeugt die, durch Verführung verursachte, allzu große sexuelle Erregung im Kinde das Gefühl des Nichtmehraushaltenkönnens, im Wesen ähnlich dem Gefühl des nahenden Unterganges, des Todes. Es ist also gar nicht ausgeschlossen, daß die beiden Angstquellen: reale Todesandrohung durch Liebesentzug oder durch übergroße Erregung und die inadäquate sexuelle Erregung durch die Lust und durch Strafaktionen der Eltern, wesensverwandt sind. Gesichert scheint es mir aber, daß sie die wichtigsten Ursachen der Charaktererstarrung sind. Die biologische Basis ist wiederum die Wehrlosigkeit des Kindes, sein Ausgeliefertsein an die Willkür der Erwachsenen.

hältnis zu den Haß- und Liebesobjekten regelt. Die Gefahr, sei sie sexuelle Erregung oder Strafe, droht vor allem von den Nächststehenden, den Liebesobjekten. Indifferente Personen und Gegenstände sind eben deshalb indifferent, man möchte übersetzen: ungefährlich, weil sie weder Lust noch Angst erregen. Je größer die Liebe, die Anziehung, desto größer die sexuelle Erregung und desto größer auch die Angstgefahr. Man könnte den Satz wagen, daß die Menschen nur darum und nur insoweit leiden, weil und wie sie lieben.

Damit schließt sich der Kreis. Sicher ist die *eine* Funktion des Charakters, den Menschen gegen eine – ihm inadäquat große – Sexualerregung, also gegen die Liebe, zu sichern. Dies wird dadurch erreicht, daß der Mensch seine Liebesbereitschaft, seine Teilnahme an der gegenseitigen Erregung und dem Genießen an mehr oder minder starre Bedingungen knüpft. Diese sind eben seine Charakterzüge. In der psychoanalytischen Kur wird er nicht nur mit der Genese dieser Eigenschaften bekannt, sondern er lernt, sie auch als Schutzmaßnahmen zu betrachten. So wird er fähig, einige dieser Maßnahmen, welche nunmehr unnütz geworden sind und nur ein historisch berechtigtes Hindernis für die arglose Freude bedeuten, abzubauen. Dies ist die Antwort auf die Fragen, ob und inwieweit die analytische Kur den Charakter zu ändern vermag.

Die beiden anderen Fragen, ob man Charaktere verändern soll oder gar sie verändern darf, lassen sich nicht so leicht beantworten. Wie wir gesehen haben, ist der Charakter eine Kompromißbildung. Seine beiden Faktoren sind die Interessen des Individuums und die Interessen der menschlichen Gesellschaft. Ein »charakterfester« Mensch ist Gewinn für die Sozietät, ein »charakterloser« eine ewige Sorge, eine ewige Gefahr. Auch für den einzelnen kann es bequemer sein, einen Charakter zu besitzen, welcher für ihn in vielen Situationen das Durchdenken, das Wählen überflüssig macht und auch die Verantwortlichkeit nachher wesentlich vermindert.

Aber dies ist nur die eine Seite. Auf der anderen Seite liegen die vielen verpaßten Freuden, die vielen vergällten Genüsse, das viele Sehnen nach voller Hingabe, welche nie gelingen will. Wir werden aber – glücklicherweise – nicht viel gefragt. Die Menschen, die zu uns kommen – nach einiger Zeit auch die Lehranalysanden –, wünschen Befreiung, Befreiung von den vielen drückenden Forderungen ihres Charakters und kümmern sich nicht um prinzipielle Fragen.

Damit will ich aber die Frage nicht umgehen, ob die Charakteranalyse in jedem Fall berechtigt ist oder nicht. Wie wir gesehen haben, ist ihre Aufgabe, den Menschen von den vielen, ihm aufgezwungenen, starren Liebes- und Haßbedingungen zu befreien. Nach meiner Meinung ist dies in vielen Fällen nicht nur berechtigt, sondern auch notwendig. Diese Bedingungen – obgleich sie ins Ich längst eingebaut wurden – sind eigentlich Auswirkungen von Erziehungsfehlern. Diese begangenen Fehler müssen wir wirkungslos machen. Dies kann sicher erreicht werden. Was wir bei einem Erwachsenen nicht erreichen können, ist, seine Triebkonstitution zu ändern und die Tatsache, daß er von einer Gesellschaft erzogen wurde, ungeschehen zu machen. Unser Ziel ist also eine elastische, praktische Anpassung an die äußere Realität, bei möglichst vollständiger Wahrung der inneren Freiheit. Vor etlichen hundert Jahren hat das ein Kollege von uns prägnant beschrieben: Johann Scheffler, oder mit seinem selbstgewählten Namen: Angelus Silesius. In seinem ›Cherubinischen Wandersmann‹ steht:

> Mensch, werde wesentlich, denn wenn die Welt vergeht,
> So fällt der Zufall weg, das Wesen, das besteht.

Nun, die Aufgabe der Charakteranalyse ist eben die, daß der Mensch lernt, in sich selbst das Wesentliche vom Zufälligen zu unterscheiden.

Anhang

Nach der vorgetragenen Auffassung wäre die Regression kein einmaliges Geschehen, kein endgültiges Springen von einer Libido-Position auf eine andere, sondern ein zeitlebens hin- und herwogender dynamischer Vorgang, erzwungen durch eine die volle Genitalität versperrende Angstgefahr, durch die Unfähigkeit zum Erleben der Endlust. So bekam ein junger Mann – in einer bestimmten Periode seiner Kur – regelmäßig einen unwiderstehlichen Durchfall, wenn die Nähe des geliebten Mädchens ihn erregte. Ein anderer wehrte sich gegen die sexuelle Erregung bei solchen Anlässen mit Erbrechen. Ein schon gesetzter Mann wurde unzärtlich, schroff, streitsüchtig, sobald er sich von seiner Partnerin angezogen fühlte. Überall konnte nachgewiesen werden, daß die Patienten auf die Steigerung der genitalen Erregung mit Angst reagierten; die Angst wuchs mit der Erregung und wurde schließlich so groß, daß eine weitere Steigerung unerträglich geworden wäre; es mußte also eine andere, angstfreie Abfuhrmöglichkeit gefunden werden. Dieser Vorgang ist die Regression, da außer der Genitalität alle anderen sexuellen Tätigkeiten prägenital sind.

Auch die Wiederholung im individuellen Leben gewinnt hierdurch einen etwas geänderten Sinn. Sie bildet das Gegenstück der Regression. Sobald die sexuelle Erregung durch die prägenitale Abfuhr (bei den obigen Beispielen bleibend: Durchfall, Erbrechen, Streit und Unfreundlichkeit) erledigt ist, vermindert sich die Angstgefahr, und die Libido bewegt sich wieder in der Richtung der Genitalität; das heißt, der schon begangene Weg der individuellen Entwicklung wird immer und immer wiederholt. Wird auf diesem Wege die Erregung wieder unerträglich, dann setzt der andere Pendelschlag, die Regression ein.

In der Sexualität jedes Menschen kann man diese zwei Punkte erkennen: Wie weit er sich erlauben kann, sich der vollen Genitalität noch angstfrei zu nähern: dies wäre der genitale Punkt; und wie weit ihn die Angst zurückjagt: dies wäre der Fixierungspunkt. Wenn wir auch die ausgelöste Angstmenge dazunehmen, so lassen sich leicht die meisten bekannten psychosexuellen Situationen schematisch darstellen.

Wenn die Angst über ein breites Gebiet schon durch kleine sexuelle Erregungen ausgelöst werden kann, dann rückt der genitale Punkt in die Nähe des Fixierungspunktes, und es entsteht ein gleichsam ständiger Regressionszustand – das Bild einer Psychoneurose. Falls die Angst erst bei größeren Erregungen, also nur über ein schmales Gebiet auslösbar ist, aber ihre Menge noch ziemlich groß ist – so erhalten wir die Beschreibung der im Vortrage erwähnten Sexualstörungen. Kann der Mensch endlich ein ziemliches Maß von Erregung vertragen und ist sogar die durch die Erregung ausgelöste Angstmenge null oder nur klein – so haben wir einen sogenannten Gesunden vor uns mit mehr oder minder starren Charakterzügen. Diese Bilder fassen nicht nur die bisherigen Schemata in sich, sondern ermöglichen auch, die vielen Übergänge und Mischgebilde in ein System zu ordnen.

Demnach scheint es, daß der Charakter auch die Funktion hat, den Menschen vor einer zu intensiven Lust zu schützen. Genetisch beschrieben, heißt das: *es gibt keine geglückte Verdrängung,* das heißt keine Verdrängung ohne Dauerveränderung im Ich. Im schlimmsten Falle resultiert ein neurotisches Symptom, in dem Falle aber, wo früher eine geglückte Verdrängung vermutet wurde, deckt die eingehende Analyse eine Reihe von mehr oder minder starren Charakterzügen auf, welche direkte Abkömmlinge, man könnte sagen: keloidartige Narben, der erfolgten Verdrängung sind.

XII. Zur Übertragung von Affekten[1] (1933)

Die Psychoanalyse baut sich auf zwei erwiesenen klinischen Erfahrungstatsachen auf. Die eine ist der *Widerstand*. Mitten im Fluß seiner freien Assoziation empfindet der Patient oft den Impuls, den nächsten Einfall oder die nächste Kette von Einfällen nicht zu erzählen, weil sie unfreundlich, lächerlich, unwesentlich, peinlich usw. seien. Der Analytiker bemerkt den Widerstand am unebenen Fluß der Assoziation, wie plötzlichem Abschweifen, Beschleunigen, Zögern oder sogar momentaner Unterbrechung des Redeflusses. Diese Erfahrungen haben zu der Annahme eines unbewußten Seelenlebens, zur Hypothese der Verdrängung und allgemein der Dynamik seelischer Vorgänge Anlaß gegeben. Die Tatsachen, die diesen Annahmen zugrunde liegen, sind so klar für jeden beobachtbar, so unleugbar, daß die genannten Konzepte bereits von der wissenschaftlichen Welt angenommen worden sind, obwohl manchmal unter verschiedenen Namen; man hört heute kaum noch eine gänzlich ablehnende Kritik.

Hinsichtlich der zweiten, ebenso wichtigen Beobachtung, der *Übertragung*, liegen die Dinge sehr anders. Diese Erfahrungstatsache, die zur psychoanalytischen Trieblehre führte und auf der neuerdings die Anfänge einer psychoanalytischen Charakterkunde aufgebaut werden, wird angegriffen, bestritten und sogar verworfen. Zwei Hauptgründe scheinen dafür maßgebend zu sein. Einmal verlangt die Übertragung, obwohl sie gleichfalls ein generelles Phänomen ist, einen geschulten, unvoreingenommenen Beobachter. Ferner aber ist die Übertragung eng mit dem Bereich der Gefühle verknüpft. Wir wollen das an ein paar harmlosen Beispielen darstellen. In einem heißen Wortgefecht kann es vorkommen, daß der eine oder andere der Streiter mit der Faust auf den Tisch haut, sozusagen um seinen Argumenten mehr Gewicht zu verleihen. Oder es kommt vor, daß man etwas Ärgerliches mitanhören muß; wenn dann die Erregung am Ende des Gespräches noch nicht abgekühlt ist, knallt man beim Hinausgehen die Tür zu. Oder aber ein junger Mann entdeckt, daß seine Geliebte, die sich eben von ihm verabschiedet hat, ihre Handschuhe bei ihm vergessen hat. Dann kann es sein, daß der junge Mann sich im Besitze dieser wertvollen Gegenstände noch glücklicher fühlt und sie sogar küßt.

---

[1] Der Vortrag wurde ursprünglich vor der Ungarischen Psychologischen Gesellschaft im Jahre 1933 gehalten. Die Beispiele wurden später eingefügt.

Wenn wir diese an sich eher uninteressanten Beispiele näher betrachten, sehen wir, daß in jedem von ihnen die betreffende Person von heftigen Gefühlen ergriffen wird. Wohl wurde diese Emotion von einer bestimmen Person erregt oder ist auf eine solche gerichtet; aber sie wird an etwas anderem ausgelebt. Der Zornige ist keineswegs wütend über den Tisch oder die Tür; der Verliebte liebt keineswegs die Handschuhe, aber diese Dinge müssen für das Ausdrücken der Gefühle herhalten. In wissenschaftlicher Sprache ausgedrückt: die Gefühle der betreffenden emotional erregten Person sind vom ursprünglichen Objekt auf ein anderes »übertragen« worden.

Dieser Vorgang der Übertragung ist eine sehr wichtige, ganz allgemeine Erscheinung, die unser ganzes soziales Leben durchwirkt. Es ist keine Übertreibung zu sagen, daß es kaum eine Sphäre sozialen, religiösen, politischen Lebens gibt, in welcher die Übertragung nicht eine wichtige Rolle spielt. Man nehme allein das Reich der Symbole: die nationale Flagge, das Familienwappen verdanken ihre Bedeutung der Übertragung von Gefühlen. Das gleiche gilt von der Uniform, den Rangabzeichen. Die Bezeichnung der Nation als solche, die Worte »Britisch« oder »Deutsch« sind gefühlsbeladen; die Bezeichnung »Britisch« ist mit größter Umsicht so gewählt, daß die Gefühle aller Nationen innerhalb des Vereinigten Königreiches geschont werden. In den vier Ecken der britischen Briefmarken sind vier Blüten: die Rose, die Distel, die Narzisse und das Kleeblatt, als Symbole der vier unter der Krone vereinigten Länder abgebildet. Eine kriminelle Handlung wird als gegen den Herrscher gerichtet betrachtet, die Verfolgung geschieht im Namen der Krone. Auf jedem Briefumschlag steht »On Her Majesty's Service« gedruckt, und das große »Commonwealth of British Nations« wird nicht durch Institutionen, Verträge oder Gesetze zusammengehalten, sondern in der Hauptsache durch ein Symbol, die Person der Königin. Die Abzeichen von Universitäten oder Klubs sind nicht ganz so wichtige Symbole. Schwerer wiegen wieder die religiösen Symbole: das Kreuz, das Niederknien, das Glockenläuten. Es zeigt sich dabei, daß überall nicht das Symbol das eigentlich Wertvolle ist; den enormen Wert verleiht ihm das übertragene Gefühl.

Im sozialen und politischen Leben wird die Übertragung oft benutzt; sie wird für gewisse beabsichtigte Wirkungen sogar hervorgerufen, z.B. durch Prägung neuer Schlagworte, durch einen neuen »nationalen Gruß«.

Ein anderes Gebiet, auf welchem die Übertragung eine überragende Rolle spielt, ist die Tradition. Sehr oft ist ein Brauch, eine Institution überlebt und sinnlos, sogar langweilig und lästig; dennoch halten wir daran fest, aus Verehrung und Liebe zu unseren Vorvätern, wie es oft heißt. Also haben der Brauch, die Institution die Gefühle geerbt, die rechtmäßig den Vorfahren gebührten. Als eines der unzähligen Beispiele erinnere ich an die vom Unterhausvorsitzenden in England getragene Perücke, an die Talare der Richter usw.

Eine ähnliche Erscheinung ist die ehrende Aufbewahrung von Erinnerungsdingen, an deren Wurzel immer die Übertragung liegt. Ein Brief, ein wertloser Gegenstand wie ein Handschuh, ein Spazierstock, getrocknete Blumen, ein häßliches altes Möbelstück werden mit der Fürsorge und Liebe behandelt, als wären sie selbst die ehemaligen Besitzer oder Geber. Ein schlagendes Beispiel dafür sind die sogenannten Gedenkstätten. So werden in Weimar Goethes Waschschüssel und sogar sein Nachttopf gezeigt, und mit der gleichen Verehrung bewahrt die Literarische und Philosophische Gesellschaft von Manchester den Zylinder und die Pantoffeln von Dalton in einem Glasschrein auf.

Ein schier unerschöpfliches Gebiet für das Studium der Übertragung ist die Liebe. Es gibt keinen Gegenstand, an den sich die Übertragung nicht heften könnte oder an den sie sich nicht schon in Einzelfällen geheftet hat. Das fängt mit den geknipsten Fahrscheinen an, die man gemeinsam benutzt hatte, hängt sich an von ihm oder von ihr getragene Kleidungsstücke – kurz, es gibt nichts, was nicht vom Liebenden benutzt wurde und wird, um das geliebte Wesen darzustellen und an seiner Stelle geliebt, verehrt und angebetet zu werden. Kürzlich hörte ich von einem Zahnarzt, der den Zahn, den er einer Patientin ausgezogen hatte, zwei Jahre lang in seiner Brusttasche mit sich herumtrug; er hat die Dame dann auch geheiratet.

Übrigens macht auch der Witz Gebrauch von der Übertragung. Bekannt ist die Geschichte des Ehemannes, der seine Frau in den Armen seines Partners überrascht. Er ist in einem Dilemma. Wirft er die Frau hinaus, muß er ihr die Mitgift zurückgeben; wirft er den Partner hinaus, geht das Geschäft pleite. Also wirft er das Sofa hinaus.

Auch in der Sprachwissenschaft spielt die Übertragung eine wichtige Rolle. Man braucht nur an Redewendungen wie Fuß des Berges, Felsnase, Tischbeine oder auch der bleiche Mond, der strahlende Himmel, ein glücklicher Tag, trübe Jahre zu erinnern.

So könnte man unzählige Beispiele anführen. Aber ich meine, das Gesamte genügt, um zu zeigen, wie allgemein die Erscheinung der Übertragung ist. Ihre Ursachen und Ziele sind nicht schwer zu erkennen. Die Ursache ist immer der Umstand, daß (in dem betreffenden Augenblick oder überhaupt) die Gefühlserregung nicht an der eigentlichen Person oder dem eigentlichen Objekt ausgelebt werden kann. Das zeigt sich z. B. bei unserer Geschichte vom Sofa. Es gilt auch von der Verehrung für Gegenstände, die mit einer weit entfernten oder sogar verstorbenen Person zusammenhängen. Manchmal ist die betreffende Person durchaus erreichbar, aber ein anderes Gefühl, z. B. Furcht, Mitlied, Liebe, hindert uns daran, das zu tun, was wir in dem Moment eigentlich tun möchten. Man sieht, die Übertragung hat für das Seelenleben eine große ökonomische Bedeutung; sie erlaubt uns, Emotionen auszuleben, die sonst sorgfältig zurückgehalten werden müßten, und befreit uns dadurch von lästiger Spannung; wenn wir die Tür zugeschlagen oder auf den Tisch gehauen haben, fühlen wir uns erleichtert. Ebenso ist es leichter, den Verlust einer geliebten Person zu ertragen, wenn wir etwas haben, was ihr Gedächtnis frisch erhält. Diese ökonomische Funktion ist eines der Ziele der Übertragung.

Aus alledem scheint sich noch kaum eine Beziehung zur Psychoanalyse herleiten zu lassen. Es fehlt aber noch ein Zug, den ich absichtlich bisher weggelassen habe. Bisher haben wir die Übertragung nur vom Standpunkt des Übertragenden her betrachtet und haben nicht gefragt, was das Objekt dazu zu sagen hat, auf das die Gefühle, verdienter- oder unverdientermaßen, übertragen werden. Wir haben noch nicht gefragt, was die triumphierend geschwenkte Siegesfahne, der liebend bewahrte Handschuh oder die zornig zugeschlagene Tür wohl dazu meinen. Ich weiß, diese Frage klingt merkwürdig oder sogar komisch. Das soll sie auch. Ich habe absichtlich nur solche Beispiele gewählt, in welchen das Objekt ein unbelebter Gegenstand ist und daher gar nicht antworten kann. Nur in einem solchen Falle kann man klare, augenfällige Situationen demonstrieren. Ein ganz anderes Bild ergibt sich, wenn Emotionen auf einen Menschen übertragen werden, dem es sehr wesentlich ist, ob er gestreichelt oder geschlagen wird, ob man ihn ehrt oder verachtet. Ein solcher Mensch bleibt niemals unbeeindruckt und reagiert nach Maßgabe der in ihm erweckten Gefühle, wodurch die psychologische Situation sich erheblich kompliziert. Mehr noch: da die Übertragung eine so allgemeine Tendenz ist, wird auch er danach streben, die in ihm entstandene Spannung loszuwerden, das heißt, die nicht abreagierten Gefühle auf irgend jemanden in seiner Reichweite zu übertragen. So ergibt sich ein unentwirrbares Netz.

Ich sagte bereits, daß die Übertragung, so alltäglich sie ist, sich nicht so leicht beobachten läßt wie der Widerstand. Hier haben wir die Erklärung. Ich möchte nur noch eines hinzufügen. Wir wissen alle, was notwendig ist, um wieder zu einer klaren Situation zu kommen. Die eine der beiden beteiligten Personen muß die keineswegs leichte Aufgabe übernehmen, sich – in erster Annäherung – so passiv zu verhalten wie die Fahne, der Handschuh oder die Tür. Diese Person ist der Analytiker, und die sich ergebende Lage wird »die analytische Situation« genannt. Was aber geschieht, wenn der Analytiker seine passive Rolle aufgibt? Es geschieht nichts anderes, als was dauernd unter Menschen sich ereignet: Er ist froh, wenn er nett behandelt wird, wenn er freundliche Worte hört, oder aber er ist wütend, wenn er sich getroffen fühlt, Vorwürfe mitanhören muß, gescholten oder verhöhnt wird, das heißt, auch er reagiert und überträgt seine Emotionen auf den Patienten. So verwandelt sich die psychoanalytische in eine triviale allgemeinmenschliche Situation von Freundschaft oder Feindschaft, Sympathie, Liebe oder Haß bis hin zur Gleichgültigkeit.

Wenn jedoch der Analytiker imstande ist, eine elastische Passivität aufrechtzuerhalten, indem er von seiner Seite her nichts in die sich entwickelnde Beziehung einbringt, dann muß sie vom Patienten allein bestritten werden. Nur unter dieser Bedingung ist es möglich, die Wirkungen der Übertragung des Patienten zu zeigen und ihnen im einzelnen zu folgen. Ohne Frage ist das eine außerordentlich schwierige Aufgabe. Oft wird gemeint, die besondere Schwierigkeit liege darin, daß der Analytiker sich die unzähligen Einzelheiten und Ereignisse merken muß, die sein Patient, jeder seiner Patienten, berichtet, und wie er die verschiedenen Daten auseinanderhält und deutet. Aber das ist noch einfach im Verhältnis zu der Aufgabe, die elastische Passivität aufrechtzuerhalten, die Übertragung bewußt zu steuern und die eigene Gegenübertragung absolut in der Hand zu behalten: das ist der wahre Prüfstein des guten Analytikers. Die psychoanalytische Behandlung erfordert so etwas wie die Sterilität des Chirurgen oder Bakteriologen; und ebenso wie diese Keimfreiheit nicht aus Büchern gelernt werden kann, sondern nur aus der Praxis, läßt sich auch die analytische Keimfreiheit nur auf einem Wege erlernen: durch die Lehr- oder Trainingsanalyse. Bekanntlich bedeutet das nichts anderes, als daß der Kandidat sich derselben Prozedur unterwerfen muß, die er auf seine zukünftigen Patienten anzuwenden gedenkt. Meines Erachtens könnte eine Menge Polypragmatik vermieden werden, wenn es möglich wäre, diese Forderung in den allgemeinen medizinischen und besonders den chirurgischen Lehrplan aufzunehmen.

Ich möchte an ein paar Beispielen erläutern, welche Schwierigkeiten den Analytiker erwarten. Zugleich wird man erkennen, wie schlau das Unbewußte mit immer neuen Listen versucht, den Analytiker zu zwingen, seine passive Rolle aufzugeben.

So suchte mich ein Mann auf, um mich wegen bestimmter nervöser Beschwerden zu konsultieren. Er nannte seinen Namen, seinen Familienstand und berichtete seine ganze komplizierte Geschichte. Bevor ich selber zu fragen begann, sagte ich ihm, es wäre besser für ihn, die Antwort auf eine Frage zu verweigern als nicht ganz aufrichtig zu antworten. Das beeindruckte ihn sehr, und er beantwortete meine Fragen bereitwilligst. Dennoch kam ich zu keinem klaren Bild seiner Probleme und sagte ihm das, als ich nach einer Stunde das Interview beenden mußte. Wir verabredeten, daß er mich nach einigen Tagen wieder anrufen solle. Er tat es, wir verabredeten eine neue Stunde, und er setzte seinen Bericht fort. Nach einer Weile unterbrach ich ihn und bekannte, daß ich noch immer außerstande sei, die Situation zu durchschauen; je mehr er redete, um so undeutlicher würde sie mir. Da atmete der Patient erleichtert auf und sagte: »Endlich ein ehrlicher Mann!« Nun gestand er, daß sein Name ganz anders laute, die ganze Geschichte, die Familienverhältnisse, seine Symptome, alles erfunden sei, daß er mich habe testen wollen, da er nur einem ganz vertrauenswürdigen Menschen seine Geheimnisse enthüllen könne. Er hatte auf diese Weise schon mehrere Ärzte geprüft, aber jeder war in die Falle gegangen, hatte ihm für die angeblichen Symptome Ratschläge gegeben und Heilmittel verschrieben. Natürlich stimmte ich ihm zu, daß man niemandem ungeprüft trauen sollte, aber ich fügte hinzu, daß es doch eine kostspielige, ermüdende Testmethode sei; man könne sicherlich mit weniger Unaufrichtigkeit und zu einem billigeren Preis zu dem gleichen Ergebnis kommen. Man sieht, dieser Mann kam mit einer vorgefaßten Haltung und ganz unabhängig von meiner Persönlichkeit zu mir; diese seine Haltung, die Übertragung, war in diesem Falle ein schweres Hindernis, das überwunden werden mußte, bevor eine tragbare Beziehung zwischen ihm und dem Arzt errichtet werden konnte. Seine Haltung war bewußt und sogar wohlbegründet. Wohl stand die erforderliche Energie mit dem gewünschten Resultat nicht im Einklang, und bei einer solchen Unproportioniertheit ist es gewiß, daß das Übertragungsbild auch neben der bewußten eine mächtige unbewußte Wurzel hat, aber die Entdeckung solcher unbewußten Wurzeln erfordert im allgemeinen eine lange, mühsame analytische Arbeit. Im Falle des obigen Patienten war dazu keine Zeit. Es ist in einer solchen Situation ratsam, einfach dem Patienten zuzustimmen, ihm aber doch zu sagen, wie unökonomisch seine Haltung ist, und dadurch zu versuchen, ihm das Fragwürdige seiner ihm so »natürlichen« Haltung zu zeigen.

Auch das Ende einer analytischen Behandlungsstunde kann zur Demonstration der Übertragung dienen. Auch hier werden bewußt sehr gute Gründe vorgebracht. Gewöhnlich arbeiten wir mit jedem Patienten jeweils eine Stunde lang, und das Ende der Stunde wird irgendwie in einigermaßen stereotyper Form herbeigeführt. Darauf reagieren die Patienten nun sehr verschieden. Manche stehen sofort auf, sagen Adieu – und fort sind sie. Andere können sich nicht trennen, möchten gerade noch dies und das sagen, obwohl sie wüßten, daß der nächste Patient schon warte, aber dieser Gedanke, dieses Erlebnis sei so nett usw. usw. ... Ein dritter empfindet es als eine schwere Beleidigung, daß ich die Sitzung beende und nicht er; eine ganze Weile vorher, oft den größeren Teil der Stunde hat er sich schon darauf vorbereiten müssen, diesen unverdienten Hinauswurf zu ertragen. Ein vierter ist ganz sachlich, ganz unemotionell: Seine Zeit ist um, er muß gehen. Aber er muß mir doch sagen, daß ihm eben jetzt etwas sehr Wichtiges eingefallen ist; natürlich muß das bis morgen warten, falls er es nicht bis dahin vergessen hat, was natürlich unendlich schade wäre, woran dann nur die Starrheit, Gleichgültigkeit und Ungeduld des Analytikers schuld wäre usw. usw., in tausend Variationen.

Man sieht, jeder der Patienten hält seine Haltung für logisch und natürlich. Aber es muß verdächtig erscheinen, daß jeder sie für die einzig verständliche Haltung hält. Uns, die wir das ganze Bild sehen, scheint die jeweilige Haltung nicht natürlich, sondern charakteristisch für diesen bestimmten Menschen. Damit sind wir zur Charakterologie vorgedrungen. Man weiß, daß es so viele Charakterologien wie Autoren auf diesem Gebiet gibt. Jeder hat ein eigenes Klassifizierungssystem eingeführt, neue Grundcharaktere oder Temperamente beschrieben. Die Hauptursache für dieses Durcheinander ist die »unsterile« Forschungsmethode. Die verschiedenen Autoren haben ihre Vorlieben und Abneigungen, ihren eigenen Charakter, ihr eigenes Temperament in das Material hineingetragen und die Erscheinungen beobachtet und beschrieben, die sie durch die Brille ihrer eigenen Übertragung erblickten. Das Ergebnis ist natürlich eine Psychologie oder eine Charakterologie des Psychologen selbst.

Die Psychoanalyse hat einen anderen Weg eingeschlagen. Statt damit zu beginnen, irgendwelche Grundtypen zu postulieren, untersucht sie die Charakterzüge des reifen Menschen, indem sie sie in der analytischen Situation beobachtet. Jeder Mensch hat seine mehr oder weniger automatischen Formen, sogar Systeme des Reagierens; manche sind so fest assimiliert, daß andere für den Betreffenden gar nicht möglich, ja buchstäblich inexistent sind. Wir nennen solche Reaktionsweisen dann Charakterzüge. Wie soll man mit ihnen in der Analyse umgehen? Das bedeutet, wenn wir wieder das Ende einer analytischen Stunde betrachten, daß der Analytiker es nicht natürlich findet, wenn sein Patient nach einer hocherregten Sitzung davongeht, ohne auch nur einen Moment zu brauchen, um sich zu sammeln. Er darf auch nicht zulassen, daß das Gespräch zu einem Geplauder ausartet, noch darf er damit sich ängstigen lassen, daß etwas sehr Wertvolles unwiederbringlich verlorengeht usw. Indem er die analytische Situation von seiner Gegenübertragung frei hält, kann er dem Patienten zeigen, wie seine, des Patienten, Automatismen arbeiten, von denen dieser oft keine Ahnung hat. Ein großer Schritt wird getan, wenn nicht nur dieser Automatismus selbst bewußt gemacht werden kann, sondern auch die Wirkung, die der Patient damit erreichen möchte. Um nochmals die oben genannten Beispiele heranzuziehen: Der Patient, der auf den Glockenschlag davonläuft, war vielleicht ein gar zu wohlerzogenes Kind, so daß er jetzt nicht mehr instande ist, einen Wunsch zu fühlen, geschweige denn, ihn auszudrücken. Der andere Patient, der die neuen, in ihm aufsteigenden Gedanken nicht bei sich behalten kann, verdeckt damit vielleicht die Tatsache, daß er nicht ertragen kann, so schlichtweg fortgeschickt zu werden. Der dritte, der fast vom Beginn der Sitzung an unter der Erwartung leidet, am Schluß weggeschickt zu werden, ist oft ein verwöhntes Kind mit einer Menge Aggressivität hinter all seiner Empfindsamkeit. Der vierte, der anscheinend so unterwürfig ist, möchte in Wirklichkeit die Bürde der Verantwortung auf den Analytiker abwälzen.

Schließlich kann man dem Patienten noch vor Augen führen, daß dieser Automatismus zwar unter gewissen Bedingungen kraftsparend für den seelischen Haushalt ist, aber doch nicht immer; oft führt er zu Situationen, die in einer Sackgasse enden. Dann muß die Analyse versuchen, Ausschau nach der ursprünglichen Situation zu halten, in welcher diese Reaktionsweise richtig und angepaßt war, ja, oft die einzig angepaßte Antwort darstellte. Wenn das gefunden ist, kann man den ganzen Vorgang verfolgen, der zu diesem besonderen Automatismus oder diesem sogenannten Charakterzug geführt hat. Wie man sieht, unterscheidet sich dieser Weg grundlegend von den bisherigen Charakterologien. Wir machen uns keine vorgefaßte Vorstellung, welche grundlegenden Charaktertypen es gibt; wir sammeln einfach Material und hoffen, daß es sich mit wachsendem Wissen von selbst ordnet.

Was heißt das, wenn wir behaupten, jeder Charakterzug habe seine eigene, individuelle Geschichte? Oft werden wir mit ganz unerwarteten Reaktionen konfrontiert, indem scheinbar unwichtige Dinge einen Übertragungssturm auslösen können. Gerade darum muß ich mit diesen unwichtigen Kleinigkeiten beginnen. Eine Zeitlang war mein Behandlungszimmer so eingerichtet, daß die analytische Couch ziemlich dicht bei dem Schreibtisch stand. An der Ecke des Schreibtisches stand eine große Blattpflanze, die ihren Schatten auf die Couch warf. Eines Tages hatte ich die Pflanze aus dem Zimmer nehmen lassen, weil die Blätter abgewaschen werden sollten, und sie war noch nicht wieder zurückgestellt worden. Weder ich selber noch die ersten beiden Patienten bemerkten ihre Abwesenheit. Der dritte Patient begann die Sitzung jedoch ganz gegen seine Gewohnheit damit, daß er schweigsam war. Sein ganzes Verhalten zeigte an, daß er sich unbehaglich fühlte, fast litt. Schließlich brach es nach einiger Ermutigung heftig aus ihm hervor: »Warum tun Sie mir das an, und wenn es sein muß, warum so brutal?« Erst nach längerem Zureden konnte er erklären, daß er sich im Schatten der Blattpflanze so sicher und heimisch gefühlt hatte. Nun, da die Pflanze fort war, fühlte er sich ausgestoßen, elend, wehrlos der ganzen Welt und allem Bösen ausgesetzt. Man muß wissen, daß es sich um einen körperlich durchaus gesunden jungen Mann, einen Sportler, Meister im Gewichtheben und Ruderer im Universitäts-Achter, handelte. Ich wußte jedoch schon, daß er als Neunjähriger von seinen Eltern in eine sehr strenge, von Jesuiten geführte Heimschule gesteckt worden war. Die politische Situation Ende des Krieges mit ihren drei rasch aufeinanderfolgenden Revolutionen und der Besetzung Ungarns durch Rumänien hatte es seinen Eltern zwei Jahre lang unmöglich gemacht, das Kind heimkommen zu lassen oder es auch nur zu besuchen; er mußte also damals schon ganz auf eigenen Füßen stehen. Äußerlich war er ganz erfolgreich, schien ein fröhliches Schulkind zu sein, das sich zu einem offenen, ehrlichen Mann entwickelte, der mit jedermann auf gutem Fuße stand. Welchen Preis hatte er aber dafür zahlen müssen? Schon in der Kindheit hatte er gegen das Gefühl ankämpfen müssen, ohne Gnade verstoßen zu sein; aber da er keine Hoffnung haben konnte, verstanden zu werden, ja im Glauben, daß man ihn nur auslachen würde, mußte er den starken, robusten Mann spielen und seine wirklichen, feineren Gefühle für sich behalten. Auch in der Gegenwart weiß niemand, was er wirklich fühlt; er hat zwar viele gute Bekannte, aber keinen engen Freund. Wenn möglich, sitzt er in einer Ecke, von den Wänden geschützt, spricht sehr wenig, ist immer auf der Hut und mag merkwürdigerweise nichts aus eigener Initiative unternehmen. Wenn er sich z.B. für eine Prüfung vorbereitet, sucht er sich jemanden, mit dem er zusammenarbeiten kann. Beim Ruder-Training muß er immer jemanden im Boot mitnehmen, selbst wenn er dann das doppelte Gewicht zu rudern hat. Natürlich bietet sein Sexualleben, bieten seine Liebesaffären das gleiche Bild: Er hat große Sehnsucht nach menschlicher Nähe, ist aber unfähig, eine intime Beziehung aufrechtzuerhalten. In Wirklichkeit ist das Bild nicht ganz so einfach, es gibt noch mancherlei Nebenzüge, es sind aber zwei Tendenzen erkennbar: die Furcht, seine zärtlichen Gefühle zu zeigen, und das Bestreben, nur nicht aufzufallen. Selbstverständlich war die Aufdeckung dieses Teils seiner Lebensgeschichte ein wichtiger Schritt in seiner Analyse.

Oder ein anderer Fall, der einer unverheirateten 35jährigen Patientin. Ich war schon ihr zweiter Analytiker, die erste Analyse war fast ein Fehlschlag gewesen. Das Haupthindernis für die analytische Arbeit war ihr merkwürdiges Benehmen. Wenn ihr etwas durch den Kopf ging, das ihr unangenehm war oder das sie nur nicht gern sagen wollte, schwieg sie oder begann, von Alltäglichem zu plaudern. Manchmal konnte ich ihr zeigen, daß sie absichtlich vermied, ein gewisses Thema in ihren Assoziationen zu berühren, daß sie oft sogar log, um diesem Thema zu entkommen. Nach Tagen, wenn ihre Affekte abgeklungen waren, konnte sie ihre Angst und unaufrichtigen Tricks zugeben. Natürlich brauchten wir auf diese Weise unendliche Zeit für die einfachsten Angelegenheiten. Sie wußte selbst, daß ihr ganzes Leben durch eben dies Verhalten zu einem hoffnungslosen Durcheinander geworden war.

In einer der letzten Stunden führte sie wieder die gleiche »Komödie« auf – so ihre eigenen Worte. Es war von Anfang an ganz klar, daß sie etwas zurückhielt. Es kostete über eine halbe Stunde harter Arbeit für uns beide, bis sie mir erzählen konnte, daß sie ein Empfehlungsschreiben ihres Hausarztes hatte, in welchem dieser sie als eine gewissenhafte, zuverlässige Person beschrieb. Bei dieser Gelegenheit war es möglich, einige Seiten ihres Verhaltens zu analysieren. Ich kann hier natürlich nur die wesentlichsten Punkte andeuten, die ans Licht kamen. In erster Linie ist es ihrer Meinung nach nicht gut, erwachsen zu sein, und eigentlich müßte jeder Angst davor haben. Es bedeutet, daß man für den Rest seines Lebens zu harter Arbeit verurteilt ist und für alles, was man tut, voll verantwortlich gemacht wird. Ein Kind dagegen darf tun, was es will, hat keine Verantwortung; wenn etwas passiert, sind die Eltern die Verantwortlichen. Es braucht nicht zu arbeiten, jeder findet es natürlich und sogar liebenswert, wenn das Kind seine Zeit mit Spielen verbringt. Niemand darf von einem kleinen Mädchen harte Arbeit verlangen, auch der Analytiker nicht.

Ihr Verhalten bedeutete also: Ich bin ein kleines Mädchen, ihr sollt mich lieben, wie ich bin, und dürft nicht von mir verlangen, daß ich arbeite. Diese Haltung konnte auf ihre Kindheit zurückverfolgt werden. Ihre Mutter war und ist eine fanatische Arbeiterin, für sie bedeutete das Leben nach ihren eigenen Worten »Pflicht und Arbeit im Schweiße seines Angesichts«. Sie ist die zweite Frau des Vaters der Patientin, und er heiratete sie möglicherweise, weil er jemanden brauchte, der für ihn arbeitete. Der

Vater, der vor einigen Jahren gestorben ist, war ein leichtlebiger Mensch, der seine Söhne der einzigen Tochter vorzog.

Ihr weiteres Leben setzte sich aus einer Serie ähnlicher Geschichten zusammen. Sie führt sich glänzend ein; wenn sie aber merkt, daß man sie ernst nimmt, etwas von ihr erwartet, z. B. daß sie etwas leistet, bekommt sie Angst vor der Verantwortung und »spielt Komödie«, d. h. demonstriert, daß sie ein kleines Mädchen ist und daher ganz ohne Verantwortung. In der Schule z. B. war sie eine der besten Schülerinnen und hätte ein Stipendium erhalten können, sollte zur Klassensprecherin gewählt werden – worauf sie sich im Laufe weniger Wochen ganz unmöglich machte und die Schule vor dem Abitur verlassen mußte. In mehreren Berufsstellungen wiederholte sie denselben Trick; einmal war sie Kinderfräulein bei zwei Kindern, jedermann war hochzufrieden mit ihr, die Eltern boten ihr eine Gehaltserhöhung an – in kürzester Zeit brachte sie alles durcheinander und verließ die Stellung. Augenscheinlich will sie nicht erwachsen werden, weil sie meint, sie müsse dann ein ähnliches Leben führen wie ihre Mutter. – Am Tage nach dieser Analysestunde legte sie ihr Empfehlungsschreiben vor und nahm eine Berufsstellung an. Charakteristischerweise wurde sie Sekretärin einer Stellenvermittlerin, sitzt also, nach ihren eigenen Worten, am Telefon und schickt andere an die Arbeit. Natürlich kommt sie trotzdem fast jeden Tag mit neuen Gründen in die Stunde, warum es ratsam für sie wäre, diese Stellung wieder aufzugeben.

Was kann man aus diesen Beispielen entnehmen? Das Verhalten aller dieser Menschen ist nicht frei, nicht wohlangepaßt an die tatsächlichen Erfordernisse. Sie verhalten sich nach einem Stereotyp, das ihre Haltung gegenüber wichtigen Personen in ihrem Leben determiniert. Diese Haltung, dieses Stereotyp ist mehr oder minder automatisch; es ist entweder dauernd tätig, wie bei der letztgenannten Patientin, oder es genügt der kleinste Anreiz, um es zu aktivieren, wie es bei dem jungen Sportler der Fall war. Das Stereotyp schreibt Affekte vor, die gegenüber bestimmten Personen gefühlt werden; diese Personen selbst spielen bei der Erzeugung der Affekte wenig oder gar keine Rolle. Jedes dieser Stereotype hat seine eigene Geschichte – ich meine die ursprüngliche Situation, in welcher dieser Affekt gefühlt wurde, der damals eine vernünftige Reaktion auf eine wirkliche Situation war, und dann alle weiteren Schicksale dieser Reaktion. Wenn diese ganze Geschichte ins Bewußtsein gehoben werden kann, dann wird das Stereotyp weniger zwingend, und es kann sich ein Weg zu einer neuen, elastischeren Anpassung öffnen.

Müssen wir daraus schließen, daß alle Charakterzüge auf Übertragungs-Stereotypen beruhen? Gewiß nicht ausschließlich. Ich möchte auch nicht auf das unendliche Thema der Charakterologie mit all den feineren Unterscheidungen von Stil, Charakter, Persönlichkeit usw. und mit den komplizierten Querverbindungen zu Psychologie, Physiologie, Endokrinologie, Vererbung, Sexualbiologie usw. eingehen. Ich wollte hier nur zeigen, daß die Übertragung von Gefühlsbewegungen bei der Bildung eines Charakters eine sehr wichtige Rolle spielt.

Schließlich möchte ich die Aufmerksamkeit noch auf ein wichtiges Detail lenken, das wir noch nicht besprochen haben. Alle mitgeteilten Fälle zeigen ohne Ausnahme, daß die übertragenen Affekte, obwohl sie oft sehr stark und sogar heftig waren, irgendwie etwas kindisch wirkten. Diese klinische Beobachtung, die seinerzeit großes Aufsehen erregte, führte zum tieferen Verständnis der sogenannten ödipalen Situation. Bekanntlich versteht die Psychoanalyse darunter alle jenen verwickelten, oft widersprüchlichen, aber immer sehr starken Gefühle und Affekte, die jedes Kind in seinen ersten Lebensjahren entwickelt. Ein großer Teil dieser Gefühle muß unbefriedigt oder ohne angemessene Abfuhr bleiben, viele Wünsche können nie erfüllt werden. Man weiß, daß solche Wünsche, vor allem Liebe und Haß, lange Zeit unbemerkt fortleben und zu einem günstigen Zeitpunkt mit der alten, ungeminderten Stärke wieder hervorbrechen können. Die Psychoanalyse konnte zeigen, daß diese unerfüllten seelischen Strebungen nicht nur dauerhaft sind, sondern auch eine seelische Belastung darstellen, weil sie in einem inaktiven Zustand, in der sogenannten Verdrängung gehalten werden müssen. Ein Weg, diese Last sich zu erleichtern, ist die Übertragung.

Nun verstehen wir, warum wir alle imstande sind, Gefühlsbewegungen zu übertragen, und zwar auf jeden erreichbaren Menschen, und warum unser ganzes soziales, kulturelles, religiöses und politisches Leben von übertragenen Affekten durchtränkt ist. Alle diese Affekte stammen ursprünglich aus dem großen Reservoir des Ödipuskomplexes. Dies erklärt auch, warum man dieser Erscheinung vor Freud keine Aufmerksamkeit geschenkt hatte und wie er dazu kam, sie zu entdecken. Die psychoanalytische Situation ähnelt der Ödipus-Situation in mehr als einer Beziehung. Man versteht, daß unter solchen Bedingungen die Affekte immer übertragen sind. Es ist nicht paradox festzuhalten, daß unser ganzes kulturelles Leben von Übertragungen durchwirkt ist, daß die Übertragung eine hervorragende Rolle bei der Gestaltung unseres politischen, religiösen und sozialen Lebens spielt, während man zugleich behauptet, daß diese Übertragung etwas Kindisches ist. Darin liegt kein Widerspruch, denn wir sprechen von der Psychologie der Übertragung und nicht von ihrem kulturellen Wert – zwei ganz verschiedene Aspekte.

Diese beiden Attribute der Übertragung, a) der scheinbar losen Verbindung zwischen Reiz und Reaktion, und b) der Kindlichkeit, führen uns, wenn wir sie auf ihre Ursprünge verfolgen, zur infantilen Sexualität.

Zum Schluß möchte ich noch einige der wichtigen Probleme aufzählen, die ich habe auslassen müssen: eine qualitative Studie der übertragenen Gefühle und Affekte, welche zu den Problemen der Triebpsychologie führen würde; die kulturelle Funktion der Übertragung, die kein rein psychologisches Problem darstellt; ferner den Unterschied zwischen bewußter und unbewußter Übertragung und denjenigen zwischen individueller und kultureller (Massen-)Übertragung, was zu der Frage der Verdrängung und den sehr interessanten Problemen der Ich-Psychologie und der Wechselbeziehungen zwischen Individuum und Kultur führen würde; dann die Übertragung als ein Hauptfaktor in der psychoanalytischen Behandlung, ein rein technisches Problem; und schließlich die Übertragung als eine Form, vielleicht die einzige echte Form der Manifestation des Unbewußten.

Mit dieser Aufzählung möchte ich nur darauf hinweisen, ein wie vielseitiger Gegenstand die Übertragung ist, weit komplizierter, als ich ihn in dieser Abhandlung darstellen konnte.

Wir haben gesehen, daß die Übertragung ein allgemeiner Zug ist, der das ganze menschliche Leben begleitet. Jeder überträgt dauernd seine Gefühle auf jeden erreichbaren Nebenmenschen. Es ist unmöglich, eine klare, verständliche Situation zu bekommen, wenn das Objekt der Übertragung ein zweites menschliches Wesen ist, weil a) der andere auf die übertragenen Gefühle reagiert und b) weil er seine eigenen unabgeführten Gefühle auf den ersten überträgt. Es gibt nur einen Weg, hier zur Klarheit zu kommen, nämlich das, was ich die »keimfreie« Arbeit nannte: die elastische, taktvoll passive Haltung des Analytikers, der seine eigene Übertragung vollkommen beherrscht.

XIII. Das Endziel der psychoanalytischen Behandlung[1] (1934)

Man kann die psychoanalytische Behandlung getrost als einen natürlichen Entwicklungsgang im Patienten beschreiben. Wenn ich also nach dem Endziel unserer Therapie frage, so meine ich nicht einen vorgeschriebenen Endzustand, welcher aus irgendwelchen philosophischen, religiösen, moralischen, soziologischen oder auch biologischen Prämissen abgeleitet wurde und nunmehr fordert, daß ein jeder Mensch nach seinem Muster zu »gesunden« habe. Ich frage vielmehr: Genügt schon unsere klinische Erfahrung, das Endziel oder wenigstens die Schlußrichtung dieser natürlichen Entwicklung zu definieren?

Am brauchbarsten für diese Untersuchung ist eine bestimmte Art von Fällen. Ich denke an solche Patienten, welche – wie der berühmte Wolfsmann von Freud – die Analyse mit einem Teilresultat abschließen, um nach Jahren die Behandlung eventuell bei einem anderen Analytiker fortzusetzen. Die wiederaufgenommene Arbeit bietet eine sehr günstige Gelegenheit, die damals nicht erledigten Hindernisse neuerlich zu untersuchen, und bringt eventuell durch die Heilung auch den Beweis, daß die Gesundung damals tatsächlich an diesen Hindernissen gescheitert war.[2]

Ein solcher Fall hat mich zuerst vor das Problem gestellt, wodurch unsere Patienten gesund werden, was das eigentliche Endziel der psychoanalytischen Behandlung sei. Da der Fall sonst nichts Interessantes bietet, sei hier nur das für unsere Fragestellung Wichtige mitgeteilt. Der Mann, gut in den Vierzigerjahren, in dessen Krankheitsbild ursprünglich die phobischen und die zwangsneurotischen Züge im Vordergrund standen, hatte eine etwa vier Jahre lange, gründliche Analyse schon durchgemacht. Als er nach einer Pause von zwei weiteren Jahren seinen alten Analytiker nicht

---

[1] Vortrag, gehalten auf dem XIII. Internationalen Psychoanalytischen Kongreß in Luzern, am 31. August 1934.

[2] Ich glaube nämlich, daß die einfachen, glatt verlaufenden, ohne Komplikation gut ausgehenden Fälle nicht viel für unseren Zweck aussagen können. Erstens kann man in diesen Fällen nie ganz sicher sein, ob unsere therapeutische Arbeit nicht einen uns noch verborgenen Mechanismus bloß in Gang gesetzt habe und ob die Patienten nicht mit Hilfe dieses uns unbekannten Vorganges gesund geworden sind. Zweitens geschieht es oft, daß man nur das Ergebnis, nicht aber den Prozeß der Heilung beobachten konnte. Viel mehr können wir aus den nicht glatt verlaufenden Analysen lernen. Erstens muß man da – notgedrungen – mehr nachdenken; man merkt eben viel eher ein Problem bei einem schweren Fall als bei leicht gelingenden Behandlungen. Und zweitens wird ein starres, unveränderliches Hindernis, an dem die Heilung scheitert, leichter bemerkt als die eventuell sehr feinen Veränderungen, die schließlich die Gesundung herbeiführen.

mehr erreichen konnte und zu mir kam, war seine Neurose eher eine mittelschwere Konversionshysterie. Wir arbeiteten noch etwa fünfhundert Stunden zusammen. Die Analyse ist seit mehr als zwei Jahren beendet, und der Erfolg ist einer der besten meiner Praxis. Nun, all dies wurde erreicht, ohne daß etwas nennenswert Neues aus dem Unbewußten zutage gefördert wurde. Alles war schon in der vorangehenden Analyse teils erinnert, teils rekonstruiert worden, und so trat während dieser getrost sehr intensiv und auch erfolgreich zu nennenden Arbeitsperiode keine Änderung an dem dem Patienten bereits bekannten Bilde seines infantilen und späteren Entwicklungsganges ein. Trotzdem wurde der Mann – ich kann es ohne Übertreibung behaupten – in dieser Zeit geheilt.

Ich bemerke gleich, daß dieser Fall nicht der einzige ist. Im Gegenteil. Seitdem ich an ihm gelernt habe, mich über diesen Vorgang zu wundern, habe ich regelmäßig beobachten können, daß in allen genügend tief analysierten Fällen die Endphase sich ähnlich gestaltet. In den letzten Monaten wird nur selten neues Material bewußtgemacht, fast nie werden noch nicht gekannte, bisher unbewußt gebliebene infantile Ereignisse zutage gefördert. Und trotzdem muß etwas sehr Wichtiges in dieser Zeit mit unseren Patienten geschehen, waren sie doch vor dieser Zeit noch krank und werden sie eben in dieser Zeit gesund. Ich weiß, daß dies alles schon bekannt ist; eben diese Beobachtungen lieferten das Material zum Begriffe des Durcharbeitens. Aber dieser Begriff, oder richtiger die klinischen Tatsachen, welche diesen Begriff aufbauen, wurden nicht mitverarbeitet, wenn verschiedene Forscher versuchten, das Ziel der psychoanalytischen Behandlung zu beschreiben. Daran kranken alle vorgeschlagenen Deskriptionen.

Die eine Gruppe der Deskriptionen des Endzieles berücksichtigt nur die strukturellen Veränderungen in der Seele, sie könnte die klassische heißen; die andere Gruppe legt das Gewicht auf das Energetische, auf das Emotionelle des Geschehens, sie könnte die romantische genannt werden. Alle Deskriptionen der ersten Gruppe stammen von Freud. Nach ihm wären die Ziele der Behandlung: *das Bewußtmachen des Unbewußten* oder *die Aufhebung der infantilen Amnesie* oder *die Überwindung der Widerstände*. Die drei Deskriptionen sind synonym, fast gleichbedeutend. Nach meiner Ansicht sind sie zu weit. Wie wir gesehen haben, wurde in dem geschilderten Falle von einem bestimmten Punkte der Kur an kein eigentlich neues Material mehr zutage gefördert, konnte dem Bilde der frühkindlichen Entwicklung nichts irgendwie Nennenswertes hinzugefügt werden, und trotzdem heilte die Neurose aus. Es ist anderseits allgemein bekannt, daß auch analysierte Menschen noch träumen und die Traumanalyse auch bei ihnen auf

Widerstände stößt. Folglich verbleibt auch nach Beendigung der Analyse wenigstens so viel in der Seele unbewußt, als zur Traumbildung notwendig ist, und genug Widerstand unerledigt, daß er eine Traumanalyse erheblich stören kann. Sicher haben auch andere die Erfahrung gemacht, daß nach einer tatsächlich beendeten Analyse von den Patienten nach langen Monaten, eventuell nach Jahren, Stücke ihrer infantilen Geschichte plötzlich erinnert werden. Öfters haben wir sie bereits in der Analyse rekonstruieren können, so daß diese plötzlich auftauchende Erinnerung nur eine Bestätigung der analytischen Arbeit ist; manchmal aber bringen diese Stücke nie vermutetes, in der Analyse nicht verwertetes Material, das sich zwar gut in das erhaltene Bild fügt, aber trotzdem ganz neu ist. Diese drei Deskriptionen des Endzieles der Kur bestehen also, in der Sprache der Mathematik ausgedrückt, aus Merkmalen, welche weder notwendig noch hinreichend sind.

Nun wenden wir uns zu der zweiten Gruppe der Beschreibungen. Sie alle sind eigentlich Umschreibungen oder Präzisierungen der alten Deskription, welche noch aus der Zeit der Katharsis stammt. Nach dieser wäre das Endziel unserer therapeutischen Bestrebungen: »das Abreagieren der eingeklemmten Affekte«. Dies ist ohne Zweifel richtig, nur zu allgemein gehalten. Wir kennen noch kein Zeichen dafür, daß alle eingeklemmten Affekte tatsächlich bereits erledigt seien bzw. ob die schon erledigten für die Heilung zureichen. Seit der theoretischen Klärung des Wiederholungsmomentes wurden nicht wenige Versuche unternommen, dieses Kriterium der Erledigung genauer anzugeben. Ferenczi und Rank beschrieben als Ziel: »die volle Reproduktion der Ödipusrelation im analytischen Erlebnis«[3]. Seitdem wir wissen, wie kompliziert die frühinfantile Ödipusrelation ist, erscheint uns auch diese Deskription, die zweifellos einen großen Fortschritt bedeutet, als zu enge. Rank forderte dann als Endziel: »das Abreagieren des Geburtstraumas«[4]. Über den Wert und den Fehler dieses Satzes wurde schon so viel geschrieben, daß eine neuerliche Kritik wohl überflüssig ist. V. Kovács' Formulierung »die Abwicklung des Wiederholungsmomentes«[5] betont, gegenüber den zwei vorhergehenden, die Dynamik des Heilungsvorganges, ist aber noch immer zu allgemein gehalten. W. Reich[6] kommt mit seiner Kritik fast zu denselben Resultaten wie ich, er gibt aber als Endziel an: »das Erreichen der vollen Genitalität, der orgastischen Potenz«. Dies ist zum Teil richtig; keiner ist ein gesunder Mensch, dem die Fähig-

---

[3] S. Ferenczi u. O. Rank: Entwicklungsziele der Psychoanalyse. Wien 1924, S. 54/55.
[4] O. Rank: Das Trauma der Geburt. Wien 1924.
[5] V. Kovács: Wiederholungstendenz und Charakterbildung. Int. Z.f. Psa., 17 (1931).
[6] W. Reich: Charakteranalyse. Wien 1933.

keit zum regelmäßigen periodischen Orgasmus fehlt. Wenn ich Reich richtig verstanden habe, sucht er aber die Erklärung für die tatsächlich vorkommenden Fälle, welche trotz tiefgehender Analyse die orgastische Potenz nicht erreichen konnten, bei dem unklaren Begriff der Konstitution. Andererseits haben wohl die meisten unter uns mehr als einen Menschen gesehen, sogar analytisch beobachten können, welcher trotz vollkommener orgastischer Potenz ziemlich schwer neurotisch war.

Da die bisher vorgeschlagenen Deskriptionen uns nicht ganz zufriedenstellen konnten, sei es mir erlaubt, auf Grund der Einsichten, welche ich in Wiesbaden vorgetragen habe[7], diese Frage zu diskutieren. Ich habe regelmäßig beobachten können, daß in der Endphase der Behandlung die Patienten beginnen, längst vergessene infantile Triebwünsche zu äußern und deren Befriedigung von der Umwelt zu fordern. Diese Wünsche werden zuerst nur schwach angedeutet, oft verursacht ihre Erscheinung Widerwillen, sogar heftige Angst. Erst nach Überwindung mancher Schwierigkeiten, sehr langsam, werden sie offen eingestanden, noch später ihre Befriedigung lustvoll erlebt. Ich nannte dieses Phänomen *Neubeginn* und glaube festgestellt zu haben, daß er in allen genügend tiefgehenden Analysen, und zwar gerade vor der Beendigung vorkommt und sogar einen wesentlichen Mechanismus der Heilung bildet.

Nun zur Kritik. Erstens – wie ich schon in Wiesbaden erwähnte – genügt fast nie ein einzelner Neubeginn. Anderseits muß der Patient nicht alle seine früher wertvollen Triebwünsche neu beginnen. Auch nach Beendigung der Analyse können Triebe verbleiben, deren Befriedigung keinen Genuß mit sich bringt, sondern sogar Unlust verursacht.

Es entsteht nun eine Menge technischer Fragen. Gesetzt, wir hätten mit dem Neubeginn ein wichtiges Kriterium der Beendigung der Behandlung in unserer Hand, dann möchte man wissen, wieviel solcher Schübe vom Neubeginn notwendig und zureichend sind. Weiter: Auf welchen Triebgebieten wäre der Neubeginn obligat, auf welchen zufällig und schließlich, auf welchen überflüssig? Ich kann auf keine dieser Fragen antworten und schlage deshalb vor, den Neubeginn näher zu untersuchen; vielleicht werden wir dann zur Einsicht kommen, daß die oben gestellten Fragen, so wichtig sie uns jetzt erscheinen mögen, nicht aus der Natur der Sache stammen und deshalb unbeantwortbar sind. Da all diese Erscheinungen erst in der letzten Phase einer Behandlung zum Vorschein kommen, und leider nicht wenige Analysen aus

---

[7] Int. Z. f. Psa., 20 (1934). In diesem Buch Kap. XI.

praktischen Gründen noch vor Erreichen dieser Phase abgebrochen werden müssen, so ist es natürlich, daß es einige Zeit gedauert hat, bis mir eine bedeutsame Eigenschaft dieser neubegonnenen lustvollen Aktivitäten auffiel: Sie sind ohne Ausnahme objektgerichtet. Diese Erfahrung wunderte mich nicht wenig. Nach unserer heute allgemein angenommenen Theorie ist die primitivste, ursprünglichste Phase der Libido autoerotisch. Ich versuchte, mich aus der theoretischen Klemme zu retten, indem ich mir vorhielt, dies müsse so sein, werden doch die noch früheren Phasen der Libidoentwicklung (Autoerotismus, Narzißmus) in der Mittelphase der Kur erledigt. Natürlich bleibt dann die Überführung der Libido in die Objektbeziehungen als Aufgabe für die Endphase.

Ich blieb aber unbefriedigt. Sowohl die verwirklichten Aktivitäten wie auch die Phantasien in dieser Neubeginnperiode waren so kindisch, so selbstverständlich, so absolut unproblematisch, daß es mir einfach nicht möglich war, sie als abschließende Glieder einer komplizierten Entwicklungskette vorzustellen. Und weitergehend, es ist uns längst bekannt, daß in der analytischen Behandlung eben die zutiefst verborgenen, die primitivsten Schichten zuletzt zutage gefördert werden. Dazu kam noch eine sich immer wiederholende Beobachtung. Wie ich in Wiesbaden schon betont habe, folgt auf die erste meistens sehr schüchtern durchgeführte Probebehandlung regelmäßig eine leidenschaftliche Phase. Die Patienten werden wie von einer Sucht befallen. Tagelang können sie einfach nichts anderes tun, als diese neubegonnenen lustvollen Handlungen fortwährend zu wiederholen oder wenigstens über sie zu phantasieren. Dies ist eine gefährliche Situation für die Fortsetzung. Die Patienten sind meistens so glücklich, daß sie sich selbst – und ich muß bekennen, anfangs auch mich – betrügen konnten. Sie fühlen sich übergesund und einige benützen dies, um mit meiner Einwilligung die Kur abzubrechen. Dieser Zustand der leidenschaftlichen, suchtartigen Glückseligkeit ist aber nicht von Dauer. Wie ich von einer zurückgekehrten, psychologisch feinfühligen Patientin gelernt habe, artet er in immer weitergehende Forderungen aus, welche schließlich von keinem realen Objekt mehr befriedigt werden können. Das Ende ist ein erstarkter Narzißmus mit Selbstüberheblichkeit, Wichtigmacherei, in die Augen springender Interessiertheit usw., verdeckt durch Scheinhöflichkeit und unwahre Bescheidenheit. (Vielleicht gibt dies eine Erklärung für das sehr ähnliche Benehmen der wirklich Süchtigen.)

Falls aber Patient und Analytiker durchhalten, so flaut dieses leidenschaftliche Stadium ab, und an seiner Stelle entwickelt sich vor unseren Augen eine wahre, der Realität angepaßte Objektbeziehung. Also zusammengefaßt: zuerst eine unverkennbare primitiv-infantile Objektbeziehung, welche – wenn nicht richtig verstanden und behandelt – in unerfüllbaren Forderungen und in einem für die Umgebung sehr unangenehmen narzißtischen Stadium endet – wenn aber richtig geleitet, einer der Realität angepaßten, sowohl für den Menschen wie auch für seine Umgebung konfliktlosen Beziehung Platz macht. Diese Beobachtungen vertragen sich sehr schlecht mit dem üblichen Schema der analytischen Libidotheorie, nach welchem die Autoerotik der Urzustand der Sexualität sein soll. Den Ausweg kann nur ein theoretisches Bild eröffnen, welches sowohl die bisherige, auf unzählige klinische Tatsachen fundierte Libidoentwicklungstheorie, wie auch diese Beobachtungen gleichzeitig zu erklären vermag. Diesen Ausweg fand ich nicht nur angedeutet, sondern für ein beträchtliches Stück schon ausgebaut bei Ferenczi.

Er beschrieb in seiner Lieblingsarbeit – in der Genitaltheorie – ein Geschehen, das er die Entwicklung des erotischen Realitätssinnes nannte. Er stellte dort drei Stufen auf, deren Endziel immer dasselbe bleibt und die sich nur darin unterscheiden, daß sie das gemeinsame Endziel auf verschiedenen, der Realität sich immer besser anpassenden Wegen zu erreichen trachten. Das Endziel ist die Wiederkehr in den Mutterleib (nach Ferenczi das Urziel aller menschlichen Geschlechtlichkeit) und die drei Stufen: die passive Objektliebe, die autoplastische oder Masturbationsphase und schließlich die alloplastische Phase oder, wie ich es nennen möchte: die aktive Objektliebe.

Das für unser Problem Wichtige ist, daß das Kind, wie es Ferenczi öfters hervorgehoben hat, von Uranfang an in einer libidinösen Objektrelation lebt und ohne diese libidinöse Objektrelation einfach lebensunfähig ist; nur ist diese Relation *passiv*. Es liebt nicht, sondern *es wird geliebt*. Eine Zeitlang kann die pflegende Außenwelt seine Bedürfnisse erfüllen; werden aber diese mit zunehmendem Alter gewaltiger, zahlreicher, immer schwieriger erfüllbar, so muß einmal die reale Versagung kommen. Das Kind antwortet darauf mit wohlbegründetem Haß und Aggressivität und mit Abwendung von der Realität, d.h. Introversion seiner Liebe. Falls die Erziehung dieser Richtungsänderung nicht entgegenarbeitet, d.h. nicht mit genügender Liebe das Kind an die Realität zu binden trachtet, so folgt die Periode der autoerotischen Unterbringung der Libido, die Periode der verschiedenen Selbstbefriedigungen, der trotzigen Selbstgenügsamkeit. Meiner Ansicht nach sind vor allem die »anal-sadistische« und die »phallische Phase«, d.h. die beobachteten Objektbeziehungen, welche unter diesen Begriffen theoretisch zusammengefaßt werden, Kunstprodukte. Sie stellen nicht Stufen, oder auch nur Punkte der normalen Entwicklung der psychosexuellen Beziehungen zur Umwelt dar, sie sind überhaupt keine normalen Erscheinungen, sondern deuten, wo sie beobachtet werden können, auf eine erheblich gestörte Entwicklung. Sie sind Zeichen einer ziemlich scharfen Knickung der normalen psychosexuellen Relation zur Umwelt, hervorgerufen durch konsequent durchgeführte, inadäquate Umwelteinflüsse, vor allem durch unverständige Erziehungsmaßnahmen.

Weitere Beweise dieser verwegen erscheinenden Behauptung habe ich in unserer Zweigvereinigung in Budapest bereits vorgetragen und hoffe, sie in einer besonderen Arbeit bald publizieren zu können. Hier will ich nur zwei Sätze von Freud zitieren. Er führt in den ›Vorlesungen‹ aus, daß manche Partialtriebe der Sexualität – wie z. B. der Sadismus – von vornherein ein Objekt besitzen. Er setzt fort: »Andere, die deutlicher an bestimmte erogene Körperzonen geknüpft sind, haben es nur im Anfang, solange sie sich noch an die nichtsexuellen Funktionen anlehnen, und geben es auf, wenn sie sich von diesen loslösen.« Gemeint ist die Oralerotik. Der andere Satz lautet[8]: »*Der orale Trieb wird autoerotisch*, wie es die analen und die anderen erogenen Triebe von vornherein sind. Die weitere Entwicklung hat, um es aufs knappste auszudrücken, zwei Ziele: erstens den Autoerotismus zu verlassen, das Objekt am eigenen Körper *wiederum* gegen ein fremdes zu vertauschen.« ... Das Weitere gehört nicht zu unserem Thema. Hier ist klipp und klar ausgedrückt, daß der orale Trieb, welcher bis jetzt sozusagen als Musterbeispiel des Autoerotismus in den theoretischen Erwägungen fungierte, zu allererst eine Objektbeziehung durchmacht. Was in meinem Budapester Vortrag neu war, ist der Versuch, eine Theorie auszubilden, welche auch diese allgemein bekannte, aber nie ausgewertete Tatsache berücksichtigt.[9]

Nach dieser Theorie wären alle Triebe, auch die von Anfang an sogenannten autoerotischen, ursprünglich objektgebunden. Diese primitive Objektbeziehung wäre immer passiver Art. Dieser passive Urzweck der menschlichen Sexualität – das Befriedigtwerdenwollen oder das Geliebtwerdenwollen – wird zeitlebens beibehalten. Die Realität, die unvermeidliche äußere Versagung, zwingt dem Menschen Umwege auf, und er muß mit diesen vorliebnehmen. Der eine Umweg wäre die Autoerotik, der Narzißmus; wenn die Welt mich nicht genügend befriedigt, nicht genügend liebt, so

---

[8] S. Freud: Ges. W. Bd. XI, S. 340 u. 341 (Hervorhebungen von mir).

[9] Ich verweise hier auf die Arbeit ›Die Entwicklung der Liebesfähigkeit und der Realitätssinn‹ von A. Balint (in ungarischer Sprache: ›Lélekelemzési tanulmányok‹. Budapest 1933), in welcher die Autorin auf einem anderen Wege bereits vor mir fast zu denselben Resultaten gekommen ist.

muß ich mich selbst befriedigen, selbst lieben. Der andere Umweg ist die aktive Objektliebe; diese erreicht den ursprünglichen Zweck schon besser, aber durch Opfer. Wir lieben, befriedigen unseren Partner (dies ist das Opfer), um endlich durch ihn wiedergeliebt, befriedigt zu werden.

Falls dies alles wahr ist, dann versteht es sich von selbst, daß aller Neubeginn in der Objektrelation zu geschehen hat. Die eine Ursache der Neurose ist immer die reale Versagung. Gewöhnlich unterschätzt der Analytiker die Wichtigkeit dieser Ursache, wird doch der Gegenpart der ätiologischen Ergänzungsreihe, der endogene Faktor, durch die Analyse immer wieder in den Vordergrund gedrängt. Woran wir monate-, sogar jahrelang arbeiten, das sind die strukturellen Fehler der Seele, die zerrissenen Zusammenhänge, die bewußtseinsunfähig gewordenen seelischen Inhalte. Aber eines sollten wir nicht vergessen, daß all diese Fehlentwicklungen, welche wir unter dem Sammelnamen »das Verdrängte« zusammenfassen, ursprünglich durch äußere Einwirkung in diesen Zustand gezwungen wurde. Das heißt, es gibt keine Verdrängung ohne Realität, ohne Objektbeziehung. Es ist ein bleibendes Verdienst Ferenczis, daß er in den Jahren der sogenannten ich-psychologischen Richtung, der Erforschung der seelischen Struktur, nie müde wurde, die Wichtigkeit der äußeren Faktoren immer wieder hervorzuheben.

Wie notwendig dies war und noch immer ist, will ich an einem einzigen Beispiel zeigen, und zwar sei unter sehr vielen gerade ein Werk gewählt, das Kritik gut vertragen kann, wurden doch seine vorzüglichen Eigenschaften ganz allgemein anerkannt. Es ist die gedankenreiche Arbeit von Melanie Klein, die ›Psychoanalyse des Kindes‹.

Schlagen wir das Sachregister dieses Buches auf, so suchen wir vergebens folgende Stichworte: verständnislose Erziehung, Sadismus der Eltern, Lieblosigkeit, Härte, Verzärtelung, Liebebedürftigkeit und dergleichen mehr. Merkwürdig genug, fehlt auch das Wort Liebe[10]. (Dieses Wort fehlt auch im Sachregister von Fenichels ›Hysterie und Zwangsneuroese‹.) Dem entspricht ein anderer Zug des Buches: die Hervorhebung des strukturellen Faktors und der angeborenen Konstitution. Um nur ein Beispiel zu geben: Überall im Buch (übrigens auch im Luzerner Kongreßvortrag) ist die Rede von den abgespaltenen »guten« und »bösen« Mutterimagines, welche das Kind mit dem Zweck bildet, ein Objekt für

---

[10] Melanie Klein: Die Psychoanalyse des Kindes. Wien 1934. Alle diese Themen sind selbstverständlich im Buche besprochen. Daß sie im Sachregister fehlen, ist aber als wichtige Symptomhandlung zu bewerten.

seinen konstitutionell verstärkten Sadismus immer bereitzuhalten. Selbstverständlich fürchtet es sich nun vor der Rache der gehaßten und von ihm mißhandelten »bösen« Imagines. Könnte das vielleicht nicht so dargestellt werden, daß die Eltern in den Augen des Kindes launenhafte Wesen sind, welche unberechenbar, manchmal bös und manchmal gut zu ihm sind? Und je neurotischer das Verhalten der Eltern, desto schwieriger die Aufgabe der Anpassung für das Kind, welches schließlich keinen anderen Weg hat, als z. B. die Mutter als zwei grundverschiedene Wesen zu behandeln. Manchmal ist die »Fee« da und manchmal die »Hexe«. Die Furcht vor der Rache würde sich dann als *realbedingte* Furcht entpuppen und der »konstitutionell« starke Sadismus als Effekt einer verständnislosen Erziehung. Daß etwas an meiner Annahme wahr ist, zeigt eben der Erfolg der Frühanalysen. Durch die verständnisvolle Erziehung seitens einer nicht neurotisch sich benehmenden Mutterimago – ich denke dabei an Frau Klein – wird dem Kind der Weg zur Anpassung geöffnet. Ich meine also, es wäre schade, bei den Strukturfehlern der Seele haltzumachen, unser Weg kann uns noch weiterführen, und zwar zu den Erziehungsfehlern – oder wie es Ferenczi[11] in seinem Wiesbadener Vortrag ausdrückte, zur ›Sprachverwirrung zwischen den Erwachsenen und dem Kinde‹.

Nun können wir auch verstehen, warum die Frage nach der notwendigen Anzahl und nach der Herkunft der neubegonnenen Befriedigungen sich als unbeantwortbar herausstellte. Die Frage stammte eben aus unserer schematisch gewordenen Denkweise und nicht aus der Natur der Sache. Nicht einzelne Partialtriebe müssen neubegonnen werden, sondern die Objektliebe selbst.

Mit Hilfe der hier vorgebrachten Überlegungen glaube ich, das Endziel der psychoanalytischen Behandlung genauer formulieren zu können. Der Mensch wird krank, weil die Umgebung ihn von seiner Kindheit an mehr oder minder verständnislos behandelt hat. Ihm wurden Befriedigungen versagt, welche ihm notwendig waren, hingegen solche aufgedrungen, welche ihm überflüssig, nebensächlich, sogar schädlich waren. Auch seine Seele mußte sich vor dem äußeren Zwang beugen; sie hatte verschiedene Strukturen zu bilden, vor allem jene, welche wir das Über-Ich nennen, um ihn vor Konflikten mit seiner Realität automatisch zu schützen. Er kommt zu uns, wir studieren in gemeinsamer Arbeit seine biologische und psychische Struktur und versuchen, diese mit seiner Geschichte und Urgeschichte in Zusammenhang zu bringen. Schließlich versteht er seine eigene Natur und auch den langen, immer

---

[11] S. Ferenczi: Die Sprachverwirrung zwischen den Erwachsenen und dem Kinde. Int. Z. f. Psa., 19 (1935).

leidvollen Vorgang, wodurch er zu dem ihm bekannten Menschen herangebildet wurde. Bei manchen Menschen, die nicht zu schwer in ihrer Objektbeziehung geschädigt wurden, genügt die Erleichterung, welche das Bewußtwerden und die dadurch ermöglichte bessere Kontrolle ihrer Handlungen und die erweiterte Genußfähigkeit mit sich bringen; sie werden mit dem Fortschreiten der Arbeit langsam, fast unbemerkt gesund. Bei ihnen fehlt die eigentliche Endphase der Behandlung, oder sie ist höchstens angedeutet.

Bei den anderen aber, welche schwer unter der »Sprachverwirrung« zu leiden hatten, deren Liebesfähigkeit durch verständnislose Erziehung künstlich ganz verkrüppelt wurde, stellt sich zuletzt eine ganz eigenartige Situation ein. Alles dreht sich um einen Entschluß. Soll man alles erlittene Leid ad acta tun, endgültig mit der Vergangenheit abrechnen und schließlich versuchen, aus dem noch bevorstehenden Leben das Mögliche herauszuholen? Dieser Entschluß, das Lieben wahrlich neuzubeginnen, ist alles andere als leicht. Der Analytiker kann hier viel helfen. Schon das richtige Deuten ist wichtig; bekundet er dadurch doch, daß er seinen Schutzbefohlenen versteht, also nicht wie einst verständnislos behandeln will. Das Wichtigste aber ist hier, daß man die schüchternen, oft nur äußerst schwach angedeuteten Versuche zum Neubeginn der Objektbeziehung bemerkt und sie nicht verscheucht. Man soll nie vergessen, daß die Anfänge der Objektlibido passive Ziele verfolgen und erst durch das taktvolle, im wahrsten Sinne des Wortes »liebenswürdige« Benehmen des Objektes zur Entfaltung zu bringen sind. Auch später muß man diese neubegonnenen Beziehungen schonend behandeln, damit sie den Weg zur Realität, zur aktiven Liebe finden.

Leider will dieser Entschluß zum Neubeginn der Liebe nicht einem jeden gelingen. Es gibt Menschen, welche nicht verzichten können, von der ganzen Welt immer neuen Schadenersatz für all das zu fordern, was gegen sie je gesündigt wurde, welche zwar wissen, daß dieses Trachten zwanghaft, heute schon irreal, bloß übertragen ist, und trotzdem nicht davon ablassen können, welche nur geliebt werden wollen und nicht Liebe geben können. Ich bin nicht oft, aber doch einige Male mit Patienten auf diesen Punkt gelangt, von wo sie nicht weiterzubewegen waren. Diese ganz wenigen Fälle, die zwar wesentlich gebessert werden konnten, die ich aber nicht zu heilen vermochte, zwangen mich, die Grenzen meines therapeutischen Könnens einzusehen. Mit meiner heutigen Technik kann ich nur solche Leute ganz heilen, welche im Laufe der analytischen Arbeit die Fähigkeit erwerben können, das Lieben versuchsweise neuzubeginnen. Wie auch den wenigen anderen zu helfen wäre, sehe ich heute noch nicht. Aber ich glaube nicht, daß wir unsere Waffen vor den konstitutionellen Faktoren schon zu strecken haben. Ferenczi pflegte immer zu sagen: »Solange ein Patient willig ist, die Kur fortzusetzen, muß ein Weg gefunden werden, ihm zu helfen.« Wer seine Arbeitsweise kannte, weiß, daß dies für ihn keine leere Phrase war. Er hat sehr vieles versucht; es ist ihm auch gelungen, vielen zu helfen, welche schon als hoffnungslos aufgegeben waren. Leider nicht allen. Das alte Sprichwort hat sich wieder bewahrheitet: ars longa, vita brevis est. Es ist die Pflicht der Schüler, die begonnene Arbeit des Meisters fortzusetzen.

Ich glaube gezeigt zu haben, daß es einseitig war, unsere Theorie, unsere Denkweise hauptsächlich auf strukturelle Erwägungen und auf die Triebkonstitution zu basieren. Ohne die großen Errungenschaften dieser Forschungsrichtungen zu schmälern, wollte ich darauf hinweisen, daß das in den letzten Jahren arg vernachlässigte Studium der liebevollen Objektbeziehungen vieles zum Verständnis der menschlichen Seele und zur Verbesserung unseres therapeutischen Könnens beitragen kann. Meiner Ansicht nach spukt heutzutage zu viel konstitutionell bedingter Sadismus und Masochismus in der analytischen Theoretik; die Devise würde also lauten: Weniger Sadismus und mehr Liebe.

XIV. Ich-Stärke, Ich-Pädagogik und »Lernen« (1938)

Seit Freuds Berliner Kongreßvortrag (›Das Ich und das Es‹), also seit sechzehn Jahren, ist die Vorstellung von der Schwäche des Ichs allgemein verbreitet. Es ist seltsam, daß dies so schnell, so kampflos geschehen konnte; versuchte doch eine der ältesten, eigentlich nie widersprochenen Formulierungen der Psychoanalyse, die Entstehung aller psychoneurotischen Symptome aus dem Kampfe der Sexualtriebe und der Ich-Interessen abzuleiten. Wenn das Ich schwach ist, wie kann es denn seine Interessen so energisch vertreten, daß es zu einem dauernden Kompromiß, zu einem ständigen Symptom kommen mußte? Diese und ähnliche Fragen wurden aber nicht gestellt. Die Theorie ging einen anderen Weg; sie hielt an der Annahme des schwachen Ichs fest und übertrieb sie sogar. Die Ich-Interessen verschwanden aus den theoretischen Betrachtungen beinahe vollkommen, ihren Platz nahmen die verschiedenen Forderungen ein, und zwar die Forderungen des Es, der Umwelt, des Über-Ichs. Das Ich hatte fast keine Eigeninteressen mehr; man sprach nur von Abhängigkeit und Aufgaben, denen es zu entsprechen hatte. Die Folge dieser theoretischen Einstellung zeigt sich am besten in den Sachregistern, weil die bewußte sekundäre Bearbeitung auf sie weniger achtet als auf den Text; in allen, die seit 1930 erschienen sind, fehlen die Schlagwörter »Ich-Interessen« und »Ich-Stärke« vollkommen.[1] Dies ist um so merkwürdiger, als Freud schon 1926 in ›Hemmung, Symptom und Angst‹[2], drei Jahre nach dem Erscheinen von ›Das Ich und das Es‹, uns mahnte, nicht zu vergessen, daß das Ich auch stark sein kann. Er führte uns zwar nur wenige Fälle an, in denen diese Stärke klar zu beobachten war, aber nur deshalb wenige, weil er damals bloß beweisen wollte, daß das Ich zeitweise auch stark sein kann. Unsere Theorie hat dieser Mahnung nicht viel Aufmerksamkeit geschenkt. Um so erfreulicher ist es, daß die Kongreßleitung eben dieses wichtige, aber arg vernachlässigte Thema zur Diskussion stellte.

Was verstehen wir heute unter »Ich-Stärke«? Der Begriff ist, wie es so oft in der Geschichte der Psychoanalyse mit neuen Begriffen

---

[1] So: O. Fenichel: Hysterien und Zwangsneurosen. Wien 1931. Ders.: Perversionen, Psychosen usw. Wien 1931. – M. Klein: Die Psychoanalyse des Kindes. Wien 1934. – H. Nunberg: Allgemeine Neurosenlehre. Bern 1932; wie auch in den jährlichen Registern von Psa. Quart. und Z. f. psa. Päd.

[2] S. Freud: Hemmung, Symptom und Angst. Ges. W., Bd. XIV, S. 125.

geschah – wie absichtlich – nicht streng definiert worden. Man weiß aus der praktischen Arbeit ungefähr, was man darunter verstehen soll. Wenden wir uns also an die Klinik: Wann sprechen wir von Ich-Stärke? Es kommt ziemlich häufig vor, daß wir bei einer Deutung zögern, ob wir sie dem Patienten bereits jetzt mitteilen oder lieber warten sollen? Wir befürchten, daß der Patient sich gegen diese Deutung so energisch wehren wird, daß die friedliche Zusammenarbeit auf lange Zeit arg gefährdet werden kann. Durch unsere Deutung würde das Es ermuntert werden; Erregung würde das Ich überstürmen, das sich gegen diese Anforderungen mit erneuten Abwehrmaßnahmen schützen müßte. Was aber erwarten wir, wenn wir einige Wochen und Monate mit der Deutung warten? Sicher nicht eine umwälzende Veränderung des Es; ist es doch ein großes Problem, ob das Es im Erwachsenenalter durch unsere technischen Mittel überhaupt verändert werden kann. Wir hoffen vielmehr, daß das Ich stärker wird, d.h. die Fähigkeit erlangt, das Ausmaß von Erregung, das vor einiger Zeit noch Störungen verursacht hätte, nunmehr störungsfrei zu ertragen.

Es ist dies ein vor allem technisch äußerst wichtiges Problem. Eigentlich schätzen wir – bewußt oder unbewußt – bei jeder unserer technischen Maßnahmen die jeweilige Ich-Stärke ab und richten unser Benehmen, hauptsächlich aber unsere Deutungen danach. Form, Wortlaut, Tiefe der Deutung und auch der Zeitpunkt, in dem sie gegeben werden soll, werden so ausgewählt, daß das Ich – wenn auch unter Anstrengung – sie noch ertragen kann.[3]

Nehmen wir den Fall einer richtig gegebenen Deutung, etwa: eine bisher automatisch betätigte Abwehrform wird entlarvt, d.h. bewußt gemacht. Die Folge ist, daß diese Abwehrmaßnahme nunmehr nur bewußt ausgeübt werden kann. Falls der Patient versucht, sie wieder automatisch unkontrolliert zu betätigen, so folgt ein neuerlicher Hinweis, eine wiederholte Deutung. Diesen mehr oder minder lang dauernden Kampf hat Freud *Durcharbeiten* genannt. Im günstigen Falle wird schließlich diese Form der Abwehr aufgelassen; das Ich hat die Fähigkeit erlangt, diese spezielle Art von Erregung zu ertragen. Demnach wären *Stärkung des Ichs* und *Durcharbeiten* Begriffe, die sehr verwandte, beinahe identische klinische Erfahrungen beschreiben. Uns aber erwächst die Aufga-

---

[3] Beide Bedingungen sind gleich wichtig: das Ertragen der Deutung (bzw. der technischen Maßnahmen im allgemeinen) soll womöglich eine Anstrengung für das Ich bedeuten, diese Anstrengung soll aber nicht so groß sein, daß gegen sie eine starke Abwehr mobilisiert werden muß. Im ersten Falle besteht die Gefahr, daß unsere Deutung keine Reaktion hervorruft, wir haben unser Pulver umsonst verschossen; im zweiten haben wir einen nutzlosen Widerstand wachgerufen und die analytische Arbeit erheblich erschwert.

be, den sehr wichtigen klinischen Begriff des Durcharbeitens in die Terminologie der Ich-Psychologie, d. h. der Topik und Ökonomie zu übersetzen.

Wir verstehen unter Durcharbeiten eine Ich-Veränderung, deren Fortschreiten wir an der wechselnden Fähigkeit des Ichs erkennen, eine bestimmte Art von Triebspannungen, eben jene, die »durchgearbeitet« werden, in immer größerer Intensität zu ertragen. Vielleicht könnte man auch von einer wachsenden Kapazität des Ichs dieser Art von Triebspannung gegenüber sprechen. Mir schwebt dabei das Bild des elektrischen Kondensators, etwa einer Leydener Flasche, vor, die bekanntlich die merkwürdige Eigenschaft besitzt, in sich Elektrizität, d. h. Energie ansammeln zu können, ohne daß dabei die Spannung erheblich steigt. Die arbeitsfähige Energieladung kann sehr groß sein, und doch besteht, bei richtiger Struktur des Kondensators, keine Gefahr einer unerwünschten, stürmischen, nutzlosen Entladung.[4]

Die Kapazität eines Kondensators wird durch zwei Faktoren bestimmt: a) durch seine Dimensionen; b) durch die Güte der Isolation, d. h. eigentlich durch die schadhaften Stellen des angewendeten Dielektrikums. Es ist merkwürdig, daß eben diese und nur diese zwei Variabeln zur theoretischen Beschreibung der Ich-Veränderungen benutzt wurden. Es ist ein allgemein gebrauchter Ausdruck, daß das Ich wachsen bzw. schrumpfen kann. So bestimmt Freud z. B. die Aufgabe der analytischen Therapie: »Wo Es war, soll Ich werden.« Die topische Deskription der Bewußtmachung benutzt das Bild des Wachstums des Ichs. Federn[5] spricht von Erweiterung und Einengung der Ich-Grenzen. Der Terminus Ich-Erweiterung wird oft als gleichbedeutend mit Introjektion benutzt, ebenso wie Projektion und Ich-Schrumpfung eng zusammenhängen. Bei anderen Erklärungsversuchen wird nicht die Dimension, sondern die Isolation benutzt. Freud hat oft darauf hingewiesen, daß in der Analyse besonders die schadhaften Stellen der Ich-Organisation ausgebessert werden sollen. Diese rühren von einer Störung der Ich-Entwicklung her und stellen die loci minoris resistentiae dar, die leicht zu unerwünschten Kurzschlüssen Anlaß geben oder, umgekehrt, durch Reaktionsbildungen sorgfältigst gehütet werden müssen. Ebenso wird der Kondensator an den ungleichmäßigen Stellen am leichtesten durchschlagen und verliert bedeutend an Kapazität, wenn das Dielektrikum unnötigerweise verdickt wird.

---

[4] In Wirklichkeit stelle ich mir die Sache umgekehrt vor; das Werkzeug »Kondensator« wurde, unbewußt, nach dem Bilde des menschlichen Ichs geschaffen, ist also, wie die meisten Werkzeuge, eine Organprojektion. Vgl. S. Ferenczi: Zur Psychogenese der Mechanik. Imago, 5 (1917–19); abgedruckt in: Populäre Vorträge. Wien 1922.

[5] z. B. Imago, 22 (1936).

So betrachtet, ist unser Bild, das Ich als Kondensator, die Ich-Stärke als Kapazität, vielleicht etwas mehr als ein Bild, besonders, wenn man noch die Lamarckistische Auffassung hinzunimmt, nach der die Eigenschaften der Lebewesen durch Wünschen und Üben gerichtet verändert werden können. Ob Lamarcks Theorie in dieser allgemeinen Form wahr ist oder nicht, bleibe dahingestellt; sicher ist es aber, daß sie für bestimmte Leistungen des Ichs uneingeschränkt gültig ist.[6] Denken wir z. B. an Klavierspielen oder Skifahren; sicher können diese Fähigkeiten durch Wünschen und Üben »gerichtet geändert werden«. Man darf an die Geschichte der Weltrekordleistungen erinnern; Leistungen, welche vor dreißig Jahren noch ehrfurchtsvoll angestaunt wurden, genügen heute oft nicht mehr, um dem Bewerber einen bescheidenen Platz in einem Provinzwettkampf zu sichern. Was für die körperlichen Ich-Leistungen so einfach und einwandfrei erwiesen werden kann, kann für die seelischen Ich-Leistungen nicht gut geleugnet werden. Übrigens liefert uns die weitgehende Disziplinierbarkeit des Menschen, wie in der Yogapraxis, in religiösen Orden, aber auch im Militärdienst, und im weiteren Sinn im Verlaufe jeder Erziehung, genug überzeugende Beispiele für die streng gerichtete Veränderbarkeit bestimmter seelischer Ich-Leistungen.

Der Einfachheit halber möchte ich vorerst den Einfluß des Über-Ichs außer acht lassen. Er ist übrigens bei manchen Leistungen sicher nicht ausschlaggebend (z. B. beim Skifahren). Die oben aufgezählten Veränderungen geschehen zweifellos auch, und vielleicht vorwiegend am Ich. Das Resultat ist in jedem gelungenen Falle eine Stärkung des Ichs. Das Ich kann nun etwas nach Belieben tun, wozu es bisher nicht fähig war. Der Vorgang, durch den diese potenzierte Fähigkeit entwickelt wurde, heißt »Lernen«. Dieses Verbum hat zwei Bedeutungen. Die eine ist: Aufnahme und richtige Registrierung von Sinneseindrücken und intellektuellen Zusammenhängen; sie ist wahrscheinlich die neuere; das englische to learn hat beinahe nur diese Bedeutung. Die zweite, wahrscheinlich ältere, kann am besten durch Zusammensetzungen demonstriert werden, wie z. B. ertragenlernen, aushaltenlernen oder lernen, eine Fähigkeit zur Entfaltung zu bringen.[7]

[6] Sehr viel gute Ich-Psychologie ist in den Theorien der exakten Naturwissenschaften enthalten. Wir können gar nicht anders als anthropomorphisierend denken. Die Erfahrungen können nicht anthropomorph sein, die Auslegung, die Auffassung derselben kann nur durch Projektion oder Introjektion geschehen, ist also unausweichlich auf einer anthropomorphen Grundlage aufgebaut.

[7] Dies wird im Englischen (leider für mein Gefühl viel zu zielbewußt) etwa durch to train ausgedrückt. Das erschlossene Stammwort von Lernen ist leir, »ich habe erfahren, erwandert«, daraus wurde das Faktitiv leirjan = »lehren« = »erfahren, wissend machen« abgeleitet; aus dessen Partizip entstand dann lirnan = »lernen« = »erfahren, wissend

Diese zwei Bedeutungen des Verbums »lernen« entsprechen den zwei Faktoren, die die Kapazität des Kondensators bestimmen. Das intellektuelle Lernen, die Aufnahme neuer Elemente, entspricht der Vergrößerung der Dimensionen, das Ertragenlernen einer besseren Isolierung. Wir haben bereits »Stärkung des Ichs« mit »Durcharbeiten« in Verbindung gebracht, sollte nun auch das »Lernen« hierher gehören? Wenn aber »Stärkung des Ichs« mit Lernen gleichbedeutend oder auch nur verwandt ist, so müßte daraus gefolgert werden, daß Analyse und Unterricht miteinander verwandt sind, und es scheint die Gefahr zu drohen, daß die analytische Kur in Pädagogik ausartet.

Man darf aber daran erinnern, daß Anna Freud einmal davon sprach, daß man die Kinder oft zuerst analysefähig machen, »zur Analyse erziehen« muß. Trotz des anfänglich hervorgerufenen Widerstandes hat sich dieses Verfahren behaupten können, es fanden sich immer mehr Analytiker, die dies als eine unumgängliche Phase der Behandlung beschrieben haben. Ferenczi sprach dann von einer »Kinderanalyse an Erwachsenen«, in der ähnliche Erfahrungen zu beobachten waren. Dann wagte sich die analytische Methode immer mutiger an das große Problem der Psychosenbehandlung und mußte – ungern genug – bekennen, daß diese Patienten in der ersten Zeit der Kur tatsächlich »zur Analyse erzogen« werden müssen.

Und schließlich sollten wir nicht vergessen, daß die ganze analytische Situation ein Kunstprodukt ist, zu dem unsere Patienten – manche nur nach Überwindung erheblicher Schwierigkeiten – konsequent erzogen werden müssen. Unter Umständen haben etwa Patienten zu lernen, pünktlich am Anfang der Stunde zu erscheinen und – was weit schwieriger ist – pünktlich am Ende der Stunde wegzugehen. Denken wir ferner an die freie Assoziation, an die Aufrichtigkeit und Offenheit, zu der unsere Patienten gleichfalls erzogen werden müssen. Sicher helfen uns die Deutungen bei dieser Entwicklung erheblich; aber der ganze Vorgang gehört, besonders durch den unerschütterlich festgesetzten Endpunkt, viel mehr zur Erziehung als z. B. zur Auflösung eines neurotischen Symptoms.

---

werden«. Das verwandte Wort »List« wird in der altgermanischen und mittelhochdeutschen Dichtung noch im rühmenden Sinne als »Erfahrenheit« gebraucht. (Nach Kluge-Götz, Etymologisches Wörterbuch der deutschen Sprache, 1934. – Den Hinweis verdanke ich Dr. E. Lüders.)

Im Ungarischen hat das entsprechende Wort als Stamm: tanu = »Zeuge« ... »Lehren« = tanitani heißt eigentlich »zum Zeugen machen«, »in einen Zeugen umwandeln«; »lernen« = tanulni bedeutet demnach »zum Zeugen werden«, »in einen Zeugen verwandelt werden«.

Vom Standpunkt des Analytikers betrachtet, werden diese Kinder, Neurotiker oder Psychotiker, erzogen; subjektiv betrachtet, heißt das, daß sie etwas lernen müssen. Das Ich dieser Patienten war nicht stark genug, den Anforderungen einer analytischen Kur entsprechen zu können, folglich war die erste Aufgabe der Kur, dieses Ich dementsprechend erstarken zu lassen. Wir haben nun vier synonyme Begriffe, alle vier klinisch gut fundiert: »Stärkung des Ichs«, »Durcharbeiten«, »Lernen«, »Zur-Analyse-Erziehen«.[8] Es ist deutlich, das Erziehen zur Analyse und das Lernen beschreiben in diesem Zusammenhang denselben Vorgang; es bleibt aber noch zu zeigen, daß Stärkung des Ichs und Durcharbeiten ebenfalls das gleiche Geschehen beschreiben. Wir kehren jetzt für einen Augenblick zum Bilde des Kondensators zurück und fragen nach seiner Verwendung in der Technik. Man wird ihn überall finden, wo eine Funkenbildung, also eine Energieverschwendung verhütet oder vermindert werden soll. Der Kondensator verhindert eben, daß die Spannung sprunghaft steigt, er sammelt die überschüssige Energie – ohne erhebliche Spannungssteigerung – in sich auf und kann sie später ohne erhebliche Verluste wieder abgeben. Der Gedanke Freuds, daß die frei flottierende Energie des Primärvorganges beim Sekundärvorgang tonisch gebunden wird, bis sie realitätsgerecht abgeführt werden kann, erscheint uns wie eine Paraphrase dieser Vorgänge.

Schon in der ersten Auflage der Traumdeutung hat Freud diese Gedankengänge entwickelt; sie wurden aber kaum je oder eigentlich nie auf ihre Brauchbarkeit geprüft. Besonders seit der Einführung des Über-Ichs in die psychoanalytische Theorie sind sie schwer einzuordnen. Man hat sich gewöhnt, alles Aushalten und Ertragen summarisch als Gehorsam vor den Befehlen des Über-Ichs zu beschreiben; man studierte die Abhängigkeiten des Ichs, nicht aber seine Struktur, seine eigenen Funktionen. Ich will nicht bestreiten, daß in sehr vielen Fällen das Ich den Befehlen des Über-Ichs gehorcht, wenn es die vom Es heranströmende Erregung erträgt, aber das ist doch nicht immer der Fall. Es gibt viele einwandfrei nachweisbare Gelegenheiten, in denen das Ich – für sich selbst, man möchte sagen aus purer Freude, sogar gegen die Befehle des Über-Ichs – diese Leistungen vollbringt. Das einfachste Beispiel

---

[8] Th. M. French entwickelt in seinem Aufsatz ›Klinische Untersuchung über das Lernen im Verlauf einer psychoanalytischen Behandlung‹, Int. Z.f. Psa., 23 (1937), ähnliche Gedanken über das Lernen und Durcharbeiten in der Analyse, betont aber nicht den Zusammenhang dieser beiden Begriffe mit dem der Ich-Stärkung. Ferner beschreibt er sehr klar, daß die Analyse den Patienten fortwährend vor Aufgaben stellt, zieht aber nicht den Schluß, daß zwischen Analyse und einer besonderen Art Erziehung offenbar eine gewisse Verwandtschaft besteht.

hierfür sind die Sportleistungen, vom einfachen Bergsteigen bis zur akrobatischen Felskletterei, vom bequemen Konditionstraining für »old boys« bis zum höchstgespannten Wettkampfe. Überall handelt der betreffende Mensch zunächst gegen das Lustprinzip, nimmt, ohne gezwungen zu sein, Arbeit, Anstrengungen und Erregungen auf sich, spannt alle seine Kräfte an – aus Lust und Freude. Ähnliches gilt auch für die in manchen Fällen zu beobachtende freie Lernfreude.

Rank[9] hat meines Wissens als erster darauf aufmerksam gemacht, »daß wir die Lust durch Schaffung innerer Widerstände erhöhen wollen«. Es ist wohl unnötig, die These mit Beispielen zu belegen. Für meinen Gedankengang ist es unwesentlich, ob diese Widerstände alle durch Introjektion äußerer Befehle entstanden sind, also zum Über-Ich gehören, wesentlich ist es nur, daß sie und die Kondensatorfunktion des Ichs einander gegenseitig bedingen. Ohne diese Widerstände bleibt die erreichbare Lust klein, weil zu wenig Erregung angesammelt wird; ohne ein genügend starkes Ich wird die Erregung schon bei einer kleinen Intensität durch Kurzschluß abgeführt. Diese Verhältnisse lassen sich am instruktivsten an der Funktion des Orgasmus[10] studieren. Die Lust im Orgasmus hängt von der erreichten Höhe der Sexualerregung während des Aktes ab. Alle artes amandi der Weltliteratur sind eigentlich Gebrauchsanweisungen, um die Erregung vor und im Orgasmus absichtlich höher zu treiben. Zwar ist diese Steigerung – Freud hat dies bereits in den ›Drei Abhandlungen‹ hervorgehoben – unlustvoll und lustvoll zugleich, doch das Ertragen dieser Spannung bedeutet eine Belastungsprobe, zu der nur Leute mit einem praktisch gesunden Ich fähig sind. Denken wir wieder an den Kondensator; kleinere Energiemengen können ohne weiteres in ihm angesammelt werden, es kommt nicht zu einer unbeabsichtigten Entladung. Will man aber einen Funken absichtlich hervorrufen, so wird er bedeutend mächtiger sein als derjenige, den dieselbe Energiequelle ohne Kondensator hervorbringen könnte.

Kann nun das Ertragen und noch mehr das absichtliche Steigern der Sexualerregung während des Koitus als ein Gehorsam vor den Befehlen des Über-Ichs erklärt werden? Offenbar handelt es sich eher um ein bewußtes Übertreten dieser Gebote – etwa durch »Verstöße« gegen Scham, Mitleid, Ekel oder auch Moral –, also um einen Triumph des Ichs über das Über-Ich. Einen weiteren Beweis liefert etwa die analytische Heilung einer Ejaculatio praecox. Das Ertragen der Sexualspannung gelingt nach der Analyse

---

[9] O. Rank: Der Künstler. Wien 1907.
[10] Vgl. M. Balint: Eros und Aphrodite. In diesem Buch Kap. IV.

besser, nicht weil das Über-Ich, sondern wohl, weil das Ich stärker geworden ist. Ich glaube damit genügend belegt zu haben, daß das Ertragen von Spannungen nicht nur auf Befehl des Über-Ichs erfolgt, sondern auch ohne, sogar gegen einen solchen Befehl, also eine autonome Ich-Funktion sein kann.[11]

All dies haben wir doch immer gewußt, sogar immer danach gehandelt. Das Bestreben jeder analytischen Kur war immer, das automatisch wirkende Über-Ich abzubauen und an dessen Stelle ein starkes, auch schweren Belastungen gewachsenes Ich im Patienten entwickeln zu lassen. Demnach haben wir klinisch immer angenommen, daß das Aushalten und Ertragen auch eine eigene Funktion des Ichs sein kann. Theoretisch aber haben wir diese sicher fundierten klinischen Erfahrungen außer acht gelassen; wohl deshalb, weil sie uns immer wieder vor das theoretisch ungelöste Problem gestellt hätten, was der eigentliche Sinn und die Bedeutung der Pädagogik innerhalb der analytischen Kur sein kann.

Zwei schwerwiegende Erfahrungen können gegen das Vermischen von Psychoanalyse und Pädagogik ins Treffen geführt werden. Jede analytische Stunde bringt uns neue Beweise dafür, wie verhängnisvoll erzieherische Einwirkungen die Lebensfreude, die Genußfähigkeit, die seelische Gesundheit des Menschen beeinträchtigen können. Wir wissen nur zu gut, daß in der gefühlsheißen Atmosphäre der Übertragung jede Beeinflussung von seiten des Analytikers sehr intensive, nachhaltige und oft unberechenbare Wirkungen auslösen kann. Es ist also ganz natürlich, daß die Psychoanalyse dieser Verantwortung bewußt und wohlweislich ausgewichen ist. Auf der anderen Seite hat man versucht, die Resultate der Psychoanalyse auf die Pädagogik anzuwenden. So entstand eine wertvolle Kritik der erzieherischen Methoden, aber zunächst nur eine negative Kritik. Die späteren versuchsweise gegebenen positiven Ratschläge mußten, wie Anna Freud in ihrem Vortrag an der II. Vierländertagung in Budapest 1937 überzeugend dargetan hat, zuerst modifiziert, dann eingeschränkt und schließlich zurückgezogen werden. Der Vortrag Anna Freuds gipfelte in der Feststellung, daß wir, nach Jahren intensivster Arbeit, geleistet durch eine ausgewählte Schar unserer besten Kräfte, wenigstens bestimmt wissen, daß es noch keine praktisch brauchbare psychoanalytische Pädagogik gibt.

Woran mag dies liegen? Die Psychoanalyse hat sich – in ihrer Kritik wie in ihren Ratschlägen – bisher, nicht ausschließlich, aber

---

[11] Daß das Ertragen keine Es-Funktion sein kann, braucht wohl nicht besonders diskutiert zu werden.

überwiegend, für ein Teilgebiet der Pädagogik interessiert. Dieses Gebiet umfaßt alle die Einschränkungen, die die Gesellschaft dem einzelnen auferlegt. Hierher gehören: Reinlichkeit, Ekel, Scham, Mitleid, Ästhetik, Moral, Ehrfurcht usw., diejenigen Kräfte also, die aus dem Über-Ich ihre Energie beziehen. Die psychoanalytische Pädagogik war vornehmlich eine Über-Ich-Pädagogik, ihr Hauptproblem war zu erforschen, welche Art von erzieherischen Methoden und in wie starker Intensität sie angewendet werden sollen, um eine optimale Über-Ich-Bildung zu erzielen.

Diese Problemstellung stammt unmittelbar aus unserer Theorie, die vorwiegend auf das Studium der Zwangsneurose und der Melancholie aufgebaut wurde. Die Probleme der Hysterie, obwohl auf diesem Gebiete Freud die Forschung eröffnet hat, sind in den späteren theoretischen Erörterungen immer weniger berücksichtigt worden. Um nur ein einziges, aber schwerwiegendes Beispiel zu bringen: In dem Buche von Anna Freud[12] wurden unter den zehn Abwehrarten eben die zwei für die Hysterie charakteristischen Mechanismen nicht erwähnt. Diese sind: die Verschiebung und die Konversion. Diese Auslassung ist für die herrschende theoretische Einstellung bezeichnend.

Nun hat der Zwangsneurotiker im allgemeinen ein ziemlich gut entwickeltes Ich mit einer erheblichen Kapazität. Es ist gar keine Seltenheit, daß z.B. selbst schwer zwangskranke Menschen ihren Beruf ausüben können, oft sogar so, daß niemand von ihrer Krankheit weiß. Dies ist theoretisch verständlich; ist es doch eine Hauptbedingung der Entstehung dieser Krankheitsformen, daß die Erregung, wenn auch in kleine Quantitäten aufgeteilt, im Ich verbleibt, also weder verdrängt noch konvertiert wird. Bei einer Zwangsneurose wird dementsprechend die Analyse viel seltener vor die Aufgabe gestellt, nach der Bewußtmachung des Verdrängten sich noch um die Stärkung des Ichs bemühen zu müssen. Viel häufiger, beinahe regelmäßig, erwächst uns aber diese Aufgabe bei einer Hysterie oder Hypochondrie und ähnlichen Krankheitsformen. Die Erfinderin unserer Methode, Frl. Anna O..., ist uns auch hier beispielgebend vorangegangen. Nachdem sie die pathogenen Ereignisse bewußt erinnert hatte, setzte sie sich absichtlich der ehemaligen pathogenen Situation, zwar in einer gemilderten Form, aus[13] und inaugurierte damit die Vermischung von pädagogischen und analytischen Methoden. Bekanntlich war ihre Krankheit eine klassische Hysterie.

Auch unsere Ich-Psychologie wurde im wesentlichen auf die

---

[12] A. Freud: Das Ich und die Abwehrmechanismen. Wien 1936.
[13] J. Breuer – S. Freud: Studien über Hysterie. Wien 1916, S. 32.

Erfahrungen bei der Zwangsneurose und Melancholie aufgebaut. Näher betrachtet entpuppt sie sich dementsprechend als eine Abhängigkeitspsychologie oder, anders gesagt, zum kleineren Teil als Es-Psychologie, vorwiegend aber als Über-Ich-Psychologie. Das Ich selbst spielt in dieser Ich-Psychologie bloß die Rolle eines Kampfplatzes. Die psychoanalytische Ich-Psychologie und die psychoanalytische Pädagogik sind annähernd gleichaltrig; sie haben sich auch gegenseitig in ihrer Entwicklung weitgehend beeinflußt. Beide stehen seit ihren Anfängen unter dem Banne des Über-Ichs.

Wir wissen aber, daß es auch eine wahre Ich-Psychologie, eine echte Ich-Pädagogik geben muß. Sie wird aber viel komplizierter als die des Über-Ichs sein. Alles, was mit dem Über-Ich zu tun hat, bleibt innerhalb der Psychologie. Das Ich aber ist vor allem ein Körper-Ich und die hier auftauchenden Probleme greifen vielfach auch auf die Biologie über; sie machen »den rätselhaften Sprung ins Organische«. Sicher war diese Kompliziertheit mit ein Grund dafür, daß die Forschung sich weniger mit diesem Gebiete befaßt hat. Und doch gehören so wichtige Probleme hierher, wie die Auto- und Alloplastik, die Sublimierung und vor allem die Lustabfuhr, sowohl als Vorlust als auch als Endlust. Wir wissen über die hier herrschenden Vorgänge und Gesetze wenig, verglichen z. B. mit unserem Wissen über den Primärvorgang. Es steht nur soviel fest, daß die vier angeführten Erscheinungen Funktionen des Ichs sind; sie sind zwar, jede für sich, auf angeborene Veranlagung aufgebaut, müssen aber doch mühsam gelernt werden.[14] Außerdem ist eine ihrer Bedingungen die Realitätsprüfung, also wieder etwas, was erlernt werden muß.

»Lernen« heißt also nicht nur Befehle introjizieren und als Über-Ich weiterbilden und kräftigen, im Gegenteil: »Lernen« heißt im ursprünglichen Sinne »erfahren werden«, d. h. das Ich bereichern und entwickeln. Also gerade das, was sich bereits seit langem als der eigentliche Zweck der psychoanalytischen Behandlung entpuppt hat. *Die Bewußtmachung des Unbewußten ist eben nur der eine Aspekt der analytischen Kur, der andere Aspekt hingegen ist die Stärkung des Ichs.* Individuell verschieden ist das von der Vorgeschichte des Patienten bestimmte, unbewußte Material, das zutage gefördert werden soll. Die Stärkung des Ichs hingegen, also das Ertragenlernen des bisher Verdrängten, die strenge Wahrung und Aufrechterhaltung der analytischen Situation, das ständige Drängen zur vollen Aufrichtigkeit, das Erzogenwerden zur

---

[14] Wie das Byron von seiner Poesie so treffend gesagt hat: Sie ist das Resultat von »einem Viertel Inspiration und drei Vierteln Perspiration«.

Analyse, das »Lernen«, d.h. »Erfahren« neuer Zusammenhänge u.a.m. sind die in jedem Fall gleichbleibenden, von der individuellen Vorgeschichte, Krankheitsform usw. unabhängigen Elemente der analytischen Kur. Sie stellen Aufgaben dar, die von uns und nicht vom Patienten bestimmt werden. Es ist eine Art Pädagogik, die hier im bewußten Gegensatz zur sonstigen Über-Ich-Pädagogik als Ich-Pädagogik beschrieben wurde.

Um Mißverständnissen vorzubeugen, möchte ich nochmals betonen, daß die Ich-Pädagogik nicht etwa eine besonders zu verwendende Maßnahme während der Behandlung darstellt, sondern ein *immanenter Bestandteil der Analyse* ist. Die Analyse wurde bloß deshalb nicht als Ich-Pädagogik erkannt, weil uns Pädagogik meist Über-Ich-Pädagogik schlechthin bedeutet hat, also Ermahnen, Führen, Moralisieren und besonders Werten. Selbstverständlich muß innerhalb der psychoanalytischen Behandlung all dies, d.h. die ganze Über-Ich-Pädagogik, aus wohlbekannten Gründen nach wie vor schärfstens abgelehnt werden.[15]

Die psychoanalytische Kur arbeitet sicher nicht für, sondern gegen das Über-Ich, will sie doch das Starrgewordene wieder elastisch machen, den automatischen »kategorischen Imperativ« des Über-Ichs in das freiwählende, realitätsgerechte Urteilen und Handeln des Ichs verwandeln. Dazu ist aber ein leistungsfähiges Ich mit einer guten Kapazität notwendig, ein Ich, das »gelernt« hat, auch hohe Triebspannungen zu ertragen. Man hat meiner Meinung nach in der letzten Zeit viel zuviel Aufmerksamkeit auf die frühesten Entwicklungsstadien des Ichs, den nie beobachtbaren Uranfang der Ich-Bildung verwendet. Ich glaube, die Zeit ist gekommen, wo wir die klinisch täglich beobachtbaren Ich-Veränderungen genauer studieren sollten.

Die beiden erwähnten Erfahrungen – die immer wieder nachweisbare verhängnisvolle, oft schwer pathogene Wirkung der Erziehung einerseits, die Unmöglichkeit, eine praktisch brauchbare psychoanalytische Pädagogik auszuarbeiten andererseits – führten dazu, daß die psychoanalytische Technik alles, was nur entfernt an die Pädagogik erinnerte, ohne es zu prüfen ausnahmslos ablehnte. So entwickelte sich eine Art von Phobie, die sicher berechtigt war, solange Pädagogik schlechthin mit Über-Ich-Erziehung gleichgesetzt wurde. Wenn wir jedoch die hier vorgeschlagene Sonderung von Ich-Erziehung und Über-Ich-Erziehung streng durchführen, müssen wir nicht mehr befürchten, daß die Analyse zu Pädagogik

---

[15] Zur Sonderung der Ich-Stärkung (dort als Triebtraining aufgefaßt) und der Über-Ich-Bildung siehe Alice Balint: Versagen und Gewähren in der Erziehung, Z.f. psa. Päd., 10 (1936).

entartet, sondern können hoffen, daß das Studium der feineren Vorgänge im Ich während des Durcharbeitens, des zur Analyse Erzogenwerdens, d. h. während der Stärkung des Ichs dazu beitragen wird, jene psychologischen Grundlagen zu erarbeiten, auf die dann jede Pädagogik aufbauen kann und muß. Wir sollten aber zu diesem Zwecke unsere Aufmerksamkeit und unsere Forschungsarbeit viel intensiver auf die Hysterie und auf die ihr verwandten Krankheitsformen richten, das heißt, wir brauchen heute wieder, wie vor mehr als vierzig Jahren, gründliche »Studien über Hysterie«.

XV. Übertragung und Gegenübertragung[1] (1939)

Verfaßt in Zusammenarbeit mit Alice Balint

In Diskussionen über Themen der psychoanalytischen Technik taucht häufig die Frage auf, ob die Übertragung allein beim Patienten entsteht oder ob auch das Verhalten des Analytikers dabei eine Rolle spielt. Von manchen Psychoanalytikern wird dann sehr nachdrücklich folgende Meinung vertreten: »Wenn der Analytiker die Übertragungssituation außer durch seine Deutungen noch auf andere Weise beeinflußt, begeht er einen schweren Fehler.« Es soll hier untersucht werden, ob und in welchem Ausmaß diese Meinung mit den Tatsachen vereinbar ist.

Das Phänomen »Übertragung« kann am besten am unbelebten Objekt dargestellt werden, z. B. an einer Tür, die zugeschlagen wird, weil die Ursache des Zorns sich dahinter befindet. Bei einem Lebewesen wird die ganze Situation sehr viel komplizierter, weil a) die zweite Person genauso bestrebt ist, ihre aufgespeicherten Emotionen loszuwerden, indem sie sie auf die erste überträgt, und b) weil sie auf die Emotionen, die von der ersten Person auf sie übertragen sind, ihrerseits reagieren wird. Dadurch wird die Lage fast unentwirrbar, es sei denn, die eine der beteiligten Personen nimmt es freiwillig auf sich, für eine gewisse Zeit keine Gefühle auf die andere zu übertragen, d. h. sich möglichst so wie ein unbelebter Gegenstand zu verhalten. Das ist die Basis des oft zitierten Freudschen Gleichnisses: Der Analytiker habe sich zu verhalten wie eine blankpolierte Spiegelfläche – ein lebloser Gegenstand. Die Analyse ist auch oft mit einer chirurgischen Operation verglichen worden und das Verhalten des Analytikers mit der Keimfreiheit des chirurgischen Instrumentes. Auch hier ist die Eigenschaft des Unbelebten mitenthalten, denn das Wort »keimfrei« bedeutet ja auch: nicht fruchttragend.

Daß es eine Übertragung auch auf unbelebte Gegenstände gibt, beweist, daß die Übertragung durchaus ein einseitiger Vorgang sein kann, der sich ohne Beihilfe durch eine zweite Person vollzieht. Diese Tatsache ist geeignet, die Meinung zu stützen, daß der Analytiker bei der Bildung der Übertragung in keiner Weise beteiligt sein dürfe. Aber ist die Forderung absoluter Keimfreiheit durch die gegenwärtige analytische Technik erfüllt, das heißt, ist die »Passivität« das Analytikers (die in unserem Zusammenhang

---

[1] Erstveröffentlichung im Int. J. Psa., 20 (1939), 223–230.

das gleiche bedeutet wie Keimfreiheit) wirklich völlig frei von Spuren seiner eigenen Übertragung?

Einige der Elemente, die das Ideal vollkommener Keimfreiheit zu stören pflegen, sind von Freud[2] in allen Einzelheiten erörtert worden, so daß wir nicht näher auf sie einzugehen brauchen. Freud hat die Tatsache hervorgehoben, daß die Analyse nicht in einem luftleeren Raum stattfindet: der Analytiker hat einen Namen, ist männlich oder weiblich, hat ein bestimmtes Alter, eine Familie usw.; in einem sehr weiten Sinne gefaßt, übertragen wir diese Elemente unserer Persönlichkeit auf den Patienten. Die Handhabung der Reaktionen auf diese Elemente verlangt schon eine gewisse technische Geschicklichkeit; und diese Probleme tauchen in Kontrollanalysen und in technischen Seminaren sehr oft auf.

Es gibt jedoch noch manche anderen persönlichen Faktoren, die zwar privat unter Analytikern oft diskutiert werden, sogar sehr eifrig, die jedoch kaum jemals in größerem Kreis aufgeworfen werden.

Ein typisches Problem ist »das Kissen«. Es gibt dafür mehrere Lösungen: a) Jeder Patient bekommt dasselbe Kissen, aber es wird eine Papierserviette darübergelegt und am Ende der Stunde in den Papierkorb geworfen; b) das Kissen ist dasselbe, aber jeder Patient hat seinen eigenen Bezug, der sich von den anderen durch Farbe oder Muster unterscheidet, und das Kissen wird vor jeder Stunde neu bezogen; c) jeder Patient hat sein eigenes Kissen und darf nur dieses benutzen; d) es ist nur ein Kissen oder es sind nur einige wenige Kissen vorhanden, und es ist dem Patienten überlassen, wie er sie benutzen will, usw. Diese Möglichkeiten lassen sich noch um den Faktor drei multiplizieren, weil es noch darauf ankommt, ob der Analytiker, der Patient oder eine Angestellte das Kissen vorbereitet.

Man könnte denken, das sei eine Bagatelle und es lohne nicht, sich damit so ausführlich zu befassen. Und doch scheinen solche Kleinigkeiten für die Bildung der Übertragung eine gewisse Bedeutung zu besitzen. So träumte zum Beispiel ein Patient, der aus äußeren Gründen seinen Analytiker wechseln mußte, daß sein erster Analytiker in einem hochmodernen, hygienischen WC mit weißen Kacheln praktizierte, während der zweite in einem altmodischen, schmutzigen, stinkenden Klosett arbeitete. Man kann erraten, inwiefern das »Kissen« dabei eine Rolle spielte. Die Traumanalyse zeigte überdies ganz klar, daß der Patient aus den unterschiedlichen Haltungen seiner beiden Analytiker zur Reinlichkeit, aus der Art

---

[2] S. Freud, in seinen Arbeiten zur Technik der Psychoanalyse, verstreut in Ges. W., Bd. VIII–XII.

und Weise, wie sie das »Kissen-Problem« behandelten, seine Schlüsse zog. Niemand wird bestreiten wollen, daß eine Analyse, die in der Atmosphäre vor sich geht, welche dem ersten Teil des Traumes entspricht, einen anderen Verlauf nehmen wird als eine Analyse entsprechend der zweiten Traumhälfte. Es handelt sich jetzt nicht darum, ob die eine oder die andere Bedingung für den Gang der Analyse vorteilhafter ist; wir wollen nur darauf hinweisen, daß es Unterschiede in der analytischen Atmosphäre gibt, die durch den Analytiker selbst beigebracht werden. (Es ist jedoch festzuhalten, daß die beiden Analytiker das Kissen-Problem bei allen ihren Patienten gleichbleibend behandelten, daß also der persönliche Beitrag des einen bzw. des anderen Behandlers zur analytischen Atmosphäre immer der gleiche war. Auf diesen Punkt werden wir später noch zurückkommen.)

Ähnliches gilt von einer ganzen Anzahl solcher Einzelheiten. Zum Beispiel ist auch die Art und Weise, wie das Ende einer Behandlungsstunde herbeigeführt wird, von erheblicher Bedeutung. Manche Analytiker stehen vom Stuhl auf und geben damit das Signal der Beendigung. Einige verwenden immer die gleichen Worte, andere versuchen, jedesmal eine neue Formel zu erfinden. Mancher rutscht auf seinem Sessel hin und her, und der Patient muß aus dem Geräusch entnehmen, daß die Zeit um ist; andere verwenden eine Weckeruhr oder haben eine Uhr im Zimmer so aufgestellt oder an die Wand gehängt, daß der Patient selbst sehen kann, wie die Zeit abläuft. Dann die Couch selber. Sie ist niedrig, breit, bequem oder schmal und hart. Ferner der Stuhl des Analytikers, die ganze Einrichtung des Behandlungszimmers – sieht es mehr wie ein Büro oder mehr wie ein Wohnzimmer aus, oder soll außer der Couch und dem Analytikersessel nichts weiter darin stehen? –, die Beleuchtung usw.

Alle diese Einzelheiten sind sozusagen greifbare Verhaltensweisen des Analytikers. Man darf annehmen, daß es noch mancherlei solcher »persönlicher« Elemente gibt, die auch die ungreifbare analytische Haltung beeinflussen. So sind z. B. manche Analytiker sparsam im Deuten, geben keine Deutung, wenn deren Richtigkeit nicht ganz sicher ist; andere sind dagegen großzügig und riskieren es, daß einige ihrer Deutungen daneben treffen. Der eine Analytiker ermutigt den schweigenden Patienten nicht zum Sprechen, der andere tut das ohne weiteres, usw.

Ferner erhebt sich das sehr schwierige einschneidende Problem, was und wann und wie man deuten soll. Es ist doch merkwürdig, daß die Vertreter der verschiedenen Deutungsmethoden, aber auch ihre Kritiker, zu denken geneigt sind, daß nur ihre eigene Technik korrekt, jede andere schlechter, wenn nicht gar schädlich ist.

Die Vermutung, daß auch bei der Beurteilung der verschiedenen Lösungen ein persönliches Element eine Rolle spielt, ist nicht von der Hand zu weisen, denn die Unterschiede sind in Wirklichkeit nicht so erheblich, daß sie das Gewicht, das der einzelnen Methode beigelegt wird, rechtfertigten, wie Edward Glover auf dem Pariser Kongreß 1938 nachgewiesen hat.

In den letzten fünfzehn Jahren sind verschiedene Methoden vorgeschlagen worden. Sie sollen hier nacheinander aufgeführt werden, jede mit der Kritik, die sie auslöste. 1. Das charakteristische Verhalten des Patienten muß sogleich, schon zu Beginn der Behandlung, unter Umständen schon in der ersten Analysestunde gedeutet werden; in späteren Stunden ist immer wieder darauf hinzuweisen. Dagegen steht die Meinung, daß ein solches Vorgehen wahrscheinlich im Patienten nur unnötigen Widerstand hervorruft. 2. Vor allen Dingen muß die aktuelle, die Jetzt-und-hier-Bedeutung, diejenige, die sich auf die analytische Situation, auf die Übertragung bezieht, gedeutet werden; nein, sagen andere Analytiker, zuerst muß man die Fäden aufnehmen, die in die Kindheit zurückführen. 3. Man muß so früh wie möglich eine »tiefe« Deutung geben; je tiefer die frühen Deutungen, um so wirksamer sind sie. Im Gegensatz hierzu gibt es die Ansicht, daß man vielmehr sehr vorsichtig vorzugehen habe und eine tiefe Deutung erst dann geben dürfe, wenn das Material gewichtig genug ist, um den widerstrebenden Patienten unbedingt zu überzeugen. 4. Zuerst müssen die Abwehrmechanismen gedeutet werden, auch wenn frühkindliches Material klar zutage liegt. Durchaus nicht, sagen andere; man kann infantiles Material und die Abwehrmechanismen gleichzeitig deuten und so weiter.[3]

Aber ganz abgesehen von diesen größeren Unterschieden, variieren auch noch die feinen Schattierungen in der Formulierung einer Deutung oder selbst einer scheinbar sachlichen Mitteilung, die Wahl der Worte, die Hervorhebung oder Nichthervorhebung bestimmter Worte, selbst der Tonfall von Analytiker zu Analytiker. Das schlagendste Argument für das Vorhandensein des persönlichen Elements in alledem ist die Tatsache, daß in den Kontrollanalysen der Kontrollanalytiker oft ungefähr das folgende sagt: »Ihre Deutung war ganz richtig, nur hätte ich sie dem Patienten mit etwas anderen Worten und auf alle Fälle in einer anderen Betonung gesagt.«

Neben diesen Variationen in der Technik, die das allgemeine

---

[3] Siehe hierzu S. Ferenczi und O. Rank: Entwicklungsziele der Psychoanalyse. Wien 1924. – J. Strachey: Die Grundlagen der therapeutischen Wirkung der Psychoanalyse. Int. Z. f. Psa., 21 (1935). – A. Freud: Das Ich und die Abwehrmechanismen. Wien 1936.

Verhalten des Analytikers gegenüber seinen Patienten charakterisieren, stehen natürlich die Haltungen, die mit der bewußten Anpassung an die Erfordernisse des jeweiligen Falles zusammenhängen. Zu einem Kinde z. B. verhält man sich anders als zu einem Erwachsenen; natürlich redet man das Kind mit seinem Vornamen an und erlaubt ihm auch, den Analytiker beim Vornamen zu nennen; das Kind darf und soll während der analytischen Sitzung spielen, es darf uns liebevoll, manchmal aber auch aggressiv berühren usw. usw. Übrigens ist es bei Psychotikern fast ebenso. Diese Ähnlichkeit zwischen der Kinderanalyse und der Analyse von Psychotikern ist schon so oft beschrieben und hervorgehoben worden, daß sie zu einer Selbstverständlichkeit geworden ist.

Natürlich muß jeder Patient individuell behandelt werden, d. h. verschieden, und das geschieht auch, und auf diese Weise ist auch jede Analyse jedes Analytikers immer wieder anders. Dennoch ist es nicht zu leugnen, daß es individuell verschiedene Weisen des Analysierens gibt, unterschiedliche analytische Atmosphären sozusagen, die von der individuellen Technik und Persönlichkeit des betreffenden Analytikers gestaltet werden. Natürlich entsprechen bestimmten psychischen Zügen wiederum bestimmte äußere Gegebenheiten, wie oben beschrieben.

Wenn wir nun noch einmal an das Spiegel-Gleichnis denken, so ist es doch bemerkenswert, daß es so viele individuelle Weisen der Analyse zu geben scheint. Aber ist es nicht noch bemerkenswerter, wenn der Lehranalytiker feststellen muß, daß fast alle seine Schüler, sobald sie selbständig zu behandeln beginnen, seine Methoden übernehmen, angefangen von der Form der Deutung bis zur Einrichtung des Sprechzimmers und der Formel, mit denen sie das Ende der Behandlungsstunde bezeichnen? Ist das nicht ein überzeugender Beweis dafür, daß die wirkliche Quelle dieser immer wiederkehrenden Verhaltensweisen die Übertragung ist, das, was man im Falle des Analytikers in der analytischen Situation euphemistisch als »Gegenübertragung« beschreibt? Die Gefahr, in einer solchen Übertragung steckenzubleiben, ist eines der Argumente zugunsten der Forderung, daß wenigstens ein Teil der Kontrollanalysen nicht vom Lehranalytiker, sondern von einem (oder noch besser, einigen) anderen Kontrollanalytiker(n) durchgeführt werden sollte.

Von hier aus gesehen, ist die analytische Situation das Ergebnis eines Ineinanderspielens von Übertragung des Patienten und Gegenübertragung des Analytikers, kompliziert durch die vom Partner ausgelösten Reaktionen auf die jeweilige Übertragung. Wenn das so ist – und es ist wirklich so! –, müssen wir nicht folgern, daß es so etwas wie eine »keimfreie« analytische Methode überhaupt nicht gibt? Dann würde die zu Beginn dieser Abhandlung angeführte Meinung ein Ideal darstellen, das in der Praxis niemals erreicht werden kann. Früher war der Glaube an die absolute Gültigkeit der »Spiegel«-Haltung so stark, daß es einem Abfall gleichkam, wenn man etwas dagegen einwandte. Heute wird sogar die Möglichkeit einer solchen Haltung angegriffen. Die Tatsache, daß sich zwei so entgegengesetzte Meinungen bilden konnten, wobei sich jede auf eine breite klinische Erfahrung beruft, erklärt die häufige Diskussion dieses Themas und rechtfertigt unsere Beschäftigung damit.

Nur klinische Erfahrung kann uns zur Lösung dieser Kontroverse verhelfen. Die zweite der angeführten Meinungen ließe erwarten, daß die durch die Persönlichkeit des Analytikers geschaffene analytische Atmosphäre auf die tatsächliche Übertragungssituation und infolgedessen auf die Heilerfolge einen entscheidenden Einfluß haben müßte. Merkwürdigerweise scheint das nicht der Fall zu sein. Von wenigen Ausnahmen abgesehen, sind unsere Patienten imstande, sich diesen verschiedenen individuellen Atmosphären weitgehend anzupassen und sich fast ungestört von der Gegenübertragung des Analytikers der Übertragung zu überlassen. Das besagt, daß unsere Technik immerhin so gut ist, daß Patienten mit durchschnittlichen Störungen ihres Seelenlebens eine Übertragung entwickeln können, die der analytischen Arbeit günstig ist. Obwohl die Verfechter der verschiedenen Techniken, besonders bestimmter Deutungsmethoden, behaupten, daß alle anderen Methoden ihrer speziellen unterlegen seien, scheinen die tatsächlichen analytischen Ergebnisse diese Behauptung nicht zu stützen. Statistiken einzelner psychoanalytischer Institute zeigen im großen ganzen fast den gleichen Prozentsatz von Erfolgen und Mißerfolgen in ihren Behandlungen[4]; auch auf die durchschnittliche Behandlungszeit scheinen die einzelnen Varianten der psychoanalytischen Technik keinen Einfluß zu haben.

Man muß also zugeben, daß für den durchschnittlichen Neurotiker die individuellen Varianten der Technik keine große Rolle spielen. Warum dann die hitzigen Diskussionen und die relative Intoleranz in technischen Fragen? Der Eifer, mit welchem die einzelnen Methoden verteidigt werden, ist ein interessantes Beispiel für die Erscheinung der »narzißtischen Überbewertung der kleinen Unterschiede«, die in der Soziologie wohlbekannt ist.

---

[4] Zehn Jahre Berliner Psychoanalytisches Institut, 1930. – The London Clinic of Psycho-Analysis, Zehnjahresbericht, 1936. – Institute of Psycho-Analysis, Chicago, Fünfjahresbericht, 1937.

Wir haben gesehen, daß eine der Hauptquellen der individuellen Technik des Analytikers die Übertragung von Emotionen ist, das heißt, unsere Technik, unser analytisches Verhalten hat auch für uns selber einen wichtigen ökonomischen Wert, da sie ein wohlangepaßter, wohlrationalisierter, sublimierter Weg ist, Spannungen zu beheben, vor allem diejenigen, die in uns selbst entstehen, während wir uns dem Patienten zuwenden.

Natürlich ist unsere Technik in erster Linie unser Instrument, mit dem wir die objektiven Anforderungen handhaben, die unsere Arbeit an uns stellt, sie ist also nicht etwa nur ein Abfuhrweg für die Affekte das Analytikers. Aber von der seelischen Ökonomie des Analytikers her gesehen, hat jede Technik diese beiden verschiedenen Aufgaben zu erfüllen. Die objektive Aufgabe lautet, daß der auf die eine oder andere individuelle Weise analysierte Patient lernen soll, sein eigenes Unbewußtes kennenzulernen und nicht etwa das des Analytikers. Die subjektive Aufgabe verlangt, daß das Analysieren keine zu schwere seelische Belastung sein darf, daß die individuelle Variante der Technik für den Analytiker einen ausreichenden emotionalen Abfuhrweg bieten müsse. Eine gute, leistungsfähige Technik muß also in doppeltem Sinne individuell sein.

Das bedeutet natürlich, daß wir höchst persönliche Motive dafür haben, unsere individuelle analytische Methode so eifrig zu verteidigen. Aber das tun wir doch nicht nur zu unserer eigenen seelischen Bequemlichkeit, sondern eben für die objektiv wie subjektiv beste Methode. Um noch einmal Freuds Gleichnis zu gebrauchen: Der Analytiker muß wirklich so etwas wie ein blankgeputzter Spiegel werden, aber nicht, indem er sich passiv wie ein unbelebtes Objekt verhält, sondern indem er unverzerrt seinen Patienten als ganzen widerspiegelt. Je klarer sich der Patient in dem Spiegelbild sehen kann, um so besser ist unsere Technik; und wenn das erreicht ist, kommt es nicht darauf an, wieviel von der Persönlichkeit des Analytikers sich durch seine relative Aktivität oder Passivität, seine Strenge oder Langmut, seine Deutungsmethoden usw. enthüllt.

Es gibt nur eine psychoanalytische Methode, nämlich die Freudsche; aber es gibt verschiedene Wege, zu diesem Ziel zu gelangen. Es gibt keine absolut gültige Technik, die von jedem Analytiker in der ganzen Welt zu befolgen wäre. Andererseits muß jedoch vom Analytiker gefordert werden, daß er sich jeder seelischen Befriedigung bewußt wird, die seine individuelle Technik ihm verschafft, damit er eine bessere Kontrolle über sein Verhalten – und über seine theoretischen Überzeugungen gewinnt. Jeder Fortschritt in der Psychoanalyse ist mit einer wachsenden bewußten Kontrolle über die eigenen Emotionen des Forschers bezahlt worden. Wir glauben, daß unsere Technik weiter verbessert werden kann, wenn wir imstande sind, eine noch bewußtere Kontrolle über unser alltägliches analytisches Verhalten zu ertragen.

XVI. Wandlungen der therapeutischen Ziele und Techniken in der Psychoanalyse[1] (1949)

1

Man kann wohl als selbstverständlich voraussetzen, daß jeder Analytiker sich Mühe gibt, aus seinen eigenen technischen Fehlern und Irrtümern zu lernen. Umgekehrt bedeutet dies, daß unsere individuelle Technik durch die wachsende Erfahrung sich laufend ändert – hoffen wir, zum Besseren. Sind wir berechtigt anzunehmen, daß das gleiche auch von der psychoanalytischen Technik im allgemeinen gilt? Hat sich die therapeutische Arbeit des Durchschnittsanalytikers von heute gegenüber der seiner Kollegen vor dreißig, zwanzig oder sogar noch vor zehn Jahren geändert? Und wenn ja, worin bestehen die Unterschiede und wodurch sind sie hervorgerufen? Wie im Titel meiner Abhandlung angedeutet, ist es meine Überzeugung, daß die psychoanalytische Technik, so wie Freud sie in dem technischen Kapitel der ›Studien über Hysterie‹[2] zum ersten Mal beschrieb, sich gewandelt hat, sich sogar ständig wandelt.

Um diesen Vorgang in die rechte Perspektive zu rücken, müßte unsere Übersicht mit den Techniken (im Plural) beginnen, die Freud und Breuer in ihrem Buch beschrieben. Um der Kürze willen beschränke ich mich indessen auf jenen Teil der Geschichte der Technik, der in meine analytische Lebenszeit fällt.

Als ich 1922 mit meiner psychoanalytischen Praxis begann, stand unser Denken völlig unter dem Einfluß zweier richtungweisender Werke Freuds: ›Aus der Geschichte einer infantilen Neurose‹[3] und ›Jenseits des Lustprinzips‹[4]. Hinsichtlich der Theorie war das Ziel aller psychoanalytischen Therapie von Freud – für alle Zeiten, wie wir damals dachten – in seinen drei synonymen Formeln festgelegt: Überwindung des Widerstandes des Patienten, Aufhebung der Kindheitsamnesie und Bewußtmachung des Unbewußten. Man muß dabei im Auge behalten, daß damals die Bezeichnung »unbewußt« dem entsprach, was wir heute »verdrängt« nennen, und daß »Kindheitsamnesie« kaum mehr bedeutete als die Ödipussituation, den »Kernkomplex« aller seelischen Entwick-

---

[1] Teile dieser Arbeit wurden beim Sechzehnten Internationalen Psychoanalytischen Kongreß in Zürich im August 1949 vorgetragen.
[2] J. Breuer – S. Freud: Studien über Hysterie. Leipzig/Wien 1895.
[3] S. Freud: Ges. W., Bd. XII.
[4] S. Freud: Ges. W., Bd. XIII.

lung. Dementsprechend war die praktische Aufgabe einer Analyse: 1. Rekonstruktion der Triebentwicklung des Patienten, wobei besonders darauf zu achten war, welche Teiltriebe verdrängt waren und nicht der Vorherrschaft der genitalen Sexualität unterstellt werden konnten; 2. Aufhebung der Kastrationsfurcht, die, wie wir damals dachten, aus der ödipalen Situation stammte und vor allem vom Vater ausging, und zwar für den Knaben wie für das Mädchen gleichermaßen.

Bald darauf (1922–1926) erfuhren wir von Freud, wie er endgültig über die seelische Struktur dachte.[5] Und von da an sind wir gewohnt, jedes neurotische Symptom und überhaupt jede seelische Erscheinung als einen Kompromiß zwischen den drei Faktoren Es, Ich und Über-Ich zu betrachten.

Das Ziel der Therapie wurde von Freud nun so formuliert: »Wo Es war, soll Ich sein.« Das bedeutete für die Praxis eine neue, zusätzliche Aufgabe: Die Analyse mußte dem Patienten helfen, Mängel in seiner Ich-Struktur zu beheben, mußte ihn vor allem befähigen, einige seiner kräfteverzehrenden Abwehrmechanismen aufzugeben und weniger kostspielige zu entwickeln.

Unbestreitbar sind die drei älteren Formulierungen und die neue nicht identisch. Meiner Meinung nach sind sie der psychoanalytische Ausdruck für das jahrhundertealte Dilemma der biologischen Wissenschaften: Wird die Struktur durch ihre Funktion determiniert – das ist der funktionelle oder dynamische Ansatz –, oder bestimmt die Struktur die Funktion – der strukturelle oder topographische Ansatz.[6]

In den folgenden Jahren beherrschte der Streit um die Bedeutung dieser beiden Ansätze alle theoretischen Diskussionen über Therapie und Technik. Der dynamische Ansatz legte mehr Gewicht auf den »Inhalt«, hielt sich mehr an »Verdrängtes« und »Unbewußtes«, was im großen ganzen die gehemmten und verdrängten sexuellen Befriedigungen meinte, und zielte auf einen Durchbruch dieser verdrängten Triebe[7], die Aufhebung der Verdrängung und freiere Genußfähigkeit bei ihrer Befriedigung. Kurzgefaßt, war das Hauptziel des dynamischen Ansatzes das Es. Die topographische Methode legte dagegen mehr Gewicht auf das Studium der

---

[5] S. Freud: Das Ich und das Es; Massenspychologie und Ich-Analyse. Ges. W. Bd. XIII. Ders.: Hemmung, Symptom und Angst. Ges. W., Bd. XIV.

[6] Ein interessantes Problem, das sicherlich eine eigene Untersuchung verdiente, ist die Frage, warum in der Psychoanalyse, im Gegensatz zu der allgemeinen Richtung in der Medizin, der strukturelle Ansatz so spät nach dem funktionellen kam und warum er trotz dieser Verzögerung dann so schnell und mühelos eine große Bedeutung in der Theorie gewinnen konnte.

[7] Z. B.: H. Kaiser: Probleme der Technik. Int. Z. f. Psa., 20 (1934), 490–522.

habituellen Abwehrmechanismen, also, grob gesprochen, der Fehlentwicklungen in der seelischen Struktur, besonders der relativen Stärke von Ich und Über-Ich.

Es ist vielleicht interessant festzuhalten, daß alle Fallberichte Freuds – die allerdings alle vor 1914 datieren – praktisch nichts als dynamische oder Inhaltsdeutungen enthalten. Zweitens hat Freud in den ›Studien über Hysterie‹[8] ausdrücklich festgestellt, daß seine kathartische Methode (oder war es doch schon damals eigentlich Psychoanalyse?) nur hysterische Symptome und nicht eine hysterische Konstitution heilen konnte; soweit ich weiß, ist diese Feststellung niemals widerrufen oder eingeschränkt worden.

Ein sehr wichtiger Zug ist, daß alle Formulierungen über die Ziele der Therapie, die Freud vorlegte, d.h. sowohl die früheren drei synonymen Formeln, die den dynamischen Ansatz ergaben, als auch die neuere, die den topographischen Ansatz ausdrückte, jeweils nur das Individuum betreffen. Ich will diese Beschränkung den *physiologischen* oder *biologischen* Blickwinkel nennen. Vor allem von soziologischer und anthropologischer Seite hat die Kritik an der Psychoanalyse häufig gerade an dieser Einstellung angeknüpft, und zwar sowohl von der extremen rechten wie von der extremen linken Seite her. Obwohl nicht ganz unbegründet, ist diese Kritik jedoch ungerecht, da sie gewisse wichtige Entwicklungen unserer Technik bewußt vernachlässigt. In gewisser Weise sind wir aber selbst an dieser Kritik schuld, denn wir haben es versäumt, unsere theoretischen Schlüsse so zu erweitern, daß sie auch die Ergebnisse unserer gewandelten Technik umfassen.

2

Die neue Orientierung unserer Technik begann fast unmerklich dadurch, daß zusätzlich zum »Inhalt« der freien Assoziationen und zum Auffinden der habituellen Abwehrmechanismen des Patienten auch den *formalen Elementen* im Verhalten des Patienten im Rahmen der psychoanalytischen Situation Rechnung getragen wurde. (Das Wort »formal« hat im Englischen zwei Bedeutungen: 1. förmlich oder den Regeln von Anstand und Sitte entsprechend und 2. die Form betreffend. Das Wort soll hier in seiner zweiten Bedeutung verwendet werden, aber es ist nichts dagegen einzuwenden, wenn der Leser beide Bedeutungen im Sinne hat.) Die formalen Elemente betreffen z. B. auch den wechselnden Gesichts-

[8] J. Breuer – S. Freud: a.a.O., S. 228–229.

ausdruck des Patienten[9], die Art, wie er sich auf die Couch legt, seine Sprechweise, die Art, wie er die Behandlungsstunde beginnt und beendet, seine interkurrenten Krankheiten, selbst ein vorübergehendes Unbehagen, und besonders die Art und Weise, wie er assoziiert.[10] Zuerst wurde die Entdeckung und Deutung dieser formalen Elemente für einen Trick oder glücklichen Treffer gehalten; erst nach und nach wurde uns klar, welchen unendlichen Wert für den therapeutischen Zweck es hatte, wenn man diese formalen Elemente so viel wie möglich beachtete und deutete. Dies ist heute voll erkannt und gehört zu unserer alltäglichen Arbeit, besonders auch zur Tätigkeit des Lehranalytikers mit seinen Kandidaten.

Die Ergebnisse dieser ausgedehnten Untersuchungen können im großen ganzen unter zwei Rubriken eingeordnet werden. Erstens sind die formalen Elemente im Verhalten des Patienten in der psychoanalytischen Situation sehr eng mit seinem *Charakter* verknüpft; es ist äußerst schwer, sie zu ändern oder auch nur den Patienten dahin zu bringen, daß er sich seiner Eigentümlichkeiten bewußt wird, da sie ihm absolut »natürlich« sind. Anscheinend sind die dahinterliegenden Kräfte sehr stark; Freud hat sie bekanntlich als Wiederholungszwang bezeichnet. Zweitens gehören diese formalen Elemente des Verhaltens zur *Übertragung* des Patienten und sind Ausdruck sowohl seiner allgemeinen – dauernden – Gefühle der Welt gegenüber als auch seiner gegenwärtigen – vorübergehenden – Einstellung zu einem bestimmten Objekt, seinem Analytiker. Sie müssen daher als eine Art *Objektbeziehung* – oft sehr primitiver Art – betrachtet werden, die in der psychoanalytischen Situation (oder vielleicht durch sie) aktiviert wurde. Das konsequente Studium dieser formalen Elemente im Verhalten des Patienten in der psychoanalytischen Situation war meines Erachtens der Hauptfaktor, der eine grundlegende Wandlung, und zwar eine erhebliche Verbesserung in unserer Technik herbeiführte. Ich gebe natürlich gern zu, daß auch noch andere Faktoren am Werke waren.

Diese neue Orientierung in unserer Technik zielt zuerst darauf ab, jedes Detail der Übertragung des Patienten in Begriffen der Objektbeziehung zu verstehen und zu deuten. Strachey[11] behaup-

---

[9] Zuerst von Freud in den ›Studien zur Hysterie‹ beschrieben, aber ich habe keinen Hinweis darauf gefunden, daß Freud seine Beobachtung auch dem Patienten gedeutet hat.

[10] Alles zuerst von S. Ferenczi erwähnt, siehe seine Arbeiten Nr. 8, 14–15, 22–24, 27, 29, 45 und 77 in: Further Contributions. London 1926; in deutscher Sprache 1913, 1914, 1915 und 1919 erschienen.

[11] J. Strachey: Die Grundlage der therapeutischen Wirkung der Psychoanalyse. Int. Z.f. Psa., 21 (1935).

tet sogar in einer oft zitierten Untersuchung, daß nur Übertragungsdeutungen einen therapeutischen (charakterändernden) Wert besitzen. Ob wir diese Behauptung annehmen oder nicht, wahr ist, daß heute fast niemand mehr versucht, charakterneurotische Symptome direkt zu analysieren; man behandelt sie sozusagen en passant, während man die »Übertragung« analysiert. Wir dürfen mit Stolz behaupten, daß unsere heutige Technik ein sehr feines, sicheres und zuverlässiges Instrument für das Verstehen und Behandeln von Übertragungserscheinungen, d. h. also Objektbeziehungen ist.

Wir sind heute in der seltsamen Lage, daß wir *technisch* recht gut selbst mit komplizierten Problemen von objektbezogenen Haltungen oder Affekten umgehen können, die andererseits mit unseren heutigen *theoretischen* Konzepten nur recht umständlich beschrieben werden können (wir werden später, wenn ich über den Beitrag Melanie Kleins zur psychoanalytischen Theorie spreche, diese Behauptung etwas einschränken). Um zu zeigen, wie weit unsere Technik unserer Theorie voraus ist, will ich nur ein Beispiel erwähnen. Bekanntlich besitzen wir keine geeignete systematische Klassifikation der seelischen Krankheiten, nicht einmal gutdefinierte pathologische Einheiten, sondern nur eine ziemlich große Sammlung wohltönender Namensschilder. Die Diagnose eines Falles ist immer sehr schwierig und führt gewöhnlich zu einer unsicheren, ziemlich willkürlichen und nicht einmal wesentlichen Benennung; sobald man dem Patienten dann dieses Namensschildchen angehängt hat, bricht auch schon eine hitzige Kontroverse über die Richtigkeit der Diagnose aus. Um nur einige häufig wiederkehrende Fragen anzuführen: Welches ist der Unterschied zwischen einer leichten Epilepsie und einer Hysterie oder zwischen einer schweren Hysterie und einer beginnenden Schizophrenie? und so weiter. An diesen Punkten ist unsere Theorie sehr schwach. Technisch dagegen können wir mit all diesen Fällen trotz ihrer unsicheren Bezeichnung recht gut umgehen.

3

Der Unterschied ist auffallend. Auf der theoretischen Seite haben wir ausgezeichnete, scharfgefaßte, pointierte Begriffe, die uns jedoch wenig helfen; auf der technischen Seite haben wir wohlbegründete, gut herausgearbeitete klinische Bilder, zu deren Beschreibung wir jedoch zu langen, überladenen Formulierungen, oft ganzen Sätzen greifen müssen, weil uns die richtigen Begriffe fehlen. Ich meine, daß die Ursache dieser sonderbaren, ungeschickten Situation die gleiche Beschränkung ist, die Freud dazu zwang, nicht über das Individuum hinauszugehen, als er die Ziele der psychoanalytischen Therapie beschrieb. Ich habe diese Schranke den *physiologischen oder biologischen Blickwinkel* genannt. Interessanterweise ist diese Einstellung eine freiwillige Restriktion. In seiner charakteristischen, sachlich offenen Weise hat Freud selbst gewissenhaft die Gründe aufgezählt, die ihn zwangen, sich diese Beschränkung aufzuerlegen.

In ›Hemmung, Symptom und Angst‹[12] sagt Freud ausdrücklich, daß er die klinische Erfahrung mit Zwangsneurotikern absichtlich für die Grundlegung seiner psychologischen Theorien gewählt habe, weil in dieser Neurose alle Konflikte und seelischen Prozesse *verinnerlicht* seien. Für die weitere Theoriebildung war dann bekanntlich die Untersuchung der Melancholie von besonderer Bedeutung. In jüngster Zeit konnten wir beobachten, daß Melanie Klein in getreuer Nachfolge Freuds ebenfalls die Melancholie (Depression) benutzte, zuletzt die schizoiden und paranoiden Zustände, um ihre Ideen daran zu entwickeln.[13] Aber alle diese pathologischen Formen haben so etwas wie eine gemeinsame Tendenz, nämlich den mehr oder weniger vollständigen *Rückzug von den Objekten*.

Diese Tendenz wird noch auffallender, wenn wir diese Krankheitsformen mit denjenigen vergleichen, die uns halfen und zwangen, neue Techniken zu erlernen und die in der Tat an der Wiege aller analytischen Techniken standen. Da ist zuerst die Hysterie, bei welcher alles mit einem Auge auf das Objekt geschieht; ein besonders instruktiver Fall ist der der Anna O. mit seinen vielen Wandlungen in den Objektbeziehungen zu Breuer, die Breuer zu immer neuen Anpassungen, d. h. Änderungen in seiner Technik zwangen.[14] Dann die beiden Typen, die gut die Hälfte, wenn nicht zwei Drittel unserer Patienten ausmachen: die vielen Formen von Sexualstörungen und die agierenden Charakterneurosen. Bei all diesen Formen sind die Objekte von überragender Wichtigkeit. Im Fall der Zwangsneurose oder der Melancholie war die psychoanalytische Theorie imstande, die klinischen Beobachtungen in genauen dynamischen Begriffen zu beschreiben und die typische seelische Konstellation aufzudecken, die zu diesen spezifischen Sym-

---

[12] S. Freud: Ges. W., Bd. XIV, Kap. V und VII.

[13] M. Klein: A Contribution to the Psychogenesis of Manic-Depressive States. Int. J. Psa., 16 (1935), 145–174; Mourning and its Relation to the Manic-Depressive State. Int. J. Psa., 21 (1940), 125–153; Notes of Some Schizoid Mechanisms, Int. J. Psa., 27 (1946), 99–109; deutsch: Zur Psychogenese der manisch-depressiven Zustände, Psyche, 14 (1960/61). Alle in: M. Klein: Das Seelenleben des Kleinkindes. Stuttgart 1962.

[14] J. Breuer – S. Freud: Studien über Hysterie, a. a. O.

ptomen führte; bei der Hysterie dagegen, bei den sexuellen Störungen und noch mehr bei den Charakterneurosen sind unsere theoretischen Beschreibungen recht primitiv. Wir haben bisher keine wohldefinierten, leicht erkennbaren klinischen Typen isolieren können, ähnlich denen bei der Zwangsneurose oder der Melancholie, noch konnten wir sie in genauen dynamischen Begriffen beschreiben. Man könnte mit Recht sagen, daß für diese Krankheiten noch keine klinische Systematisierung existiert.

Wir stehen also wieder vor einer unklaren Situation. Unsere Theorie beruht hauptsächlich auf dem Studium pathologischer Formen, die sich in hohem Maße der Verinnerlichung bedienen und nur schwachbesetzte Objektbeziehungen besitzen; unsere Technik dagegen hat sich vor allem in der Arbeit an Krankheitsbildern wie der Hysterie, den Sexualstörungen und Charakterneurosen entwickelt, bei denen hochgradig besetzte Objektbeziehungen vorherrschen. Dies ist jedoch nur selbstverständlich, da unser Beobachtungsfeld eben die psychoanalytische Situation ist, in welcher die Beziehung zu einem Objekt – wenn auch einem sehr eigenartigen – von ausschlaggebender Bedeutung ist. Ein Großteil des inneren Widerspruchs und der widerstreitenden Tendenzen in der Psychoanalyse wird verständlich, wenn man sich diesen zweifachen Ursprung unserer Technik und unserer Theorie vor Augen führt.

Statt von einem doppelten Ursprung zu sprechen, könnten wir auch sagen, Theorie und Technik der Psychoanalyse hätten eine verschiedene Tendenz. Die unsere Theorie beeinflussende Tendenz veranlaßte Freud, die Ziele unserer Behandlungen so zu formulieren, daß die Beschreibung sich auf den einzelnen Menschen beschränkte. Ich habe das den *physiologischen oder biologischen Blickwinkel* genannt.[15] Für die Tendenz, die unsere Technik beeinflußt, ist es schwieriger, die geeignete Bezeichnung zu finden. Geeignete Bezeichnungen oder technische Begriffe sind gewöhnlich Ergebnisse einer guten Theorie, denn die Kunstfertigkeit allein genügt hier nicht, und eine gute Theorie unserer gegenwärtigen Technik existiert, wie gesagt, noch nicht. In Ermangelung eines Besseren schlage ich vor, von einer *Tendenz zum Objekt* oder, noch besser, zur *Objektbeziehung* zu sprechen. Der Grund, warum es so schwierig ist, eine geeignete Bezeichnung zu finden, ist eben die Tatsache, daß alle unsere Begriffe und technischen Termini – außer zweien – unter dem Einfluß des physiologischen Blick-

---

[15] Wenn ich E. Kris (in seinem Vortrag auf dem Züricher Kongreß) richtig verstanden habe, hat Freud in seinen frühen Briefen und Entwürfen ausdrücklich erklärt, daß er sich bewußt dafür entschieden habe, seine psychologischen Vorstellungen in physiologischen Begriffen zu beschreiben.

winkels geprägt wurden und infolgedessen hochgradig individualistisch sind; sie gehen nicht über die Grenzen der individuellen Psyche hinaus. Die beiden Ausnahmen sind »Objekt« und »Objektbeziehung«, die denn auch eine sehr interessante Geschichte haben. Zusammen mit »Quelle« und »Ziel« wurde von Freud in seinen ›Drei Abhandlungen‹ auch der terminus technicus des »Objekts« eines Triebes geprägt.[16] Zwischen seinen beiden wichtigeren Brüdern führte es zunächst ein bescheidenes Schattendasein. In unserer Trieb-Theorie wurde die »Trieb-Quelle« zur Grundlage der Klassifikation; fast alle menschlichen Triebe, die wir kennen, sind nach ihrer Quelle benannt, was bedeutet, daß wir in von der Biologie – genauer, der Anatomie – entlehnten Begriffen denken, einer Wissenschaft, die nur das Einzelwesen kennt und von keinen Objektbeziehungen weiß. Die Entwicklung der seelischen Frühstadien richtete sich, so dachten wir, nach den Triebzielen, d. h. den Triebbefriedigungen (und Triebversagungen); der die meiste Befriedigung gewährende Trieb der betreffenden Phase, der vorherrschende Trieb, ordnete die Libido seiner Herrschaft unter und schrieb vor, welches Objekt gewählt wurde und welche Beziehung zu ihm bestand. So entwickelte sich die Theorie von den prägenitalen Libidoorganisationen, die am stärksten in der berühmten Abhandlung von Abraham, ›Versuch einer Entwicklungsgeschichte der Libido‹ (1924)[17] ausgearbeitet ist. Die entscheidenden Faktoren in dieser Entwicklung wurden in den sich wandelnden Trieben erblickt, die im Zuge der Ontogenese infolge eines unbekannten physiologischen Prozesses ans Licht kamen. Vielleicht sind die neueren Ansichten in der Beschreibung der frühesten Objektbeziehungen, die man unter der Bezeichnung einer Theorie der »vertauschbaren physiologischen Objekte« zusammenfassen könnte, nur die logische Konsequenz dieses physiologischen Gedankenganges.

Schon 1935 habe ich auf mehrere Unstimmigkeiten in diesem Teil unserer Theorie hingewiesen und auf eine Revision gedrängt, die der Entwicklung der Objektbeziehungen, vor allem dem Einfluß der Umwelt mehr Aufmerksamkeit widmen sollte.[18] Meine Vorschläge verhallten jedoch fast ungehört. Neuerdings haben sich jedoch die Anzeichen gemehrt, daß unser Denken über die seeli-

---

[16] S. Freud: Drei Abhandlungen zur Sexualtheorie. Ges. W., Bd. V.
[17] K. Abraham: Versuch einer Entwicklungsgeschichte der Libido auf Grund der Psychoanalyse seelischer Störungen. Neue Arbeiten zur ärztlichen Psychoanalyse. Leipzig, Wien, Zürich 1924.
[18] M. Balint: Zur Kritik der Lehre von den prägenitalen Libidoorganisationen. Int. Z. f. Psa., 21 (1935), 525–534; Frühe Entwicklungsstadien des Ichs. Primäre Objektliebe (1937). In diesem Buch Kap. III und V.

sche Entwicklung sich wandelt. Ich zähle einige auf; keines davon ist, für sich gesehen, sehr gewichtig, aber zusammengenommen, sind sie eindrucksvoll genug. Erstens: Der Begriff »Triebquelle« ist heute kaum noch zu hören oder im Druck zu finden; auch die Bezeichnung »Triebziel« ist in unseren theoretischen Erwägungen ziemlich zurückgetreten; sogar der seinerzeit sehr häufig gebrauchte Ausdruck »triebgehemmt« wird kaum noch verwendet. Im Vordergrund stehen schon seit einiger Zeit die Begriffe Objekt und Objektbeziehung, und, was gleichfalls für meine Meinung spricht, sie werden fast nie in Verbindung mit ihrer ursprünglichen näheren Bestimmung »Trieb«-Objekt gebraucht, es heißt jedenfalls niemals: Triebobjekt-Beziehung. Zweitens: Die wohlbekannten Bezeichnungen anal, oral, genital usw. werden immer weniger benutzt, um die Quelle oder das Ziel eines Triebes anzugeben, sondern dienen zur Hervorhebung spezifischer Objektbeziehungen; es heißt z. B. »orale Gier«, »anale Dominanz«, »genitale Liebe« usw. Drittens: Das Wort »sadistisch« ist aus der Mode gekommen, meiner Meinung nach, weil es zu viele libidinöse Obertöne hat und stark an Triebziele und Triebbefriedigungen erinnert; statt dessen finden sich Begriffe wie »feindlich«, »aggressiv«, »destruktiv«, die eine unmißverständliche Affinität zu den Objektbeziehungen haben.

4

Wenn wir die Erscheinungen nur vom Standpunkt des Individuums her beschreiben und dabei unsere wohlentwickelten technischen Bezeichnungen und Begriffe wie Verdrängung, Regression, Spaltung, Errichtung eines strengen Über-Ichs, Introjektion und Projektion, Verschiebung, Triebmischung und -entmischung, Ambivalenz usw. verwenden, so behaupte ich, daß unsere Beschreibungen zwar korrekt, aber unvollständig sind, denn jedes neurotische Symptom bedeutet auch eine gestörte Objektbeziehung, und die Veränderung im Individuum selbst ist nur ein Aspekt des ganzen Vorganges. Von diesem Gesichtspunkt her gesehen, sind die klassischen Ausgangspunkte unserer psychoanalytischen Theorie, die Zwangsneurose und die Melancholie, wegen ihrer starken Tendenz zum Rückzug von den Objekten eher Grenzfälle. Sie bieten zwar einfache Untersuchungsbedingungen, aber diese Einfachheit ist möglicherweise kein reiner Segen, weil unsere von ihnen her entwickelte Theorie dadurch unvollständig und einseitig geworden ist. Was wir jetzt benötigen, ist eine Theorie, die uns eine gute Beschreibung der Entwicklung der Objektbeziehungen liefert, die unserer jetzigen biologisierenden Theorie der Triebentwicklung ebenbürtig, aber von ihr unabhängig ist. Zu diesem Zweck brauchen wir ein Forschungsfeld, auf dem die aus der Theorie gezogenen Schlußfolgerungen nachgeprüft und validiert, modifiziert und gegebenenfalls berichtigt werden können.

An dieser Stelle sollen nun die Beiträge Melanie Kleins betrachtet werden.[19] Ihre Hypothesen erfüllen zu einem großen Teil die Forderungen, die ich erwähnt habe. In mehreren ihrer Arbeiten hat sie in vielen Details eine Theorie der Entwicklung der Objektbeziehungen dargelegt, hat dabei nur selten die Begriffe verwendet, die unter dem Einfluß der physiologischen Tendenz geprägt worden waren, und statt dessen neue geschaffen, z.B. gute und schlechte Teilobjekte, die abgespalten oder wieder vereinigt, zerstört und wiederhergestellt, introjiziert und projiziert werden können usw. Wenn wir zugrunde legen, daß Introjektion, Projektion, Spaltung usw. bestimmte strukturelle Veränderungen der Psyche bedeuten, können Melanie Kleins Theorien als ein Versuch betrachtet werden, die Wandlungen in den Objektbeziehungen mit den seelischen Strukturveränderungen in Verbindung zu bringen. Das ist natürlich ein sehr wichtiger Schritt und bildet höchstwahrscheinlich einen Übergang von den alten Theorien zu den von mir geforderten. Ganz sicher wird jede neue Theorie die von Melanie Klein und ihrer Schule gewonnenen Ergebnisse in Rechnung stellen müssen.

Ein hochwichtiges Forschungsfeld für diese zukünftige Theorie muß das *Verhalten des Analytikers in der psychoanalytischen Situation* sein. Ich möchte lieber vom Beitrag des Analytikers bei der Schaffung und Erhaltung der psychoanalytischen Situation sprechen. Das ist gewiß ein gefährliches und unhandliches Thema, das ich in einer gesonderten Arbeit abhandeln möchte. Es soll daher hier nur so viel davon diskutiert werden, wie für unser engeres Thema notwendig ist. Natürlich ist jede menschliche Beziehung eine libidinöse. Auch die Beziehung des Patienten zu seinem Analytiker, die wir, seit Freud uns ihr Wesen und ihre Dynamik in dem berühmten Fall Dora[20] demonstrierte, Übertragung nennen, ist libidinös; aber die Beziehung des Analytikers zum Patienten ist genauso libidinös, auch wenn wir sie »Gegenübertragung« oder »korrektes analytisches Verhalten« oder »Eingehen auf die Übertragung« oder »objektives, freundliches Verstehen und wohlbe-

---

[19] M. Klein: Die Psychoanalyse des Kindes. Wien 1934; siehe auch die bereits angeführten Arbeiten.
[20] S. Freud: Bruchstück einer Hysterie-Analyse (1905). Ges. W., Bd. V.

rechnetes Deuten« nennen; auch diese Beziehung ist libidinös. Für den Patienten gilt ebenso wie für den Analytiker, daß kein Mensch auf die Dauer eine Beziehung ertragen kann, die nur Versagung, d. h. eine dauernd wachsende Spannung zwischen ihm und seinem Objekt ist. Früher oder später muß die Spannung durch bewußte oder unbewußte Maßnahmen zur Entladung kommen. Es handelt sich also *nicht* um wohlwollende Objektivität plus korrekter Deutung versus Küssen und Umarmen bzw. Verwendung von obszönen Wörtern (four-letter words) nach John Rosen[21], sondern darum, wieviel und welche Befriedigung einerseits vom Patienten, andererseits vom Analytiker benötigt wird, um die Spannung in der psychoanalytischen Situation so optimal wie möglich zu halten.

Die Einzelbeobachtungen, wie diese eigenartige Objektbeziehung, die wir psychoanalytische Situation nennen, sich entwickelt und verändert, sind von Versagungen und Befriedigungen beeinflußt und beeinflussen ihrerseits die Wünsche, Forderungen, bewußten und unbewußten Befriedigungen und Versagungen beider Beteiligten; sie werden vielleicht das wichtigste Material zur Entwicklungsgeschichte der Objektbeziehungen liefern. Alle sogenannten technischen Neuerungen, von Fräulein Anna O. angefangen über Freud, Ferenczi, Rank, Reich usw. bis zu Alexander und French, Rosen und anderen, müssen von diesem Gesichtspunkt her betrachtet werden. Ein sehr wichtiger Einzelpunkt in dieser Untersuchung wird die *Sprache* sein, in welcher der Analytiker dem Patienten seine Deutung übermittelt. Mit »Sprache« meine ich den Wortschatz technischer Termini und Begriffe, den »Bezugsrahmen«, den der einzelne Analytiker gewohnheitsmäßig benutzt. Wieviel unbewußte Befriedigung hinter dem unbehinderten Gebrauch seiner gewohnten Denkweisen und Ausdrucksformen steckt, zeigt sich am ehesten in dem oft ganz irrationalen Widerstand, den fast jeder Analytiker jedem Versuch entgegensetzt, ihn dazu zu bringen, einen von dem seinen abweichenden Bezugsrahmen zu verwenden oder auch nur einen Versuch zu machen, ihn zu verstehen. Man kann daher wohl annehmen, daß die »Sprache« immer hoch mit Libido besetzt ist; der Gebrauch der eigenen Sprache ist für den Analytiker eine wesentliche Befriedigung; die Übernahme oder auch nur Duldung jeder anderen Sprache ist infolgedessen eine fühlbare Belastung. Das bedeutet indessen nicht, daß jede »Sprache« gleichermaßen nützlich und korrekt ist, sondern nur, daß jede dieser »Sprachen« unter die Lupe genommen

---

[21] Diskussion über die ›Direkte Psychoanalyse‹ John Rosens in der British Psycho-Analytical Society, Herbst 1949.

werden sollte, um zu entdecken, wieviel bewußte oder unbewußte Befriedigung sie dem Analytiker bietet und wieviel sie zum Aufbau und zur Gestaltung der psychoanalytischen Situation beiträgt.

Eine zweite wichtige Quelle, aus der eine Theorie der Entwicklung der Objektbeziehungen schöpfen kann, wäre die Direktbeobachtung von Kindern. Man hätte erwarten können, daß der Anstoß für die Revision unseres theoretischen Begriffsapparates von der direkten Kinderbeobachtung kommen würde, vor allem jetzt, da wir so viele ausgezeichnet ausgebildete Kinderanalytiker haben. Aber es scheint, als ob sich die Geschichte erneut wiederholen wolle. Mit Ausnahme einiger weniger wurden fast alle wichtigen neuen Entdeckungen in der Psychoanalyse in der psychoanalytischen Situation mit erwachsenen Patienten gemacht.

Die dritte Quelle besteht meiner Meinung nach in Erfahrungen aus der Gruppentherapie. Da ich auf diesem Gebiet ein Neuling bin, kann ich hierzu nichts Maßgebliches sagen. Ich will daher nur die Aufmerksamkeit auf dieses äußerst wichtige Gebiet lenken, in welchem Objekt und Subjekt gleichzeitig und miteinander beobachtet werden können. Unweigerlich entwickelt sich einige Übertragung von Teilnehmer zu Teilnehmer, es entstehen also vor unseren Augen Objektbeziehungen. Übertragung, Gegenübertragung, Objektbeziehungen aller Art finden in unserer Gegenwart statt, und da es nun nicht unsere eigene Gegenübertragung ist, wird die objektive Beobachtung erheblich leichter. Es ist möglich, daß »natürliche« Gruppen für dieses Studium noch wichtiger sind als »künstliche« Gruppen von Patienten, die von uns zusammengestellt werden. Darunter verstehe ich etwa Nachbarn, Betriebsgruppen usw., in welchen reale Objektbeziehungen, so wie sie von jeher spontan sich bilden, beobachtet werden könnten.

5

Anstelle einer Zusammenfassung will ich beschreiben, was von Analytikern mit schweigenden Patienten gemacht wurde und wohl auch heute noch gemacht wird. Ich will damit die verschiedenen Entwicklungsstufen unserer therapeutischen Techniken und Ziele beleuchten. Nehmen wir einmal an, daß ein Patient eine Weile nichts sagt. Was tut der Analytiker dann? Er kann auf die ganz frühe Technik zurückgreifen, die Freud in den ›Studien über Hysterie‹ beschreibt, d.h. den Patienten auffordern und drängen, trotz seiner Widerstände zu sagen, was ihm durch den Kopf geht. Freud pflegte sogar die Hand auf die Stirn des Patienten zu legen, und in den frühen Fallberichten kommen oft Sätze vor wie »unter dem Druck meiner Hand« oder »sich konzentrierend« sei der Patient dann imstande gewesen, zu sprechen. Heutzutage wird diese Methode, glaube ich, nur wenig benutzt, und wenn überhaupt, dann nur im Falle unbedeutender Behinderung.

Oder aber der Analytiker kann versuchen herauszufinden, was der Patient zurückhält, und es an seiner Statt aussprechen, etwa so: »Aus dem oder jenem Zeichen scheint es, daß Sie (z. B.) mit Phantasien über mein Privatleben oder mit etwas aus Ihrem eigenen Sexualleben sich herumschlagen«, oder dergleichen. Das nennt man »Inhaltsdeutung«.

Drittens könnte der Analytiker sich bemühen, alle Beispiele miteinander zu verknüpfen, in denen der Patient schwieg, statt zu assoziieren, und könnte dem Patienten dann die übereinstimmenden Züge aller dieser Gelegenheiten zeigen, z. B.: »Immer wenn diese oder jene Schwierigkeit auftaucht, weichen Sie davor zurück und verfallen in Schweigen, werden stumm, wie leblos, fühlen gar nichts mehr« usw. Im zweiten Schritt wird er ihm dann zu zeigen versuchen, daß dieser Abwehrmechanismus früher einmal, als er ihn zuerst einsetzte, durchaus sinnvoll war. Als dritten Schritt wird er ihm dann bewußt zu machen versuchen, welche Befürchtung oder Angst jetzt im Patienten aufgestiegen ist, und wird die gegenwärtige mit irgendeinem ähnlichen Zug in der ursprünglichen Situation verknüpfen; zugleich wird er aber auch auf die wesentlichen Unterschiede zwischen beiden Situationen hinweisen. Dies könnte man Deutung des Abwehrmechanismus oder sogar Übertragungsdeutung nennen.

Es gibt aber noch eine weitere Methode, und diese, meine ich, liefert wichtiges Material für eine Theorie der Objektbeziehungen. Ich möchte sie die »Schaffung einer geeigneten Atmosphäre« *für* den Patienten *durch* den Analytiker nennen, in welcher der Patient dann imstande ist, sich zu eröffnen. Wenn man meint, daß das zuviel verlangt sei, will ich es in negativer Form wiederholen: *Vermeidung* der Schaffung einer Atmosphäre, die den Patienten veranlaßt, sich zu verschließen. Wenn es so formuliert wird, ergibt es sich, daß das Schweigen nicht durch die Übertragung des Patienten oder die Gegenübertragung des Analytikers verschuldet ist, sondern durch ein Wechselspiel von Übertragung und Gegenübertragung, d. h. eine Objektbeziehung.

Mit unserer heutigen Terminologie ist es wirklich sehr schwer, die Entwicklung und die subtilen Veränderungen dieser Objektbeziehung zu beschreiben. Unbemerkt gleiten wir wieder in die gewohnten, nur das eine Individuum betreffenden Begriffe von Triebspannung, Verschiebung, Agieren, Wiederholungszwang,

Übertragung verbaler oder präverbaler Affekte usw. des Patienten hinein. Hinsichtlich des Analytikers dagegen sprechen wir von freundlichem Verständnis, korrekter Deutung, Behebung der Angst, Beruhigung, Ich-Stärkung usw. Alle diese Beschreibungen sind innerhalb ihrer Grenzen durchaus korrekt. Aber sie gehen eben nicht über das Individuum hinaus und bleiben durch Vernachlässigung eines wesentlichen Faktors unvollständig, nämlich, daß alle diese Erscheinungen in einer Wechselbeziehung zwischen zwei Individuen und im Rahmen einer ständig sich wandelnden und neubildenden Objektbeziehung auftreten.

Ich möchte hier eine Idee von John Rickman erwähnen, von der ich leider erst im April 1950 Kenntnis bekam, d. h. erst nachdem ich diese Arbeit schon abgeschlossen hatte. Wenn ich seine Gedanken früher hätte mit verarbeiten können, so hätte ich verschiedene Passagen noch exakter und überzeugender formulieren können. Da ich jedoch keine Zeit hatte, die ganze Arbeit noch einmal umzuschreiben, habe ich zur zweitbesten Lösung gegriffen, an dieser Stelle auf Rickmans wichtigen Gedankengang aufmerksam zu machen, der die Diskrepanz zwischen unserer Theorie und unserer Technik ausgezeichnet erklärt. Rickman sagt: »Das ganze Gebiet der Psychologie kann je nach der Anzahl der erfaßten Individuen in bestimmte Forschungsregionen aufgeteilt werden. So könnten wir von einer Einkörper-Psychologie, Zweikörper-Psychologie, Drei-, Vier- und Multikörper-Psychologie sprechen.«[22]

Jede dieser Psychologien hat ihr eigenes Forschungsfeld und müßte daher ihre eigene »Sprache«, ihre eigenen technischen Begriffe, Abstraktionen usw. entwickeln, um ihre Befunde exakt beschreiben zu können. Bis jetzt ist das nur für die Einkörper-Psychologie geschehen. Die psychoanalytische Theorie – wie ich zu zeigen versucht habe – bildet hierin keine Ausnahme; fast alle unsere Bezeichnungen und Begriffe stammen aus dem Studium pathologischer Formen und gehen kaum über die Region der Einkörper-Psychologie hinaus (Zwangsneurose, Melancholie, Schizophrenie). Deswegen kann sie nur eine grobe, annähernde Beschreibung dessen liefern, was in der psychoanalytischen Situation geschieht, die doch im wesentlichen eine Zwei-Personen-Situation ist. Die Mathematik hat eine besondere Disziplin – die Darstellende Geometrie – für das Studium der Gesetze (und der vielen Fehlerquellen) für die Abbildung eines $(n+1)$-dimensionalen Körpers in einen n-dimensionalen Raum entwickelt (der am besten unter-

---

[22] J. Rickman: Methodology and Research in Psychiatry. Beitrag zu einem Symposium anläßlich der Sitzung der British Psychological Society, Medizinische Sektion, am 26. April 1950. Ähnliche Vorschläge hatte J. Rickman, wie ich erfahre, schon im Juni 1948 vorgetragen.

suchte Fall ist die Abbildung eines dreidimensionalen Körpers auf eine zweidimensionale Ebene). Für die Psychologie existiert noch keine solche Disziplin, und wir haben nur eine vage Idee, aber kein exaktes Wissen über die Verformungen, die dabei sich ergeben, und wieviel uns entgeht, wenn wir Zwei-Personen-Erlebnisse (die analytische Technik) in einer Sprache beschreiben, die für Ein-Personen-Situationen geschaffen wurde.

XVII. Über die Beendigung der Psychoanalyse[1] (1949)

1

Man kann die Kriterien für die Beendigung der Psychoanalyse in mehrere Gruppen zusammenfassen. Ich habe aus allen möglichen Gruppen drei herausgegriffen, nicht nur weil sie mir besonders wichtig erscheinen, sondern vor allem, weil ich sie genauer studiert habe. Die erste Gruppe ist die der *Triebziele*. Es muß das fest verankerte genitale Primat, die Fähigkeit des vollen genitalen Genusses, d.h. die reife Genitalität erreicht sein. Ich meine damit mehr als nur die Summe aller Teilkomponenten des Geschlechtstriebes; reife Genitalität ist meines Erachtens eine neue Funktion, die zuerst in der Zeit der Pubertät auftritt, möglicherweise infolge eines »natürlichen Prozesses«, den ich in ›Eros und Aphrodite‹[2] zu beschreiben versucht habe.

Eine zweite Gruppe von Kriterien könnte man unter der Überschrift *Beziehung zu den Triebobjekten* zusammenfassen. Ich habe dieses Thema in einem Aufsatz ›Über genitale Liebe‹[3] näher betrachtet. Meine Hypothese besagt im wesentlichen, daß die genitale Liebe letztlich kein natürlicher, spontaner Prozeß ist, sondern ein Artefakt, ein Kultur-(oder Erziehungs-)Produkt, eine komplizierte Mischung von genitaler Befriedigung und prägenitaler Zärtlichkeit; psychologisch ausgedrückt, kann man von genitaler Identifikation mit dem Objekt auf der Grundlage einer hohe Anforderungen stellenden Relitätsprüfung sprechen, mit dem Ziel der Verwandlung eines gleichgültigen oder sogar unwilligen Objekts zum liebenden, kooperierenden genitalen Partner.

Die dritte Gruppe von Kriterien läßt sich unter der Rubrik *Ich-Struktur* zusammenfassen. Das Ich muß so stark sein, daß es – inter alia – folgende Belastungen verarbeiten kann: a) Spannungen, die von der Verwendung alloplastischer (statt autoplastischer) Methoden im Umgang mit der Realität herrühren; b) das Ertragen von »Unlust«; c) plötzlichen Erregungsanstieg vor und während des Orgasmus; d) Aufrechterhaltung der genitalen Identifizierung mit dem Partner auch in Phasen vorübergehender Unzufriedenheit usw. Die gemeinsame Grundlage aller dieser Funktionen ist natürlich eine zuverlässige Realitätsprüfung, die es dem Individuum

---

[1] Beitrag zum Symposium über die Beendigung der psychoanalytischen Behandlung auf dem Kongreß der British Psycho-Analytical Society am 2. März 1949.
[2] Int. J. Psa., 19 (1938), 199–213. In diesem Buch Kap. IV.
[3] Int. J. Psa., 29 (1948), 34–40. In diesem Buch Kap. VII.

erlaubt, auch unter Belastung einen ununterbrochenen Kontakt mit der Wirklichkeit aufrechtzuerhalten.

Dies alles ist natürlich wohlbekannt. Wir wissen auch, daß es sich dabei um recht perfektionistische Maßstäbe handelt, die niemand vollständig erfüllen kann. Ein skeptischer Kritiker hätte guten Grund, an dieser Stelle zu fragen: Angenommen, man setzt alle diese Kriterien voraus, wieviel Spielraum innerhalb dieses hohen Standards muß man dann erlauben, damit eine Analyse überhaupt jemals abgeschlossen werden kann? Da diese Frage nicht leicht zu beantworten ist, wollen wir uns dem Thema von einer anderen Seite her nähern.

2

Nachdem die Errichtung theoretischer Maßstäbe sich nicht als fruchtbar genug erweist, suchen wir nicht mehr nach äußeren Kriterien und geben vielmehr eine klinische Beschreibung dessen, was tatsächlich geschieht, wenn eine Analyse beendet wird. In zweien meiner Arbeiten[4] habe ich versucht, diesen Prozeß, den ich »Neubeginn« nannte, zu beschreiben. Kurz dargestellt, ereignet sich folgendes: Der Patient gibt allmählich sein Mißtrauen gegen die Welt der Objekte, speziell den Analytiker, auf; parallel damit entsteht eine besondere Art der Objektbeziehung, die man archaische, primitive oder passive Objektliebe nennen könnte, deren Hauptmerkmal darin besteht, daß der Patient erwartet, bedingungslos und ohne Verpflichtungen seinerseits geliebt zu werden und die ersehnte Befriedigung immer und überall und unabhängig von den Eigeninteressen des Objekts zu erhalten; ein wichtiger Punkt ist, daß die heftig begehrten Befriedigungen nie über das Maß der Vorlust hinausgehen. Natürlich können diese Wünsche im Rahmen der analytischen Situation nie voll erfüllt werden; sie müssen aber – jedenfalls meiner Erfahrung nach – voll erkannt und doch auch in einem beträchtlichen Grade zugestanden werden. Denn nur wenn es dem Analytiker gelungen ist, den Patienten an allen Scyllas und Charybden vorbeizusteuern, kann der Patient von der neubegonnenen, passiven Objektliebe zur reifen genitalen Liebe vorschreiten. Diese Entwicklung läuft parallel damit oder hängt weitgehend davon ab, daß der Patient seinen Objekten mehr

---

[4] M. Balint: Charakteranalyse und Neubeginn. Int. Z. f. Psa., 20 (1934), 54–65. In diesem Buch Kap. XI. – Ders.: Das Endziel der psychoanalytischen Behandlung. Int. J. Psa., 17 (1936), 206–216. In diesem Buch Kap. XIII.

und mehr Rechte einräumen kann, das heißt, er muß die Fähigkeit gewinnen, auch hinsichtlich seiner Objekte die Realität zu prüfen, und muß sich auf diese Weise darum bemühen, einen annehmbaren Kompromiß zwischen den eigenen und den Wünschen des Objekts herzustellen.

Wenn dieser Prozeß ungestört ablaufen kann, ist die letzte Strecke der Behandlung von einer überraschend einheitlichen Erfahrung beherrscht. Der Patient fühlt, daß er eine Art von Wiedergeburt zu einem neuen Leben durchläuft, daß er an das Ende eines dunklen Tunnels gekommen ist und nach langer Wanderung Licht sieht, daß ihm ein neues Leben geschenkt ist, daß er große Erleichterung verspürt, so als ob eine schwere Last von ihm genommen sei usw. Es ist ein sehr bewegendes Erleben; die allgemeine Atmosphäre ist die eines Abschieds von etwas Teurem, sehr Kostbarem, mit allen Begleiterscheinungen von Kummer und Trauer; aber dieser aufrichtige, tief gefühlte Schmerz ist gemildert durch das Gefühl von Sicherheit, das aus den neuerworbenen Möglichkeiten zum Glücklichsein stammt. Gewöhnlich geht der Patient zwar glücklich, aber mit Tränen in den Augen aus der letzten Stunde, und ich muß zugeben, daß sich der Analytiker in einer sehr ähnlichen Gemütsverfassung befindet.

Es ist wichtig, daß wir uns von dem offenbaren Symbolismus dieser Beschreibung nicht irreführen lassen, obwohl wir uns der Fülle der Bedeutungen nicht verschließen wollen. Meines Erachtens liegt das wahre Problem viel tiefer, als es Symbole auszudrücken vermögen, und ist die Symbolik eine schwerzüngige Sprache, die das tiefere Problem nur stammelnd und unvollkommen andeutet.

Das tiefere Problem, der Kernpunkt unserer Diskussion, kann auf mehrere Weisen ausgedrückt werden, deren jede denselben Inhalt zu vermitteln versucht. Ich will nur zwei derartige Formulierungen diskutieren.

Die erste ist eine Frage: Ist die analytische Heilung ein »natürlicher« oder ein »künstlicher« Prozeß, das heißt, besteht die Arbeit des Analytikers nur darin, die Hindernisse wegzuräumen, die durch individuelle und soziale Traumata errichtet worden waren, wonach denn die »natürlichen« Prozesse die Heilung in die Hand nehmen?

a) Wenn die Antwort hierauf ja lautet, können wir für die Endphase tatsächlich ziemlich einheitliche Geschehnisse erwarten; ferner werden diese Geschehnisse sich wahrscheinlich in symbolischer Form ausdrücken lassen, etwa als das Aufgeben einer intrauterinen Existenz, die der Patient rückblickend als zugleich gut und schlecht beschreiben würde.

b) Wenn die Antwort dagegen nein lautet, müssen wir für die Endphase stark variierende Erlebnisweisen erwarten, die u.a. von dem Grad der erreichten Reifung, den Problemen, die als letzte behandelt werden, der Persönlichkeit des Analytikers usw. abhängen.

Eine andere, allgemeinere Konzepte benutzende Formulierung wäre die Frage:

1. Ist *Gesundheit* ein natürlicher Gleichgewichtszustand, das heißt, gibt es seelische Vorgänge, die zur Entwicklung eines solchen Gleichgewichts führen, wenn sie ungestört ablaufen dürfen?

2. Oder ist *Gesundheit* ein Glückszufall, ein seltenes, sogar unwahrscheinliches Ereignis deshalb, weil die Vorbedingungen so schwer und zahlreich sind, daß die Chancen eher gegen sie stehen?

Ihrem Wesen nach sind die beiden Fragen identisch. Es sind noch andere Formulierungen möglich, die uns hier jedoch nicht kümmern sollen. Zu einer befriedigenden Antwort sind die Analytiker bisher nicht imstande gewesen. Sie teilen sich im großen ganzen in zwei Lager. Interessanterweise sind die Analytiker, die die reife Genitalität nicht für die einfache Summierung eines bunten Gemisches von sexuellen Teiltrieben, sondern für eine Funktion per se halten, auch bereit, Gesundheit als ein »natürliches« Gleichgewicht und die Beendigung der psychoanalytischen Kur als einen »natürlichen« Prozeß zu betrachten. Im anderen Lager dagegen hält man ziemlich einstimmig die Gesundheit, die Beendigung einer Analyse und die reife Genitalität für parallele Resultate eines Zusammenspiels zahlreicher Kräfte, Tendenzen und Einflüsse und die Annahme eines alle beherrschenden »natürlichen« Prozesses nicht für berechtigt.

3

Die Antwort auf dieses wichtige Problem hängt zweifellos an den klinischen Erfahrungen, also dem Studium wirklich beendeter Analysen. Leider ist das erreichbare Material sehr mager und nicht überzeugend. Dennoch lohnt es das Studium. Als erstes schöpfe ich aus der Quelle meiner eigenen Erfahrung. Das ist natürlich kein echter Beweis, denn meine Erfahrungen sind a) subjektiv getönt und b) zu gering an Zahl. Wenn ich alle Fälle überblicke, die über eine Probezeit hinausgingen, dann habe ich die oben beschriebene Endphase in etwa zwei von zehn Fällen beobachten können. Das ist natürlich ein sehr geringer Prozentsatz. Ich bin dennoch überzeugt, daß meine Beschreibung in der Hauptsache zutrifft. In jedem Fall nämlich, in welchem eine richtige Beendigung nicht erreicht wurde, glaube ich zu wissen, was verkehrt war, obwohl ich zugeben muß, daß die Situation, wenn der Fehler einmal passiert und die Phase des Neubeginns verpaßt war, kaum mehr zu retten war. In solchen Fällen endete die Analyse gewöhnlich mit einem bloßen Teilerfolg, selten auf dem Ton der Unzufriedenheit oder gar des Bedauerns trotz allem guten Willen und ehrlicher Anstrengung beider Seiten. Ein Trost liegt darin, daß sehr oft die von der Behandlung angeregten Prozesse sich nach der sogenannten Beendigung noch weiterentwickelten und die schließlich eintretenden Ergebnisse ganz annehmbar waren; es blieb aber doch sowohl beim Patienten wie beim Analytiker lange Zeit ein Gefühl bestehen, daß etwas versäumt worden sei. – Das ist nun allerdings kein sehr überzeugendes Material.

Eine zweite Quelle könnte sich aus Kontrollanalysen eröffnen. In der Regel endet die kontrollierte Arbeit jedoch, bevor die Analyse zum Abschluß gekommen ist. Das ist für den Kandidaten wie für den Kontrollanalytiker ein sehr unbefriedigender Zustand, geschweige für den betreffenden Patienten. Abgesehen von den realen Schwierigkeiten, dulden wir diese unbefriedigende Situation in unserem Ausbildungssystem wegen des unbewußten und unformulierten Zweifels an der Möglichkeit einer »natürlichen« Beendigung der Analyse, den ich oben erwähnte.

Schließlich könnte man das Material aus den Fällen anderer Analytiker heranziehen. Leider wissen wir so wenig über die Techniken unserer Kollegen und sind so geheimnisvoll in bezug auf unsere eigenen, daß der Außenseiter nur zu sehr wenigen Fällen Zugang hat. Dieser kleine Bruchteil, von dem ein Außenseiter etwas zu wissen bekommen kann, sind die Lehranalysen.

Hier würde man nun weniger Komplikationen erwarten als bei den Fällen von Neurotikern; leider ist jedoch das Gegenteil der Fall. Man weiß z. B. – obwohl es offiziell nicht mitgeteilt wird –, daß eine nicht geringe Anzahl von Kandidaten ihre Analyse auch noch nach der Zulassung ohne Unterbrechung weiterführt. Das sind dann doch vollständige, echte Behandlungen und nicht etwa nur kurze Perioden für ein seelisches Aufräumen. Ich meine, daß diese Tatsache, die wohl in jedem Ausbildungsinstitut vorkommt, für unser Thema von entscheidender Bedeutung ist.

Unser gegenwärtiges Ausbildungssystem beruht auf der empirischen Grundregel, daß niemand analysieren darf, der nicht selbst analysiert ist. Das muß natürlich mehr sein als nur der Anfang einer Analyse oder ein Kurs von ein paar Dutzend Stunden. Obwohl das nicht ausdrücklich konstatiert wird, kann man annehmen, daß diese Regel besagt, der Kandidat habe seine eigene Analyse zu beenden, bevor er Patienten ohne Kontrolle behandeln darf.

Das geschieht nun aber nicht, und so handeln wir nach zwei Maßstäben statt nach einem. Nach Maßstab A, dem zwar niedrigeren, aber offiziell kontrollierten und von unseren Gesellschaften streng durchgeführten, entscheiden wir, daß der Kandidat nun gesund (d. h. ausgebildet) genug ist, um selbständig Patienten zu analysieren und als voll ausgebildeter Analytiker anerkannt zu werden, wenn auch noch nicht so gesund, daß er mit seinen eigenen unbewußten Problemen fertig wird. Maßstab B, der strengere, aber nicht von unseren Gesellschaften kontrollierte, beruht auf der privaten Übereinkunft zwischen dem Patienten (einem bereits voll qualifizierten Analytiker) und seinem Lehranalytiker und bestimmt die Kriterien der wirklichen Beendigung. Wir wissen einiges über Maßstab A, aber leider so gut wie nichts über Maßstab B.

Ich möchte hinzufügen, daß dieses System der zwei Maßstäbe eine vergleichsweise neue Entwicklung ist, die von einer vielleicht zu perfektionistischen Vorstellung zu einer Politik des Erreichbaren führte. Einige Faktoren dieser Entwicklung, die, soviel ich weiß, in den dreißiger Jahren einsetzte, sind bekannt; sie umfassen u. a. die unvollständigen Analysen mehrerer unserer Kollegen, die notwendigerweise zur Wiederaufnahme der Analyse auf privater Basis führten; schlechte Auswahl der Kandidaten zu Beginn der immer länger dauernden Lehranalysen, was wiederum zu schwerem Druck durch die äußeren Umstände, besonders finanzieller Natur führte usw. Es wäre ein Stück wichtiger Forschungsarbeit, wenn man mehr von den bewußten und unbewußten Motiven dieser neuesten Entwicklung unseres Ausbildungssystems erfahren könnte.

Wie die Dinge zur Zeit stehen, liefert auch diese Quelle klinischen Materials keine zuverlässige Antwort auf unsere Probleme. Maßstab A ist für uns nutzlos, und von Maßstab B wissen wir nicht mehr als von den anderen beendeten Analysen.

Zusammenfassend müssen wir sagen: Wir besitzen ausgezeichnete theoretische Kriterien, die uns sagen, ob eine Analyse ordnungsgemäß beendet ist oder nicht. Wir müssen jedoch zugeben, daß diese Normen ziemlich perfektionistisch sind und wir nicht imstande sind zu definieren, welche Abweichungen noch zulässig sind. Ich weiß, daß andere Analytiker teilweise oder gänzlich andere Kriterien benützen als ich. Der obige Einwand gilt jedoch für jegliche Gruppe von Kriterien.

Wenn wir aber von der Praxis ausgingen und die Endphasen der bei mir wirklich beendeten Analysen betrachteten, landeten wir in dem Dilemma, ob Gesundheit ein »natürlicher« Zustand oder nur ein äußerster Glücksfall und ein seltenes Ereignis sei. Wir mußten gestehen, daß wir keine Lösung wußten.

Und wenn wir uns schließlich nach zuverlässigem klinischen Material umsahen, auf Grund dessen wir eine empirische oder wenigstens eine statistische Antwort formulieren könnten, fanden wir, daß solches Material – falls es existiert – für jeden anderen Analytiker unzugänglich ist, d. h. nur demjenigen Analytiker etwas sagt, der die Analyse selber bis zu ihrem Ende geführt hat. Da es bisher keine Möglichkeit einer Kontrolle oder Verifikation gibt, sind alle Aussagen über wirklich beendete Analysen notwendigerweise subjektiv getönt und daher nicht absolut zuverlässig.

Das gilt natürlich nicht minder für meine eigenen Feststellungen und wird sich erst ändern, wenn wir alle Zugang und die Möglichkeit der Kritik an zuverlässigem Material erhalten. Vorläufig enthält noch jeder Beitrag zu diesem Problem das Risiko, zwar eine Menge über die Persönlichkeit des Forschers – wenn auch in höchst sublimierter Form – auszusagen, aber wenig zur Lösung des Problems beizutragen. Ich zögere nicht zuzugeben, daß dies auch für meinen Beitrag gilt.

Trotz dieser Unsicherheit werden doch alle Jahre mehrere Analysen beendet. Selbst wenn wir sehr vorsichtig schätzen und annehmen, daß jedes praktizierende Mitglied unserer Internationalen Vereinigung nur einen oder zwei Fälle pro Jahr beendet, hätten wir eine Gesamtsumme von 1 000 bis 2 000 Fällen. Wenn ich meine eigenen oben angeführten Prozentsätze zugrundelege, wonach wenigstens zwei von zehn Fällen wirklich abgeschlossen sind, kommen wir zu einer Zahl von 200 bis 400 im Jahr. Das ist doch ein enormes Material. Ich schreibe dies in der Hoffnung, daß irgendein Kollege sich einmal angeregt fühlen möge, dieses Material kritisch zu sichten und als Grundlage dafür zu benutzen, eine wirkliche Antwort auf unsere Fragen zu finden.

XVIII. Der Neubeginn, das paranoide
und das depressive Syndrom¹ (1952)

1

Es ist mir eine große Ehre, zu diesem Heft beitragen zu dürfen, da ich mich nicht im eigentlichen Sinne als einen Schüler Melanie Kleins bezeichnen kann. Ich kann mich jedoch auf mein seit jeher bestehendes Interesse an ihrer Arbeit und – wenn ich es so nennen darf – auf unsere Freundschaft berufen, die bis auf die verflossenen Tage in Berlin zurückdatiert. Damals standen wir beide in Eigenanalyse und wohnten einige Zeit lang beinahe Tür an Tür. In allem sonstigen war unsere Position jedoch grundverschieden. Ich war ein blutiger Anfänger, frisch von der Universität, während Frau Klein schon eine Analytikerin von Ruf war, auf deren Meinung man aufmerksam, wenn auch mitunter kopfschüttelnd, hörte. Sie hatte sich ihren Weg zu erkämpfen, war sie doch die einzige Nichtakademikerin und die einzige Kinderanalytikerin in der sehr akademischen und »wissenschaftlichen« Deutschen Psychoanalytischen Gesellschaft. Gelegentlich verursachte sie peinliches Aufsehen, Unglauben oder gar sardonisches Gelächter, wenn sie in ihren Falldarstellungen die naiven Äußerungen ihrer kleinen Patienten zitierte. Trotz dieser ambivalenten Aufnahme blieb sie jedoch fest bei ihrem Vorhaben, zu zeigen, daß man die bei Erwachsenen auftretenden neurotischen Symptome und Abwehrmechanismen auch bei kleinen Kindern beobachten kann, ja daß sie oft in wesentlichen Punkten besser an Kindern als an Erwachsenen studiert werden können. Seither sind nun sowohl Frau Klein als auch die Psychoanalyse einen langen Weg gegangen, und viele – wenn auch gewiß nicht alle – ihrer heiß disputierten Ideen sind zu einem integralen Teil unseres analytischen Wissensgebäudes geworden.

Als meinen Beitrag zu ihrem Ehrentag möchte ich zeigen, wie ihre Ideen mir geholfen haben, einen Engpaß in meiner Arbeit zu verstehen, so daß ich hoffen durfte, diese Schwierigkeit von nun an durch besseres Wissen und bessere Technik vermeiden zu können. Im Jahre 1932 beschrieb ich² eine besondere Phase in der analytischen Krankenbehandlung. Ich bin seither mehrmals auf dasselbe

---

¹ Erstveröffentlichung in Int. J. Psa., 33 (1952), 214 als Beitrag zu einer Sondernummer zum 70. Geburtstag von Melanie Klein.
² In ›Charakteranalyse und Neubeginn‹, Vortrag auf dem 12. Kongreß der Internationalen Psychoanalytischen Vereinigung, veröffentlicht in Int. Z. f. Psa., 25 (1934). In diesem Buch Kap. XI.

Thema zurückgekommen und habe versucht, es immer noch exakter zu beschreiben.

Meine klinische Erfahrung war kurz folgende: In manchen Fällen, in denen die Analyse schon fortgeschritten war, d.h. gegen Ende der Kur, begann der Patient, zuerst sehr schüchtern, gewisse einfache Wunscherfüllungen zu wünschen, zu erwarten, ja zu fordern, und zwar vor allem – jedoch nicht ausschließlich – von seinem Analytiker.

An der Oberfläche schienen diese Wünsche harmlos. Der Patient wollte dem Analytiker gern ein Geschenk machen oder – häufiger – ein solches von ihm bekommen; er wünschte sich, ihn zu berühren oder zu streicheln oder von ihm berührt, gestreichelt zu werden. Am häufigsten war der Wunsch, seine Hand oder wenigstens einen Finger seiner Hand halten zu dürfen. Man erkennt zwei wichtige Charakteristika dieser Wünsche. Erstens: sie können nur von einem anderen Menschen erfüllt werden; eine auto-erotische Befriedigung ist einfach unmöglich. Zweitens: das Niveau der Wunscherfüllung überschreitet niemals dasjenige einer milden Vorlust. Dementsprechend[3] war kaum jemals eine volle, von gänzlicher Entspannung gefolgte Befriedigung zu beobachten, nur eine mehr oder weniger große Beruhigung. Wenn nun diese Wunscherfüllung im rechten Moment und in der richtigen Intensität gewährt wird, sind die darauf erfolgenden Reaktionen kaum und nur mühsam erkennbar, da der Lustgewinn nicht über ein ruhiges Gefühl des Wohlbehagens hinausgeht.

Dies führte mich zu einem sehr schwierigen technischen Problem: was soll der Analytiker in solchen Fällen tun? Die erste Aufgabe besteht offenbar darin, daß er und der Patient diese Wünsche erkennen und ihren eigentlichen primitiven Charakter verstehen. Das ist schon schwierig genug, denn diese Wünsche – wie alles vom Patienten gebrachte Material – sind überdeterminiert, und die oberflächlichen Determinanten müssen erst analysiert werden, ehe der primitive Untergrund deutlich werden kann. In den meisten Fällen genügt das. Es gibt jedoch Patienten, deren Analyse meiner Erfahrung nach mehr erfordert. Sie gehören entweder zur Kategorie der tief gestörten Kranken oder zu derjenigen von Menschen, deren Ich-Entwicklung durch frühe Traumata verzerrt wurde. Diese Patienten haben die Fähigkeit – oder den Drang oder das Symptom –, auf einen Zustand infantiler Hilflosigkeit zu regredieren, in welchem sie außerstande zu sein scheinen, intellektuelle Überlegungen, d.h. in Worte gefaßte Deutungen zu verste-

---

[3] M. Balint: Eros und Aphrodite. Int. Z. f. Psa., 27 (1936), Int. J. Psa., 19 (1938). In diesem Buch Kap. IV.

hen. Auch diese Zustände sind natürlich überdeterminiert, sie sind Zeichen starken Widerstandes, intensiver Furcht, bitterer Vorwürfe, eine Demonstration der verheerenden Wirkung des Traumas, ein Mittel, durch Wiederholung der Unterwerfung unter das Trauma masochistische Lust zu gewinnen oder durch Hilflosigkeit einen neuen traumatischen Überfall zu provozieren usw. usw. In einigen Fällen – ermutigt durch Ferenczis Experimente[4] – einigte ich mich mit meinen Patienten darauf, daß ein zu einem solchen Zustand gehöriger primitiver Wunsch, sofern er sich mit der analytischen Situation vertrug, erfüllt werden dürfte. Die Bedingungen einer solchen Übereinkunft sind natürlich ganz elastisch, haben sich aber in der vertrauensvollen Atmosphäre solcher Perioden als ganz wirksam erwiesen.

Um das gegenseitige Vertrauen zwischen Patient und Analytiker zu erhalten, ist großer Takt und sorgfältige Handhabung vonnöten. Auf der einen Seite droht der Abgrund suchtartiger Zustände. Wenn der Analytiker unvorsichtig zuviel nachgibt, entwickelt der Patient eine fast unersättliche Gier; er bekommt niemals genug. Auf der anderen Seite liegen die Schrecken der Enttäuschung. Der vielleicht auffälligste Zug an diesem Zustand ist die Flut sadistischer Tendenzen. Stunde nach Stunde wird mit den grausamsten Phantasien angefüllt, wie der Analytiker zur Strafe für sein gleichgültiges und daher frustrierendes Verhalten leiden müßte, oder mit ebenso grausamen Phantasien, was der Patient als wohlverdiente Strafe seiner Aggressivität zu erwarten habe. Eine ebenso intensive, aber maskierte Aggressivität läßt sich auch bei den suchtartigen Zuständen nachweisen; die Maskierung ist gewöhnlich gehemmte masochistische Lust an den eigenen Leiden. Bei beiden Zuständen – der Enttäuschung wie der Sucht – trifft man statt der stillen Anzeichen wohlbemessener Befriedigung auf heftige, lärmende Reaktionen auf Grund der schmerzhaften, fast unerträglichen Spannungen, die der Patient empfindet. Es ist äußerst schwierig für den Psychoanalytiker, durch diese Schwierigkeiten hindurch einen unbeirrt gleichmäßigen Kurs zu steuern. Wenn es jedoch gelingt, dann erweisen sich solche Perioden als sehr fruchtbar. Starre Ich-Strukturen, Charakterzüge und Abwehrmechanismen, versteinerte Verhaltensstereotype und immer wiederkehrende Formen der Objektbeziehungen werden analysierbar, dem Analytiker wie dem Patienten verstehbar und schließlich wirklichkeits-

---

[4] S. Ferenczi: Relaxationsprinzip und Neokatharsis, Int. Z. f. Psa., 21 (1930); Kinderanalyse mit Erwachsenen, Int. Z. f. Psa., 22 (1931); Die Sprachverwirrung zwischen dem Erwachsenen und dem Kinde, Int. Z. f. Psa., 24 (1933). Alle nachgedruckt in: Bausteine zur Psychoanalyse, Bern 1939, Bd. III.

angepaßter, was dann gewöhnlich die Beendigung der Analyse herbeiführt.

Aus zwei Gründen habe ich diese Erscheinungen einen *Neubeginn* genannt. Der Hauptgrund ist ein psychologischer. Der ganze, sehr dramatische Prozeß machte den Eindruck, als wenn der Patient – wenn auch sehr vorsichtig – Stück für Stück seine bisherigen gewohnten, automatischen Objektbeziehungen, oder mit anderen Worten, seine unheilvolle Weise des Liebens und Hassens aufgebe. Zugleich machte er schüchterne Versuche, neue Verhaltensweisen auszuprobieren, wobei es sich in Wirklichkeit jedoch, wie man leicht nachweisen konnte, um die alten handelte, die ihm seinerzeit durch seine versagende, verständnislose oder auch nur gleichgültige frühe Umwelt zerstört worden waren. Wiederholte schlechte Erfahrungen, die in einigen Fällen das Gewicht echter Traumen hatten, hatten ihn seinerzeit in seine neurotischen Weisen des Liebens und Hassens hineingezwungen. Jetzt, in der Sicherheit der analytischen Übertragung, schien er seine Abwehr versuchsweise aufgeben, auf einen – noch – ungesicherten, naiven, d. h. prä-traumatischen Zustand regredieren und *neu beginnen* zu wollen, zunächst auf primitive, bald aber immer reifere, angepaßtere, nichtneurotische (soweit dies überhaupt denkbar ist) Form zu lieben und zu hassen.

Aus diesem Gedankengang läßt sich für die Theorie folgendes ableiten: Ich betrachte diese Periode einer *primitiven oder archaischen Objektliebe* (früher – noch unter dem Einfluß von S. Ferenczi – benutzte ich den Ausdruck *passive Objektliebe*) als den Ursprung und die Quelle der menschlichen Libido-Entwicklung. Das erste und ewige Ziel aller Objektbeziehungen ist der primitive Wunsch: *Ich möchte geliebt werden* ohne Verpflichtung meinerseits, ohne daß die anderen etwas von mir als Gegenleistung erwarten. Alle »erwachsenen« Weisen der Objektbeziehung, d.h. des Liebens und Hassens, sind Kompromisse zwischen dem ursprünglichen Wunsch und der Hinnahme einer unfreundlichen, unlustbereitenden, gleichgültigen Realität. Wenn ein neurotischer (also ökonomisch viel zu teuer bezahlter) Kompromiß durch die Analyse aufgehoben wird, kommt die alte, primitive Art der Liebe wieder zum Vorschein. Das muß man erkennen und dem Patienten erlauben, auf diesen archaischen prä-traumatischen Zustand zurückzugehen, zu »regredieren«. Je mehr der Patient imstande ist, sich von den erworbenen Formen der Objektbeziehung freizumachen, um so besser ist er imstande, neu zu beginnen und eventuell eine nicht-neurotische, erwachsene Form der Liebe zu entwickeln.

Mein zweiter Grund, diese Erscheinungen »Neubeginn« zu nennen, stammt aus der Biologie.⁵ Bei besonders ungünstigen äußeren Umständen können nur diejenigen Lebewesen überleben, die imstande sind, ihre hochdifferenzierte Organisation aufzugeben und auf primitivere Stufen ihrer Entwicklung zu regredieren, um von da aus erneut mit dem Prozeß der Anpassung zu beginnen. Hochentwickelte Formen sind leistungsfähiger, aber auch abhängiger von ganz bestimmten Umweltfaktoren. Primitive, undifferenzierte Formen sind elastischer und nach verschiedenen Richtungen zu neuer Anpassung fähig. Hier zeigt sich eine auffällige Ähnlichkeit: auch in der Psychologie sind hochdifferenzierte Formen starr und nicht anpassungsfähig; wenn von Grund auf neue Anpassungsleistungen gefordert werden, muß die hochdifferenzierte Organisation aufgegeben und zu primitiven, undifferenzierten Formen zurückgekehrt werden, damit ein Neubeginn erfolgen kann.

2

Wenn ich mein Fall-Material betrachte, nämlich alle Patienten, die ihre Analyse über die Probebehandlung hinaus fortsetzten, so finde ich, daß die eigentliche Periode des Neubeginns, die dann zu einer echten Beendigung der Analyse führte, nur in 20 Prozent meiner Fälle erreicht werden konnte.⁶ Weitere 20 Prozent kann man als praktisch geheilt betrachten, ferner 30–40 Prozent als erheblich gebessert (das Beiwort »erheblich« bringt freilich eine Ungenauigkeit in meine Statistik hinein). Die restlichen 20–30 Prozent muß man als unverändert oder nicht wesentlich gebessert betrachten.

Alle diese Zahlen lohnt es sich einmal genauer anzusehen. Ich möchte hier aber nur einmal untersuchen, was bei den »praktisch geheilten« und bei den »gebesserten« Patienten geschah. Wenn meine Vorstellung, daß der Neubeginn so wichtig sei, stimmt, dann muß unsere erste Frage lauten: Was hat sich denn mit den Patienten in dieser Periode ereignet? Ich habe das Problem schon

⁵ M. Balint: Psychosexuelle Parallelen zum biogenetischen Grundgesetz. Imago, 18 (1932). In diesem Buch Kap. I.
⁶ Zahlen, die ja abstrakt, d.h. leblos sind, sind auch gefährlich. Allein genommen, ohne Bezug zur Erfahrung, auf welcher sie beruhen, also zum Leben, können sie irreführend sein. Ich möchte daher ergänzend erwähnen, daß mein Fallmaterial sich aus Patienten der verschiedensten Art zusammensetzt, von kurzen, monosymptomatischen psychosomatischen Erkrankungen bis zu schwerer Paranoia, Schizophrenie, Depression; Fälle mit guter Prognose und sogenannte hoffnungslose Fälle. Dem Alter nach reichen sie von 16 bis 60 Jahre; es ist auch eine Anzahl Trainingsanalysen darunter. Kurz: es ist die übliche Mischung einer psychoanalytischen Allgemeinpraxis.

in einer früheren Arbeit erwähnt[7], aber trotz ausdauernder Bemühung war es mir lange nicht möglich, zu einer befriedigenden theoretischen Erklärung zu kommen. Jetzt aber, mit Hilfe gewisser Ideen von Melanie Klein, glaube ich, der Lösung um einen wichtigen Schritt nähergekommen zu sein.

Nach meiner Erfahrung nähern sich die Patienten dem »Neubeginn« nur sehr vorsichtig. Diese Vorsicht habe ich mir und auch den Patienten als Niederschlag all der Enttäuschungen und Versagungen gedeutet, unter denen sie gelitten hatten, so daß sie nun gleich »gebrannten Kindern« das Feuer scheuten. Oft entdeckten wir, daß die Umwelt des Patienten in der Kindheit alles andere denn liebevoll, im Gegenteil, oft bewußt und böswillig frustrierend gewesen war. In anderen Fällen war sie zwar nicht geradezu böswillig, aber nachlässig und gleichgültig, was der Patient in seiner Phantasie sich aber als boshaft oder feindlich ausgelegt hatte – manchmal vielleicht mit Recht. All das wurde natürlich in der Erinnerung und in ihrer Wiederholung innerhalb der Übertragung auf die analytische Situation durchgearbeitet.

Trotzdem wollte sich in einigen Fällen die vertrauensvolle Atmosphäre des Neubeginns nicht einstellen. Die Patienten blieben argwöhnisch und unvertraut, obwohl sie und der Analytiker sich ehrlich Mühe gaben. Selbst wenn sie von ihren erwachenden primitiven Wünschen, die für die Periode des Neubeginns so charakteristisch sind, als einer Möglichkeit sprechen konnten, waren sie nie imstande, sich zu entspannen, konnten nie ihr mißtrauisches erwachsenes Ich so weit aufgeben, daß sie diese Wünsche wirklich fühlten. Sie blieben immer gespaltene Erwachsene, die sich selbst beobachteten; nie konnten sie erreichen, daß sie mit sich selber eins waren.[8]

Dieser Zustand, meine ich, erinnert an die von Melanie Klein beschriebene »paranoide Position«[9]. Die Patienten sind im tiefsten Innern überzeugt, daß alle Menschen Feinde sind, die einem nur Böses wünschen und nichts Gutes gönnen. Sie geben dann bereitwillig zu, daß auch sie feindlich, böse und neidisch sind. Nach ihrer Meinung gibt es nur eine mögliche Beziehung zu ihrer Umwelt und überhaupt zwischen Menschen, nämlich vorsichtiges Mißtrauen und unablässiges Auf-der-Hut-Sein. Kein Mensch liebt einen anderen, und wenn einer das Gegenteil behauptet oder auch nur versucht, aufrichtiges Interesse zu zeigen (z. B. der Analyti-

---

[7] Siehe in diesem Buch Kap. XI.
[8] S. Ferenczi: Notes and Fragments. Integration and Splitting. Int. J. Psa., 30 (1945), 241. Ursprünglich verfaßt 1932. Wiederabgedruckt in: Final Contributions. London/New York 1955.
[9] Z.B. in: M. Klein: Notes on Some Schizoid Mechanisms. Int. J. Psa., 27 (1946), 99.

ker), dann ist es für diese Patienten ein leichtes zu beweisen, das sei reine Heuchelei, Falschheit, ein plumper Versuch, einen zum Narren zu halten, um einen dann auszubeuten. Es ist erstaunlich, wie oft es solchen Menschen gelingt, sich eine Umwelt zu schaffen, in der das alles wirklich wahr ist. Und noch erstaunlicher ist es, daß sie sogar den Analytiker in diese Falle locken können. Trotz ständigen Wachens über meiner Gegenübertragung muß ich zugeben, daß es mir nicht immer gelungen ist, mich dieser Welt des Mißtrauens gänzlich zu entziehen.

Ist man berechtigt, diese Welt des Mißtrauens, die der Patient aus seiner Übertragung und der systematisch provozierten und genährten Gegenübertragung praktisch aller seiner Objekte heraus sich errichtet, eine Welt der Verfolgungsängste zu nennen? M. Klein benutzt die Bezeichnungen *paranoid* und *verfolgend* als Synonyme und zieht die letztere als die allgemeinere sogar vor. Nach meiner Erfahrung kann man die Haltung des Patienten in der oben beschriebenen Phase, die der Entspannung und Hingabe in der Periode des Neubeginns voraufgeht, am besten mit dem Ausdruck *Beziehungswahn* bezeichnen. Alles, die alltäglichsten Dinge bekommen eine Beziehung zur eigenen Person des Kranken; alles hat eine versteckte Bedeutung, und diese »wahre« Bedeutung ist immer *Rücksichtslosigkeit* und Lieblosigkeit. Die Frage muß also lauten: Kann man annehmen, daß einerseits Verfolgung, andererseits lieblose, nachlässige Gleichgültigkeit ein und dasselbe bedeuten? Oder braucht man keine feinere Unterscheidung zu machen, die für das primitive, unbewußte Seelenleben ohnehin keine Bedeutung hätte?

Wenn ich auch geneigt bin, dieser letzteren Annahme für das Unbewußte des Patienten (und des Kindes) zuzustimmen, so bin ich bezüglich unserer Terminologie doch anderer Meinung. Worte haben ihre ganz bestimmten Assoziationen, nicht nur für die Kranken, sondern auch für den Analytiker; wenn man ein Wort statt eines anderen gebraucht, löst man eine ganze Kette von Assoziationen aus und schafft in unserer eigenen Vorstellungswelt und in unseren Diskussionen eine ganz bestimmte Atmosphäre. Darum möchte ich bei meiner Beschreibung bleiben und statt von Verfolgung von liebloser, nachlässiger Gleichgültigkeit sprechen, die ihrerseits dann Furcht und Mißtrauen im Patienten erweckt. Dieser Zustand wird mit dem Begriff »paranoide« Haltung oder Position angemessen beschrieben, und ich schlage vor, die Bezeichnung »Verfolgung« nur im eigentlichen, engeren Sinne zu verwenden und sie nicht auszuweiten.

Es scheint nun, daß manche Menschen nicht imstande sind, die Schranke ihres Mißtrauens ganz zu überwinden. Mit meiner gegenwärtigen Technik jedenfalls habe ich sie nicht für alle meiner Patienten aufheben können. Bei Patienten, die am Schluß ihrer Analyse immerhin die Möglichkeit zugeben konnten, daß sie solche primitiven Wünsche haben könnten, sich aber nicht genug zu entspannen vermöchten, um die Schranke zwischen sich und diesen Wünschen zu durchbrechen, war das Ergebnis der Behandlung gewöhnlich recht annehmbar. Die Patienten waren imstande, ihre Anpassung an ihre Umwelt aufrechtzuerhalten, sie hatten gute soziale und finanzielle Erfolge und kaum noch neurotische Symptome. Sie hatten in ihrem Sexualleben keine größeren Schwierigkeiten, meist keine Impotenz oder Frigidität. Aber irgendwie blieb ihr Liebesleben doch kühl und farblos. Nie konnten sie ihre Partner ganz als ihre Nächsten empfinden; es waren oft ganz anziehende und angenehme Menschen, aber sie bedeuteten ihnen nicht sehr viel. Die Patienten bleiben für den Rest ihres Lebens selbständige, unverbindliche, einsame Menschen, etwas mißtrauisch, überkritisch und arrogant. Ihre Kritik ist zwar niemals ganz ungerechtfertigt oder inkorrekt, aber in charakteristischer Weise übertrieben und unproportioniert. Ein weiterer interessanter Zug ist, daß sie sich nicht krank fühlen und man sie in der Tat auch nicht als krank bezeichnen kann.

Wenn es mir gelang, einem Patienten aus dieser paranoiden Position herauszuhelfen, entwickelte sich ein anderer Zustand, und auch hier hat mir Melanie Kleins Arbeit erheblich geholfen. Bevor ich diesen Zustand beschreibe, möchte ich noch erwähnen, daß der Übergang vom Mißtrauen zu dieser neuen Haltung nur sehr allmählich vor sich geht, oft Rückfälle aufweist; noch öfter war ein Rückfall drohend nahe, trat dann aber doch nicht ein. Diesen neuen Zustand kann man am besten als Depression beschreiben. In der Regel erklärt der Patient, er wisse, er sei zu nichts nütze, niemand könne ihn leiden; er müßte anders sein, es wäre für ihn und jedermann besser, wenn er anders wäre, er möchte auch besser, freundlicher, liebenswerter, vielleicht sogar glücklich sein – aber er könne sich nicht ändern, das sei unmöglich. Manchmal gibt der Patient sogar zu, daß er sich gar nicht ändern möchte oder nicht wagt, sich zu ändern.

Hinter dieser Fassade liegt jedoch das Gefühl einer tiefen, schmerzhaften, narzißtischen Verwundung, die in der Regel ohne große Schwierigkeiten zum Bewußtsein gebracht werden kann, etwa auf folgende Weise: »Das Schreckliche und Schmerzende ist, daß ich *nicht um meiner selbst willen geliebt* werde. Immer wieder muß ich sehen, daß die Menschen etwas an mir auszusetzen haben. Es ist eine unumstößliche Tatsache, daß niemand mich so liebt, wie ich geliebt werden möchte.« Von da aus ist es nur ein Schritt zum paranoiden Zustand zurück, indem der Patient die wahre Ursache dieser immer wiederkehrenden Erfahrung auf die allgemeine, lieblose Gleichgültigkeit zwischen den Menschen projiziert. Wenn man das durch korrektes, rechtzeitiges Deuten verhindern kann, dann kann der Patient nicht umhin zuzugeben, daß er – oder mindestens einzelnes an ihm – nicht liebenswert, oder in Melanie Kleins Worten, nicht gut ist. Damit wird eine schon lange bestehende, aber sorgfältig verborgen gehaltene Spaltung offenbar, und es beginnt ein sehr schmerzhafter Prozeß, in welchem ein Teil der Psyche des Patienten, der gesunde Teil seines Ichs, gegen den übrigen Teil und gegen sein altes Über-Ich kämpfen muß, freilich mit Unterstützung durch den Analytiker.

Es ist ein harter, bitterer Kampf, bewußt Anteile seines Selbst als für unsere Mitmenschen nicht liebenswert und unannehmbar – oder in Melanie Kleins Worten, schlecht – aufgeben zu sollen. Nun hat aber der Patient die Geschichte dieser seiner Eigenschaften kennengelernt. Er weiß, daß sie sich hauptsächlich als Abwehrmaßnahmen gegen eine als grausam, gleichgültig usw. erlebte Umwelt entwickelten. Zugleich weiß er aber auch, daß diese Ich-Anteile seine wichtigsten und teuersten Beziehungspersonen repräsentieren, wenn auch in entstellter Form. Und schließlich sind diese Anteile viele Jahre lang und noch immer wichtige, hochbewertete Eigenschaften seiner selbst gewesen. Ein weiterer Grund des hohen Gefühlswertes dieser Ich-Anteile für den Patienten liegt darin, daß sie sozusagen die letzten Überlebenden seiner archaischen Objektbeziehungen sind; sie sind die Überreste des ewigen Wunsches, daß er ohne die Anstrengung ständiger Realitätsprüfung und ohne die Verpflichtung leben dürfe, auf die Wünsche und Gefühle der Menschen Rücksicht nehmen zu müssen. Alle diese Wünsche sind in den introjizierten archaischen Objekten verkörpert oder, anders ausgedrückt, die Introjektion der archaischen Objekte hat ermöglicht, daß diese Wünsche in solcher Stärke weiterleben konnten. Je stärker sie sind, um so schwerer ist die Aufgabe, bewußt auf sie Verzicht zu leisten. Während dieses Kampfes zeigen die Patienten alle Züge, die Freud so treffend beschrieben hat: »Die Melancholie ist seelisch ausgezeichnet durch eine tief schmerzliche Verstimmung, eine Aufhebung des Interesses für die Außenwelt, durch den Verlust der Liebesfähigkeit, durch die Hemmung jeder Leistung und die Herabsetzung des Selbstgefühls, die sich ... bis zur wahnhaften Erwartung von Strafe steigert.«[10]

Wie sollen wir dieses Syndrom nennen: Melancholie oder Depression? Hier schließe ich mich ganz Melanie Klein an, die diesen

---

[10] S. Freud: Trauer und Melancholie. Ges. W., Bd. X, S. 429.

Zustand kaum jemals Melancholie nennt, sondern von der depressiven Position und depressiver Angst spricht.[11] Meines Erachtens haben die oben beschriebenen klinischen Beobachtungen einen entscheidend anderen Mechanismus als die von Abraham und Freud[12] beschriebenen, für welche ich die Bezeichnung Melancholie zu reservieren vorschlage, während Depression in einem weiteren Sinne gebraucht werden könnte, der die klassische Melancholie, die von Melanie Klein beschriebenen frühkindlichen Zustände und meine klinischen Beobachtungen[13] und darüber hinaus wahrscheinlich noch manche anderen umfassen würde. Übereinstimmung herrscht wohl darüber, daß eine, vielleicht die kennzeichnendste Bedingung jeder Depression die sehr schmerzliche Gespaltenheit ist, bei der der eine Teil der Persönlichkeit den anderen ablehnt, versucht, ihn loszuwerden, ihn sogar zu vernichten. (In den paranoiden Zuständen scheint dieser Kampf siegreich beendet zu sein: alles Böse ist nach außen projiziert, das Ich fühlt sich einheitlich, klug, überlegen und oft herrschsüchtig – also ganz wie ein Sieger. Wie jeder Sieger muß aber auch der Paranoiker einen Polizeistaat errichten, in dem das Mißtrauen vorherrscht.) In der klassischen Melancholie kämpft – nach Fenichel[14] – entweder das Ich gegen das Über-Ich und die Introjekte, oder das Über-Ich kämpft gegen das Ich und die Introjekte. Aber keine dieser beiden Beschreibungen trifft auf meine Beobachtungen zu.

Um zu zeigen, was ich meine, beginne ich mit der alltäglichen Anpassung an die Realität. In jedem solchen Vorgang muß unweigerlich immer ein Persönlichkeitsanteil (bestimmte Wünsche) eine Zeitlang oder sogar für immer aufgegeben werden. Ein lehrreiches Beispiel hierfür ist die Trauer, wie wir durch Freud[15] wissen. Entsprechend könnte man jede Anpassung als Trauer beschreiben, und sie ist es vielleicht auch. Von hier führt ein interessanter Gedankengang zu dem allgemeinen Problem des Hinnehmens von Unlust[16], gewiß eine wichtige Seite der Anpassung. Alles das:

---

[11] Z.B. in: M. Klein: A Contribution to the Psychogenesis of Manic-Depressive States. Int. J. Psa., 16 (1935), 145; Mourning and its Relation to Manic-Depressive States. Int. J. Psa., 21 (1940), 125; deutsch in: M. Klein: Das Seelenleben des Kleinkindes. Stuttgart 1962. – M. Klein: The Oedipus Complex in the Light of ›Early Anxieties‹. Int. J. Psa., 26 (1945), 11.

[12] S. Freud: siehe Anm. 10. – K. Abraham: Development of the Libido. In: Selected Papers. London 1942, S. 418ff.

[13] M. Balint: On Punishing Offenders. In: Psycho-Analysis and Culture. New York 1951.

[14] O. Fenichel: The Psycho-Analytic Theorie of Neuroses. New York 1945, S. 398.

[15] S. Freud: Trauer und Melancholie. Ges. W., Bd. X.

[16] S. Ferenczi: Bausteine zur Psychoanalyse. Bd. I, Bern 1939, S. 84; Further Contributions. London 1926, S. 366.

Trauer, Anpassung, die klassische Melancholie, jede Form von Depression also, zeigt starke *sekundäre narzißtische* Züge, die gewöhnlich die Form bitteren Grolls über eine unverdiente, ungerechte Kränkung annehmen, eine Mischung paranoider und depressiver Mechanismen. Auch Trauer ist ein gutes Beispiel. Unter dem Gefühlsdruck ungerechter Kränkung entwickeln sich oft ausgesprochen paranoide Züge, wie man es nach dem Tode geliebter Personen oft beobachtet: Wir glauben dann, der Arzt habe unseren geliebten Toten absichtlich nicht gut und sorgfältig genug behandelt; ja, wir werfen selbst dem Verstorbenen vor, er habe nicht genug auf sich geachtet, usw. – alles offenbar Projektionen der eigenen unbewußten Tendenzen.

Von diesen Formen sind die depressiven Zustände, die dem »Neubeginn« voraufgehen, in vielen Punkten ganz verschieden. Zwar handelt es sich auch um einen Kampf des einen Teils der Persönlichkeit gegen den anderen (eine Vorbedingung jeder Depression), diesmal aber nicht mit dem Ziel, eine Spaltung zu erweitern oder zu schaffen, sondern im Gegenteil, sie rückgängig zu machen, sich wieder eins fühlen zu können. Die Teile, gegen die das Ich des Patienten zu kämpfen hat, werden auch nicht abgelehnt, verurteilt oder gehaßt (obwohl solche Gefühle oft auch beteiligt sind), sondern der Patient betrauert sie und – sit venia verbo – bereitet ihnen ein ehrenvolles Begräbnis.

Schließlich vollzieht sich der ganze Prozeß gleichzeitig auf zwei Ebenen: auf einer narzißtischen im Innern des Patienten und auf der Ebene der Übertragung, d.h. in seiner Objektbeziehung. Meiner Meinung nach ist das der entscheidende Unterschied zwischen allen anderen depressiven Zuständen und der therapeutischen Depression, zu der die Erscheinungen des »Neubeginns« gehören. In dieser gutartigen Form der Depression erlaubt sich der Patient mit neuem Mut, die alten, primitiven Objektbeziehungen wiederzuerleben; er läßt sie nicht nur als bloße Möglichkeit, sondern als tatsächliche Wünsche und Gefühle zu, obwohl er sich klar darüber ist, daß die analytische Situation höchstens ihre teilweise Befriedigung gestattet, und auch das nur kurze Zeit. Er verschließt sich der schmerzlichen Süße dieser Gefühle nicht, das heißt, er verdrängt sie nicht. Auf diese Weise kann er »ungespalten« bleiben, die Erinnerung an diese Wunscherfüllungen bleibt zugänglich, und die weitere Erfüllung dieses infantilen, primitiven Verlangens durch ein wirkliches Liebesobjekt bleibt als Möglichkeit bestehen, obwohl es wegen seiner Primitivität oft etwas komisch wirkt.

Mein Wissen über diese Erscheinungen ist noch nicht so gut unterbaut wie unser Wissen über die paranoiden Zustände, und daher habe ich bei diesen Fällen mehrmals Fehler begangen. Eine zusätzliche Schwierigkeit ist die hohe Verletzlichkeit des Patienten in der paranoiden Periode, die in der Tat alle Befürchtungen überschreiten kann. Immer wieder war ich überrascht, daß trotz aller Vorsicht und – soviel mir bewußt war – besten Willens der Patient von einer Deutung oder auch nur irgendeiner »neutralen« Bemerkung oder ganz gewöhnlichen Geste aufs tiefste verletzt war.

Wie auch bei paranoiden Zuständen kommt es vor, daß ich einem Patienten – mit meiner jetzigen Technik – nicht durch den depressiven Zustand hindurchhelfen kann, und die Analyse nur mit einem Teilerfolg abschließt. Das Heilergebnis ist dann oft ganz erfreulich, aber doch nicht so gut, wie man wünschen würde. Die Patienten passen sich sozial recht gut an, führen ein einigermaßen erfolgreiches Leben, bleiben aber irgendwie unzufrieden, können sich ihrer Erfolge nicht freuen. Sie finden immer ein Haar in der Suppe, das Schicksal meint es mit ihnen nie so gut wie mit anderen. Sie sind nicht unbeliebt, aber man findet sie eigenartig und schwierig; viele ihrer Freunde geben sich große Mühe, ihnen zu helfen, und die Patienten nehmen die Hilfe an und fordern sie sogar als etwas Selbstverständliches. Ihr Liebesleben ist ähnlich: Sie sind gewöhnlich ganz erfolgreich, werden oft von Menschen geliebt, von denen man es nicht erwartet hätte, aber ihre ambivalente Einstellung bleibt unverändert. Sie nehmen die Liebe an, wollen nur immer mehr davon, und brüten dann darüber, aus welchen Motiven heraus ihre Partner sie gewählt haben und ob diese Motive auch echt und dauerhaft sein mögen. Ähnlich steht es mit ihrer Sexualität: Sie sind in der Regel nicht impotent bzw. frigide, aber sie sind sich dessen nie ganz sicher. Ihre Sexualität erscheint ihnen prekär, obgleich es irgendwie geht. Im Gegensatz zu den Patienten, die in der paranoiden Periode die Analyse aufgeben und sich nicht krank fühlen, auch kaum jemals klagen, sind die Patienten, die die Analyse vor der Auflösung des depressiven Zustandes verlassen, sehr klagsam, versuchen, bei allen Menschen Schuldgefühle zu erwecken (vor allem bei ihrem Analytiker), indem sie ihre Schwächen und Leiden zur Schau stellen, aber zu einer Änderung können sie sich nie aufraffen. Offenbar glauben sie einen Anspruch auf eine Wunderheilung zu haben, die man an ihnen wirken soll, ein deutliches Zeichen von Resten archaischer Objektliebe.

Ich fasse meine klinischen Erfahrungen (unter Weglassung der technischen Schwierigkeiten) zusammen. »Neubeginn« meint die Fähigkeit zu einer arglosen, vertrauenden, hingebenden und entspannten Objektbeziehung. Zwei klinische Vorbedingungen, ohne die sich die Phase des Neubeginns nicht richtig entwickeln kann, sind a) Aufgeben der paranoiden Haltung, erkennen, daß die paranoiden Ängste unbegründet oder zumindest sehr übertrieben waren, und b) die Hinnahme, ohne übermäßige Angst, eines gewissen Maßes von Depression als einer unvermeidlichen Lebensbedingung, verbunden mit der Zuversicht, daß es möglich, ja sicher ist, aus dieser Depression als ein besserer Mensch hervorzugehen.[17]

Darf man annehmen, daß die Folge paranoide Haltung – Depression – archaische Objektliebe, die regelmäßig in der Endphase meiner Analysen auftritt, signifikant, d.h. durch ein immer wiederkehrendes Prinzip, determiniert ist? Oder ist sie akzidentell, eine Eigentümlichkeit meiner Technik? In einer anderen Arbeit[18] habe ich die Gründe diskutiert, weshalb ich bezüglich der archaischen Objektliebe die erstere Annahme vorziehe. Aber wenn wir bejahen, daß das Auftauchen primitiver Formen der Objektliebe in der Übertragung signifikant oft sich wiederholt, dann muß das gleiche auch für die Begleitsyndrome, die paranoide Haltung und die Depression gelten.

Der nächste Einwand wird wahrscheinlich lauten: Die Folge paranoide Haltung – Depression – primitive Objektliebe, die man bei erwachsenen Patienten beobachtet, ist vielleicht eine Wiederholung, aber doch so entstellt, daß man von ihr nicht ohne weiteres auf frühkindliche Entwicklungen zurückschließen kann. Man müßte das durch direkte Kinderbeobachtungen belegen. Das

---

[17] Prof. Lagache, der freundlicherweise das Manuskript dieses Beitrages las, hat vorgeschlagen, den Begriff des Neubeginns nicht auf die Ereignisse gegen Ende der Analyse zu beschränken, sondern ihn auch dann zu verwenden, wenn der Patient innerhalb einer längeren Analyse irgendeinen komplizierten Abwehrmechanismus zum erstenmal aufgeben kann. Bei einem solchen Erlebnis entwickelt der Patient – wie ich bestätigen kann – jedesmal so etwas wie das paranoide und das depressive Syndrom, das ich oben beschrieben habe, überwindet es und findet eine neue Einstellung, gewöhnlich primitiver Art. Die weitere Analyse beweist dann in allen Fällen, daß die neuen Einstellungen oder Aktivitäten Wiederholungen früher Reaktionen sind. Eine solche Ausweitung ist sicher legitim und kann fruchtbar sein, da sie zu einem besseren Verständnis des hochwichtigen Problems der Toleranz für Verlust und damit des allgemeineren Problems der Anpassung an die Wirklichkeit, besonders diejenige der libidinösen Objekte, führen kann. Ich sehe jedoch eine Reihe von Komplikationen und muß mich daher mit dieser kurzen Erwähnung begnügen.

[18] M. Balint: Frühe Entwicklungsstadien des Ichs. Primäre Objektliebe. Imago, 23 (1937); Int. J. Psa., 30 (1949). In diesem Buch Kap. V.

scheint ein berechtigter Einwand zu sein; man stellt ihn ja oft den Rückschlüssen vom Erwachsenen auf die Kindheit entgegen, außer bei der klassischen Theorie des primären Narzißmus. In der soeben erwähnten Arbeit habe ich diesen Einwand zu entkräften versucht.

Aber wenn wir annehmen, daß die hier berichteten klinischen Beobachtungen wenigstens zum Teil durch die Wiederholung früher Erlebnisweisen bestimmt sind, die zur menschlichen Entwicklung gehören, dann stehen wir wieder vor dem leidigen alten Problem der Psychoanalyse: der Chronologie. Die klinisch beobachtete Reihenfolge ist zweifellos Paranoia – Depression – Neubeginn. Ferner bleibt bis zum Eintreten der letzten Phase die therapeutische Situation prekär, und der Patient kann von einem Moment zum anderen in einen der beiden früheren Zustände zurückfallen. Kann man den Schluß ziehen, daß die obige Folge von Zuständen die seelische Entwicklung des Menschen nachzeichnet? Melanie Klein und ihre Schule meinen in der Tat, daß die erste Phase der Kindheit von paranoiden Ängsten und Mechanismen beherrscht wird, auf welche dann die depressive Position folgt.

Um diese Chronologie zu akzeptieren, müßte ich meine Vorstellung aufgeben, daß die erste Phase die archaische Objektliebe ist. Natürlich könnte auch in diesem Fall die archaische Objektliebe als Kernpunkt aller späteren Formen von Objektliebe gelten, aber es würden ihr paranoide und depressive Phasen voraufgehen. Es würden dann also – paranoide Haltung – Depression – archaische Form der Liebe – in dieser Reihenfolge, so wie sie bei erwachsenen Patienten beobachtet wird, den Frühphasen der seelischen Entwicklung beim Menschen entsprechen. M. Kleins Theorie, daß auf die Phase der Verfolgung eine Depression folgt, ist richtig; man müßte nur noch die archaische Objektliebe nach diesen beiden Phasen, aber vor alle späteren Formen von Objektbeziehungen einschalten.

Gegen diese Auffassung sprechen nun aber verschiedene gewichtige Tatsachen. Ich habe schon erwähnt, daß sowohl der paranoide als auch der depressive Zustand des Kranken, die beide dem »Neubeginn« voraufgehen, viele narzißtische Züge tragen. Nach meiner Erfahrung handelt es sich immer um sekundären Narzißmus.[19] (Wenn ich mich nicht täusche, hat sich Melanie Klein dieser Ansicht neuerdings sehr genähert. Jedenfalls hat sie wieder und wieder das Vorhandensein früher Objektbeziehungen hervorgehoben, woraus sich folgerichtig ergibt, daß der Narzißmus sekundär

---

[19] M. Balint: Frühe Entwicklungsstadien des Ichs. Primäre Objektliebe. In diesem Buch Kap. V; siehe S. 83.

ist – andernfalls müßte man annehmen, daß schon von Beginn des extra-uterinen Lebens an Objektbeziehungen und eine narzißtische Einstellung nebeneinander bestehen, was jedoch meinen eigenen, in der eben erwähnten Arbeit erörterten klinischen Beobachtungen widerspräche.) Wenn wir die sekundäre Natur aller narzißtischen Züge akzeptieren, ist es mehr als wahrscheinlich, daß auch Syndrome, die viele narzißtische Züge verkörpern, Sekundärerscheinungen sind, also Reaktionsformen und keine primären Phasen.

Ein zweites, noch gewichtigeres Argument ist das unterschiedliche Schicksal dieser drei Phasen in der analytischen Behandlung nach meiner Technik. Alle drei müssen gedeutet und durchgearbeitet werden, keine kann unverändert in das Erwachsenenleben hinübergenommen werden. Wie schon erwähnt, müssen die paranoiden Phantasien durchgearbeitet werden, sie müssen als aus einem stark entstellten Bild der Wirklichkeit entspringend, d.h. in einer falschen Realitätsprüfung begründet erkannt und dann aufgegeben werden. Die aus der Erkenntnis der Tatsache stammende Depression, daß die Umwelt sich ziemlich indifferent uns gegenüber verhält (oder, wie jemand sich kürzlich ausdrückte, daß »die Welt nicht auf uns zugeschnitten ist«) und daß wir manche unserer Wünsche aufgeben müssen, wenn sie uns freundlich gesinnt sein soll, muß als unvermeidlich hingenommen, und die Versuche, sie zu umgehen, müssen aufgegeben werden. Mit anderen Worten, die Behebung der paranoiden Ängste setzt den Patienten instand, die Alltagssorgen des Lebens in ihren wahren Proportionen zu sehen; die Behebung der depressiven Ängste macht ihn fähig, eine gewisse Menge Depression als Folge der alltäglichen Versagungen hinzunehmen und sich sein Leben besser einzurichten, indem er sie in Rechnung stellt.

Das Schicksal der archaischen Objektliebe ist ein ganz anderes. Aber trotz dieses großen Unterschiedes ist es schwer, das in Worten auszudrücken. Sowohl die paranoide als auch die depressive Haltung, die dem Neubeginn vorausgehen, machen einen ausgesprochen pathologischen Eindruck und müssen überwunden und in Ordnung gebracht werden; die archaische Form der Objektliebe ist jedoch nur eine untere Entwicklungsstufe, und die gesunde, reife Form der Liebe kann geradenwegs aus ihr erwachsen. Die analytische Therapie hat dann nur die Aufgabe, bei dieser Entwicklung Hilfestellung zu leisten. Von einem anderen Blickwinkel her kann dieser Unterschied so beschrieben werden: Die paranoide und die depressive Einstellung sind angstbesetzt; die Analyse kann diese Ängste mildern, wodurch diese Einstellungen ihre Bedeutung verlieren. Zur archaischen Objektliebe gehört keine

Angst, nur naives Vertrauen und arglose Hingabe; und je mehr paranoide und depressive Ängste durch die Analyse sich auflösen, um so deutlicher entwickelt sich vor unseren Augen die archaische Objektliebe, der Neubeginn des erwachsenen Patienten.

Diese Beobachtungstatsachen sind schwer mit der Theorie zu vereinbaren, daß die allererste extra-uterine Phase des menschlichen Seelenlebens durch die paranoide Haltung gekennzeichnet sei, aus welcher sich dann die depressive Position entwickle. Darauf wird das Gegenargument vermutlich etwa so lauten: Es bestehe gar keine Notwendigkeit, meine Beobachtung mit denen von Melanie Klein und ihrer Schule in Einklang zu bringen; es handele sich um zwei Gruppen von Beobachtungen, die wegen der unterschiedlichen Techniken, die angewendet wurden, nicht miteinander vergleichbar sind. Dieses Argument klingt zwar plausibel, ist jedoch unhaltbar; es ist ein zugleich defaitistischer und insgeheim überheblicher Versuch, sich um die Auseinandersetzung, die allerdings schwierig ist, herumzudrücken. Es handelt sich in Wirklichkeit um folgende Frage: Wie weit beeinflußt die individuelle Technik des Analytikers, d.h. seine Haltung in der analytischen Situation, seine theoretischen Erwartungen, sein technisches Vokabular usw., unter anderem folgendes: a) die Reaktionen und Assoziationen des Patienten; b) die Beobachtungen des Analytikers; c) die Beschreibung seiner Beobachtungen? Es ist zu erwarten, daß die meisten Analytiker, ich selbst nicht ausgenommen, hochmütig zugeben werden, daß ein solcher »entstellender« Einfluß bei der Technik anderer Schulen möglich oder sogar fast sicher ist, während sie zugleich feige behaupten, daß ihre eigene Technik keine oder nur ein Mindestmaß an solchem Einfluß ausübt.

In meinem Vortrag auf dem Züricher Kongreß[20] habe ich einige Seiten dieser Kardinalfrage beleuchtet, vor allem, wie wichtig es für den Analytiker ist, daß er seine eigenen gewohnten Denk- und Sprechweisen, d.h. sein ihm vertrautes Vokabular benutzt. Ich bin mir bewußt, daß ich das Problem nur am Rande gestreift habe und es nicht leicht ist, tiefer einzudringen. Aber was sollen wir tun, bis wir einmal sicher wissen, wie weit der ehrliche Bericht des Analytikers über seine Erfahrungen in der analytischen Situation von seiner Technik beeinflußt ist?

Hier möchte ich zwei interimistische Arbeitshypothesen vorschlagen. Erstens sollten wir vorläufig jeden positiven Befund jedes Analytikers als einen Tatbestand annehmen, der auf Grund irgendeiner theoretischen Konstruktion bewertet wird und in ihr

---

[20] M. Balint: Changing Therapeutical Aims and Techniques in Psycho-Analysis. Int. J. Psa., 31 (1950), 117–124. In diesem Buch Kap. XVI.

seinen Platz erhält. Eine Theorie, die irgendeine klinische Beobachtung nicht befriedigend erklären und einordnen kann, muß mit gebührender Skepsis betrachtet werden. Den negativen Befunden braucht man auf der anderen Seite nicht so viel Gewicht beizumessen. Wir begründen das folgendermaßen: Es ist eben nicht unmöglich, in dem langen Prozeß der Analyse dies oder jenes Ereignis zu übersehen oder ihm nicht sein gebührendes Gewicht beizumessen, weil in unserer eigenen Lehr- und späteren Selbstanalyse dieser oder jener blinde Fleck noch nicht erkannt ist. Dagegen ist es weniger wahrscheinlich, daß wir bis zur Konstatierung von etwas Inexistentem irregeführt sein sollten. Zweitens: solange wir noch so wenig wohlbegründetes Wissen von den Dynamismen haben, die in der Beziehung der verschiedenen technischen Methoden zu den betreffenden theoretischen Hypothesen wirksam sind, müssen wir die meisten analytischen Techniken als gleichbedeutend ansehen. Ich wünschte, ich könnte diese beängstigend großzügige Feststellung mit dem Nebensatz ergänzen: »abgesehen von einigen eindeutig falschen«. Das kann ich aber nicht, und zwar aus dem Grunde, weil ich gegenwärtig keine Kriterien kenne, die uns objektiv zu entscheiden erlaubten, was eine »eindeutig falsche« Technik ist, obwohl ich, wie jeder andere Analytiker, subjektiv davon überzeugt bin, daß es einige unzweifelhaft »falsche Techniken« gibt.

Mit diesen beiden Arbeitshypothesen im Sinne kehren wir nun zu den abweichenden Beschreibungen unserer analytischen Erfahrungen zurück. Unter den von Melanie Klein eingeführten neuen Begriffsbezeichnungen finden wir eine sehr wichtige Idee, die sich auf sehr ähnliche, wenn nicht identische klinische Beobachtungen stützen muß wie die, die uns zur Annahme der archaischen Objektbeziehung führten. Ich meine die Phantasie des »idealisierten Objekts«. Ein solches Objekt ist heil und unverletzlich, hat keine Bedürfnisse und Wünsche, ist ewig und unveränderlich, spendet reichlich alles, was man sich nur wünschen kann. Das ist sicherlich eine Beschreibung, die der meinen vom archaischen oder ursprünglichen Objekt sehr nahe kommt, obwohl es einen viel reicheren Inhalt hat. Wir müssen nun zuerst uns klarwerden, ob dieses »idealisierte Objekt« ein Primär- oder ein Sekundärphänomen ist, ob es also eine Geschichte hat oder nicht. Man darf wohl sagen, es ist die allgemein akzeptierte Ansicht, daß das »idealisierte Objekt« das Ergebnis einer Spaltung ist, der andere abgespaltene Teil ist das verfolgende Objekt.

Wenn wir das annehmen, müssen wir uns jedoch fragen, was denn das ursprüngliche, ungespaltene, primäre Objekt war? Wie war seine Geschichte vor der Spaltung, und welches Schicksal wird es später haben, das heißt, verschwindet es gänzlich im Aufruhr der archaischen Spaltung? Die gegenwärtige Literatur beantwortet, falls ich mich nicht irre, keine dieser Fragen, hat sie noch nicht einmal aufgeworfen.

Offenbar sind wir hier auf ein noch ungelöstes, vielleicht nicht einmal bemerktes Problem gestoßen. Meines Erachtens gibt es zwei Gedankengänge, die auf eine mögliche Lösung deuten; beide stützen sich auf die Tatsache, daß das Konzept des »idealisierten Objekts« viel reicher ist als das des »archaischen Objekts«. Erstens enthält das »idealisierte Objekt« ein sehr wichtiges Element der Verleugnung, besonders der Verleugnung der aggressiven Tendenzen gegen es. Die wahre Bedeutung seiner Heilheit und Unverletzlichkeit ist sehr wahrscheinlich die bittere Erfahrung, daß auch die heftigste Aggressivität nichts gegen es ausrichten konnte. Allein diese Eigenschaft deutet unabweislich auf eine Erfahrung in der Zeit, auf seine sekundäre Natur. Im Gegensatz dazu haftet dem Begriff der archaischen Objektbeziehung keine Spur von Aggressivität oder deren Verleugnung an – es hat nur die Qualität von Vertrauen und Hingabe.

Ein zweiter Gedankengang benutzt die Wechselbeziehung zwischen der Entwicklung der libidinösen Objektbeziehung einerseits und der Realitätsprüfung andererseits.[21] Die primäre, archaische Objektbeziehung benötigt kaum irgendwelche Realitätsprüfung; es besteht keine Notwendigkeit, auf das Objekt irgendwelche Rücksicht zu nehmen. Das ändert sich durch die Erfahrung, von einer gleichgültigen, unaufmerksamen, möglicherweise sogar feindlichen Umwelt frustriert oder gezwungen zu werden, auf die Befriedigung zu warten. Dadurch wird dem Kind eine noch primitive Art der Realitätsprüfung aufgezwungen, die das Objekt in ein frustrierendes schlechtes und ein befriedigendes gutes Teilobjekt spaltet. Daraus entsteht einerseits die Phantasie feindlicher, verfolgender oder deprimierender Objekte, andrerseits – als eine Art von Reaktionsbildung oder Wiederherstellung – die Phantasie des »idealisierten Objekts«.

Sicherlich gibt es noch viel mehr Phasen dieser komplizierten Wechselbeziehung zweier paralleler Entwicklungen (nämlich die der Objektbeziehungen und die der Realitätsprüfung); ihre letzte Stufe ist die reife Form der Objektsbeziehung mit vollentwickeltem Realitätssinn, der es dem Individuum erlaubt, ein gewisses Maß an Unlust als unvermeidbar hinzunehmen, oder anders ausgedrückt, die Realität als real anzunehmen und sie, soweit sie er-

---

[21] Vgl. A. Balint: Liebe zur Mutter und Mutterliebe (deutsch 1939). In diesem Buch Kap. VI.

freulich ist, zu genießen. Aber hinter jeder dieser vielen Formen von Objektbeziehungen bleibt der ewige archaische Wunsch praktisch unverändert bestehen: Jedes meiner Objekte soll mich ganz so lieben, wie ich bin, und zwar bis in die kleinste Einzelheit; ich aber brauche mich um sie nicht zu sorgen, brauche ihre Interessen und Empfindlichkeiten nicht zu berücksichtigen. Sie sollen da sein, wenn ich sie brauche, und sollen mich nicht mehr belästigen, wenn meine Bedürfnisse befriedigt sind.[22]

Wenn man das alles erwägt, muß man die arglose, naive archaische Objektliebe als die erste nachgeburtliche Phase in der seelischen Entwicklung des Menschen annehmen; sie ist ein Zentrum oder Knotenpunkt, von dem alle späteren Entwicklungen strahlenförmig ausgehen. Eine solche Entwicklung ist der Narzißmus: Wenn mich die Welt nicht liebt (nicht so liebt, wie ich will), dann muß ich mich selber lieben. Eine andere Entwicklungsrichtung ist die depressive und paranoide Einstellung. Beide sind eng ineinander verhakt, jede kann als Abwehr gegen die andere benutzt werden; oft, sogar nach Beendigung einer Analyse, war ich im Zweifel, ob das Übergehen von der einen in die andere Position in dem betreffenden Fall ein Fortschritt oder ein Rückschritt war. Mehrere solcher problematischer klinischer Erfahrungen sind in dieser Arbeit erwähnt worden, z. B. daß Patienten, die die Analyse verließen, ohne ihre paranoiden Haltungen durchzuarbeiten, gewöhnlich gesunder erscheinen und sich besser fühlen als Patienten, die die paranoide Position überwanden, aber die Analyse aufgaben, ehe sie die depressive Einstellung ganz bezwungen hatten. Das veranlaßt mich, die Chronologie dieser beiden Phasen zur Zeit noch nicht zu bestimmen. Eine weitere Entwicklungsrichtung, die hauptsächlich mit gewissen Erziehungseinflüssen zusammenhängt, ist die als analsadistische Objektbeziehung beschriebene Einstellung. Und schließlich gibt es noch die sehr komplizierte und störbare Entwicklungslinie, die wir erwachsene Sexualität und genitale Objektliebe nennen.

Unglücklicherweise verlaufen diese verschiedenen Entwicklungslinien weder gerade noch sind sie klar voneinander getrennt. Ich habe schon darauf hingewiesen, daß beide, sowohl die paranoide als auch die depressive Position, viele deutlich narzißtische Züge haben; umgekehrt sind im klinischen Bild sehr narzißtischer Patienten immer starke paranoide und depressive Züge vorhanden.

---

[22] Auf ein sehr wichtiges Feld, in welchem man eng mit dieser Idee verbundene klinische Erscheinungen studieren könnte, wurde kürzlich von D. W. Winnicott in seinem Vortrag ›Transitional Objects and Transitional Phenomena‹ hingewiesen, den er vor der British Psycho-Analytical Society am 30. Mai 1951 hielt (veröffentlicht in: D. W. Winnicott: Collected Papers. London/New York 1958, Kap. XVIII).

Wenn wir unterstellen, daß eine echte Anpassung – die Annahme von Unlust – nur möglich ist, wenn das Individuum ohne übermäßige Angst auch der Depression ins Auge sehen kann, dann muß die depressive Position als ein zweiter Focus angesehen werden, durch welchen jede mit Anpassung verbundene Entwicklungslinie hindurch muß. Die Beziehung zwischen diesen beiden Knotenpunkten der Entwicklung – der archaischen Objektliebe und der normalen Depression – ist keineswegs klar; auf der Grundlage meines geringen Wissens nehme ich an, daß sie aufeinander sehr tief einwirken. Ich könnte viele Beispiele solcher Verwicklung der Entwicklungslinien oder, um ein anderes Bild zu benutzen, solcher Überschneidungen anführen.

Ich glaube jedoch nicht, daß der paranoiden Position eine ähnliche weitreichende Bedeutung zugesprochen werden kann, was vielleicht bedeutet, daß die depressive Position doch als grundlegender, primitiver betrachtet werden muß als die paranoide.

Ich möchte noch eine Komplikation erwähnen. Meine Erfahrungen betreffen nur Erwachsene, so daß die hier berichteten Schlußfolgerungen nur Interpolationen sind, die auf der Annahme beruhen, daß diese Prozesse, diese Positionen oder Syndrome bei Erwachsenen etwa die gleichen Dynamismen haben, in einer etwa ähnlichen chronologischen und strukturellen Beziehung zueinander stehen wie bei Kindern. Obwohl es meines Wissens keine gegenteiligen Beweise gibt, ist das aber eben nur eine Wahrscheinlichkeit und keine Gewißheit. Andererseits darf man nicht vergessen, daß praktisch all unser Wissen über die kindliche Seele in der Analyse von Erwachsenen gewonnen wurde. Die einzige Ausnahme, die ich kenne, sind Melanie Kleins Ideen und Theorien, die hauptsächlich, wenn auch nicht ausschließlich, auf ihrer Arbeit mit Kindern beruhen. Trotz all dieser Komplikationen glaube ich doch, daß eine Theorie der menschlichen Entwicklung, die vom Zustand einer archaischen Objektliebe ausgeht, erwägenswert ist und geprüft werden sollte, wenn einmal mehr klinisches Material gesammelt worden ist.

Man kann wohl sagen, daß der Wert jedes neuen Beitrages zur wissenschaftlichen Theorie oder Praxis am besten an der Qualität und Zahl der Probleme zu ermessen ist, die unter ihrem Eindruck aufgetaucht sind. An diesem Maßstab gemessen, ist der Wert von Melanie Kleins Beitrag allerdings sehr hoch. Es ist keine Übertreibung zu sagen, daß ihre Ideen zur Zeit vielleicht die am hitzigsten diskutierten Themen in der Psychoanalyse sind. Das ist nur die natürliche Folge ihres furchtlosen Vorstoßes in der Erforschung der Wurzeln der menschlichen Natur selber; nur dadurch konnten ihre Ideen so anregend sein.

In meinem Tribut zu ihrem Geburtstag habe ich versucht zu zeigen, wie der Aufforderungscharakter ihrer Ideen mir half, einige meiner alten Probleme zu lösen, um mich sogleich zu vielen neuen zu führen.

Dritter Teil
Fragen der Ausbildung

XIX. Über das psychoanalytische Ausbildungssystem[1] (1947)

1

Die Feststellung, Freud habe eine neue Welt entdeckt, ist zu einem Gemeinplatz geworden: es ist die Welt des Unbewußten. Diese Entdeckung bedeutete aber für die Menschheit zunächst ein traumatisches Erlebnis, und alle möglichen Abwehrmechanismen wurden dagegen mobilisiert. Allmählich wich die Abwehr einem echten Interesse, und seit kurzem hat die Menschheit sogar begonnen, sich an uns – da Freud nicht mehr unter uns weilt – um Rat und Führung zu wenden. Tatsächlich sind wir auf dem Wege, als Ratgeber oder Wegweiser der Menschheit betrachtet zu werden.

Vielleicht die wesentlichste, obwohl nicht die einzige Funktion unserer ratgebenden, belehrenden Tätigkeit ist die Ausbildung zukünftiger Psychoanalytiker. Wie wir diese Aufgabe erfüllen, welche Ergebnisse wir auf diesem Gebiet erzielen, wird nicht nur die Zukunft unseres Berufsstandes und unserer Wissenschaft, sondern also auch die Geschicke der Menschheit beeinflussen.

Angesichts dieser Verantwortung ist es überraschend, festzustellen, daß es praktisch keine Literatur über psychoanalytisches Training gibt. In allen Bänden der ›Zeitschrift‹, der ›Imago‹, des ›Journal‹ und des ›Quarterly‹ habe ich nur zwei Artikel zu diesem Thema gefunden. Einer ist der nachgelassene Beitrag von Hanns Sachs (1947)[2], eine reizende Plauderei eines weisen alten Mannes mit einigen handfesten Ratschlägen, irgendwelche kitzligen Probleme aber vorsichtig vermeidend. Auf die zweite Arbeit sowie auf Freuds ›Endliche und unendliche Analyse‹, in der ein kurzes, in der Tat das kürzeste Kapitel von nur drei Seiten über Ausbildung enthalten ist, komme ich gleich zurück.

Bei weiterer Nachforschung fand ich heraus, daß auf dem 1927er Kongreß in Innsbruck drei hervorragende Lehranalytiker je einen Vortrag vor dem Internationalen Unterrichtsausschuß hielten, d.h. nur vor den Mitgliedern der Unterrichtsausschüsse der Zweiggesellschaften, also nicht einmal vor allen Lehranalytikern. Rado sprach über den ›Aufbau des psychoanalytischen Lehrgangs‹, Sachs über ›Lehranalyse‹ und H. Deutsch über ›Kontrollanalyse‹. Zusammenfassungen waren nicht gemacht worden; in

---

[1] Vortrag in der British Psycho-Analytical Society am 5. November 1947.
[2] H. Sachs: Observations of a Training Analyst. Psa. Quart., 16 (1947), 157–168.

dem Kongreßbericht wird zwar versprochen, daß die drei Vorträge veröffentlicht werden würden, es ist aber nicht geschehen.

Danach kam eine lange Pause. Der nächste Hinweis stammt aus dem Jahre 1935, und zwar auf der ersten Vierländerkonferenz in Wien. Das erste Diskussionsthema lautete ›Die didaktische Analyse und die Analysenkontrolle‹. Die Sitzung war für alle Vollmitglieder der Internationalen Vereinigung offen. Zur Eröffnung sprachen H. Deutsch und I. Hermann. Obwohl das lebhafteste Interesse bestand und die nach meiner Erfahrung fruchtbarste Diskussion stattfand, stehen wir vor der gleichen Tatsache: die Vorträge wurden nicht veröffentlicht, noch nicht einmal Zusammenfassungen gedruckt.

Nun folgte die zweite Vierländerkonferenz in Budapest 1937. Das erste Diskussionsthema (eine Fortsetzung der Wiener Diskussion) lautete ›Methode und Technik der Kontrollanalyse‹. Die Einleitungsredner waren E. Bibring und K. Landauer. Diesmal wurden gute Zusammenfassungen vervielfältigt, und es findet sich ein ausgezeichneter, die Diskussion resümierender Bericht. Die Diskussion war sehr scharf, aber durchaus freundschaftlich. Die Vorträge wurden wiederum nicht abgedruckt.

Die letzte Referenz ist die vom Pariser Kongreß 1938. Dort wurden drei Vorträge gehalten, wiederum nur vor den Mitgliedern des Internationalen Unterrichtsausschusses. W. Hoffer sprach über den ›Ausbildungsgang für Pädagogen‹, E. Bibring über ›Annäherungsversuche von nicht-analytischen Psychiatern‹ und A. Freud über ›Nachanalysen‹. Auch hier wieder das gleiche: Es wurden Zusammenfassungen gedruckt, aber die Vorträge selbst wurden nicht veröffentlicht.

Eine Ergänzung hierzu bilden Eitingons laufende Berichte vom Homburger Kongreß 1925 an bis zum Pariser Kongreß 1938, sieben an der Zahl, die er vor dem Internationalen Unterrichtsausschuß hielt, sozusagen hinter verschlossenen Türen; sie wurden aber anschließend in extenso in den offiziellen Organen der Gesellschaft veröffentlicht. Sie enthüllten eine traurige Geschichte: Zu Beginn große Hoffnungen, erstaunliche Anfangserfolge, dann bald unerwartete Schwierigkeiten, unwirksame, unklare Versuche, sie zu beheben, und zum Schluß ein fast vollständiges Debakel.

E. Jones, ein scharfäugiger Kritiker mit gerechtem, aber kompromißlosem Urteil, faßte bei der Eröffnung des Wiener Instituts für Psychoanalyse 1936 seine Meinung über die Arbeit des Internationalen Unterrichtsausschusses und seines Vorsitzenden mit folgenden Worten zusammen: »Bei all seinem (Eitingons) Enthusiasmus und Idealismus zur Sache muß er den schwierigen Problemen der Organisation so viel Energie widmen, daß nur wenig Gelegenheit übrig bleibt, sich der eigentlichen Arbeit zuzuwenden. Und mit eigentlicher Arbeit meine ich nicht die Aufstellung von Richtlinien, nicht einmal das Koordinieren der Grundsätze in den verschiedenen Ländern, so wünschenswert das auch sein mag, sondern die genaue, ins einzelne gehende Diskussion der Ausbildungstechnik.« Jones wies dann darauf hin, daß möglicherweise nicht genügend Interesse an einer solchen Diskussion bestünde und sie deshalb nicht zustande käme. Viele von uns – darunter ich selbst – ärgerten uns sehr über Dr. Jones' Kritik und manches andere, was wir bei der Gelegenheit von ihm zu hören bekamen.[3] Jetzt müssen wir zugeben, daß die Ereignisse ihm recht und uns unrecht gegeben haben.

Es ist ein warnendes Zeichen, daß in über fünfundzwanzig Jahren eines der wichtigsten Probleme der Psychoanalyse, das der Ausbildung, nicht zureichend, ja fast überhaupt nicht in der Literatur diskutiert worden ist. E. Jones führte das auf mangelndes Interesse zurück; ich würde es eine schwere Denkhemmung nennen.

Ich habe schon zu Beginn dieses Beitrages darauf hingewiesen, daß das Thema allerdings belastend ist. Erstens muß jede gerechte Kritik an unserem Ausbildungssystem gleichzeitig besagen, daß manche Lehranalytiker – besonders wir von der älteren Generation – selbst möglicherweise nicht ordentlich ausgebildet waren. Das ist vielleicht einer der Gründe, warum es kaum jemals offen zugegeben wurde, daß diese oder jene Vorschrift unseres Ausbildungssystems verbesserungsbedürftig sei oder daß auch nur versuchsweise irgendwelche Neuerungen eingeführt wurden. Ich werde gleich einige konkrete Beispiele für diese Einstellung geben.

Zweitens zieht jede Diskussion über unsere Ausbildung auch eine solche über die Wirksamkeit oder Gültigkeit der analytischen Therapie als solcher nach sich. Schließlich sind 1. die Kandidaten schon ausgesuchtes Material; schwere Neurotiker und unstabile Charaktere, also riskante Fälle, werden schon zu Beginn ausgeschlossen; Annahmebedingungen sind gute Intelligenz, etwas Erfolg im Leben und geglückte soziale Anpassung. 2. Als Sicherheitsmaßnahme ist ferner eine Probezeit eingeschaltet. 3. Nur unsere besten Kräfte werden als Lehranalytiker bestätigt. 4. Die Analyse muß so lange fortgeführt werden, wie es der Analytiker für notwendig hält, vorzeitiger Abbruch ist nicht gestattet; damit hat der Analytiker beim Lehranalysanden eine viel größere Ent-

---

[3] E. Jones: The Future of Psycho-Analysis. Int. J. Psa., 18 (1937), 169–177.

scheidungsgewalt darüber, wann die Analyse als beendet zu betrachten ist, als bei seinen anderen Patienten. 5. Eine jede solche Entscheidung wird auch noch von zwei oder mehr Mitgliedern, die wegen ihrer Zuverlässigkeit von der Gesellschaft mit diesem Amt betraut sind, nachgeprüft. 6. Schließlich wird die Entscheidung vom Unterrichtsausschuß, danach vom Vorstand des Instituts und schließlich von der Gesamtgesellschaft gebilligt. Beim durchschnittlichen Patienten sind die Bedingungen sehr viel weniger streng und die Voraussetzungen im allgemeinen weniger günstig.

Was sind nun die Ergebnisse? Die Ergebnisse sind unsere analytischen Gesellschaften. Statt sie in meinen Worten zu beschreiben, ziehe ich vor, Freud zu zitieren: »Es ist unbestreitbar, daß die Analytiker in ihrer eigenen Persönlichkeit nicht durchwegs das Maß von psychischer Normalität erreicht haben, zu dem sie ihre Patienten erziehen wollen. Gegner der Analyse pflegen auf diese Tatsache höhnend hinzuweisen und sie als Argument für die Nutzlosigkeit der analytischen Bemühung zu verwerten.«[4]

Man weiß, welches Hilfsmittel Freud gegen diese unerwünschte Situation verschrieb: etwa alle fünf Jahre eine erneute Eigenanalyse. Das ist keine sehr befriedigende und, soviel ich weiß, auch nicht allgemein anerkannte Lösung. Aber selbst Freud vermied es, tiefer in die Ursachen des Phänomens einzudringen, daß die Analytiker offenbar ihre eigenen Maßstäbe nicht erreichen, nicht erreichen können.

Das ist nun eine unbehagliche Lage. Nicht nur ist der Wert unseres Ausbildungssystems in Frage gestellt, sondern implicite auch der Wert der analytischen Therapie. Eine emotional so belastete Atmosphäre ist aber der notwendigen Gedankenfreiheit abträglich oder setzt vielmehr eine Denkhemmung. Wie jede Hemmung, ist vermutlich auch diese überdeterminiert. Das Ziel dieser Arbeit ist der Versuch, nach den weiteren Ursachen dieser Hemmung zu forschen, welche die wissenschaftliche Diskussion des Themas Ausbildung verhinderte, und zu zeigen, daß diese Ursachen unser gegenwärtiges Ausbildungssystem in ungesunder Weise beeinflussen. Wir hegen die Hoffnung, daß unsere Untersuchung vielleicht zeigen wird, warum man die Ausbildung, obwohl unter ausnahmsweise günstigen Bedingungen durchgeführt, nicht als repräsentativ für unsere Analysen zu betrachten braucht.

---

[4] S. Freud: Die endliche und die unendliche Analyse. Ges. W., Bd. XVI, S. 93.

Die genannte Denkhemmung ist das erste verdächtige Symptom hinsichtlich unserer Ausbildung. Das zweite Symptom, das ich erörtern möchte, ist die Tendenz zur Dogmatik, die unserem Ausbildungssystem innewohnt, und die man in der ganzen Welt beobachten kann. Das ist ein sehr überzeugender Beweis zugunsten meiner Hypothese, für die ich daher konkrete Beispiele, d. h. Tatsachen, die ich aus direkter Kenntnis weiß, beibringen möchte. Ich nehme die amerikanischen Institute aus, von denen ich wenig weiß[5], und beschränke mein Material auf die Institute in Berlin, Wien, London und Budapest. Von vielen möglichen Fällen will ich nur zwei bringen, über die ich am besten unterrichtet bin, weil ich geholfen habe, die damit verbundenen Mißstände zu bekämpfen. In diesen zwei Fällen siegte die undogmatische ungarische Meinung – wenigstens glaube ich das. Ich fürchte, das könnte ein ungünstiges Licht auf die Ausbildung im übrigen Europa werfen, und beeile mich daher zu erläutern, daß die Ungarn bei meinen beiden Beispielen einen ungünstigen Kurs nur etwas früher erkannten als die anderen, während man nicht behaupten kann, daß das ungarische Ausbildungssystem auch sonst in allen Stücken einwandfrei war. Die beiden Beispiele sind a) die Dauer der Lehranalyse, b) die Verbindung der drei Teile der Ausbildung miteinander, speziell die Rolle der Kontrollanalyse in dem ganzen System.

Die erste Festsetzung der Dauer der Lehranalyse geschah natürlich in Berlin. Eitingon schreibt in seinem ›Bericht über die Berliner Psychoanalytische Poliklinik‹ im Juni 1922: »Nachdem es nun unser aller feste und nur zu gut belegte Überzeugung ist, daß kein Unanalysierter fortan zu den Reihen der praktisch Psychoanalyse Treibenden stoßen darf, nimmt die eigene passive Analyse eine entscheidende Stelle im Ausbildungsgang ein und sie fällt bei uns in den zweiten Teil desselben, nach einer Zeit intensiver theoretischer Vorbereitung durch Lektüre und Kurs.«[6] (Als ich meine Ausbildung in Berlin begann, wurde das wirklich so gehandhabt; aber noch während meiner Ausbildungszeit wurde das System geändert.) Die gesamte Ausbildungszeit wurde mit durchschnittlich ein bis anderthalb Jahren angegeben.

Die ersten Ausbildungsrichtlinien wurden zwei Jahre später, 1924, von Berlin veröffentlicht. Danach sollte die Lehranalyse we-

---

[5] Ein kurzer Überblick über das psychoanalytische Ausbildungssystem in Amerika ist im Anhang gegeben. Siehe S. 286.
[6] Int. Z. f. Psa., 8 (1922), 514.

nigstens sechs Monate dauern; eine durchschnittliche Länge wurde jedoch nicht genannt, obwohl man sie sich ausrechnen kann. Die Gesamtausbildung dauerte etwa drei Jahre, davon nahm die theoretische Ausbildung wenigstens zwei Semester, die Kontrollarbeit wenigstens zwei Jahre ein, woraus folgt, daß die Lehranalyse kaum länger als ein Jahr, bei einem möglichen Maximum von drei Jahren, gedauert haben kann.

Ein Jahr später, 1925, veröffentlichte das Wiener Institut seine Richtlinien, die ganz lakonisch die Feststellung enthalten: »Die Ausbildungszeit ist mit zwei Jahren festgelegt.«

Der nächste Schritt geschah auf dem Wiesbadener Kongreß 1932, auf welchem die neuen Empfehlungen, auf die der Internationale Unterrichtsausschuß sich geeinigt hatte, bekanntgegeben wurden. Danach sollte die Gesamtausbildung drei Jahre dauern, davon zwei Jahre theoretische Ausbildung, Kontrollarbeit mit zwei Fällen innerhalb eines Jahres, jeder Fall etwas über ein Jahr geführt. Das bedeutet, daß für die Lehranalyse ungefähr anderthalb Jahre gerechnet wurden.

Den derzeit letzten Schritt stellen die ›Standing Rules‹ des Londoner Instituts für Psychoanalyse in ihrer Ausgabe von 1947 dar. Darin wird festgesetzt, daß die Lehranalyse gewöhnlich vier Jahre, die theoretische Ausbildung drei Jahre und die klinische Arbeit zwei Jahre dauerten.

Nun fragen uns unsere Patienten ja tagtäglich die gleiche Frage: Wie lange dauert denn eine Analyse? Darauf antwortet kein Analytiker auch nur schätzungsweise. Und trotzdem haben wir in allen unseren Ausbildungsrichtlinien die obigen unbegründeten, irreführenden und oft schädlichen Antworten gegeben, sogar noch ehe die Frage an uns gestellt wurde.

Hiergegen besagte der ungarische, zuerst von Ferenczi 1923 formulierte Standpunkt, daß es keinen Unterschied zwischen der Lehranalyse und der therapeutischen Analyse gebe; die erste müsse sogar womöglich tiefer gehen, was bedeuten würde, daß sie wahrscheinlich länger dauerte. Schon 1926 übernahm Eitingon in seinem Homburger Bericht Ferenczis Ansicht: »Die Lehranalyse ist schlichtweg eine Psychoanalyse.« Seither sind diese Worte oft wiederholt worden, aber alle Ausbildungsinstitute fahren fort, die Dauer einer Lehranalyse im voraus festzusetzen – ein Fehler, für welchen jeder Anfänger von seinem Kontrollanalytiker heftig kritisiert werden würde.

Das zweite Beispiel ist die Rolle der Kontrollanalyse innerhalb der Ausbildung. Sie war um 1920 in Berlin von Abraham, Eitingon und Simmel eingeführt worden und wurde zunächst skeptisch und mit Widerstand aufgenommen. Einer der ersten, der sie angriff, war wiederum Ferenczi.[7] Ein weiterer Angriff kam aus Wien. Eitingon war von Anfang an für die Trennung von Lehranalytiker und Kontrollanalytiker[8], einige Wiener dagegen waren der Meinung, daß der Lehr- und der Kontrollanalytiker eines Kandidaten ein und dieselbe Person sein sollte. Trotz aller Skepsis gewann die Idee der Kontrollanalyse rasch an Boden und wurde allgemein angenommen. Bald kam das Kontroll-Seminar dazu, eine sehr wertvolle Ergänzung, die von Wien kam, wo diese Einrichtung, wenn ich recht berichtet bin, unter dem Einfluß von H. Deutsch und W. Reich entstand, um dann von A. Freud und O. Fenichel auf ihren jetzigen hohen Stand gebracht zu werden.

Eitingon befürwortete den Gedanken, das psychoanalytische Ausbildungssystem nach dem Vorbild der deutschen Universitäten zu organisieren, an denen der Student ermutigt, ja fast angehalten wird, eine Reihe von Semestern an verschiedenen Universitäten zu studieren. Das würde bedeuten, daß eine an einem Institut begonnene Lehranalyse an jedem anderen fortgesetzt werden könnte.[9] Die Gesamtausbildung sollte aus den schon genannten drei Teilen bestehen: Lehranalyse, theoretische Vorlesungen und Seminare und praktische Arbeit unter Kontrolle. Eitingons Vorstellung dabei war, daß jeder Teil abgeschlossen sein sollte, bevor der nächste begonnen wird. Die meisten der damals veröffentlichten Richtlinien deuten darauf hin, d.h. die von Berlin und Wien; da die Londoner Richtlinien nicht veröffentlicht wurden, weiß ich nicht, wie es dort gehandhabt wurde.

In Ungarn waren wir immer Gegner dieser Auffassung. Der einzige über das Thema Ausbildung veröffentlichte Artikel[10], von dem ich zu Anfang dieses Kapitels sprach, gab eine Darstellung des ungarischen Systems. Es war ein energischer Angriff gegen die Teilung der Ausbildung in drei voneinander unabhängige Teile. Der Artikel betonte, daß der Kandidat mit der praktischen Arbeit beginnen müsse, während er selbst noch in Analyse sei, damit seine Reaktionen auf die Übertragung des Patienten, d.h. seine eigene Gegenübertragung, mitanalysiert werden könne. Es wird überzeugend dargestellt, warum es nicht ratsam sei, den Kandidaten mit diesen Schwierigkeiten allein zu lassen. Eine natürliche Folge dieser Auffassung ist, daß auch die theoretische Ausbildung

---

[7] S. Ferenczi und O. Rank: Entwicklungsziele der Psychoanalyse. Zur Wechselbeziehung zwischen Theorie und Praxis. Wien/Leipzig/Zürich 1924.

[8] Int. J. Psa., 7 (1926), 134.

[9] Z.B. in: Zehn Jahre Berliner Psychoanalytisches Institut, Wien 1930. »Jedes Stück des Gesamtausbildungsganges kann auch außerhalb des Berliner Psychoanalytischen Institutes absolviert werden« (S. 51).

[10] V. Kovács: Training and Control Analysis. Int. J. Psa., 18 (1937), 346–354.

noch während der Lehranalyse des Kandidaten beginnen muß. Auf Grund der ungarischen Erfahrungen gelingt die Analyse der Gegenübertragung am besten, wenn Lehr- und Kontrollanalyse durch ein und denselben Analytiker durchgeführt werden, wenigstens beim ersten Fall.

Die Veröffentlichung des »ungarischen Systems« führte zu scharfen Auseinandersetzungen. Schließlich wurde die erste Empfehlung, daß die kontrollierte Arbeit beginnen solle, während der Kandidat noch selbst in Lehranalyse steht, allgemein angenommen, und ich glaube, daß es heute kein Institut gibt, in dem es nicht so gehandhabt wird. Die zweite Empfehlung, Lehr- und Kontrollanalyse durch denselben Analytiker, traf auf stärkeren Widerstand. Eben diese Empfehlung war das Hauptthema auf beiden Vierländer-Konferenzen. Man kam überein, daß in Zukunft mehr Gewicht auf die Analyse der Reaktionen des Kandidaten auf die Übertragung des Patienten gelegt werden sollte als bisher, zugleich wurde aber betont, daß das Erlernen der analytischen Technik anhand des Materials aus den kontrollierten Fällen des Patienten ebenso wichtig sei. Um den Unterschied zwischen diesen beiden Aufgaben hervorzuheben, sollte die eine (die Analyse der Gegenübertragung des Kandidaten auf seinen Patienten) »Kontrollanalyse«, die andere (Unterweisung, wie der Kandidat die Probleme des Patienten analysieren sollte, die von seinen eigenen verschieden waren) »Analysenkontrolle« genannt werden. Man erkannte bald, daß am geeignetsten für die Durchführung dieser »Kontrollanalyse« der Lehranalytiker war, während er für die »Analysenkontrolle« nicht die geeignete Person war.

Obwohl es schließlich zu einer Einigung kam, daß die Analyse der Gegenübertragung einen wesentlichen Teil der Ausbildung bilden müsse, daß also die Lehranalyse und die praktische Arbeit nicht getrennt werden könnten, wurde keine Entscheidung erreicht, ob der Lehranalytiker oder ein anderer Analytiker die Kontrolle der ersten Fälle des Kandidaten übernehmen sollte. Es wurden starke Argumente dafür und dagegen vorgebracht. Wie die Zusammenfassung der Diskussion auf der zweiten Vierländerkonferenz feststellte, sollten noch weitere Erfahrungen abgewartet werden, ehe man sich über diesen Punkt entscheiden wollte.

Dennoch und ohne weitere veröffentlichte Diskussion heißt es in den neuen Londoner Richtlinien (1947): »Der die Lehranalyse des Kandidaten durchführende Lehranalytiker übernimmt nicht auch die Kontrolle seiner Fälle.« Soviel wir wissen, ist diese Bestimmung nicht das Ergebnis sorgfältig geplanter und kontrollierter Beobachtungen; sie klingt vielmehr nach einer unserer vielen, zwanghaft dogmatischen Reglementierungen.

Wir haben nun zwei Symptomenkomplexe. Der eine war die Scheu der Sachverständigen, ihre Meinung im Druck festzulegen (um so bemerkenswerter, als die gleichen Sachverständigen, die Lehranalytiker, doch sonst die fruchtbarsten Autoren sind). Der zweite war die dogmatische Haltung der gleichen Sachverständigen, die doch sonst in der Psychoanalyse ganz unbekannt ist. Ich habe nur zwei Beispiele dieses Dogmatismus erörtert; man könnte jedoch zahlreiche andere anführen, wenn man sich der Mühe unterzöge, die Ausbildungsrichtlinien aller Institute zu durchleuchten.

Diese beiden Symptomenkomplexe sind objektive Tatsachen, die jeder, der unsere Zeitschriften liest, nachprüfen kann. Meine nächste Hypothese stützt sich leider nur auf subjektive Eindrücke. Ich meine das generelle Verhalten unserer Kandidaten, die ich als viel zu respektvoll gegenüber den Lehranalytikern beschreiben möchte.

Es sollte keinem Analytiker allzu schwer fallen, die Ursachen für diese Symptome zu diagnostizieren. Die ganze Atmosphäre erinnert stark an die Initiationsriten der Primitiven. Auf seiten der Initiatoren – der Unterrichtsausschüsse und Lehranalytiker – beobachten wir Geheimhaltung ihres esoterischen Wissens, dogmatische Verkündigung unserer Forderungen und autoritative Techniken. Auf seiten der Kandidaten, also der zu Initiierenden, beobachten wir willige Annahme der exoterischen Legenden, Unterwerfung unter die dogmatische und autoritative Behandlung ohne viel Protest und ein überaus respektvolles Benehmen.

Wir wissen, welches Ziel alle Initiationsriten haben: Sie sollen den Neuling zwingen, sich mit dem Clan zu identifizieren, den Initiator und seine Ideale zu introjizieren und aus diesen Identifikationen ein starkes Über-Ich zu errichten, das ihn lebenslang beeinflußt.

Das ist wohl eine überraschende Entdeckung. Was wir bewußt bei unseren Kandidaten zu erreichen beabsichtigen, ist doch vielmehr, daß sie ein starkes kritisches Ich entwickeln, das fähig ist, erhebliche Belastungen zu ertragen, das frei ist von unnötigen Identifikationen, von automatischer Übertragung und Denkschablonen. Ganz im Gegensatz zu diesem bewußten Ziel trägt unser eigenes Verhalten als Lehranalytiker Züge und läuft unser Ausbildungssystem darauf hinaus, daß es beim Kandidaten unweigerlich zu einer Schwächung dieser Ich-Funktionen und zur Bildung und Festigung einer ganz speziellen Über-Ich-Form kommt.

Hierzu paßt auch die Tatsache, daß die Kandidaten im großen ganzen dahin tendieren, sich zu »Abstammungs«-Gruppen abzusondern, den Mitgliedern ihrer eigenen Gruppe gegenüber nachsichtig und gegen andere Gruppen überkritisch zu sein, und im allgemeinen ihren Meistern blind zu folgen. Die wenigen Ausnahmen, die in jeder analytischen Vereinigung vorkommen: plötzliche Bekehrungen, durch welche sich ein Saulus in einen Paulus verwandelt, sind nur ein zusätzlicher Beweis für die überragende Rolle solcher Über-Ich-Bildungen.

Wenn meine Hypothese richtig ist, dann verstehen wir jetzt, warum die Ergebnisse unserer Ausbildung, nämlich die Analytiker, »selbst nicht den Standard seelischer Normalität erreichen, den sie für ihre Patienten errichten«[11]. Die Patienten werden allerdings auch nicht der systematischen »Über-Ich-Intropression«[12] unterworfen, die kaum ein Kandidat vermeiden kann.

Jetzt können wir unsere Untersuchung fortsetzen, ohne fürchten zu müssen, noch weitere schreckenerregende Probleme aufzurollen, etwa wie es um die allgemeine Gültigkeit der psychoanalytischen Therapie bestellt sei. Von dieser Last befreit, können wir uns unserer nächsten Aufgabe zuwenden: zu untersuchen, warum und wie diese unbewußte und unkontrollierte Über-Ich-Prägung zu einem Bestandteil unseres Ausbildungssystems wurde; wir müssen also ihre historische Entwicklung betrachten.

3

Es gibt nun zwei solche historische Entwicklungen: die offizielle, die offen zugegeben und immer einmal wieder dargestellt wurde, zuerst in Eitingons laufenden Berichten und seither, wann immer jemand etwas über Ausbildung aussagen wollte. Wir wollen das die exoterische Geschichte nennen. Sie beschreibt und erklärt die glorreichen Erfolge des Systems. Die andere, nur von Freud, und selbst von ihm nur ein einziges Mal erwähnte Geschichte erklärt, warum auf unseren Ausbildungsorganisationen der Fluch des Haders liegt. Beide Geschichten zeigen auch, daß die psychoanalytische Ausbildung drei Perioden hatte.

Nehmen wir zuerst die exoterische Geschichte. Die erste oder »prähistorische« Periode kann man bis zum Budapester Kongreß, 1918, rechnen, oder auch bis zur Gründung des Berliner Instituts, 1920. Sie ist gekennzeichnet durch die Tatsache, daß es damals noch keine systematische, organisierte Ausbildung gab. Lehren

---

[11] S. Freud: Die endliche und die unendliche Analyse; a.a.O.
[12] Dieser von S. Ferenczi geschaffene Terminus findet sich in: Bausteine zur Psychoanalyse. Bern 1939.

und Erlernen der Psychoanalyse war ohne offizielle Kontrolle der Einzelinitiative überlassen. Die einzige Ausnahme waren Freuds Vorlesungen in Wien, die noch heute in ihrer veröffentlichten Form vielleicht die anregendste und geistreichste Lektüre unseres Wissenschaftszweiges darstellen. Sie waren jedoch nur einer der vielen Kurse, die von den Privatdozenten der Wiener Universität gehalten wurden, waren nur für Universitätsstudenten gedacht und hatten nicht das Ziel, eine »Ausbildung« zu vermitteln. Alles andere aus dieser Periode ist Gegenstand interessanter, frappierender, tragischer oder auch unwesentlicher Anekdoten, die zu sammeln sich dennoch gewiß lohnen würde.

Die Grundlagen unseres gegenwärtigen Ausbildungssystems wurden auf dem Budapester Kongreß 1918 gelegt, auf dem drei wichtige Ereignisse stattfanden. Das wichtigste war Freuds Prophezeiung, die Zeit sei gekommen, daß die Analyse sich sowohl in ihrer Technik als auch in ihrer Ausbildung für die kommende Nachfrage nach einer Psychotherapie für die Massen vorbereiten müsse. Das zweite Ereignis war die Tatsache, daß Anton von Freund, wohl die liebenswerteste Gestalt aus den Anfängen der Psychoanalyse, das Angebot machte, zur Förderung der Ideen Freuds eine beträchtliche Summe zur Verfügung zu stellen und ein Institut zu errichten, das a) der Massen-Psychotherapie, b) der psychoanalytischen Ausbildung und c) der analytischen Forschung dienen sollte. Das dritte Ereignis war Nunbergs in einer privaten Diskussion gemachte Bemerkung, die oft von Eitingon in seinen Berichten erwähnt wurde: daß in Zukunft niemand mehr sollte analysieren dürfen, der nicht selbst analysiert sei.

Anton von Freunds Pläne wurden durch die Ereignisse zunichte gemacht. Die ungarische Inflation verschlang den Fonds bis auf einen kleinen Betrag, mit welchem unser Verlag in Wien gegründet wurde. Während der ungarischen Revolution 1919 wurde unter Ferenczis Leitung ein Institut eröffnet (es war in der Tat das erste in der ganzen Welt), dem aber nach wenigen Monaten die Konterrevolution ein Ende bereitete.

Von Freund starb 1920. Wenige Wochen nach seinem Tode eröffneten Eitingon, Abraham und Simmel das Berliner Institut für Psychoanalyse, das Mutter- und Musterinstitut aller folgenden. Die verkündeten Ziele des Instituts waren die von Freud bezeichneten und von von Freund geplanten: Therapie für die Massen, Forschung und Ausbildung. Was dieses Institut – und alle anderen Institute – dann erreichte, war nur ein System der Ausbildung.

Alle Institute in der ganzen Welt, von London bis Melbourne, von Budapest bis San Francisco, stellen Behandlungsmöglichkeiten bereit, die, verglichen mit dem Bedarf, minimal sind. Die ursprüngliche, von Freud klar umrissene Vorstellung einer Psychotherapie für die Massen ging im Laufe der Entwicklung vollständig unter. Man kann uns Analytikern mit Recht den Vorwurf machen, daß wir uns sehr wenig darum kümmern, und es ist nur eine gerechte Konsequenz, daß die Therapie für die Massen mehr und mehr in andere Hände übergeht und das Problem schließlich – so oder so – ohne uns zu einer Lösung gelangen wird.

Das gleiche gilt für das zweite ursprüngliche Ziel des Instituts, die Forschung. Die Ergebnisse in dieser Hinsicht sind so gering, daß sie kaum erwähnenswert sind. Die einzige Ausnahme bildet vielleicht das Chicagoer Institut.

Dagegen sind die Errungenschaften des Berliner Instituts und seiner Folgeinstitute hinsichtlich der Ausbildung beachtlich. Hier entstand ein stolzer Bau, das Modell für die ganze Welt, das nach über fünfundzwanzig Jahren bewegten Lebens in allen wesentlichen Teilen unerschüttert geblieben ist.

Im Gegensatz zu dieser glorreichen Errungenschaft ist die Geschichte des Internationalen Unterrichtsausschusses voll von kritischen Situationen und hat ein wahrhaft betrübliches Ende genommen. Er wurde auf dem Homburger Kongreß 1925 sozusagen als ein Organ der vereinigten Berliner und Wiener Institute errichtet und zerfiel beinahe schon zwei Jahre später auf dem Innsbrucker Kongreß. Damals war die Ursache des Haders die Frage der Laienanalyse; offiziell wurde nur von den »Bedingungen für die Zulassung von Kandidaten« gesprochen. Die Diskussionen darüber setzten sich jahrelang fort, bis das Thema nach dem Wiesbadener Kongreß 1932 eines wohlverdienten Todes verstarb. Statt sich nun an die eigentliche Arbeit zu machen, kam 1936 auf dem Marienbader Kongreß das amerikanische Problem aufs Tapet, das alsbald zu einer neuen Unabhängigkeitserklärung der Amerikaner und zu einer fast völligen Lähmung der einst so stolzen, mächtigen Institution führte. Man weiß heute in Wirklichkeit nicht, ob der Internationale Unterrichtsausschuß noch besteht, nur auf dem Papier besteht oder überhaupt nicht mehr existiert.

Während seiner Existenz in den Jahren von 1925 bis 1938, also in der Zeit der raschesten Ausbreitung der Psychoanalyse, war der Internationale Unterrichtsausschuß, die Versammlung der Elite der ganzen analytischen Welt, nicht imstande, irgend etwas Gedrucktes hervorzubringen außer Berichten ganz nutzloser Streitereien. Manche von uns werden sich hoffentlich noch des Innsbrukker Kongresses erinnern, wo etwa ein halbes Dutzend einander widersprechender Resolutionen über Zulassung gefaßt wurden, die erst einzeln abgestimmt wurden, dann nach Zweiggesellschaften, wovon jede nur eine Stimme hatte, dann nach noch einigen weiteren Methoden; ich frage mich, ob noch irgend jemand von uns sich erinnert, worüber wir abstimmten, warum gerade über diese eine Resolution und ob sie angenommen oder abgelehnt wurde. Natürlich ist die Frage der Laienanalyse sehr problematisch und selbst heute noch nicht zufriedenstellend gelöst. Aber die Schwierigkeit eines Problems erklärt oder rechtfertigt ja nicht die Erregung, die es auslöst. Offenbar waren außer den realen Schwierigkeiten noch starke Affekte beteiligt. Vielleicht bekommen wir eine Vorstellung von den Gründen für diese Affekte, wenn wir die Geschichte des Todesstreichs untersuchen, den Rado und die New Yorker Psychoanalytische Gesellschaft dem Internationalen Unterrichtsausschuß versetzten.

Die analytisch wesentlichen Elemente sind: a) Der Internationale Unterrichtsausschuß war die Erfüllung der ehrgeizigen Bestrebungen Eitingons. Es war seine Lieblingsschöpfung, die einzige, die ihm blieb, nachdem die Nazis das prächtige neue Berliner Institut beschlagnahmt hatten, und so bewachte er sie natürlich eifersüchtig; b) Rado, der viele Jahre lang Sekretär des Internationalen Unterrichtsausschusses war, war Eitingons engster Mitarbeiter, sein Schildknappe in all den vielen vorangegangenen Kämpfen um die »Laienanalyse« gewesen; c) es ging in diesem letzten Kampf wie in allen in Wirklichkeit um die zentrale Kontrolle: Eitingon und wir Europäer waren alle dafür, die Amerikaner waren dagegen, und bald nachdem Rado in Amerika eingetroffen war, wurde auch er für diesen letzten Standpunkt gewonnen.

Die analytische Deutung einer solchen Folge von Ereignissen liegt auf der Hand. Neben dem realen Aspekt haben wir es dabei mit der ambivalenten Einstellung des Sohnes zu seiner Vater-Imago zu tun. Die wahre Frage ist aber, ob und wie weit diese Vater-Imago für die Zuspitzung des Konflikts verantwortlich war. Die Geschichte des Konflikts zeigt klar und deutlich, daß die Väter, d.h. der Internationale Unterrichtsausschuß, die jungen amerikanischen Institute unnötig lange in einem Schüler-Status zu halten versuchten, von ihnen kindlichen Respekt und Gehorsam forderten, also bedingungslose Anerkennung der Zensuren erteilenden väterlichen Autorität des Internationalen Unterrichtsausschusses, d.h. der älteren europäischen Institute. Die Reaktion auf diese unnötig drückende Forderung war eine ebenso unnötig heftige Rebellion, die ich die neue Unabhängigkeitserklärung von 1937 nannte und die die dritte, die gegenwärtige Periode der psychoanalytischen Ausbildung einleitete.

Diese gegenwärtige Periode, die man entweder ab 1937, dem Jahr der Unabhängigkeitserklärung der amerikanischen Institute, oder ab 1939, dem Todesjahr Freuds, rechnen kann, ist durch das

Aufhören der zentralen, internationalen Überwachung gekennzeichnet. In der vorhergehenden Periode hatten wir große Anstrengungen darauf verwendet, international gültige Normen und eine internationale Kontrollorganisation aufzubauen. Dieser an sich verdienstvolle Versuch mißlang a) wegen der mißtrauischen, überfordernden und autoritativen Haltung der älteren Generation, b) wegen des mißtrauischen, unnötig überheblichen Verhaltens der jüngeren Generation. Soweit ich weiß, kennt die gegenwärtige Periode nur örtliche, Landes- oder Gruppen-Normen und -Überwachung.

Wenden wir uns nun der esoterischen Geschichte zu. Es findet sich nur ein einziger Literaturhinweis, und zwar in Freuds ›Geschichte der psychoanalytischen Bewegung‹ aus dem Jahre 1914. Sie wurde bald nach dem schwersten Trauma, das die Psychoanalyse erlitten hat, dem Austritt von Adler, Jung und Stekel, geschrieben, einem Trauma, dessen Wunden selbst jetzt, nach mehr als dreißig Jahren, noch nicht völlig verheilt sind. Die Situation war äußerst kritisch, und nur Freuds unaffektive Führerschaft und die erprobte Treue seiner anderen Schüler waren imstande zu verhindern, daß die junge psychoanalytische Wissenschaft für lange Zeit aus dem Geleise geworfen wurde. Es wurde daher lebenswichtig, einer Wiederkehr solcher traumatischen Ereignisse vorzubeugen.

Freud erkannte deutlich, daß es neben dem allgemeinen Widerstand gegen seine Libidotheorie noch starke persönliche Motive für den Abfall gab. Er stattete seine Diagnose infolgedessen mit einer deutlichen Anweisung aus, welche Richtung eine vorbeugende Therapie einschlagen müßte.

Zunächst die Diagnose: »Von übler Vorbedeutung waren nur zwei Dinge, die mich endlich dem Kreise innerlich entfremdeten. Es gelang mir nicht, unter den Mitgliedern jenes freundschaftliche Einvernehmen herzustellen, das unter Männern, welche dieselbe schwere Arbeit leisten, herrschen soll, und ebensowenig die Prioritätsstreitigkeiten zu ersticken, zu denen unter den Bedingungen der gemeinsamen Arbeit reichlicher Anlaß gegeben war. Die Schwierigkeiten der Unterweisung in der Ausübung der Psychoanalyse, die ganz besonders groß sind und an vielen der heutigen Zerwürfnisse die Schuld tragen, machten sich bereits in der privaten Wiener psychoanalytischen Vereinigung geltend. Ich selbst wagte es nicht, eine noch unfertige Technik und eine im steten Fluß begriffene Theorie mit jener Autorität vorzutragen, die den anderen wahrscheinlich manche Irrwege und endliche Entgleisungen erspart hätte. Die Selbständigkeit der geistigen Arbeiter, ihre frühe Unabhängigkeit vom Lehrer, ist psychologisch immer befriedigend; ein Gewinn in wissenschaftlicher Hinsicht ergibt sich aus ihr nur, wenn bei diesen Arbeitern gewisse, nicht allzu häufig vorkommende persönliche Bedingungen erfüllt sind.«[13]

Und nun die vorgeschlagenen Präventivmaßnahmen: »Gerade die Psychoanalyse hätte eine lange und strenge Zucht und Erziehung zur Selbstzucht gefordert.«[14] Und ferner: »Ein Oberhaupt aber, meinte ich, müsse es geben. Ich wußte zu genau, welche Irrtümer auf jeden lauerten, der die Beschäftigung mit der Analyse unternahm, und hoffte, man könnte viele derselben ersparen, wenn man eine Autorität aufrichtete, die zur Unterweisung und Abmahnung bereit sei.«[15]

Wenn also, so meint Freud, die Psychoanalyse immer wiederkehrende Abfallerscheinungen vermeiden will, muß sie dafür Sorge tragen, daß die nächste Generation lernt, auf ein Stück ihres Eigenwillens und ihrer Unabhängigkeit zu verzichten, daß sie zu Zucht und Selbstzucht angehalten wird und eine Autorität anerkennt, die das Recht und die Pflicht hat, zu unterweisen und zu mahnen. Dies zu erreichen, wurde zum esoterischen Ziel unseres Ausbildungssystems; der Weg dorthin ist die Anleitung der jüngeren Generation, sich mit ihren Initiatoren, vor allem mit den analytischen Vorstellungen ihrer Initiatoren zu identifizieren.

Freud hat es in all seinen Schriften konsequent abgelehnt, als unfehlbar hingestellt zu werden, und trotzdem wurde, wie wir alle wissen, ihm eine zweifelhafte Würde aufoktroyiert. Von ihm aus breitete sich die Unfehlbarkeit auf seine frühesten Schüler, die Mitglieder jenes intimen, heute fast legendären Kreises in der Berggasse aus, die nun als zwischengeschaltete Autoritäten angenommen wurden.

Dieses System funktionierte recht gut, weil es immer möglich war, sich an Freud zu wenden, dessen Rat wirklich weise und für alle annehmbar war. Es konnte jedoch nur so lange funktionieren, als Freud selbst aktiv eingreifen und – falls nötig – in unmißverständlichen Worten festlegen konnte, wer recht hatte und was recht war, und ferner, solange sein Einfluß stark genug war, das heißt, nicht durch den Vorgang der »apostolischen Nachfolge« oder durch die räumliche Entfernung zu stark verdünnt wurde. Das Heraufkommen der dritten Generation von Lehranalytikern um und nach 1925 bedeutete dann aber eine beträchtliche Schwächung dieses Systems. So machte sich – wie immer in der Vergangenheit des Menschen – denn auch der alte Fluch der Fehde zwi-

---

[13] S. Freud: Zur Geschichte der psychoanalytischen Bewegung. Ges. W., Bd. X, S. 64.
[14] Ebd.
[15] Ebd., S. 85.

schen den Vätern und den Söhnen wieder bemerkbar. Interessanterweise machten sich erste Zeichen von Unruhe in denjenigen Ländern bemerkbar, die geographisch am weitesten entfernt waren, während die Wiener Gruppe praktisch homogen und jede folgende Generation durch feste Bande der Freundschaft und Loyalität untereinander und mit der vorigen verbunden blieb, dadurch zugleich die überragende Bedeutung einer guten Über-Ich-Bildung demonstrierend.

Aus diesem Grund möchte ich vorschlagen, die gegenwärtige – chaotische oder nationale – Periode in der Geschichte unseres Ausbildungssystems vom Tode Freuds ab zu rechnen. Ohne seine weise Autorität verloren alle »Väter« ihre bevorrechtigte Position, und alle Lehranalytiker und Lehrinstitutionen wurden gleichberechtigt.

4

Auf diese Weise kann man also drei Perioden unterscheiden, und zwar sowohl für die exoterische als auch die esoterische Geschichte unserer Ausbildung. Die erste Periode war gekennzeichnet durch Mangel an jeglicher erkennbaren Organisation der Ausbildung; von Versuchen der Einprägung eines Über-Ichs (»Superego-Intropression«, S. Ferenczi), der Forderung weitgehender Identifikation war nichts zu spüren. Dies führte zu mehreren Sezessionen. In der zweiten Periode schuf sich die Psychoanalyse ein leistungsfähiges Ausbildungssystem und eine Organisation, die stark genug war, ihre Normen durchzusetzen. Im esoterischen Sinne bedeutete das die Errichtung einer starken Vaterautorität, »die zur Unterweisung und Abmahnung bereit war«, und einen erheblichen Druck auf den Kandidaten, die Lehren seines Lehranalytikers anzunehmen und sich mit ihnen zu identifizieren. Als sehr unnötige Spannungen zwischen den Generationen eintraten, endete diese Periode nach wiederholten Fehden mit dem völligen Zusammenbruch jeglicher zentralen Autorität und der Errichtung lokaler (nationaler oder Gruppen-) Normen, Ideale und Kontrollen.

In die dritte Periode treten wir nun mit mehreren Prätendenten ein, die zur Treue aufgerufen haben und in scharfer Konkurrenz miteinander stehen. Dies führte unvermeidlich zur narzißtischen Überbewertung der kleinen Unterschiede, deren wahre Proportionen durch Unterschätzung oder völlige Verkennung der wesentlichen Übereinstimmungen noch verzerrt wurden. Daß zwischen den Gruppen weniger Kooperation als Konkurrenz besteht, führt natürlich zu wachsender Belastung, und die Gefahr eines Zusammenbruchs steht drohend im Hintergrund. Ein sekundäres Ergebnis besteht noch darin, daß jede »Schule« sich bemüht, so viele Kandidaten wie möglich für sich zu werben und sie zu sichern, zuverlässigen und treuen Anhängern zu erziehen.

Es ist ja während der Lehranalyse reichlich Gelegenheit, einen unabhängigen oder gleichgültigen Kandidaten zu einem begeisterten Proselyten zu machen. Diese Gefahr nimmt während der Kontrollanalysen noch zu. Wir wissen, daß in der Analyse unserer Patienten der Analytiker wirklich introjiziert wird und als Kern eines neuen Über-Ichs dient; was dabei introjiziert wird, ist aber ein unrealistisches Bild des Analytikers, das den Bedürfnissen des Patienten entsprechend verzerrt ist und dann während des Durcharbeitens bewußt korrigiert wird.

Während der Kontrollanalysen ist das Kräftespiel ein ganz anderes. Der Kontrollanalytiker ist ein wirklicher Mensch mit Überzeugungen, theoretischen Lieblingsideen und Lieblingsbeschäftigungen und auch mit seinen persönlichen Grenzen. Er ist nicht durch die analytische Situation gebunden, er kann seine Ansichten und Überzeugungen mit allem persönlichen Gewicht, das er besitzt, vertreten und tut es oft auch. Der Kandidat hat in dieser Situation einen sehr viel schwächeren Stand, er hat nicht mehr das Vorrecht freien Assoziierens als stärkster Abwehrwaffe, er soll lernen und wird kontrolliert, nicht analysiert. Das Kräftegleichgewicht in den Vorlesungen und Seminaren ist zwar etwas modifiziert, aber keineswegs günstiger für den Kandidaten. Nicht nur doziert der Vortragende ex cathedra, sondern jeder Widerspruch isoliert den Kandidaten auch noch, und er steht fortan als einzelner Nonkonformist einer konformistischen Gruppe gegenüber, eine gespannte Lage, der sich nur wenige auszusetzen wagen.

Es ist sehr interessant, daß die beiden großen Meister der analytischen Technik, Freud und Ferenczi, diese Art der Ausbildung nicht besonders unterstützt haben. Sie schienen mit der Analyse allein auszukommen. Ich meine, daß Abraham und Jones ähnlich dachten, aber ich kann mich hier irren.

Es gibt noch eine andere wichtige Tatsache. Weder Freud noch Ferenczi noch Jones gründeten eine »Schule« oder auch nur eine Gruppe, wie es andere Lehranalytiker taten. Zum Beweis brauche ich nur aufzuzählen, wer alles unter uns zu irgendeiner Zeit seiner Ausbildung Ferenczis Schüler war: Oberst Daly, Dr. Franklin, Dr. Herford, D. Inman, Dr. Jones, Melanie Klein, Dr. Rickman und ich selbst. Obwohl wir in einigen Dingen ähnlich denken, glaube ich nicht, daß man uns eine »Schule« nennen könnte. Ich bin ziemlich sicher, daß man dasselbe auch von Freuds und Jones' Schülern sagen kann, wenn ich es auch nicht beweisen kann, da ich sie nicht so gut kenne.

Um einem Mißverständnis vorzubeugen, möchte ich unterstreichen, daß ich die gegenwärtige theoretische Ausbildung und die praktische Arbeit unter Kontrolle keineswegs abzuschaffen vorschlage. Ich halte sie vielmehr für unerläßlich für die Ausbildung. Was wir jedoch brauchen, ist eine neue Orientierung unseres Ausbildungssystems, so daß es nicht mehr so stark darauf hinzielt, ein neues, starkes Über-Ich zu errichten, sondern den Kandidaten dazu verhilft, sich zu befreien und ein starkes Ich aufzubauen, das zugleich kritisch und liberal ist.

Das bedeutet offensichtlich eine gründliche Revision unserer Ausbildungsziele und -methoden, besonders während der Kontrollanalyse. Es ist eines der Ziele dieser Abhandlung, eine wissenschaftliche Diskussion der Technik unserer Kontrollanalysen zu entfachen. Eine solche Diskussion setzt voraus, daß eine ganze Menge von Kriegsbeilen begraben wird und eine echte, aufrichtige Annäherung aus jeder Richtung einsetzt. Es ist zu erwarten, daß dies für alle Kandidaten und Kontrollanalytiker mindestens für einige Zeit eine ziemliche Anstrengung bedeuten wird. Es gibt sogar einige, wenn auch wenige Zeichen dafür, daß der Wind sich dreht und die allgemeine Meinung sich einer Milderung dieser Über-Ich-Ausbildung zuneigt. Eine sehr ermutigende, kürzlich in London eingeführte Einrichtung sind die gemeinsamen Sitzungen aller Kandidaten mit dem Ausbildungsausschuß. Soviel ich weiß, waren alle Teilnehmer an der letzten Sitzung von den Ergebnissen wirklich befriedigt.

Eine weitere interessante Entwicklung zeigt sich in Abwandlungen unserer Terminologie bezüglich der Ausbildung. In der Muttersprache der Psychoanalyse, dem Deutschen, hat man von Anfang an von einer »Lehranalyse« oder »didaktischen Analyse« gesprochen. Auch der ursprüngliche Name »Unterrichtsausschuß« ist unverändert derselbe geblieben. In beiden Namen drückt sich der Gedanke Freuds aus, daß es sich um eine »unterweisende und mahnende« Autorität handelt.

Im Ungarischen gibt es zwei Formulierungen, die eine außerordentlich glücklich, die andere um so bedenklicher. Die erstere lautet »tanulmányi analizis« und »tanulmányi bizottság«, d. h. »Studienanalyse« (im Gegensatz zur therapeutischen Analyse) und »Studienkommission«. Der weniger glückliche Ausdruck lautet »kiképző analizis«, wörtlich »Ausbildungsanalyse«; er wurde offenbar auch unter dem Einfluß der Idee einer Über-Ich-Ausbildung geprägt.

In der englischen Bezeichnung ist nun ein sehr interessanter Wandel zu verzeichnen. Der Unterrichtsausschuß hieß auf englisch schon immer »training committee«. Die »Lehranalyse« hieß zu Anfang in sklavischer Übersetzung »instructional«, später, noch immer unter deutschem Einfluß, »didactic analysis«; schließlich wurde daraus »training analysis«. Aber scheinbar wurde das auch noch als zu autoritär empfunden, und so wurde kürzlich der Ausdruck »personal analysis« eingeführt. Der Ausdruck ist schlecht, denn jede Analyse ist ja eine persönliche, und es gibt keine »unpersönlichen« Analysen; aber man erkennt das sich rührende Gewissen, dem sogar »training« zuviel erschien.

Das gleiche gilt für »Kontrollanalyse«; auch diese Bezeichnung schien zu autoritär und wurde durch den gegenwärtigen, umständlichen, aber einwandfreien Ausdruck »praktische Arbeit unter Kontrolle« ersetzt. Alle diese Veränderungen lassen die Tendenz erkennen, wenigstens im Namen den unnötigen autoritären Druck zu vermindern.

Ich komme zum Schluß. Man wird jetzt verstehen, warum ich trotz meines Zagens mich verpflichtet gefühlt habe, diese Überlegungen zur Erörterung und Kritik vorzulegen, und ich bin froh, daß sich auch Kandidaten unter meinen Zuhörern befinden. Wenn meine Gedanken richtig sind, müssen wir Lehranalytiker, aber auch die Kandidaten sich schwere Vorwürfe machen. Den Kandidaten ist vorzuwerfen, daß sie sich so leicht einschüchtern lassen und in Abhängigkeit begeben, nicht ehrliche Kritik üben, uns zu sehr respektieren, ihren Lehrern blinden Gehorsam leisten und sich unkritisch mit deren Theorien und Ansichten identifizieren.

Schwerer wiegt jedoch der Vorwurf gegen uns Lehranalytiker. Er ist so ernst, daß ich wiederum Freud zitiere und so die Verantwortung umgehe, eigene Worte zu wählen. Es handelt sich um Sätze aus dem Jahre 1918. Freud diskutierte damals die Notwendigkeit, daß man gelegentlich im Falle mancher Patienten »die analytische Beeinflussung mit der erzieherischen vereinigen muß« und fährt dann fort: »... auch bei den meisten anderen wird sich hie und da eine Gelegenheit ergeben, wo der Arzt als Erzieher und Ratgeber aufzutreten genötigt ist. Aber dies soll jedesmal mit großer Schonung geschehen, und der Kranke soll nicht zur Ähnlichkeit mit uns, sondern zur Befreiung und Vollendung seines eigenen Wesens erzogen werden.« Kurz vorher heißt es: »Wir haben es entschieden abgelehnt, den Patienten, der sich hilfesuchend in unsere Hand begibt, zu unserem Leibgut zu machen, sein Schicksal für ihn zu formen, ihm unsere Ideale aufzudrängen und ihn im

Hochmut des Schöpfers zu unserem Ebenbild, an dem wir Wohlgefallen haben sollen, zu gestalten.«[16]

Diese Einstellung, die der Analytiker gegenüber dem Patienten einnehmen muß, ist erst recht zu fordern, wenn es sich um Lehranalysanden handelt. Ich glaube kaum, daß es unter uns älteren Psychoanalytikern einen gibt, der sich von dem Vorwurf reinigen könnte, mindestens gelegentlich gegen diese Forderung verstoßen zu haben.

Anhang

Durch die Freundlichkeit der Vorsitzenden habe ich die Ausbildungsrichtlinien von sieben der neun anerkannten Ausbildungsinstitute in Amerika erhalten (die beiden Institute, deren Richtlinien ich nicht bekommen konnte, sind das Institut von Los Angeles und die Psychoanalytische Klinik für Ausbildung und Forschung von New York). Ich gebe zu, daß das Lesen gedruckter Richtlinien nicht eine gleich sichere Grundlage bietet wie die direkte, persönliche Erfahrung; meine zusammengefaßte Übersicht ist daher mit Vorsicht aufzunehmen.

Der überraschendste Zug an diesen Richtlinien ist ihre Einheitlichkeit. Es ist deutlich, daß sie alle nur geringfügig abgeänderte Auflagen der Mindestforderungen für die Ausbildung von Ärzten in Psychoanalyse darstellen, die von der Amerikanischen Psychoanalytischen Vereinigung aufgestellt und angenommen wurden. Selbst das einzige nonkonformistische Institut, das von Chicago, hält es für ratsam hervorzuheben, daß der »Studiengang auch weiterhin die grundlegenden Forderungen erfüllt« (nämlich die Minimalforderungen). Es wäre billig zu spotten, daß wieder einmal junge Revolutionäre sich mit der Zeit in aufrechte Konservative verwandelt hätten. Schließlich haben die jungen amerikanischen Institute durch ihren Aufstand gegen die zentrale Kontrolle die Lähmung des Internationalen Ausbildungsausschusses herbeigeführt, um nur wenige Jahre später neue, ihnen von oben auferlegte Standardforderungen willig anzunehmen und dann noch stolz darauf zu sein. Noch dazu sind diese – amerikanischen – Maßstäbe im wesentlichen die gleichen, für deren Annahme der Internationale Unterrichtsausschuß vergeblich gekämpft hatte.

Meines Erachtens stellt dieses Paradox ein wichtiges Argument dar. Die von außen, und vor allem durch fordernde Vaterfiguren

---

[16] S. Freud: Wege der psychoanalytischen Therapie. Ges. W., Bd. XII, S. 190.

auferlegten Ausbildungsrichtlinien müssen verworfen werden, während praktisch die gleichen Forderungen, wenn sie von Imagines ausgehen, mit denen eine Identifikation möglich ist, mit Leichtigkeit angenommen werden können. Das ist ein überzeugender Beweis für die überragende Rolle, die in der psychoanalytischen Ausbildung die Über-Ich-Bildung spielt.

Die in Amerika benutzte Terminologie ist ziemlich die gleiche wie die in England benutzte. Statt Lehranalyse wird »persönliche« oder »Vorbereitungsanalyse« gebraucht. Der Unterrichtsausschuß heißt oft nicht »training commitee«, sondern »educational committee«, die Arbeit unter Kontrolle heißt »supervised analysis«. Ein interessanter Unterschied besteht in der fast durchgehenden Verwendung der Bezeichnung »instructor«, wo man in England »analyst« zu sagen pflegt (z. B. »analysing instructor«, »supervising instructor« usw.). Neben der vielleicht örtlichen Bedeutung von »instructor« erinnert die Bezeichnung doch stark an Freuds Satz von der Autorität, »bereit zu unterweisen und abzumahnen«. Abgesehen von dieser einen Bezeichnung ist die Tendenz, Ausdrücke zu vermeiden oder abzumildern, die die esoterische Ausbildungsmethode zu offenkundig verraten, in Amerika genauso stark wie in England.

Hinsichtlich des Platzes der Kontrollanalyse innerhalb des Ausbildungssystems stimmt die amerikanische Einstellung mit der englischen fast völlig überein. Manche Institute stellen peremptorisch fest: »Der Instrukteur, der für die Überwachung der klinischen Arbeit gewählt wird, darf nicht mit dem Instrukteur identisch sein, der die Vorbereitungsanalyse leitete.« Einige andere Institute, und zwar die kleineren wie Topeka und Washington, schwächen dieses absolute Gebot etwas ab, indem sie die Worte hinzufügen »zu Anfang«. Das wird also offenbar als ein Notbehelf angesichts der geringen Zahl von Lehranalytikern an diesen Instituten geduldet. Aber keines der Institute erwähnt, auf Grund welcher Erfahrungen diese dogmatische Regel aufgestellt wurde. In dieser Hinsicht verhalten sich die amerikanischen Institute genauso autoritär wie die europäischen.

Das gleiche gilt für das andere, hier herangezogene Beispiel, nämlich die Dauer der »vorbereitenden« Analyse. Es lassen sich dabei zwei Schemata unterscheiden, die offenbar beide auf die Minimalforderungen zurückgehen. Das eine Schema enthält etwa den folgenden Satz: »Die Dauer der Vorbereitungs-Analyse wird vom analytischen Instrukteur festgesetzt und hängt von den Bedürfnissen des einzelnen Studierenden ab« (New York, 1947 bis 1948). Die einzige Rechtfertigung für eine solche Formulierung ist die unbewußte Vorstellung eines wohlwollenden, omnipotenten (und natürlich unfehlbaren) Initiators. Die meisten Institute fügen diesem Satz jedoch die Einschränkung hinzu: »Sie (die Lehranalyse) darf jedoch dreihundert Stunden in keinem Fall unterschreiten.« (Topeka, Washington-Baltimore, San Francisco, Philadelphia bis 1947/48; Boston spricht von nur 250 Stunden [1947/48], aber das ist vielleicht ein Druckfehler.) Es ist interessant zu bemerken, daß 300 Stunden (bei fünf Wochenstunden) einer Zeit von etwa anderthalb Jahren entsprechen; das aber ist eine Zeitangabe, die wir schon von den allerersten Ausbildungsrichtlinien her kennen, die auf unbegründet optimistischen Erwartungen beruhten und bald von der Erfahrung widerlegt wurden. Wie ich dargelegt habe, sind solche Festsetzungen immer irreführend und oft schädlich. An ihrer Wurzel liegen unbewußte dogmatische Tendenzen unseres Ausbildungssystems.

Die New Yorker Richtlinien enthalten eine interessante Neuerung, wonach in der Regel die gesamte Ausbildung innerhalb von fünf Jahren absolviert sein *muß*; nur in Ausnahmefällen könne der Unterrichtsausschuß einer Verlängerung zustimmen. Man ist also offenbar der Ansicht, daß eine Lehranalyse, die in fünf Jahren nicht abgeschlossen ist, nicht fortzusetzen lohnt. Dies ist ein interessanter Gesichtspunkt, für den jedoch auch Gegenargumente angeführt werden könnten. Es wäre sehr nützlich, wenn der New Yorker Ausschuß sein Material über diese Richtlinie veröffentlichen würde.

Summa summarum: Soweit aus den gedruckten Ausbildungsrichtlinien zu ersehen, unterscheiden sich die amerikanischen Institute in ihrer Behandlung der Kandidaten nicht von ihren europäischen Kollegen. Die in der vorliegenden Arbeit geübte Kritik muß also auch ihnen gelten.[17]

---

[17] *Kongreßberichte:*
M. Eitingon, Berlin 1922. Int. J. Psa., 4 (1923), 254–269.
– Salzburg 1924. Int. Z.f. Psa., 10 (1924), 229–240.
– Homburg 1925. Int. J. Psa., 7 (1926), 129–141.
– Innsbruck 1927. Int. J. Psa., 9 (1928), 135–156.
– Oxford 1929. Int. J. Psa., 10 (1929), 504–510.
– Wiesbaden 1932. Int. J. Psa., 14 (1933), 155–159.
– Luzern 1934. Int. J. Psa., 15 (1934), 317–318.
– Luzern 1934. Int. J. Psa., 16 (1935), 242–262.
– Marienbad 1936. Int. J. Psa., 18 (1937), 346–369.
– Paris 1938. Int. J. Psa., 20 (1939), 211–213.
Berichte über die Vierländerkonferenzen:
Wien 1935. Int. J. Psa., 16 (1935), 505–509.
Budapest 1937. Int. J. Psa., 18 (1937), 369–371.

XX. Analytische Ausbildung und Lehranalyse[1] (1953)

Wir könnten keinen größeren Fehler machen, als wenn wir unser gegenwärtiges Ausbildungssystem als endgültige Lösung unserer vielen Probleme ansehen wollten. Denn von einer wirklichen Lösung sind wir noch weit entfernt. Der jetzige Ausbildungsgang ist nur ein Schritt in einer langen Entwicklung, nachdem die früheren Schritte in der einen oder anderen Hinsicht nicht ausreichend erschienen waren, und es ist ganz sicher, daß kommende Generationen von unserem jetzigen System das gleiche denken werden. Dann können wir uns immerhin auf dieses Symposium berufen, als einen Beweis, daß wir uns der noch ungelösten Probleme wenigstens bewußt waren.

Was ich von dem ganzen Ausbildungsgang sagte, gilt auch für dessen wichtigsten Abschnitt, die Lehranalyse. Die Geschichte der Lehranalyse könnte beschrieben werden als eine Folge von fünf Perioden[2], die ich durch einige nicht ganz korrekte, aber kurze und prägnante Merkmale charakterisieren möchte. Die erste Periode war eine der bloßen *Unterrichtung,* die sich der Schüler fast ohne Hilfe von außen verschaffte, und zwar einfach durch Lektüre der Werke *Freuds.* Bald aber empfand man die Notwendigkeit, etwas mehr als nur intellektuelles Wissen zu erwerben, und dieses »etwas mehr« war dann eine kurze, wenige Wochen oder Monate dauernde Analyse, die es dem Kandidaten ermöglichen sollte, die Gültigkeit und Kraft der wesentlichen psychoanalytischen Entdeckungen an sich selbst zu erfahren. Diese zweite Periode könnte man die *demonstrative* nennen. Hierzu zwei sehr frühe, vielleicht die frühesten Beschreibungen von Freud selber in zwei unveröffentlichten Briefen an Ferenczi: »Eitingon ist hier, geht zweimal in der Woche mit mir nach dem Nachtmahl spazieren und läßt sich dabei analysieren« (22. Oktober 1909). »Eitingon, der mich zweimal wöchentlich zum Nachtspaziergang abgeholt hat, auf dem er sich analysieren ließ, kommt Freitag zuletzt und geht dann für ein Jahr nach Berlin« (10. November 1909). Eine spätere und sehr viel ausführlichere Beschreibung der Lehranalyse findet sich bei Freud in ›Endliche und unendliche Ana-

---

[1] Beitrag zu einem Symposium über »Probleme der psychoanalytischen Ausbildung« auf dem 18. Internationalen Psychoanalytischen Kongreß in London, 1953.
[2] Vgl. M. Balint: On the Psychoanalytic Training System. Int. J. Psa., 29 (1948). In diesem Buch Kap. XIX.

lyse‹ (1937): ... Aus praktischen Gründen kann diese nur kurz und unvollständig sein ... Ihre Leistung ist erfüllt, wenn sie dem Lehrling die sichere Überzeugung von der Existenz des Unbewußten bringt, ihm die sonst unglaubwürdigen Selbstwahrnehmungen beim Auftauchen des Verdrängten vermittelt und ihm an einer ersten Probe die Technik zeigt, die sich in der analytischen Tätigkeit allein bewährt hat. Dies allein würde als Unterweisung nicht ausreichen, allein man rechnet darauf, daß die in der Eigenanalyse erhaltenen Anregungen mit deren Aufhören nicht zu Ende kommen, daß die Prozesse der Ichumarbeitung sich spontan beim Analysieren fortsetzen und alle weiteren Erfahrungen in dem neu erworbenen Sinn verwendet werden. Das geschieht auch wirklich, und soweit es geschieht, macht es den Analysierten tauglich zum Analytiker.«[3]

Während sich die beiden ersten Perioden unbeobachtet und ohne wissenschaftliche Diskussion entwickelten, konnte sich die dritte, diejenige der *eigentlichen Analyse* erst nach hitzigen Debatten und Überwindung eines erheblichen Widerstandes durchsetzen. Der Vorkämpfer in dem Angriff auf die nur »demonstrative« Methode war Ferenczi, und sein Hauptargument war im wesentlichen, daß es eine unhaltbare Situation sei, wenn der Patient besser analysiert wäre als der Analytiker. Er forderte eine Lehranalyse von ebenso langer Dauer und gleich tiefer Schürfung wie eine therapeutische Analyse. Die Gegenseite argumentierte, daß eines Menschen Charakter sein kostbarster Besitz sei, der Kern und eigentliche Gehalt der Persönlichkeit, und daß man damit nicht leichtfertig spielen dürfe. Jegliches Experimentieren mit einem so wichtigen Teil der geistigen Organisation könnte zu unvorhergesehenen Folgen führen.

Diese Kontroverse ist tatsächlich nie geschlichtet worden. Das Problem wurde vergessen, und die nächste, vierte Periode trat mit der Annahme einer neuen, noch strengeren Forderung, wiederum von Ferenczi, ein, nämlich, daß die Lehranalyse noch mehr als die therapeutische Analyse erreichen müsse. Ferenczi schrieb 1928: »Bei früheren Gelegenheiten wies ich oft darauf hin, daß ich keinen prinzipiellen Unterschied zwischen einer therapeutischen und einer Lehranalyse anerkennen kann. Ich möchte diesen Satz nun in dem Sinne vervollständigen, daß in der Praxis die Therapie nicht in jedem Falle bis zu jener Tiefe vorzudringen braucht, die wir eine vollständige Beendigung der Analyse nennen, während (der Analytiker selbst) ... auch die verstecktesten Schwächen der eigenen

---

[3] S. Freud: Ges. W., Bd. XVI, S. 94 f.

Persönlichkeit kennen und beherrschen muß, was ohne voll beendigte Analyse unmöglich ist.«[4]

Diese »Vollanalyse« ist offensichtlich mehr als das, was gewöhnlich für therapeutische Zwecke verlangt wird, und man könnte sie daher als »Supertherapie« bezeichnen. Ferenczi hat das Ziel dieser Vollanalyse nicht ausdrücklich beschrieben, aber wir können wiederum Freud zitieren. Er schrieb 1937: »In ihrem Namen wird gefragt, ob man die Beeinflussung des Patienten so weit getrieben hat, daß eine Fortsetzung der Analyse keine weitere Veränderung versprechen kann. Also als ob man durch Analyse ein Niveau von absoluter psychischer Normalität erreichen könnte, dem man auch die Fähigkeit zutrauen dürfte, sich stabil zu erhalten ...«[5]

Obwohl Freud sehr skeptisch über die Möglichkeiten einer solchen Supertherapie urteilte, begannen die Lehranalysen doch überall länger und länger zu werden, und zwar sowohl absolut wie auch im Vergleich zur therapeutischen Analyse. Ich erwähnte schon, daß während der »demonstrativen Periode« eine Lehranalyse einige Wochen oder Monate dauerte. Dies dehnte sich zu Beginn der zwanziger Jahre auf anderthalb bis zwei Jahre auf dem Papier und drei bis vier Jahre in Wirklichkeit aus. Und seit Mitte der dreißiger Jahre begann sie noch einmal zu wachsen, fast zu luxurieren, bis heute sozusagen niemand mehr sagen kann, wie lange eine Lehranalyse dauert oder dauern sollte. Die in den Lehrplänen angegebenen Zeiten sind gewöhnlich vier Jahre, aber dies bedeutet bekanntlich nur die Beendigung der offiziellen Phase der Ausbildung, während die wirkliche Analyse meist ohne Unterbrechung weitergeht und niemand außer den beiden Beteiligten weiß, für wie lange.

Erstaunlicherweise wird jede Erkundigung Dritter, was denn nun in dieser verlängerten Lehranalyse passiert, mit hochmütiger Entrüstung abgewiesen. Diese Analyse sei eine absolut private Angelegenheit und daher jede Einmischung unzulässig und taktlos. Hier haben wir einen Fall, in welchem offenbar ein Teil der Wahrheit benutzt wird, um die ganze Wahrheit zu verschleiern. Denn entweder ist die Analyse nach der offiziellen Lehranalyse eine Fortführung der Lehranalyse und damit also eine öffentliche Angelegenheit, oder aber der neugebackene Analytiker hat noch analytische Hilfe nötig, in welchem Falle sowohl die ursprüngliche Auswahl wie auch die kürzliche Diplomierung unter den Verdacht geraten, nicht vollgültig gewesen zu sein. Obwohl eine volle Kenntnis der Tatsachen für die Nachprüfung gewisser Mängel in

---

[4] S. Ferenczi: Das Problem der Beendigung der Analysen. Int. f. Psa., 14 (1928), 7. Abgedruckt in: Bausteine zur Psychoanalyse. Bern 1939, Bd. III, S. 376.
[5] S. Freud, Ges. W., Bd. XVI, S. 63.

unserem Ausbildungssystem sehr wichtig wäre, wird über diese Dinge ein Schleier des Schweigens und Privatgeheimnisses gebreitet. Wir wollen später einige der Faktoren betrachten, die zu dieser Privatabmachung zwischen Kandidaten und Lehranalytiker unter stillschweigender Duldung des gesamten Ausbildungsausschusses geführt haben.

Erst in den letzten Jahren haben einige schüchterne Stimmen diese Supertherapie in Frage zu stellen gewagt; ihnen zufolge ist das Ziel der Lehranalyse nicht deren Vollständigkeit oder »echte Beendigung« oder »Supertherapie«, sondern Forschung. Und hiermit bin ich bei der letzten, unserer gegenwärtigen Phase der Lehranalyse angelangt, die ich also die *Periode der Forschung* nennen möchte.

Hier ist eine wichtige Einschaltung zu machen. Wie jede menschliche Einrichtung, ist auch die Lehranalyse nicht überall auf der Welt gleich weit fortgeschritten. Vielleicht arbeitet die Mehrheit unserer Ausbildungsinstitute heute noch mit dem Ziel der »eigentlichen Analyse« entsprechend meiner sogenannten dritten Periode; möglicherweise hinken einige wenige auch noch nach und befinden sich in einem Übergangsstadium zwischen der »demonstrativen« Periode und der der »eigentlichen Analyse« – aber vielleicht bin ich zu pessimistisch. Alle modernen, »fortschrittlichen« Institute sind zutiefst von der Idee der »Supertherapie« erfaßt. Ferner aber kenne ich einige Lehranalytiker, wenigstens in London, die in mündlichen Diskussionen für die Forschung als das eigentliche Ziel der Lehranalyse eintreten; im Druck habe ich diese Idee allerdings noch nicht vertreten gefunden.

Ich möchte nun einige dynamische Aspekte der Periode der Supertherapie hervorheben. Da sich die Entwicklung in dieser Richtung fast unmerklich, ohne öffentliche wissenschaftliche Diskussion vollzog, kann ich mich auf keinen Autor berufen und bin leider auf meine eigene begrenzte und vielleicht höchst subjektive Kenntnis der Ereignisse als einzige Quelle angewiesen – eine recht unsichere Basis.

Eine weitere Schwierigkeit besteht darin, daß diese Entwicklung in einer Zeit eintrat, als mit dem Heranwachsen der dritten Generation von Lehranalytikern sich die verschiedenen »Schulen« innerhalb der analytischen Bewegung bildeten.[6] Die Ausbildung ist

---

[6] Bis dahin hatte jede wirkliche Kontroverse zu einer Sezession geführt. Die Tatsache, daß seit den zwanziger Jahren ein mehr oder weniger freundschaftliches Nebeneinander von rivalisierenden »Schulen« innerhalb der analytischen Bewegung möglich ist, beruht meines Erachtens darauf, daß die Unterschiede doch nicht so fundamental sind und daß die Psychoanalyse zudem stark genug geworden ist, um – wenn auch nicht ohne Anstrengung – den Kampf der einander widersprechenden Ideen zu tolerieren.

ja bei weitem der wichtigste Weg, eine bestimmte Anschauung zu propagieren, und so wurde sie unvermeidlich in die Kontroversen der verschiedenen Verfechter mit einbezogen. Es ist furchtbar schwierig, bei der Diskussion der Entwicklung unserer Ausbildung nicht Partei zu ergreifen. Aber andrerseits darf man auch den Einfluß einander widersprechender Ideen auf die Ausbildung nicht verschweigen, ohne der ganzen Diskussion ein falsches, unaufrichtiges Gepräge zu geben.

Ein Grund für die Einführung der Supertherapie, und meines Erachtens ein sehr entscheidender, war, daß eine Anzahl älterer Lehranalytiker die Unzulänglichkeit ihrer eigenen früheren Ausbildung erkannte und sie unter großen Opfern durch eine weitere Analyse zu beheben trachtete. Da die komplizierten Übertragungs- und Gegenübertragungs-Verhältnisse in ihren örtlichen Gruppen es gewöhnlich unmöglich machten, dort Hilfe zu suchen, bedeutete dies die Aufgabe ihrer Praxis und einen jahrelangen Auslandsaufenthalt. Die Epidemie der wandernden älteren Analytiker (die häufig einen ganzen Schweif von Patienten und Schülern nach sich zogen) brach zu Beginn der zwanziger Jahre aus und dauerte etwa zehn bis fünfzehn Jahre.

Die Auswirkungen dieser Epidemie auf das psychoanalytische Denken und besonders auf die analytische Ausbildung war erheblich und grenzte an ein Trauma. Letzten Endes ist die Ansicht, nur wenige Jahre nach der Niederlassung als selbständiger Arzt wieder auf Wanderschaft zu gehen, recht erschreckend und angsterregend. Außerdem verfiel verständlicherweise die Technik des ersten Analytikers während der zweiten Analyse einer scharfen, sowohl von der Realität wie von höchst affektgeladenen Phantasien hervorgerufenen Kritik, wobei der zweite Analytiker sehr oft nicht vermeiden konnte, mit darin verwickelt zu werden. Um die Entwicklung solcher überkritischer, fast feindlicher Empfindungen zu verhindern, das heißt, um unnötiges, den Analytiker wie die Kandidaten gleich schwer belastendes Leiden zu vermeiden, mußte also ein neues Verfahren geschaffen werden.

Wenn meine Beobachtungen richtig sind, so hat diese neue, weiter oben »Supertherapie« genannte Technik die Erwartungen erfüllt. Die Epidemie der wandernden Analytiker nahm stark ab bzw. hörte praktisch um etwa 1935 völlig auf, obwohl es durchaus möglich ist, daß die starke Abnahme zum Teil auch auf die drohende Weltkrise zurückging. Andrerseits ist nicht zu leugnen, daß die Epidemie nach dem Kriege nicht wieder auflebte, als Ortsveränderungen wieder möglich waren.

Es ist nicht leicht, eine festumrissene Beschreibung dessen zu geben, was diese neue Technik ausmachte, und noch schwieriger, eine für alle annehmbare Beschreibung zu geben. Der Hauptgrund für diese Schwierigkeit ist die enge Verbindung zwischen diesen neuen Verfahren und den verschiedenen »Schulen«. In der sogenannten klassischen Technik, also der »eigentlichen Analyse« meiner dritten Periode, lag das Hauptgewicht auf dem Ödipuskomplex als dem Kernproblem aller menschlichen Entwicklung. Alle unter diesem Begriff zusammengefaßten Erlebnisse treten zu einer Zeit auf, da das Kind schon sprechen kann. Alle neuen Verfahren wollen nun über den Ödipuskonflikt hinausgehen in die prä-ödipalen Stadien, so daß sie also seelische Erlebnisse der nicht-verbalen oder doch prä-verbalen Epoche in Worten ausdrücken müssen. Bekanntlich haben mehrere Analytiker in dieser Richtung gearbeitet und haben ihre eigene Supertherapie entwickelt, mit einer eigenen Sprache, d. h. einem eigenen Wortschatz an technischen Ausdrücken zur Beschreibung dieser Erfahrungen. Obwohl diese Erlebnisse und Erfahrungen sich zugegebenermaßen überschneiden, haben wir zur Zeit noch kein Wörterbuch, um den Gedankengang der einen Schule zuverlässig in die Sprache einer anderen zu übersetzen. Trotz dieser ernsten Schwierigkeit stimmen wir aber doch wohl darin überein, daß die neuen Verfahren in einem immer verfeinerteren und vertiefteren Stadium der fluktuierenden Phänomene der tagtäglichen Übertragung und in einer soweit wie möglich ins einzelne gehenden Deutung besonders ihrer aggressiv-sadistischen Aspekte bestanden. Falls diese meine Annahme zutrifft, so könnte man die neuen Verfahren der Supertherapie von diesem Gesichtswinkel aus untersuchen. Dies empfiehlt sich auch insofern, als wir dann erstens Freuds Diskussion über dieses Problem in ›Endliche und unendliche Analyse‹ heranziehen können; zweitens betont die moderne Literatur einstimmig die überragende Wichtigkeit der aggressiv-destruktiven Triebe und drittens spielt in unserem speziellen Feld die Aggressivität tatsächlich eine entscheidende Rolle.

Um mit Freud zu beginnen, der in ›Endliche und unendliche Analyse‹ – wie man jetzt wohl enthüllen kann – ausführlich einen Angriff diskutierte, den Ferenczi gegen seinen Meister, Freund und früheren Analytiker gerichtet hatte, nämlich daß er nicht genügend die Möglichkeiten einer negativen Übertragung beachtet habe (a. a. O., S. 65). Zunächst konstatiert Freud, daß »zur Zeit der Analyse von einer negativen Übertragung nichts zu merken war« (a. a. O., S. 65). Anschließend warf er das äußerst methodologische Problem auf, »ob es ausführbar und zweckmäßig ist, einen derzeit nicht manifesten Triebkonflikt zum Zwecke der Vorbeugung zu wecken« (a. a. O., S. 75), und endlich das technische Problem, ob es möglich sei, »ein Trauma oder, wie man sagt, einen ›Komplex‹

(nämlich die negative Übertragung) durch seinen bloßen Hinweis zu aktivieren, solange er beim Patienten selbst nicht aktuell war. Dazu hätte es doch gewiß einer im realen Sinn unfreundlichen Handlung gegen den Patienten bedurft« (a. a. O., S. 65). Nachdem er dieses fundamentale methodologische und technische Problem von vielen Seiten beleuchtet hat, unter Berücksichtigung der Spannungen und Frustrationen, die innerhalb der analytischen Situation »in der Versagung« verursacht werden (a. a. O., S. 76), kommt Freud zu dem Schluß, daß ein solches Vorgehen weder ausführbar noch ratsam sei.

De facto hat die analytische Technik aber den entgegengesetzten Weg eingeschlagen, und heute würde sogar ein Anfänger schwere Vorwürfe zu hören bekommen, wenn er seinem Kontrollanalytiker berichten würde, er habe von einer negativen Übertragung nichts gemerkt. Denn er hat nicht nur gelernt, auch die schwächsten Zeichen einer negativen Übertragung, d. h. aggressive Gefühle gegen den Analytiker, zu entdecken, sondern auch, sie, sobald sie auftauchen, durch wohlgezielte, rechtzeitige Deutungen aufzulösen.

Da ich glaube, daß dies das einzige Mal ist, wo die Psychoanalyse entgegen der ernsten Warnung Freuds gerade die Richtung eingeschlagen hat, von der abgeraten wurde, scheint mir das Problem eine nähere Untersuchung zu verdienen. Wir sind uns alle darüber im klaren, daß es gefährlich ist, eine negative Übertragung zu spät zu deuten, d. h. erst dann, wenn sie schon für die analytische Situation, für den Patienten und für seine Umgebung schädlich geworden ist. Die entgegengesetzte Gefahr, und vor ihr hat Freud uns wohl warnen wollen, besteht darin, zu früh zu deuten. In diesem letzteren Falle kann der Patient gehindert werden, überhaupt einen richtigen, vollblütigen Haß oder Zorn zu empfinden, da die konsequente Interpretation ihn veranlaßt, seine Affekte in kleinen Portionen abzureagieren, so daß nicht mehr als ein Gefühl unbestimmten Ärgers oder Verdrusses übrigbleibt. So kommt auch der Analytiker, wenn er eine sich andeutende negative Übertragung zu früh deutet, eventuell gar nicht an hochintensive Gefühle heran; die ganze analytische Arbeit geschieht also an bloßen »Symbolen« von Haß, Feindschaft usw. Wenn diese symbolischen Affekte niedriger Spannung so behandelt werden, als wären sie Repräsentanten und Stellvertreter der vollen Affekte, so kann dies vom Patienten und seinem Analytiker akzeptiert werden und oberflächlich sogar funktionieren.

Eine andere Komplikation – und dies, denke ich, war die andere von Freud vorhergesehene Gefahr – besteht darin, daß für einige, vielleicht sogar für viele Patienten die konsequente Deutung schwacher Zeichen von Aggressivität das »real unfreundliche Verhalten« des Analytikers bedeuten kann, nämlich Spitzfindigkeit und Empfindlichkeit. Als Folge einer solche Technik könnte sich ergeben, daß der Patient das Gefühl bekommt, der Analytiker habe es nötig, sich gegen alle vollblütigen Haßgefühle und Aggressivität dadurch zu schützen, daß er sie schon im Entstehen bekämpft, indem er z.B. aus jeder Mücke einen Elefanten macht – und dabei noch versucht, den Eindruck zu erwecken, als sei er furchtlos und gegen jegliche Feindschaft, jeden Haß gefeit. Dadurch kann sich ein verdecktes, unaufrichtiges und sogar heuchlerisches Manöver entwickeln, indem Patient und Analytiker Spuren von Affekten behandeln, als wären sie höchst intensive Gefühle. Ein Ausweg aus dieser gespannten Situation ist es dann, allen Argwohn zu verdrängen, den Analytiker zu idealisieren und sein idealisiertes Bild zu introjizieren, während die volle, intensive Aggressivität und Verachtung gegen die bösen Außenseiter gekehrt wird, die in ihrer Kurzsichtigkeit und Dummheit das Idol nicht sehen und anerkennen wollen und noch mehr gegen die aufreizenden Narren und Wichte, die ihn zu kritisieren wagen.

Bei therapeutischen Analysen, die mit der dauernden Trennung von Patient und Analytiker enden, ist eine solche Introjizierung des idealisierten Analytikers wahrscheinlich nicht so schlimm. Schließlich beherbergen ja viele gesunde Leute im Grunde ihrer Seele solche Idealbilder – ihrer Mutter, des Vaters, Lehrers, Meisters, eines früheren Liebsten oder eines geschichtlichen oder Filmhelden –, ohne daß ihre seelische Gesundheit darunter leidet. Im Laufe der Jahre pflegt dieses Idealbild mit dem Ich zusammenzufließen und es dadurch zu bereichern – der bekannte Identifikationsprozeß. Die Hauptbedingung eines solchen harmonischen Zusammenfließens ist, daß das idealisierte und introjizierte Objekt nach und nach seine scharfumrissene Individualität verliert und dem Verdauungs- und Assimilierungsprozeß des Ich keinen Widerstand entgegensetzt.

Hier entstehen aber der Lehranalyse die schwersten Probleme. Wenn meine Ansicht richtig ist, so kann eine zu frühe und zu konsequente Deutung schwacher Zeichen von Haß den Kandidaten darauf trainieren, seinem Analytiker die volle Wucht wütender Aggressivität zu ersparen und ihn dagegen zu schützen. Über wahren Haß und Groll wird immer nur geredet, nie werden sie als real gefühlt; schließlich werden sie durch das Tabu der Idealisierung unterdrückt. Es ist dem Kandidaten quasi nicht gestattet, nur einzelne Stücke vom Analytiker abzubeißen, d.h. also einige seiner Eigenschaften, Techniken und Methoden anzunehmen, andere abzulehnen, denn ein jeder solcher »destruktiven« Versuche würde gedeutet und dadurch verhindert werden; der Analytiker muß im ganzen geschluckt werden, als ein ganzes, heiles und idealisiertes Objekt. Aber Physiologie wie Psychologie lehren uns, daß es für uns menschliche Wesen unbekömmlich ist, unsere Nahrung ganz und unzerkaut zu verschlucken.

Die Bekehrung des Apostels Paulus zeigt uns, daß die Introjektion eines vorher gehaßten und verfolgten Objektes in idealistischer Form zu Intoleranz, Sektierertum und apostolischer Bekehrungswut führen kann. Und Phänomene, die an diesen Geisteszustand erinnern, können in vielen psychoanalytischen Gesellschaften angetroffen werden. Das kommt daher, glaube ich, daß das ambivalent geliebte und idealisierte introjizierte Idealbild, koste es, was es wolle, als ein gutes und ganzes inneres Objekt erhalten bleiben muß. Da ist dann jede Kritik von außen – berechtigt oder unberechtigt – nur geeignet, alle Kräfte des verhaltenen Hasses und der unterdrückten Aggressivität gegen den Kritiker und für den Lehranalytiker, seine Technik, seine Ideen und Methoden zu mobilisieren. Zumal wenn die örtliche Gruppe durch widerstreitende Ideen aufgespalten ist, steht der Analytiker ja in dauernder potentieller Gefahr, und wir wissen, welche unwiderstehliche Anziehungskraft in der Phantasie die Rettung des Vaters (oder der Mutter) besitzt. Es ist sehr schwer, den idealisierten Analytiker zu zerkauen, zu verdauen und zu assimilieren, wenn seine Güte von anderen angezweifelt wird; einmal könnten die Kritiker sogar recht haben, zum anderen aber könnte es so aussehen, als stimmte man ihnen zu, wenn man das Ideal zerkaut.

In Wirklichkeit bildet an Stelle des tatsächlichen Lehranalytikers oft der eine oder andere seiner Vorgänger in der apostolischen Nachfolge das offizielle Aushängeschild des introjizierten Idealbildes. Diese Tatsache hat sehr bedeutsame Rückwirkungen auf die Strukturierung der örtlichen Gruppen und selbst unseren internationalen Verband gehabt; sie ist jedoch für unser Problem der Lehranalyse von nicht so großer Tragweite.[7]

[7] Das Symposium über Ausbildung auf dem 18. Internationalen Psychoanalytiker-Kongreß, zu dem auch die vorliegenden Gedankengänge beigetragen wurden, war eine gute Demonstration dieser »apostolischen Nachfolge«. Es waren vier Referenten vorgesehen: M. Balint, P. Heimann, G. Bibring und M. Gitelson; J. Lampl de Groot eröffnete die Diskussion ebenfalls mit einem vorbereiteten Vortrag. Obwohl alle Redner sehr ausgiebig Zitate aus der Literatur brachten, war es doch auffallend, daß jeder seine eigene Reihe von Autoren zitierte, die von der der anderen völlig abwich. Mit zwei bemerkenswerten Ausnahmen, nämlich a) S. Freud, der von allen fünfen zitiert wurde, ein starkes Argument für meine These, daß Freud doch fons et origo ist; und b) A. Freud, die von zweien zitiert wurde, nämlich von G. Bibring und J. Lampl de Groot. Der Grund ist klar.

Ich sagte weiter oben, daß die Idee einer »Supertherapie« auf Ferenczi zurückgeht. In seiner charakteristischen, übereilten Begeisterung nannte er sie die »Herauskristallisierung der zweiten psychoanalytischen Grundregel, ... daß jeder, der einen anderen analysieren will, zuerst selber analysiert sein muß. Seit der Befolgung dieser Regel schwindet immer mehr die Bedeutsamkeit der persönlichen Note des Analytikers. Jeder, der gründlich analysiert wurde, der seine unvermeidlichen Schwächen und Charaktereigenschaften voll zu erkennen und zu beherrschen gelernt hat, wird bei der Betrachtung und der Behandlung desselben psychischen Untersuchungsobjektes unvermeidlich zu denselben objektiven Feststellungen gelangen und logischerweise dieselben taktischen und technischen Maßnahmen ergreifen. Ich habe tatsächlich die Empfindung, daß seit der Einführung der zweiten Grundregel die Differenzen der analytischen Technik im Schwinden begriffen sind.«[8]

Es ist erschütternd und ernüchternd, wenn man sich vergegenwärtigt, daß diese idealisierte, utopische Beschreibung, obwohl sie ein recht wahrheitsgetreues Bild aller gegenwärtigen Gruppen der psychoanalytischen Bewegung gibt, vom ganzen her gesehen, völlig falsch ist. Ferenczi sah die Konsequenzen *einer* »Supertherapie« durchaus richtig voraus, aber er dachte nicht an die Möglichkeit, daß die tatsächliche Entwicklung zu einem Nebeneinander mehrerer »Supertherapien« führen könnte, die miteinander in Wettbewerb treten und zu einer Neuauflage der babylonischen Sprachverwirrung führen würden.

Es waren meines Erachtens diese beiden unerfreulichen Folgen, nämlich erstens das Geheimabkommen zwischen dem Analytiker und seinem Kandidaten über die Introjizierung des idealisierten Analytikers und zweitens die nachfolgende Sprachverwirrung, Machtpolitik und Feindschaft, die einige Lehranalytiker unter uns veranlaßten, mit einer Technik zu experimentieren, die diese Mängel zu vermeiden geeignet war. Einige bezeichnen, wie gesagt, das Ziel der Lehranalyse als Forschung. Es ist nicht ganz klar, wer dabei Subjekt und wer Objekt der Forschung ist. Soll der Kandidat mit Hilfe des Analytikers etwas über die tieferen Schichten der menschlichen (nämlich seiner eigenen) Seele erfahren, oder möchte der Analytiker mit Hilfe seines Kandidaten etwas über die Möglichkeiten und Grenzen seines eigenen Verständnisses und seiner Technik ergründen? Ich weiß es wirklich nicht, aber ich kann mir vorstellen, daß diese beiden Ziele in Wirklichkeit ein und dasselbe

---

[8] S. Ferenczi: Die Elastizität der psychoanalytischen Technik. Int. Z. f. Psa., 14 (1928), 198/99. Abgedruckt in: Bausteine zur Psychoanalyse. Bern 1939, Bd. III, S. 380 ff.

meinen, und so ist vielleicht alles in Ordnung. Die Hauptsache ist, daß wir versuchen, uns jenes Scheines der Allwissenheit zu entkleiden, die jedem »Supertherapeuten« anhängt, daß wir nicht zu viele, zu frühe und zu wohlformulierte Interpretationen geben, die den Kandidaten nur daran hindern, auf eigene Gefahr seine eigenen Entdeckungen zu machen und dadurch zu reifen. Zuviel und zu gute, zu rasch gegebene Nahrung macht das Kind dick, verwöhnt und – abhängig. Das Ziel der »Forschungsperiode« ist es, Kinder aufzuziehen, die vielleicht etwas magerer und weniger zufrieden sind, deren Interesse sich aber nicht auf »gute Nahrung« beschränkt und die unabhängig und sogar etwas respektlos sind. In unseren nüchternen Momenten wissen wir, daß für dies alles ein Preis bezahlt werden muß, aber noch wissen wir nicht, was dieser Preis sein könnte.

Hier will ich abbrechen. Wir haben uns daran gewöhnt, die psychoanalytische Situation als durch die Übertragung des Patienten determiniert zu betrachten, durch eine unwiderstehliche, unbewußte Kraft in ihm, die sogar stärker als das Lustprinzip ist, eine Kraft, die Freud den Wiederholungszwang nannte. Der Gang der psychoanalytischen Behandlung wurde als Wiederholung der wichtigsten Ereignisse in der Libidoentwicklung des Patienten oder – wie wir heute lieber sagen – der vielen wechselnden Phasen seines Verhältnisses zu seinen Liebes- und Haßobjekten gedacht. Diese Theorie war augenscheinlich unvollständig. Die Geschichte der psychoanalytischen Ausbildung zeigt u. a., daß zusätzlich zur Übertragung des Patienten auch die Technik des Analytikers eine entscheidende Rolle spielt. Schließlich können die auffallenden Wandlungen in Form, Dauer und Atmosphäre der Lehranalyse in den letzten dreißig bis vierzig Jahren nicht nur den Kandidaten allein zugeschrieben werden.

Ich bin mir durchaus der Last der Verantwortung bewußt, die wir uns mit diesem meinem Vorschlag aufbürden würden. Unser wachsendes Wissen hat uns aber die Erkenntnis aufgezwungen, daß die Ereignisse während einer Analyse nicht allein durch die Assoziationen und Übertragungen des Patienten oder allein durch die Deutungen des Analytikers bestimmt sind, sondern durch eine Wechselwirkung beider.

Im vorliegenden Beitrag wurde versucht, die Geschichte dieser Wechselwirkung in der Lehranalyse darzustellen, nämlich wie die volle Anerkennung der Wichtigkeit der aggressiven Impulse des Kandidaten die Deutungsmethode seines Analytikers veränderte, wie dann die neuen Techniken die Atmosphäre und das Endresultat unserer Analysen wandelten und wie gegenwärtig einige von uns versuchen, gewisse fragwürdige Folgen durch einen neuen technischen Ansatz zu vermeiden. Wir alle wissen, daß die Auseinandersetzung mit den aggressiven Impulsen, mit dem Haß, schon immer eines der ungelösten und vielleicht unlösbaren Probleme der Menschheit gewesen ist und weit über die psychoanalytische Ausbildung hinaus ihre Schatten geworfen hat. Es ist eine Binsenwahrheit, daß auch wir Lehranalytiker die Lösung nicht gefunden haben. Es besteht die Gefahr, daß jetzt wieder irgend jemand, stolz auf den Erfolg unserer neuen Technik, glauben könnte, der Lösung näher zu sein. Als Warnung möchte ich daher den Wahlspruch der Unitarischen Kirche von Ungarn zitieren, der auch der Wahlspruch aller unserer Ausbildungsvorschriften sein sollte: *semper reformari debet*.

Nachweise

I. Psychosexuelle Parellelen zum biogenetischen Grundgesetz (1930). Erstdruck in: Imago, 18 (1932), 14.
II. Zwei Notizen über die erotische Komponente der Ich-Triebe (1933). Erstdruck in: Int. Z. f. Psa., 19 (1933), 428–433.
III. Zur Kritik der Lehre von den prägenitalen Libidoorganisationen (1935). Erstdruck in: Int. Z. f. Psa., 21 (1935), 525.
IV. Eros und Aphrodite (1935). Erstdruck in: Int. Z. f. Psa., 22 (1936), 453–465.
V. Frühe Entwicklungsstadien des Ichs. Primäre Objektliebe (1937). Erstdruck in: Imago, 23 (1937), 270–288.
VI. Liebe zur Mutter und Mutterliebe (1939). Erstdruck in: Imago, 24 (1939), 33–48.
VII. Über genitale Liebe (1947). Erstdruck in: Int. J. Psa., 29 (1948), 34–40.
VIII. Über Liebe und Haß (1951). Erstdruck in: Psyche, 6 (1952/1953), 19–33.
IX. Perversionen und Genitalität (1956). Erstdruck in: Perversions, Psychodynamics und Therapy, hrsg. von S. Lorand u. M. Balint, New York 1956.
X. Beitrag zum Symposium über die Theorie der Eltern-Kind-Beziehung (1961). Erstdruck in: Int. J. Psa., 43 (1962), 251.
XI. Charakteranalyse und Neubeginn (1932). Erstdruck in: Int. J. Psa., 20 (1939), 54.
XII. Zur Übertragung von Affekten (1933). Erstdruck in ungarisch in: Gyógyászat, 73 (1933).
XIII. Das Endziel der psychoanalytischen Behandlung (1934). Erstdruck in: Int. Z. f. Psa., 21 (1935), 36–45.
XIV. Ich-Stärke, Ich-Pädagogik und »Lernen« (1938). Erstdruck in: Int. Z. f. Psa., 25 (1939), 417.
XV. Übertragung und Gegenübertragung (1939), Erstdruck in: Int. J. Psa., 20 (1919), 223–230.
XVI. Wandlungen der therapeutischen Ziele und Techniken in der Psychoanalyse (1949), Erstdruck in: Int. J. Psa., 31 (1950), 117–124.
XVII. Über die Beendigung der Psychoanalyse (1949), Erstdruck in: Int. J. Psa., 31 (1950), 196–199.
XVIII. Der Neubeginn, das paranoide und das depressive Syndrom (1952), Erstdruck in: Int. J. Psa., 33 (1952), 214.
XIX. Über das psychoanalytische Ausbildungssystem (1947), Erstdruck in: Int. J. Psa., 29 (1948), 163.
XX. Analytische Ausbildung und Lehranalyse (1953), Erstdruck in: Int. J. Psa., 35 (1954), 157.

Namenregister

Abraham, K. 14f., 48f., 98, 121, 154, 229, 253, 272, 277, 283
Adler, A. 280
Alexander, F. 44, 232
Angelus Silesius 176

Balint, A. 10, 56, 59f., 77, 88f., 92, 103–120, 161, 197, 212, 214, 261
Bibring, E. 268
Bibring, G. 297
Blau, A. 160
Bolk, L. 126
Bornstein, B. 54
Bornstein, St. 54
Bowlby, J. 160f.
Breuer, J. 165, 210, 222, 224, 227
Byron, G. G. N. 211

Cicero 75

Deutsch, H. 267
Disney, W. 66

Eitingon, M. 268, 271ff., 276f., 279, 288f.
Erdmann, R. 30

Federn, P. 99, 204
Fenichel, O. 198, 202, 253, 273
Ferenczi, S. 7, 9f., 14, 20, 22–25, 28, 32, 38, 46, 49, 56, 58ff., 63, 65, 67, 70, 75ff., 79f., 88, 112f., 115, 117, 119, 129, 156, 160, 162, 167, 169f., 193, 196, 199, 201, 204, 206, 217, 225, 232, 246f., 249, 253, 272f., 276f., 282f., 290, 294, 297f.
French, Th. M. 207, 232
Freud, A. 80f., 161, 206, 209f., 217, 268, 273
Freud, S. 9, 13, 15, 19, 24f., 45, 48f., 52ff., 56, 59–62, 65, 67ff., 78, 84f., 88, 96f., 107, 111, 118, 123f., 128, 130, 151f., 157, 168, 170f., 191f., 197, 202ff., 207f., 210, 215, 220, 222–225, 227ff., 231f., 233f., 252f., 267, 270, 276ff., 280–285, 287, 289ff., 294f., 299
Freund, A. von 277
Fromm-Reichmann, F. 54

Gitelson, M. 297
Glover, E. 86, 99, 217
Goethe, J. W. 64

Goetsch, W. 31
Greenacre, Ph. 160f.

Haeckel, E. 13
Hartmann, M. 26, 30f., 161
Heimann, P. 297
Hermann, I. 59, 72, 88, 103f., 118f., 268
Hoffer, W. 268
Hoffmann, E. P. 100, 119

Isakower, O. 99

James, M. 161
Jones, E. 268f., 283f.
Jung, G. G. 280

Kaiser, H. 223
Klein, M. 49, 160, 198f., 202, 226f., 231, 244, 249, 251ff., 257, 259f., 263
Kniep, H. 26
Korschelt, E. 41
Kovács, V. 81, 193, 273
Kris, E. 161, 228

Lagache, D. 256
Lamarck, J. B. 205
Lampl-de Grott, J. 297
Landauer, K. 268
Loewenstein, R. 161

Mack-Brunswick, R. 52
Mahler, M. 161
Mead, M. 63
Meisenheimer, J. 36, 40

Naecke, P. 61
Nunberg, H. 121, 202, 277

Pascher, A. 31
Petö, E. 97, 116
Pfeifer, S. 79

Rado, S. 267
Rank, O. 61, 67, 74f., 193, 208, 217, 273
Rasmussen, K. 111
Reich, W. 75, 165, 193f., 273
Rickman, J. 235
Riviere, J. 85f.
Róheim, G. 63, 93, 110f.
Rosen, J. 232
Rotter-Kertész, L. 93, 119

Sachs, H. 10, 267
Sadger, J. 61, 70f., 74f.
Schaudinn, F. 30
Schmideberg, M. 54, 86
Schopenhauer, A. 75
Shakespeare, W. 123
Shaw, G. B. 33f., 154
Simmel, G. 272, 277

Stekel, W. 280
Sterba, E. 54
Strachey, A. 125
Strachey, J. 217, 225f.

Waelder, R. 86ff., 98
Winnicott, D. W. 160f., 262
Woodruff, L. 26, 30

Sachregister

Abfuhr, prägenitale 177
Abschluß der Analyse, Spuren nach dem 149
Abtreibung 111 f.
Abwehrformen, körperliche 80
Abwehrmechanismen 90, 224
Abwendung der Mutter von dem heranwachsenden Kinde 114
Affekte, stereotype 188
Affekte, übertragene 189
agieren 168
aggressiv-sadistische Aspekte 294
Aggression 59
Aggressivität 55
Allmacht 138 f., 147
– Verleugnung der Abhängigkeit 138 f.
Alloplastik 33
Ambivalenz 49, 121
Amerika, Ausbildungsinstitute in 279, 286
Amphimixis-Theorie (Ferenczi) 70, 75
Analyse, beendete 165
–, unendliche 148
Analytiker 182, 270
–, Beitrag des in der psychoanalytischen Situation 231
–, idealisierter 296 ff.
–, Objekt der urtümlichen Liebe 145
analytische Hilfe, geeignete 145
analytische Kur, Elemente der 212
analytische Situation 146, 181, 206, 294
analytische Therapie 204, 269 f.
Anatomie 126
Angst 165 f.
– vor der Erregung 166, 177
– vor der Strafe 174
– vor prägenitaler Lust 129
Angstneurose 70, 77
Anhänglichkeit 109
Anklammern 59, 91 f.
Anklammerungstrieb 119
Anpassung 42 f., 55
–, echte 262
–, als Trauer 253
Anpassungsarbeit an sein Objekt 127
Anthropologie 124
Aphrodite 69, 73
apostolische Nachfolge 281, 297
Ausbildung 272 f., 276
Ausbildungssystem, psychoanalytisches 241, 267, 289

Autoerotik 50, 55 f., 115 f.
–, erzieherische Unterdrückung der 116
–, Grundlage des sekundären Narzißmus 116
Autoerotismus 48, 118, 195, 197
Autoplastik 33
Autorität in der psychoanalytischen Bewegung 281

Beendigung der Psychoanalyse 237
Befruchtung, innere 23, 39
Begattungsfunktion des Mannes 21
Berlin, Psychoanalytische Poliklinik 271
–, Psychoanalytisches Institut 273, 277
Beobachtungen frühinfantiler Seelenvorgänge 88
Besserung durch Psychoanalyse 248
Beziehungswahn 250
biogenetisches Grundgesetz 13
Biologie 13, 19, 48, 247
biologischer Blickwinkel der Psychoanalyse 224, 227 f.
Bruderhorde 130
Brutpflege 20 f.
Budapest 83 f.

Charakter 171 f., 225
–, regelt Verhältnis zu den Haß- und Liebesobjekten 174
–, starre Reaktionsform 172
Charakteranalyse 165, 171
– und Neubeginn 165
Charakterologie 184
Chronologie in der Psychoanalyse 257
Coitus, Rolle der Frau 156
Cunnilingus 155

Datierung 97
– der Triebentwicklung 57, 62
Denkhemmung 270 f.
– bezüglich der psychoanalytischen Ausbildung 269
Depression 251, 253, 258, 263
depressive Einstellung 262
– Position 253, 262 f.
– Zustände, die dem Neubeginn vorausgehen 254
Deutung 203
–, Formulierung der 217
– schwacher Zeichen von Aggressivität 295

Deutungsmethoden 216
Dimorphismus, sexueller 20, 40
Direktbeobachtung von Kindern 233
Dogmatik 271, 275
Dualeinheit 120
– zwischen Mutter und Kind 91, 94
Durcharbeiten 171, 192, 204, 207

Egoismus, naiver 107, 113f.
–, naiver des kleinen Kindes 108
Einkörper-Psychologie 235
Einschlafphänomene 99
Eltern-Kind-Beziehung, Theorie der 160
Embryogenese 14
Ende einer Behandlungsstunde 183f., 216
Endlust 70f., 73–78, 81
–, traumatische Situation 78, 81
– und Angst 70
Endphase 192
– der psychoanalytischen Behandlung 191f.
Entwicklung durch Regression erkauft 34
Entzündung 46
Eroberungsarbeit 127, 131, 140, 147, 159
– in der Liebe 128
Eros 69
–, Eroberertendenz des 23, 28
–, Karriere des 13, 18
Erotik in der Mutterliebe 106
–, zielgehemmte 65
Erziehung 42, 55, 60, 80, 199, 207
– zur Liebe 125
Ethnologie 63, 69
Exhibitionismus 153, 155, 158

Fetischismus 152, 157ff.
Fixierung 51, 144, 177
formale Elemente der psychoanalytischen Situation 224
Formproblem der Charakterologie 173
Freundschaft, heterosexuelle 132
Frigidität 81

Geburtstrauma 193
Gegenübertragung 168, 231, 274
Geliebtwerden, Zweck aller Erotik 66f.
Genitalität 64, 70, 86
–, bisexuelle Erklärung der 156
–, reife 240
– des Erwachsenen 18
– keine Perversion 71
genitale Liebe, Kulturprodukt 237
Genitalprimat 19
Genitaltheorie 58, 75, 117
– von Ferenczi 196

Geschichte der Ausbildung, esoterische 280
– der psychoanalytischen Ausbildung 299
Geschlechtsfunktionen, weibliche 21
Gesundheit 240
Gewährung 138
Gier 94
–, infantile 84
–, orale 137, 147
Gleichheit der Geschlechter 133
Glossar der analytischen Sprache 161
Gruppentherapie 233

Haß 105, 134, 140f., 148
–, reifer 141
–, Überrest der urtümlichen Objektliebe 142
–, Verleugnung der Abhängigkeit 143
– im Vergleich zur Liebe sekundär 143
– in der Analyse 148
– und Gesundheit 142
Heilerfolge und Persönlichkeit des Analytikers 219
Heilung ein natürlicher Prozeß 239
Herdeninstinkte 42
Hilflosigkeit 245
Homosexualität 105, 151f., 157
–, Ursprünge der 130
Homosexuelle Liebe der Bruderhorde 133
Hysterie 210, 213, 226f.
–, autoplastische Veränderung 33

Ich, Stärkung des 206f.
Ich-Funktion, autonome 208
–, Erotisierung der 45
Ich-Interessen 202
Ich-Leistungen, Veränderbarkeit durch Erziehung und Übung 205
Ich-Pädagogik 212
Ich-Psychologie 204, 210f.
Ich-Schwäche 136
Ich-Stärke 80, 202
Ich-Stärkung, Aufgabe der analytischen Kur 211
Ich-Struktur 237
Ich-Trieb, Erotisierung des 43
Idealisierung in der Liebesbeziehung 123
Identifizierung, abhängige 148
–, genitale 127, 158
Individualität 21, 26f., 32
Inhalt 223
Introjektion der archaischen Objekte 252
Introjizierung des idealisierten Analytikers 296

Kandidaten, Verhalten gegenüber den Lehranalytikern 275
Kannibalismus 110f.
Kastrationsdrohung 53
Kastrationsfurcht 155f.
Katatoniker 96f.
Katharsis 193
Kernreduktion 29, 33
Kind-Mutter-Beziehung 103
Kinderanalyse 54f.
Kinderbeobachtung 55, 244
Kindesmord 110f.
Kindheit des Menschen, lange 125
Kissen, Rolle des in der Analyse 215
Klassifikation der seelischen Krankheiten, mangelhafte 226
Kleptomanie 152, 157
Kongreßberichte 288
Konstitution 58, 198
Kontrollanalyse 271f., 274, 283ff.
–, Abschluß der 241
Kontroll-Seminar 273
Konversion, hysterische 44
Körper-Ich 211
Körperkrankheiten, organogene und psychogene 45
Krankheit mißlungener Heilungsversuch 47
– und Charakter 47
Kritik an Ausbildungssystem 269

Lehranalyse 107, 241f., 272, 283, 292
–, Dauer der 271
–, demonstrative Periode 289
–, Fortführung der 291
–, Geschichte der 289
–, Periode der Forschung 291
–, Übertragung in der 107, 218
– als Forschung 298
– wie therapeutische Analyse 289
Lehranalytiker, Einstellung zum Lehranalysanden 285
– und Kontrollanalytiker eine Person? 273
Leistung aus Freude 207f.
Lernen 202, 205ff., 211
Libidoentwicklung, Theorie der 57
Libido-Gleichgewicht des Kindes 80
Libidoorganisation, analsadistische 52f.
Liebe 44, 66, 200
–, archaische 107f.
–, Entwicklung der 50
–, Fähigkeit zur 165
–, genitale 121f., 126f., 129
–, infantile des schwachen Ich 136

–, narzißtische 62
–, orale, anale und genitale 48
–, oral-sadistische 98
–, postambivalente 63, 121
–, prägenitale 50, 57
–, prägenitale Züge 122
–, primäre 60, 161
–, primäre oder archaische 7
–, primitiv-egoistische Form der 93
–, unstabile genitale 127
–, verständnisvolle 141
– und Haß verkehrt 141
– und Realitätssinn 116
– zur Mutter 103, 110
– zum Vater 109
Lieben und Hassen 173
Liebens, psychoanalytische Theorie des 116f.
Liebesentzug 174
Liebesfähigkeit im sozialen Sinne 114
Liebeskunst 131
Liebesobjekt ohne Eigeninteressen 104–107
–, gespaltenes 136
Literatur über psychoanalytisches Training 267
London 84
–, Institut für Psychoanalyse 272
Londoner Richtlinien 274

Männlichkeitskomplex 103
Masochismus 152
Melancholie 227, 252f.
–, Grenzfälle 230
Mensch, ein neotenischer Embryo 126, 129
Metapsychologie der frühesten Kindheit 160
Mißbrauch unreifer Kinder als Sexualpartner 152
Mißtrauen 249f.
Mutter-Kind-Beziehung 161
Mutter-Kind-Einheit 91, 100
Mutterbrust 60
Mutterleibsregression 67
Mutterliebe 103, 109f.
Mutualismus der Triebwünsche 113

Narzißmus 48, 61f., 91, 97, 101, 195, 262
–, primärer 61, 67, 91, 95f., 98, 118
–, sekundärer 61, 99, 257
Nekrophilie 152
Neubeginn 29f., 58, 90, 119, 165, 170f., 194, 198, 238, 241, 247ff., 255, 258
– in der Objektbeziehung 200
– und Biologie 247

Neurose 46, 50, 52
–, infantile 54
–, kranke Objektbeziehungen 50 f.
New York, Psychoanalytische Gesellschaft 279

Objekt, archaisches 261
–, idealisiertes 260 f.
–, Verwandlung in Partner 158
Objektbeziehung 56 f., 225 f., 228 f., 261
–, archaische 144
–, archaische ohne Realitätssinn 117
–, Bewertung der libidinösen 118
–, Entwicklung der 229
–, früheste 58, 103
–, genitale 57
– in der analytischen Situation nach dem Vorbild der primären Objektliebe 147
– nicht biologisch, sondern sozial begründet 61
– ohne Realitätssinn 118
–, passive 91
–, prägenitale 53 f., 63, 121, 139
–, primäre 99 f., 119, 149
–, primäre, Spuren nach Abschluß der Analyse 149
–, primitiv-infantile 196
–, Theorie der 234
–, Überführung der Libido in die 195
–, zärtliche 55
Objektfindung 68
Objektlibido, Verwandlung in narzißtische Libido 44 f.
Objektliebe 50
–, aktive 63 f., 196, 198
–, archaische 238, 247, 256, 258, 263
–, archaische, erste nachgeburtliche Phase in der seelischen Entwicklung 262
–, passive (Ferenczi) 59 f., 64, 67, 129
–, primäre 83, 94, 98 f., 146
–, verstümmelte 99
Objektrelation, frühinfantile 98
Ödipuskomplex 189, 293
–, negativer 55, 57
Ödipusrelation 193
oknophile Welt 161
Oralerotik 56, 98, 197
Orgasmus 19, 21, 24, 70, 73, 75 f., 80, 82, 93, 122, 128, 208
orgastische Potenz, Erreichen der 193
Orthogenesis 44

Pädagogik, Anwendung der Psychoanalyse auf die 209
–, psychoanalytische 211

paranoide Haltungen 262
– Phantasien 258
– Position 249 f.
– Zustände 253 ff.
Partialtrieb 48 f., 56, 58, 70, 197
–, Befriedigung des 152
–, Perversionen 152
Passivität, analytische 89
– des Analytikers 182, 214 f.
Patienten, schweigende 233
Perverse, Ich-schwache 157
Perversionen 70 f.
–, Befriedigung durch genitale Betätigung 155
–, Definition der 151
–, Einteilung nach der Objektbeziehung 151
Pflanzen, Sexualfunktionen der 36
philobatische Welt 161
Phylogenese 13, 19, 76
polymorph-pervers 60
postambivalente Phase der Liebe 121
Potenzstörungen 81
prägenitale Libido-Organisation, Kritik 48
– –, Theorie der 50 f., 56
prä-ödipale Stadien 293 f.
Pseudoambivalenz 105, 108
Psychoanalyse des Kindes 198
psychoanalytische Bewegung, Geschichte der 280
psychoanalytische Kur 33, 44, 50
psychoanalytische Institute 219, 271
psychoanalytische Situation, optimale Spannung in 232
psychoanalytische Technik 222
psychoanalytische Theorie 54
psychoanalytische Therapie 68
– –, Wert der 276
psychogene Krankheiten, Entstehung 44
Psychosexualität, Entwicklung der 14 f.
psychosexuelle Entwicklung des Menschen 19
Psychotherapie für die Massen 278

Ratschläge 169
Realitätsfremdheit in der Mutterliebe 112
Realitätsprüfung 211
–, Beginn der 86
–, unentwickelte 136, 140
Realitätssinn, Entwicklung des im Gefühlsleben 117
–, erotischer 49
–, Fehlen des 107
– gegenüber dem Vater 109

–, Herrschaft über das Gefühlsleben 113, 115
Regression 34, 144 f., 177
– auf Hilflosigkeit 246
– zur passiven Objektliebe 128
– zur primitiven Objektliebe 142
Retardationsprinzip 15
Rückzug von den Objekten 227

Sadismus 50, 56, 59, 92, 152, 155, 199
–, infantiler 85
– und Masochismus 152
sadistische Tendenzen, angeborene 136
Saugen des Kindes 101
Schuldgefühl 103
Schule 283, 293
Schulen innerhalb der analytischen Bewegung 292
Selbsterhaltungstrieb 118
Selbstlosigkeit, Forderung nach 104
Sexualfunktionen: Pflanzenreich, Tierreich 19
Sexualentwicklung, infantile 48, 54
Sexualerregung, Ertragen der 208
– in der Kindheit, traumatische 167
Sexualität, kindliche 166
–, prägenitale 132
–, regressives Ziel der 156
–, Urform der 16, 20
– und Ernährungsweise 16, 20
Sexualtheorie 14, 49
Sodomie 152
Soma 18, 20, 23, 26, 36, 40, 76
–, Diener des Eros 19
–, dynamisches Verhältnis zu den Keimzellen 28
Soziologische Konsequenzen der genitalen Sexualität 132
Spannung, zumutbare in der Analyse 169
Spiegel 214, 220
Spiegel-Gleichnis 218
Sprache des Analytikers 232
Sprachverwirrung 200
Struktur, seelische 223
Süchtigkeit 77
Superego-Intropression 282
Supertherapie 290, 291 ff., 298
Symptom, neurotisches 230

Technik, aktive Ferenczis 169
– des Analytikers, individuelle 259
– und seelische Ökonomie des Analytikers 220
– und Theorie zweifachen Ursprungs 228

Techniken, alle analytischen gleichbedeutend 260
Terminologie 84
thalassaler Regressionszug (Ferenczi) 22
Theorie 259
–, Einseitigkeit der psychoanalytischen 149 f.
–, psychoanalytische 83
– der Eltern-Kind-Beziehung 160
Tod 25, 27
Todestrieb 44, 85, 143
–, Theorie vom 136
Todeswünsche 104
Tradition und Übertragung 179
Transvestitismus 152, 157
Trauer 253
Trauma 51
–, Fixierung an das 51 f.
Traumanalyse 192 f.
Triebe, Fixierung an die 51
–, objektgebundene 197
Triebquelle 229 f.
Triebwünsche, infantile 194

Über-Ich 199, 205, 207, 211
Über-Ich-Ausbildung 284
– – Intropression 276
– – Pädagogik 209, 212
Übertragung 88, 107, 146, 160, 178, 189, 214, 225, 231, 295
–, genitale 147
–, negative 294 f.
–, prägenitale 146
–, primäre 147
– und Liebe 180
– von Affekten 178
Übertragungslösungen bei Abschluß der Analyse 148
Übertragungsneurose 114
Unfruchtbarkeit, psychogene 112
ungarisches System 273, 277
Unterrichtsausschuß, Internationaler 267, 272, 278 f.
Urhorde 130
Urnarzißmus 101

Vaterautorität in der psychoanalytischen Ausbildung 282
Verdrängung 177, 198
Verewigung der Abhängigkeit 148
Verfolgung 250
Verfolgungsängste 250
Verliebtheit 25
Versagung, reale 197

Vollanalyse 290
Vorlust 70, 73–77, 81, 128
Vorlusterotik 72 ff.
Voyeurtum 152, 158

Wahl des Liebesobjekts 154
Widerstand 178
Wiedergutmachungstendenz 86
Wiederholung infantiler Situation 91
Wiederholungszwang 225, 299
Wien 83
–, Psychoanalytisches Institut 272
Wohlbefinden, ruhiges durch Gewährung 137

Wohlbehagen, Befriedigung auf Vorlustniveau 94
–, ruhiges Gefühl des 79, 245
Wolfsmann (S. Freud) 57, 191
Wunschbefriedigungen in der Analyse 89
Wunscherfüllung in der Analyse 245

Zärtlichkeit 56, 65 f., 92, 124
–, archaische Eigenschaft 124
–, etymologisch 124
– als künstliches Produkt der Kultur 140
– und Kindlichkeit 65 f.
Zielhemmung 124
Zwangsneurose 211, 230
Zwei-Personen-Beziehung 138

Michael Balint, Enid Balint

Psychotherapeutische Techniken in der Medizin

Aus dem Englischen von Käte Hügel
3. Aufl. 1980. 289 Seiten, kart.
ISBN 3-12-900801-2

»Es handelt sich hier um die gescheiteste, am meisten praxisbezogene und stilistisch erfreulichste Darstellung psychotherapeutischer Handlungsanweisungen für den Arzt, der mit funktionell und neurotisch Kranken zu tun hat.«
(Der Internist)

Michael Balint, John Hunt, Dick Joyce, Marshall Marinker, Jasper Woodcock

Das Wiederholungsrezept

Behandlung oder Diagnose?
Aus dem Englischen von Käte Hügel
1975. 189 Seiten mit Abb. und Tabellen, kart.
ISBN 3-12-900540-4

Klett-Cotta